KB107083

中・日・韓の字音語の対照研究

中・日・韓の字音語の対照研究

韓増徳 著

まえがき

中・日・韓の字音語の対照研究

「光陰矢の如し」とはよく言ったものだ。私が留学のため、大学での仕事をやめ、韓国へ渡ったのが21世紀の始めの年で、三十も半ばを迎える年頃だったが、あっという間に最早二十年が経ち、気がつけばそろそろ定年退職を数年後に控える年になり、本当に感慨無量である。

留学生活を始めたばかりの時は、具体的に何をどのように研究し、どういう方向へ進めばいいか漠然としか分からず、完全に方法論を確立していたわけではなかったが、毎日大学の図書館と指導教官の研究室に通っているうちに言語学に関するものであれば何でもいいと思うようになった。そこで日本語と韓国語、中国語で書かれた参考資料を大量に収集し、語種別に分け、計画的に読み始めた。単位取得のため、ゼミナールにも足繁く参加し、先生方々といろいろなディスカッションを繰り返すうちに、だんだん先行研究資料の収集とその読解のあり方とか論文の書き方など、研究方法のアウトラインがみえてきたので、研究課題にもフォーカスが絞られるようになった。留学生活ちょうど一年目の時に湖南大学校

の学術発表会(韓国の日本語学会主催)で「形式名詞の弁別について」という論文を発表したことをきっかけに、修論「日・韓両国語の形式名詞の対照研究」の完成に大きなはずみをつけることができた。

　マスターコース終了後も同じところでドクターまで続ける予定だったが、当時朝鮮大学校の大学院には残念ながら未だドクターコースが開設されていなかったので、金仁炫先生のご紹介で高麗大学校の李漢燮先生を訪ねることになった。しかし授業料その他の理由で進学には至らず、再び光州に戻って他の方法を考えなければならなかった。各大学の間をさまよった時は遊学という言葉を思い出したりして自嘲したこともあったが、対照言語学を専攻するからには韓国語のドクターコースに進むのも選択肢の一つだと思い、とりあえず韓国語科に籍を置くことになった。韓国語科に在籍していた一年間はソシュールの構造主義やチョムスキーの生成文法、ひいては認知言語学の基礎理論など、様々な言語学理論に接することができ、それ以来の研究に大きく役立てることができた。一年後日本語科にもドクターコースができたので予定通り移籍することになった。博士論文のテーマを決めるにあたっては修論との一貫性のことも考えなかったわけではなかったが、「形式名詞」などというのは日本語や韓国語のように実質的な意味を持つ独立の単語に文法的な意味を示す形態素が結び付き、文法的機能が果たされる膠着語に分類される言語に存在する文法カテゴリーなので孤立語に分類される中国語を同時に取り上げるには研究テーマを変えなければならなかった。中国生まれの私には中国語の文法現象も興味の対象になるので結局は中・日・韓三国語に共有の字音語の対照研究に舵をとることにした。

　字音語は、中国語においてはいうまでもなく、日本語と韓国語において も語彙体系を構成する重要な要素であり、言語・文学・思想など人類の文化発展に大きな影響を及ぼしてきた。字音語の先行研究には素晴らしい成果も見られるが、中・日・韓三国語の対照研究の視点から字音語の定義、範囲の設定、語構成の分類などを幅広く取り上げ、全面的に論じている研究は必ずしも多いとは言えないだろう。

　研究を行うためには研究の対象になる字音語の範囲を決める必要があるので、まず三国で割合に広く使用されている『現代汉语词典』『新明解国語辞典』『엣센스 國語辭典』など三種の辞典から見出し語として載っている二字字音語中、同形二字字音語11470語を抽出した。次に、抽出した同形二字字音語の中で、『8840 HSK 單語集』『同等学力人员申请硕士学位日语水平全国统一考试大纲』『韓国語必須単語6000』の三種の資料に収録されている同形二字字音語4191語を再抽出し、その中から使用率が最も高いと思われる同形二字字音語1557語を選定し、それを語構成によって分類した上、語構成と品詞性の類型との対応関係の様相を究明した。研究を進めるにつれて問題点も少なくなかったが、特に、字音語系接頭辞と接尾辞に関する先行研究を考察してみると、接頭辞と接尾辞の定義から範囲の設定、接続と機能などいろんな面において論議も多く、これを解決するのが一つの難点であった。もう一つは助字による字音語の問題だったが、当時は助字に関する先行研究もほとんどない状態だったので、これは今後の課題に残して博士論文を完成した。

　七年間の長く苦しい留学生活を終え、帰国後、助字による字音語の問題など残しておいた研究を続け、「助字の弁別と造語力に

ついて」など数編の論文を発表し、上述の同形二字字音語1557語に1763語を補充して計3320語の分類作業を行った。本研究は、博士論文の不足を修正・補完して本にまとめたものである。いろいろと不充分なところも多々あると思うので、読者の方々のご指摘とご指導をいただければ何よりの幸いである。また、本研究が外国語の言語教育およびテキストや辞典編纂などに多少とも基礎資料を提供し、少しでも役に立てばと願っているところである。

　最後に、恩師の金仁炫先生をはじめ、ご指導を賜った先生方々には心からお礼を申し上げたい。

目次

中・日・韓の字音語の対照研究

第1章

序論

1.1　研究の目的と意義

　中国と日本と韓国は、同じ漢字文化圏[1]に属する国々で、歴史的に政治・経済・社会・文化などの面で密接な関係を維持し、発展してきているが、その基底には漢字があり、漢字の役割が最も大きかったといっても過言ではない。中国で中国語を記すために生まれた漢字は、長い年月を経て、異なる言語である韓国語と日本語に取り入れられ、中国文化を韓国と日本に伝えるのに役立ったばかりでなく、韓国と日本の独自の文化をはぐくむためにも役立ってきている。特に、近代の西洋文化の導入に際して、漢字は新しい概念を表すための新語をたくさん造り出し、それが中・日・韓三国語の語彙体系にも大きな影響を与えている。

　漢字は表意文字と言われ、その一字一字が何らかの意味を持ち、品詞性をも持っている。例えば、次のようである。

(1)　① 门・酒・头・手・路・热
　　　② 看・写・说・听・走・热
　　　③ 好・多・红・新・大・热
　　　④ 就・才・很・更・只・不
　　　⑤ 可・但・虽・既・及・而

(1)は現代中国語で自立的に使われている語であるが、[(1)－①～⑤]はそれぞれ名詞、動詞、形容詞、副詞、接続詞として使われ

1　阿辻哲次(2005)は、漢字文化圏とは、簡単にいえば漢字を読み書きできる人々が相互に意思の疎通をはかることができた集団であり、それは国家や王朝という政治的な枠、あるいは口頭で話される音声言語による差異を超越するものだったと述べている。<阿辻哲次(2005)「漢字文化圏の成立」『朝倉漢字講座1 漢字と日本語』朝倉書店、p.15.>

る語である。中には「热²」のように、三種の品詞性を持つ語もある。

日本語と韓国語にも漢字一字で一語をなす例がある。

(2) ① 気・線・熱・法・門・量
② 及・但・永・或

[(2)-①]は日本語と韓国語で名詞として使われる語であり、[(2)-②]は韓国語で副詞として使われる語である。

しかし現代語において、(1)と(2)のような単音節³の語の数はそんなに多くない。

元来、古代中国の漢語には単音節の語が多かったが、社会の変遷につれて多音節化された語が増加し、これからも増加すると展望される。このような多音節化は二つの原因に依るものと考えられる。一つは語音の簡略化であり、もう一つは外来語の吸収である。上古漢語の語音は声母・韻腹・韻尾などを中古音と比較してみると非常に複雑である。このような原因によって語音が簡略化され、また外来語の吸収は主として音訳したもので、上古の外来語として「琵琶・葡萄」があり、中古の外来語としては「菩薩・羅漢」、近代の外来語としては「阿片」などによってだんだん多音節化の道を歩んできた。多音節化された語はもう先秦時代の史料に「国家・天下・天子」などの多音節化された語が現れている。しかし、多音節化された語がもっと増えた時期は、中古時代の唐の時期であ

---

2 漢字の字体において、本研究では中国語の場合は「簡体字」を使い、韓国語の場合は漢字で書き換えることのできる語は正字で表記することにする。
3 日本語の音節構造は開音節の構造で、漢字一字が二音節になる場合がある(例えば、「百(ひゃく)」は二音節である)が、ここでは、中国語の音節構造に従って、漢字一字を一音節とする。

る。というのは、この時期がまさに仏経を翻訳した時期だったから
である。この時から今まで使用されている語には「悲哀・歓喜・疲
労・供給・報答・非常・指揮・光明・堅固・多少・利益・随時・萌芽・分
明」などがある。[4]　現代の中・日・韓三国語の辞典に収録されてい
る字音語[5]の大部分が多音節化された語であり、その中でも二音
節の字音語が最も多い。

　字音語は、中国語では言うまでもなく、日本語と韓国語の語彙
体系を構成する重要な要素であることは周知のとおりである。従っ
て、字音語は中・日・韓三国において、多くの学者たちによって研
究されてきたが、三国語の文法体系[6]や研究の目的・方法などが
違うため、字音語の定義・範囲の設定・語構成上からの分類など
いろんな面において、学者によって多少の違いが見られる。

　本研究では、三国語の現代語に共通して存在する同形二字字
音語を中心に、字音語の語構成上からの分類について考察し、
語構成と品詞性の関係を究明した上、その共通点と相違点を明ら
かにする。また、中・日・韓三国語の相互の言語教育だけでな
く、教材や辞典編纂などに必要な基礎資料を提供することを目的
とする。

　字音語の語構成は、その語の表す意味と深い関係があり、字
音語には語構成要素間の関係が統語論における語同士の関係と
同じ統語構造を有する語が多い。つまり、字音語の語構成に関
する研究は、字音語の持つ語彙的な特性だけでなく、意味的・統

4　王力(1957)『漢語史稿』<朴英燮(1995)『国語漢字語彙論』博而精から再
　　引用、p.23.>
5　「字音語」という概念については、次の項で詳しく述べることにする。
6　言語類型論の観点から、中国語は孤立語に、日本語と韓国語は膠着語に
　　分類される。

語的な特性を明らかにすることにもなる。

　なお、三国語の同形二字字音語はその形態は同じであっても意味・用法が違う語もあり、語構成と品詞性が異なる語も少なくない。これらの問題は同じ漢字系学習者にとって相手の言葉を学ぶ時、紛れやすい部分であり、誤用を引き起こす重要な原因にもなる。従って本研究は、三国語の研究全般にも貢献することができるという意味でその意義がある。

1.2　研究の対象

　字音語は、日本では普通「漢語」と呼ばれ、研究の目的や範囲設定などの違いによって「漢字語」という用語で使用される時もある。李京珪(2002)[7]は、日本での字音語の定義に関するいろんな学説を検討し、異同点と問題点を明らかにした上、字音語を「呉音・漢音・唐宋音・慣用音など、日本語の文中で理解可能な範囲の漢字音でできた語」と定義している。また、「中国語における外来語やサンスクリット語などの音訳語は、それを借用した日本語の立場でみれば、字音語(漢語)と同類である」とし、「漢字語」は「文字表記上の問題で取り扱うべきである」と述べている。

　字音語は、韓国では「漢字語」という用語で使用され、「漢字で出来た単語」[8]を指し、沈在箕(1982)[9]は、韓国語の「漢字語」をそ

7　李京珪(2002)「日本 字音語에 관련된 用語에 관한 考察」『日本文化学報』第15輯、韓国日本文化学会
8　李応百 外(1992)『國語大辭典』教育圖書、p.2215.
9　沈在箕(1982)『國語語彙論』集文堂、pp.41-49.

の起源的な系譜によって、①中国の古典に由来する語(例えば、身体・学校・国家など)、②中国を経由した仏教経典から出た語(例えば、工夫・出家・三昧など)、③中国の口語、すなわち白話文に由来する語(例えば、報道・容易・自由など)、④日本で造った語(例えば、案内・入口・約束など)、⑤韓国で独自に造った語(例えば、感氣・苦生・寒心など)のように分類している。ここで、④に含まれる語には、日本語ではもともと「字訓語」に属する語もあるが、本研究では研究の対象から除外する。

　中国では「漢民族の言語」[10]を「汉语」と言う。つまり、中国語自体が「汉语」というわけである。「字音語」という用語に対応するのは「词」または「单词」であるが、中国語の場合、すべての漢字が字音で読まれるから、「词」または「单词」は100%字音語であるということができる。

　このように、漢字でできた語に対する用語が三国語でまちまちであるが、本研究では字音で読む語を研究の対象とするという意味で、「字音語」という用語を使って考察することにする。

　先にも述べたように、字音語にはもともと単音節の語が多かったが、社会の変遷につれて多音節化された語彙が増加している。字音語は普通字数によって、一字字音語・二字字音語・三字字音語・四字字音語などに分けることができるが、その中で最も安定し、最も使用率が高いものは二字字音語である。

(3)　①　核・功・詩・香・礼・罰
　　　②　材料・電話・感謝・建築・明白・速度

10　中国社会科学院语言研究所词典编辑室编(2005)『现代汉语词典』第5版、商务印书馆、p.537.

③　副作用・高血圧・記憶力・留学生・農作物・所有権
④　少数民族・自由自在・人道主義・大同小異

　(3)は三国語でほぼ同じ意味で使われ、使用頻度も割合に高い
語である。[(3)-①]は一字字音語で、(1)と(2)で分かるように中国
語では名詞の用法の外、動詞、形容詞、副詞、接続詞などいろ
んな用法で使われているが、日本語と韓国語ではほとんど名詞の
用法で使われている。[(3)-②]の二字字音語は、一字字音語と
三字字音語・四字字音語を全部合わせた語数よりも多いほどその
数が多く、三字または三字以上の字音語を構成する造語成分とし
ても働き、字音語の語構成の研究において、最も基本的なものだ
と考えられる。

　[(3)-③]の三字字音語は、「語基＋二字字音語」の形と「二字
字音語＋語基」の形の語が大部分を占め、「接頭辞＋二字字音
語」の形または「[接頭辞＋語基]＋語基」の形と「二字字音語＋接尾
辞」の形の語が多少存在する。[11]　[(3)-④]の四字字音語は、「二
字字音語＋二字字音語」の形の複合語が大部分であり、その数も
二字字音語に比べれば甚だ少ない。

　中・日・韓三国語で字音語が占める比率、特に常用字音語の字
数別の語数を比較し、明らかにするために、次のような資料を調
査してみた。

(4)　①　李在郁(2006)『韓国語必須単語6000』Language PLUS
　　　②　潘忆影(2005)『8840 HSK 單語集』CHINA PRESS

11　李于錫(2002)は、三字漢字語は「非・不・無＋二字漢字語」や「二字漢字語
　　＋化・的・性」のように、二字漢字語に接頭辞あるいは接尾辞がついてでき
　　た派生語が大部分であると主張している。<李于錫(2002)『韓日漢字語の
　　品詞性に関する対照研究』J&C、p.15.>

　③　国務院学位委員会办公室编(1999)『同等学力人員申请硕士
学位日语水平全国统一考试大纲』高等教育出版社

　[(4)-①]は韓国の「国立国語院」で選定した、外国人が韓国語
を勉強する際に必ず知るべき6000語(字音語は3155語で52.6%
である)を収録した本であり、[(4)-②]は「中国国家对外汉语教学
领导小组办公室汉语水平考试部」で、2001年に公布した『汉语
水平词汇与汉字等级大纲』(修訂版)の内容を増補し、計8840語
を収録した本である。[(4)-③]は日本語を第一外国語とする中国
の大学院生または同等学力の人が、学位請求のために受ける日
本語能力試験に必要な語彙7080語(字音語は3257語で46.0%で
ある)を収録した本である。この三種の資料で、字音語だけを選ん
で字数別の語数と比率を調べた結果は、[表1]のようである。

[表1] 中・日・韓三国語における字音語の字数別の語数と比率

字　数	中　国　語		日　本　語		韓　国　語	
	語 数	百分率	語 数	百分率	語 数	百分率
一字字音語	1932語	21.9%	317語	9.7%	207語	6.6%
二字字音語	6380語	72.2%	2671語	82.0%	2374語	75.2%
三字字音語	294語	3.3%	193語	5.9%	445語	14.1%
四字字音語	187語	2.1%	21語	0.7%	47語	1.5%
五字字音語	2語	0.02%	0語	0.0%	2語	0.1%
そ の 他	45語	0.5%	55語	1.7%	80語	2.5%
合　計	8840語	100%	3257語	100%	3155語	100%

　[表1]で分かるように、三国語で二字字音語はそれぞれ72.
2%、82.0%、75.2%で、その数が圧倒的に多い。これは、二字
字音語は三国語で共に字音語中最も基本的なものであることを示

す。従って、本研究では三国語の国語辞典に載っている現代語の中で、三国語に共通して存在する同形二字字音語を考察の対象とすることにする。

1.3　研究の方法

　中・日・韓三国語の字音語の語構成を明らかにし、語構成と品詞性の対応関係を究明するためには、まず語の選定が必要である。「語」を表す用語としては、韓国語には「낱말」「單語」「語彙」などが、中国語には「词」「単词」「词汇」などが、日本語には「語」「単語」「語彙」などがある。これらの用語の辞典的定義を調べてみると次のようである。

(5) ①『엣센스 國語辭典』[12]
　　　a. 낱말: 단어.(単語)
　　　b. 單語: 자립할 수 있는 말이나 자립 형태소에 붙으면서 쉽게 분리되는 말들.
　　　　(自立できる語や自立形態素につきながら容易く分離される語)
　　　c. 語彙: 일정한 범위 안에서 사용되는 낱말의 수효나 낱말의 전체.
　　　　(一定の範囲内で使われる単語の数や単語の総体)
②『现代汉语词典』[13]
　　　a. 词: ❸ 语言里最小的、可以自由运用的单位。(言語の中で最小の、自由に運用できる単位)
　　　b. 単词: ❷ 词。(単語)

12　民衆書林編輯局編(2005)『엣센스 國語辭典』第5版、民衆書林、p.439. p.534. p.1587.
13　前掲書、『现代汉语词典』、p.221. p.264.

　　　c.词汇: 一种语言里所使用的词的总称。也指一个人或一部
　　　　　　作品所使用的词。
　　　(一つの言語の中で使用される語の総称。またその個人が使
　　　用する語或は一部の作品に使用される語を指す)
　③『新明解国語辞典』[14]
　　　a.語: ❶ 言葉(づかい)。[狭義では、単語を指す]
　　　b.単語: 文を組み立てる要素としての一つひとつの言葉。[広
　　　　　　義では、接辞をも指す]
　　　c.語彙: ❶ 特定の条件の下に用いられる語の総体(を集めたも
　　　　　　の)。
　　　　　　❷ その個人が使用する語の総体(を集めたもの)。
　　　(* ❶❷❸は辞典での語義の配列の番号を指す。)

　(5)で分かるように、日本語と韓国語の「語彙」と中国語の「词汇」
は大体同じ意味で使用され、韓国語の「낱말」「單語」、中国語の
「词」「单词」、日本語の「語」「単語」はほとんど同じ意味を表す。
つまり、三国語で「語」の定義を「文を構成する要素として、自立で
きる、意義のある最小の言語単位である」とまとめることができる。
　しかし、実際それが語であるか否かを弁別することはそんなに
簡単ではない。特に、字音語において、漢字一字一字が何らか
の意味を持ち、品詞性をも持っているため、文中でそれが最小の
言語単位であるか否かを弁別することは非常に難しい。刘月華外
(2000)[15]は「中国語の詞は大部分明確な形態標識がなく、また書
き言葉の中に相当数の古代漢語の成分を保有しているため、一
つの言語単位が結局、語素であるか、詞であるか、それとも句で
あるかを、ある時には確定しにくい」とし、李翊燮・任洪彬(1983)[16]

14　山田忠雄外編(2005)『新明解国語辞典』第6版、三省堂、p.470. p.933.
15　劉月華外(2000)『現代中國語文法』大韓教科書株式會社、p.4.
16　李翊燮・任洪彬(1983)『國語文法論』學研社、p.124.

は「単語の定義が難しいのも、複合語と句の境界線がはっきりして
いないためである」と述べている。このことは字音語において、語
の弁別基準を確立することは難しいということを暗示している。これ
は三国語の辞典に載っている見出し語を対照してみても分かる。

(6) ① 下車・改姓・海水・各国・牛肉・出題
　　② 不公平・単細胞・研究所・可能性

　(6)は三国語に共に存在する語(または句)であるが、三国語で
それを最小の言語単位として受け取るか、受け取らないかによっ
て、辞典の見出し語として載ったり載らなかったりする。[(6)-①]
と[(6)-②]の「不公平」「単細胞」は、『엣센스國語辭典』と『新明解
国語辞典』には見出し語として収録されているが、『现代汉语词典』
には収録されていない。また、[(6)-②]の「研究所」は『엣센스國
語辭典』には収録されているが、『现代汉语词典』と『新明解国語
辞典』には収録されていないし、「可能性」は『엣센스國語辭典』
は見出し語、『新明解国語辞典』は子見出し語、『现代汉语词典』
は「可能」の例文として挙げている。このように、三国語で同じ形
態の言語単位であっても、受け取り方によって語の範疇に入れる
言語もあり、句の範疇に所属させる言語もある。

　そこで、語の選定において、本研究では(4)の三種の資料と、
中・日・韓三国語の国語辞典を用いることにする。国語辞典は前
掲した次のものである。

(7) ① 中国社会科学院语言研究所词典编辑室编(2005)『现代汉语
　　　 词典』第5版、商务印书馆
　　② 山田忠雄外編(2005)『新明解国語辞典』第6版、三省堂
　　③ 民衆書林編輯局編(2005)『엣센스 國語辭典』第5版、民衆書林

　(7)の三種の辞典から、まず見出し語として載っている二字字音語中、同形二字字音語を抽出する。次に、抽出した同形二字字音語の中で、(4)の三種の資料に収録されている同形二字字音語を再抽出して、それを語構成によって分類する。語構成の分析においては、各言語のその語の辞典的意味を基準にするが、多義語の場合は異なる複数の意味の中で、その語の中心となる基本的な意味を基準にし、派生的な意味は参考にする。次に、上の三種の辞典に求めた各語の品詞性を言語別に分類し、それを分析することによって、品詞性の類型と語構成との対応関係の様相を究明する。

　語の品詞性といえば、その言語の文法的な特徴によって、あるいは品詞の認定基準によって、ずれが生じる可能性がある。そこで、もっと正確な結論を出すために、各語の品詞性の類型を判断するにおいて、次のような辞典を参照することにする。

(8)　① 高大民族文化研究所中國語大辭典編纂室編(1996)『現代中韓辭典』第5版、高麗大學校 民族文化研究所
　　　② 松村明編(1989)『大辞林』三省堂
　　　③ 李應百外(1992)『國語大辭典』教育圖書

　それから、三国語における同形二字字音語の語構成の異同点と、語構成と品詞性との対応関係の異同点を明らかにし、最後にこれまでの論議を整理することにする。

第2章

中・日・韓三国語の字音語の
特質と先行研究

2.1 字音語の定義と特質

2.1.1 字音語の定義

字音語の定義については、1.2でも少し触れているが、研究の目的や方法、範囲設定などの違いによって、三国語で使用される用語も違い(「漢字語」「词」「漢語」など)、それに対する定義も少しずつ異なる。

韓国語の「漢字語」に対する定義を検討してみると、次のようである。

沈在箕(1987)は、漢字語というのは韓国語の中で漢字で書けるすべての単語であると定義し、漢字語は十九世紀の末まで中国で生成された漢字を持って中国、韓国、日本で一般に通じるように造られた語彙項目で、必ず指定された漢字音で読まれるものを根幹にし、ここに韓国で造られた語彙項目を付け加えるべきだとしている。[17]

權純久(1996)は、漢字語とは漢字を材料として造られた言語であるとし、その範囲において中国とかその他の国から流入されたものの外、韓国で造られたものも包含させている。しかし、漢字語との相関性を類推することができない単語は漢字語の範囲から排除している。[18]

崔圭一(1989)は、漢字語は語源に関係なく漢字で表記される単語である[19]と定義し、Kim Minyeong(2002)[20]は、崔圭一(1989)

---

17 沈在箕(1987)「漢字語의 構造와 그 造語力」『國語生活 8』國語研究所、pp.26-28.
18 權純久(1996)『漢字語 語形成 研究』忠南大學校 大學院 碩士學位論文、p.10.

と宋基中(1992)の定義をもとに、漢字語を「語源に関係なく漢字
で表記できる言語形式中、(韓)国語の漢字音で読まれる単語」と
定義している。

　李得春(2006)は、『標準國語大辭典』[21]など七種の韓国語の辞
典で「漢字語」に対して下した定義を検討した上、漢字語の基準
について次のように定義している。第一、漢字語は必ず漢字を基
礎として造られた単語や既成の漢字語を基礎として派生または合
成されたものでなければならない。第二、漢字語は必ず韓国語の
語彙体系の中に受容されたものでなければならない。第三、漢字
語は必ず漢字との連係を失わなく、漢字で書くことができ、ハング
ルで表記されたものなら漢字で還元できなければならない。第
四、漢字語はハングル書きでも漢字書きでも、その音は必ず韓国
の漢字音の規範に符合しなければならない。第五、漢字語は必
ず形態上、意味上の自立性を持たなければならない。漢字で書
いており、漢字音に符合しても形式形態素で文法的な関係だけを
表すものは漢字語とは言えない。[22]

　中国語の「词」に対する定義もさまざまであるが、朱德熙(1997)、
史锡尧・杨庆蕙主编(1998)、Choe Gilwon主编(2000)、郭振华
(2002)、北京大学中文系编(2007)などを要約すると、「独立的に
運用できる意味を持つ最小の言語単位である」とまとめることができ

19　崔圭一(1989)『韓國語 語彙形成에 관한 研究』成均館大學校 大學院 博
　　士學位論文、p.122.

20　Kim Minyeong(2002)『漢字語 形態素의 類型 分析에 관한 研究』延世大
　　學校 大學院 碩士學位論文、p.20.

21　國立國語研究院(1999)『標準國語大辭典』斗山東亞

22　李得春(2006)「韓國語 漢字語의 基準에 對한 管見」『새 國語生活 16-1』
　　國立國語研究院、pp.180-181.

る。[23] 胡裕樹外編(1991)、符准青(2007)などは、これに「固定
された音韻形式を持つ」ことを追加している。[24]

　日本語の「漢語」に対する定義には、李京珪(2002)の外、山口
明穂・秋本守英編(2001)、秋元美晴(2004)、日本語教育学会編
(2005)などがあるが、山口明穂・秋本守英編(2001)は次のように
定義している。[25]

> (9)　中国語起源の外来語を中心として、呉音・漢音などの漢字音で唱
> える漢字一字か二字で構成される語。字音語とも言う。狭義には
> 中国起源の語に限定し、字音語と区別することがある。……漢語
> は古くから日本文化の中に入ってきたため、またいろいろな事情で
> 作られたため、どこからどこまでを漢語とするかは意見が分かれ
> る。① 古く伝えられた中国語(梅・馬・絵など)、これらは通常は和
> 語として扱われる。② 中国で音訳されて伝えられた外国語(仏・塔
> などのサンスクリット語や葡萄・牡丹などの諸外国語)、これらは漢
> 語から除かれる。③ 漢音・呉音・唐音の類、これらは漢語の中核
> をなす。④ 明治時代に至って伝えられた中国語(麻雀・炒飯な
> ど)、これらは漢字で表記されることもあるが、通常は漢語とされな
> い。⑤ 日本で和語から作られた字音語(大根・火事・物騒など)、
> ⑥ ③に準じて日本で作られた語(労働・野球など)、これらは漢語と
> される。

　秋元美晴(2004)は、漢語は字音語と言われるように、漢字で書

23　朱德熙著・許成道譯(1997)『現代 中國語 語法論』사랍과 冊、p.25.
　　史锡尧・杨庆蕙主编(1998)『現代汉语』北京师范大学出版社、p.180.
　　Choe Gilwon主编(2000)『汉语语汇』新星出版社、p.1.
　　郭振华(2002)『简明汉语语法』华语教学出版社、p.4.
　　北京大学中文系编・Kim　Aeyeong外译(2007)『現代汉语』China　Hous
　　e、p.198.
24　胡裕樹外編・許成道譯(1991)『現代中國語學概論』教保文庫、p.211.
　　符准青著・Bak Heungsu譯(2007)『現代汉语词汇』China House、p.12.
25　山口明穂・秋本守英編(2001)『日本語文法大辞典』明治書院、p.180.

かれ音読みで読まれる語をいう。したがって、「天地」「降雨」など
中国から入ってきた語ばかりでなく、それをまねて日本で造られた
和製漢語も含まれる。和製漢語には、① 和語の漢字表記を音読
みしてできたもの(例えば「火の事→火事」「出張る→出張」など)、
② 漢語をまねて音読みの形でできたもの(例えば「勘定」「案内」な
ど)、③ 西欧語の訳語として日本で漢字を組み合わせて造ったも
の(例えば「哲学」「社会」など)がある。③には中国から借用した
「銀行」「代数」や、古い漢語をよみがえらせた「観念」「演繹」など
もあり、その内容はさまざまである。ただし、近代中国語から入っ
た「麻雀(マージャン)」「老酒(ラオチュウ)」「拉麺(ラーメン)」などは
漢語に含めず、外来語とする[26]と述べている。

　日本語教育学会編(2005)は、漢語とは、古代から中世にかけ
て、中国大陸から漢字とともに日本語に入ってきた語のことをい
う。すなわち、当時の中国語の語彙が、発音・表記とも原語のま
ま導入され、やがて日本語化したものが漢語である。漢語は、漢
字で書かれ、中国語に由来する発音(古いほうから呉音、漢音、
唐宋音)で読まれる点に特徴がある。漢字の発音を漢字音あるい
は字音と呼ぶことから、漢語を字音語ということもある。日本語の
語彙には、中国語から取り入れた本来の漢語のほかに、日本で
独自に漢字を組み合わせてつくった大量の和製漢語が存在す
る。それらのなかには、「大根、返事」のように和語の「おほね、
かへりごと」を漢字表記したものが、音読みされて(すなわち字音で
読まれて)生まれたものもある。また、江戸時代以降には欧米から
外来語の概念を導入する際に、中国語の古語をその訳語として

26　秋元美晴(2004)『よくわかる語彙』語文学社、p.68.

利用したり、新たに日本人が訳語を造語したりしてできたものもある。字音語は、本来の漢語に対して、これらを含めた総称として用いるのに便利な用語である。なお、「阿弥陀、娑婆、檀那」のような中国で音訳された梵語(サンスクリット語)は、広い意味での漢語に含めるのが普通である[27]と記述している。

　以上の論議をもとに、中・日・韓三国語の字音語は「漢字で表記可能であり、語源に関係なく、それぞれの言語で指定された漢字音で読まれる語である」と定義することができる。

　なお、語構成の研究において、「形態素」「語基」「接辞」などの概念も明確にしなければならないが、これらの概念については、該当する各章で詳しく述べることにする。

2.1.2　字音語の特質

　字音語は漢字でできた語である。そこで、字音語の特質を明らかにするためには、まず漢字の特性を知らなければならない。

　文字は機能の面から、一般的に表意文字[28]と表音文字とに分けられる。日本語で使用されている文字としては、漢字、平仮名、片仮名とローマ字があるが、漢字は表意文字に属し、その他、平仮名、片仮名とローマ字は表音文字に属する。韓国語のハングルも表音文字に入る。漢字が文字の機能から表意文字として分類されているのは、それが形・音・義を備えているからである。つま

27　日本語教育学会編(2005)『新版日本語教育事典』大修館書店、p.259.

28　田島優(2006)では「表語文字」という用語を使っているが、本研究では用語を統一するために「表意文字」という用語を使うことにする。<田島優(2006)「表語文字としての漢字」『朝倉漢字講座 2 漢字のはたらき』朝倉書店、p.1.>

り、漢字一字は原則として一音節を表し、何らかの意味を持って
いる。意味を持つというのは、品詞性を有することにもなる。

　日本語教育学会編(2005)は、他の文字と比べて、漢字には、
次の五つの特性があるとしている。[29]

(10)　① 数の多さ: 語彙数に匹敵する。
　　　② 字形の複雑性: 点画の数が格段に多く、その構成も複雑であ
　　　　る。
　　　③ 字形の構造性: 構成要素の並び方がある程度規則的であ
　　　　り、構成要素の集合から成る一定の構造をもつ。多くの場
　　　　合、音読みを表す構成要素(音符)と、意味傾向を表す構成
　　　　要素(意符=部首)とから成る。
　　　④ 多読性、類似音性: 一文字が複数の読みと対応する。常用
　　　　漢字一九四五字には一字平均2.1通りの読み方があり、音読
　　　　みには、同音、類似音の漢字が数多く存在する。
　　　⑤ 表語性、造語性: 一文字で一語になる漢字、熟語の構成成
　　　　分となる漢字、両方の用法をもつ漢字があり、意味も用法に
　　　　よって複数存在する場合がある。また、漢字は、使われる語
　　　　や文章のジャンル、専門分野、使用場面によってその使用
　　　　頻度や字体などにかなり異なる傾向が見られる。

　沈在箕(1987)は、漢字の特性としては次の四種を挙げることが
できるとし、

(11)　① 一つの漢字は、いくつかの音を持つことができる。
　　　② 一つの漢字は、いくつかの意味を持つことができる。
　　　③ 一つの漢字は、いろんな文法機能を遂行することができる。
　　　④ 従って、一つの漢字は、特定の文章の中で、文法機能に
　　　　よって、その位置を自由に変えることができる。

29　前掲書、『新版日本語教育事典』、pp.387-388.

　上の四種の特性は、漢字が持てられる可能な特性を意味するものと理解されるかもしれないが、事実においてはよく使われる漢字であればあるほど、上の四種の特性を一般的に具備している[30]と述べている。

　漢字の特性から、字音語の特質を類推してみると、まず、字音語は造語力が強いということである。

　字音語の造語力に直接影響を与えているのは漢字の数である。漢字の数については、辞典によって相当な差異を見せているが、最近出版された三国語の漢字辞典を調べてみると、『NEXUS實用玉篇』[31]には、俗字・本字などを含め、約一万二千字が収録され、『新华字典』[32]には、繁体字[33]・異体字などを含め、約一万字が収録され、『新漢語林』[34]には、異体字・国字などを含め、一万四千三百十三字が収録されている。

　三国語の常用漢字数を比べてみると、韓国語の場合は、2000年12月30日、教育部で公布した『漢文教育用基礎漢字』に収録された漢字が一八〇〇字で、大法院で選定した人名用の漢字を含めると三〇七九字になり[35]、中国語の場合は、「中国国家对外汉语教学领导小组办公室汉语水平考试部」で、2001年に公布した『汉语水平词汇与汉字等级大纲』(修訂版)に載っている漢字が二九〇七字であり[36]、日本語の場合は、1981年、内閣告示によっ

30　前掲論文、「漢字語의 構造와 그 造語力」、pp.28-29.

31　NEXUS辭典編纂委員會編(2005)『NEXUS實用玉篇』NEXUS ACADEMY

32　中国社会科学院语言研究所词典编辑室编(2004)『新华字典』第10版、商务印书馆

33　中国では、日本の旧字にあたる簡略化前の漢字を「繁体字」と呼ぶ。

34　鎌田正・米山寅太郎(2005)『新漢語林』大修館書店

35　前掲書、『엣센스 國語辭典』、p.2763.

36　潘忆影(2005)『8840 HSK 单语集』CHINA PRESS、p.4.

て公布された『常用漢字表』に記載された漢字が一九四五字で、人名用の漢字九八三字を含めると二九二八字になる[37]が、このことから、現代中・日・韓三国語で実際に使用されている常用漢字数は、約三〇〇〇字であることが分かる。漢字三〇〇〇字というのは、音節数が三〇〇〇種であることにもなるが、これは、現代韓国語で実現される一二五〇種余りの音節数[38]と、現代日本語で実現される約四〇〇種の音節数[39]に比べると、遥かに多い数である。

　それでは、漢字三〇〇〇字でどれぐらいの字音語が造語できるのだろうか。これについて、姜榮勳(1987)は、いくつかの統計資料を提示しているが、要約すると次のようである。

　「漢韓大辭典」(東亞出版社)に収録されている字音語を調査した資料によると、韓国語の中学校用基礎漢字九〇〇字が、語の前に来る例が六万二三七四語で、語の後に来る例が九八五五語である。また、韓国語の常用漢字一八〇〇字の造語力を調べた結果、一八〇〇字を組み合わせて造った字音語は十万語余りになるとする。造語力の強い漢字には、「大(823)・不(633)・無(584)・

37　前掲書、『新明解国語辞典』、p.310.

38　宋基中(1992)は、「形態論的な観点で、韓国語に存在可能な音節の総数は、次のような数式で算出することができる。初声(子音・‘ㅇ’含む)×中声(単母音＋二重母音)×終声(開音節＋子音＋二重子音)=19×(9＋12)×(1＋16＋11)=11172。しかし、実際に実現される音節の総数は四〇〇〇を越えなく、その中で、一二五〇種余りが実現音節の全体の97%以上を占有するとする」と述べている。<宋基中(1992)「現代國語 漢字語의 構造」『韓國語文 1』韓國精神文化研究院、p.43.>

39　日本語の音節構造を、[(C=子音)(S=半母音)V=母音(V=母音)(Q=促音/N=撥音)]とすれば、音節数は拗音・外来語音などを含めて、約四〇〇種ぐらいになる。日本語の音節構造については、<石綿敏雄・高田誠(1990)『対照言語学』桜楓社、pp.37-39.>と、<松崎寛・河野俊之(2004)『よくわかる音声』語文学社、pp.137-139.>などを参照した。

自(427)」をはじめ、二五〇語以上になるのも「高(265)・公(317)・国(416)」などがあり、百語以上になるのも二五五字ある。そして、韓国の文教部で、1957年に選定した臨時許容漢字一三〇〇字を組み合わせて字音語を造語すれば、五万六〇〇〇語余りになり、日本人の研究による統計では、漢字三〇〇〇字を組み合わせてできる字音語はおおよそ六〇万語余りにも達するという。[40]

　字音語の造語力が強い原因は、漢字の数の多さだけではない。上の例の「大・不・無・自・国……」などが、それほど多くの語が造語できるのは、その一字一字が「おおきい」「…しない/…でない」「ない」「自分/おのずから」「くに/国家の」など、自分の意味を持っているからである。つまり、漢字は表意文字だからである。それゆえ、漢字一字は他の多くの漢字と自由に結合することができ、他の漢字と組み合わせて造語した場合、その字音語は総合的な特徴を持つのが一般的である。

　金光海(1989)[41]によると、造語法の立場から、韓国語の固有語は分析的な特徴を持つ反面、字音語は総合的な特徴を持つという。ここで、総合的というのは、複合的な概念を一つの複合語の中に綜合して表現する言語の特性を言う。これに対し、分析的というのは、複合的な概念を分けていくつかの成分で表現する言語の特性を意味する。すなわち、韓国語の固有語は複合語の構成が易しくないが、字音語は複合語の構成がもっと易しいということである。このことは、日本語の和語も韓国語の固有語と同じだと思

40　姜榮勳(1987)『中學生의 語彙擴張을 위한 漢字語 指導方法 研究』忠北
　　大學校 教育大學院 碩士學位論文、pp.48-49.
41　金光海(1989)「固有語와 漢字語의 對應現象」『國語學叢書 16』塔出版社、
　　p.178.

われる。例えば、次のようである。

(12) ① 画家: 絵をかく人/그림을 그리는 사람
　　　② 愛煙家: たばこが好きな人/담배를 즐기는 사람

(12)のように、字音語は総合的な特徴によって「画家」「愛煙家」で表現できるが、日本語の和語または韓国語の固有語は「絵をかく人/그림을 그리는 사람」「たばこが好きな人/담배를 즐기는 사람」のように、句でしか表現できない。このような字音語の総合的な特徴は、言語の経済的な側面にも符合する重要な特徴で、字音語は概念と指示上の明確性を要する専門用語や学術用語、翻訳語などの造語において、豊かな造語力を持つようになる。

沈在箕(1987)は、字音語の造語法上の特質について次のように説明している。第一、漢字一字一字が持つ統辞的機能の多様性である。漢字一字がいろいろな意味に転用されるとともに多様な統辞的機能を遂行することによって、他の漢字と自由に結合する。例えば、「宿命」の「宿」は冠形語[42]、「宿泊」の「宿」は動詞、「宿直」の「宿」は副詞、「投宿」の「宿」は名詞で、「宿」の統辞的な機能が互いに違う。第二、漢字一字一字が表す意味の融通性である。意味が転変拡大されるによって、二字語からは慣用的に特殊化・専門化することがある。音訳語である仏教用語「三昧」「菩薩」「涅槃」「仏陀」などは言うまでもなく、「光武」「隆熙」など年号をはじめとする固有名詞、そして「経済」「白眉」「土木」などで見られる意味の専門化は、他のどんな言語のそれよりも強度が大きいということができる。第三、漢字一字一字が持つ意味の代表性であ

---

42 「冠形語」とは、韓国語で、体言の前に冠して体言の意味を修飾する語を指す。

る。すでに形成された二字語または三字語で代表になる漢字一字が、他の代表漢字と組み合わせて略語を造ることができる特性を言う(例えば、「科學技術處→科技處」など)。このような簡潔性が漢字の造語を豊かにする要因にもなる。[43]　字音語の中に二字字音語がもっとも多いのも、このような簡潔性のためであると考えられる。

　次に、字音語の語構成における特質であるが、字音語の語構成は、その語の表す意味と深い関係があり、特に、字音語の複合語は、語構成要素間の関係が統語論における語同士の関係と同じ統語構造を有するということができる。

(13)　①　父母・売買・広大
　　　②　校門・濁水・深夜
　　　③　新入・倒立
　　　④　日出・日没
　　　⑤　植樹・開口・求職

　[(13)-①]の「父母」は「父と母」、「売買」は「売ることと買うこと」、「広大」は「広くて大きい様子」という意味で、並列関係を表す語であり、[(13)-②]の「校門」は「その学校の門」、「濁水」は「濁った水」、「深夜」は「深い夜」という意味で、連体修飾関係を表す語であり、[(13)-③]の「新入」は「新しくはいること」、「倒立」は「さかさまに立つこと」という意味で、連用修飾関係を表す語である。そして、[(13)-④]の「日出」は「太陽が出ること」、「日没」は「太陽が沈むこと」の意味で、主語・述語関係を表す語であり、[(13)-⑤]の「植樹」は「木を植えること」、「開口」は「口を開くこと」、「求職」は

43　前掲論文、「漢字語의 構造와 그 造語力」、pp.37-39.

「職業を求めること」の意味で、述語・目的語関係を表す語で
ある。

　この外にも述語・補語関係、重複などがあるが、このような特質
で、一つの言語単位が、形態素であるか、語であるか、それとも
句であるかを弁別することは非常に難しく、同じ言語単位であって
も、言語によって受け取り方が異なる。例えば、「校門」「新入」な
どは日本語と韓国語では語として使用されているが、中国語では
句の範疇に入れている。

　そして、形・音・義を備えている表意文字としての漢字の特性
と、言語類型論の観点から孤立語[44]に属する中国語の特性から、
字音語は形態変化をしない特質を持つことが分かる。このような特
質を持つ字音語は、膠着語[45]である日本語と韓国語の言語体系
の中で定着するためには、日本語と韓国語の膠着語としての特性
を付与しなければならない。つまり、名詞性の字音語は、日本語
と韓国語でそのまま名詞になるが、動詞性の字音語には、韓国
語の場合は接尾辞「－하다」をつけて動詞をつくり、日本語の場
合は動詞「する」をつけて複合動詞をつくる。また、形容詞性の字
音語には、韓国語の場合は「－하다」「－롭다」「－스럽다」などの
ような接尾辞をつけて形容詞をつくり、日本語の場合は形容動詞
の語尾「－だ」をつけて形容動詞をつくる。例えば、次のようであ
る。

44　「孤立語」とは、単語が文中で使われる時、屈折や膠着の手続きなしに用い
　　られる言語である。文法的な機能は配列の順序によって決まる。<松村明編
　　(1989)『大辞林』三省堂、p.919.>
45　「膠着語」とは、実質的な意味をもつ単語あるいは語幹に、文法的な機能を
　　もつ要素が次々と結合することによって、文中における文法的な役割や関係
　　の差異を示す言語である。<上掲書、『大辞林』、p.830.>

		中国語	日本語	韓国語
(14)				
	① 名　　詞:	地图	地図	地圖
	② 動　　詞:	调查	調査する	調査하다
	③ 形容(動)詞:	复杂	複雑だ	複雑하다
		豪华	豪華だ	豪華롭다
		秘密	秘密だ	祕密스럽다

　副詞性の字音語は、韓国語の場合は副詞格の助詞「－로/－으로」あるいは接尾辞「－이」「－히」などをつけたりつけなかったりして副詞をつくり、日本語の場合は形容動詞の連用形「－に」「－と」などを伴ったり伴わなかったりして副詞をつくる。例えば、(15)のようである。

	中国語	日本語	韓国語
(15)			
①	再三	再三	再三
②	徐徐	徐徐に	徐徐히
③	一一	一一	一一이
④	往往	往往(に/にして)	往往
⑤	絶対	絶対(に)	絶對(로)
⑥	自然	自然(に/と)	自然(히)

　[(15)-①]はそのままの形で副詞になる場合であり、[(15)-②]は日本語と韓国語で必ず「－に」「－히」をつけて副詞になる場合である。[(15)-③]は韓国語で「－이」を、[(15)-④]は日本語で「－に」または「－にして」を伴う場合であり、[(15)-⑤⑥]は日本語と韓国語で「－に」「－と」「－히」などを伴っても伴わなくても副詞として使われる語である。このように、副詞性の字音語は、日本語と韓国語でさまざまな形態で使用されているから、学習上注意が必要であると思われる。

2.2 先行研究の現状と問題点

2.2.1 韓国語における先行研究

　韓国語における字音語の語構成に関する研究は、大きく二つ
に分けられる。一つは、「語幹」「語根」「機能素」というような用語
を使い、韓国語の固有語と同じ体系内で究明しようとするものであ
るが、この類に属する研究には、李翊燮(1968)、卢明姫(1990)、
宋基中(1992)などがある。もう一つは、いわゆる「漢文文法」の体
系内で究明しようとするものであるが、金敏洙(1971、1998)、沈
在箕(1987)、崔圭一(1989)などがこれに属する。
　まず、李翊燮(1968)は、字音語の造語法を韓国語の固有語の
造語法と同じ体系で究明しようとし、字音語の語構成を次のように
分類している。

> (16)　① 単一語
> 　　　　a. 単音節の語: 門・兄・東・山……
> 　　　　b. 二音節以上の語: 矛盾・珊瑚・葡萄・饅頭……
> 　　② 複合語
> 　　　　a. 語幹＋語幹: 冊床・窓門……
> 　　　　b. 語根＋語根: 老人・眼鏡……
> 　　　　c. 語幹＋語根(或は語根＋語幹): 友情・賞狀……
> 　　③ 派生語
> 　　　　a. 接頭辞＋語基: 未婚・不幸・洋式・最高級……
> 　　　　b. 語基＋接尾辞: 私的・作者・能率的・労動者……

　そして、漢字の接辞はその数は少ないが、接辞であるものは生
産性が非常に高いのが一般的で、接辞と語根が結合することは韓
国語の固有語の接辞と語根にはない字音語の特有の現象である

と述べている。[46]

　申昌淳(1969)は、「漢字語」を単純語と複合語に分け、単純語には漢字一字からなるもののほかに、「枇杷・蟋蟀・葡萄」などのように二字からなる語もあるが、これらの二字以上の単純語はほぼ中国から有形のものが入ると同時に名前も一緒に入った場合で、次のようなものがあるとしている。

(17)　① 植物の名前: 桔梗・生薑・薔薇・牧丹……
　　　② 薬品・香料・染料・鉱物などの名前: 牛黄・麝香・臙脂・水晶……
　　　③ 獣の名前: 鸚鵡・孔雀・郭公・駱駝……
　　　④ いろんな道具の名前: 琵琶・屏風・帽子・拂子……
　　　⑤ 仏教上の言葉: 袈裟・菩薩・三昧・佛陀……

　この外に、二字以上の単純語として、また「重言(疊字)・雙聲・疊韻」のような方式で構成された語があるとし、これらはほとんど擬声・擬態語で、その「漢字語」の意味はその語を構成する漢字の意味とはあまり関係がなく、その字音で語感を表現しようとするような語であると述べ、次のような例を挙げている。

(18)　① 重言(同じ漢字を二つ重ねた語): 堂堂・紛紛・悠悠・滔滔……
　　　② 雙聲(上下二字の「声」が同じ語): 躊躇・恍惚・猶豫・髣髴……
　　　③ 疊韻(上下二字の「韻」が同じ語): 混沌・彷徨・逍遙・燦爛……

　そして、その以外の二字以上の漢字熟語はすべて複合語であるとし、二字語の構成方法を大きく三種に分けて記述しているが、まとめると次のようである。

46　李翊燮(1968)「漢字語 造語法의 類型」李崇寧博士頌壽紀念論叢、pp.476-481.

(19) ① 並列式方法によるもの
　　　a. 同意味や類義語で結合されたもの
　　　　ア. 体言並列: 價値・言語……
　　　　イ. 動詞並列: 監督・開拓……
　　　　ウ. 形容詞並列: 苛酷・激烈……
　　　b. 反義語で結合されたもの
　　　　ア. 結合の程度が高いもの: 國家・左右・天地・人物……
　　　　イ. 結合の程度が低いもの: 古今・男女・利害・善惡……
　　　c. 同音字を重複したもの: 各各・種種・子子孫孫・明明白白……
② 統辞的方法によるもの
　　　a. 修飾関係
　　　　ア. 被修飾語が体言で、修飾語が用言であるもの: 小人・
　　　　　美女……
　　　　イ. 用言が被修飾語であるもの: 孤立・固定……
　　　　ウ. 修飾語が体言であるもの: 地下・天才……
　　　b. 補足関係(述語+客語・補語): 結婚・登山・成功・失望・握
　　　　手……
　　　c. 主述関係: 人造・人工・心痛・日沒・地震……
③ 派生的方法によるもの
　　　a. 接頭辞がついたもの: 無禮・非常……
　　　b. 接尾辞がついたもの: 近者・箱子……

　また、上のような方法で構成されていない熟語としては、次のよ
うなものがあるとしている。[47]

(20) ① 典故による熟語: 杞憂・矛盾・古稀・不惑……
② 日本で造った熟語: 案内・出張・景気・手続……

　朴英燮(1995)は、西域から流入された「琵琶」「葡萄」などの語
は、これ以上小さい語で分析することのできない単純語であると
し、複合語でできた「漢字語」の中で、二字語が最も多く、二字

47　申昌淳(1969)「漢字語小考」『國語國文學 42・43』國語國文學會、pp.252-258.

語をもとにして三字・四字語が構成されると述べ、申昌淳(1969)の分類方法を参照して、「二音節漢字語」を分類している[48]が、(19)とほぼ同じである。

　金敏洙(1971、1998)は、字音語の構造を形態構成と構文構成に分けて分析しているが、形態構成は(21)のように、構文構成は(22)のようにそれぞれ分類している。[49]

(21)　①　単一語: 肝・江・客・伶俐・混沌・琵琶……
　　　②　複合語: 土地・左右・小説・将来・文字……
　　　③　派生語
　　　　　a. 基語＋接尾辞: 突然・椅子・此等……
　　　　　b. 接頭辞＋基語: 第一・不良・打破……
　　　④　慣用語: 杞憂・矛盾・羊頭狗肉・同床異夢……

(22)　①　主述関係(主語＋述語)
　　　　　a. 主述結構: 天動・日没・國立・頭痛・年老……
　　　②　動賓関係(述語＋客語)
　　　　　a. 動賓結構: 騎馬・示威・成功・飲酒・投機……
　　　　　b. 存現結構: 立春・開花・降雨・有料・無人・富國・愚民……
　　　③　補充関係(主体＋従属)
　　　　　a. 動補結構: 延長・長大・治安・登山・上京……
　　　　　b. 助動結構: 過去・開放・決定・育成・貫通・奪取……
　　　　　c. 形補結構: 耐久・喜甚・多三倍・高千丈……
　　　④　修飾関係(従属＋主体)
　　　　　a. 修飾結構(副体): 小説・熱心・流水・四方・彼岸……
　　　　　b. 修飾結構(副用): 瓦解・中立・公開・雪白・好轉・長方……
　　　　　c. 認定結構: 可憐・必要・難解・未開・非常……
　　　⑤　聯合関係(主体＋主体)
　　　　　a. 聯合結構: 父母・飲食・時間・交通・旅行・重要……

48　朴英燮(1995)『國語漢字語彙論』博而精、pp.24-27.

49　金敏洙(1971、1998)『國語文法論』一潮閣、pp.379-380.

金宗澤(1972)は、字音語はそれがもつ語素の形態的恒常性によって韓国語の固有語とは全然違う造語能力を持っているので、固有語とは別個の基準に立脚して研究しなければならないとし、いわゆる複合漢字語群を、意味構造の分析の立場から、形態論的構成による完全複合語群と統辞論的構成による擬似複合語群とに大別し、完全複合語群は意味論的な見地でみれば、一つの新しい意味素を創造する立場にたつもので、語彙的な制約を受けるが、擬似複合語群は形態的類似性によって複合語のように処理されているが、それぞれの構成素の間には統辞的規則による支配関係、すなわち文法的制約を受けると記述している。[50]

沈在箕(1987)は、字音語の構造を漢字数によって一字語・二字語・三字語・四字語・五字語に分けて検討し、三字語以上のすべての字音語は二字語を基盤に形成されているので、構造的な特徴は結局、二字語の解明で終わると述べ、二字語の構造を次のように分類している。[51]

(23) ① 主述構成: 天動・日没・國立・人造……
　　 ② 修飾構成: 動詞・過程・長期・概念・人品……
　　 ③ 並列構成: 人民・土地・方法・言語・上下・達成・關係……
　　 ④ 限定構成: 冷凍・指示・特定・脱出・聯合・使用……
　　 ⑤ 補充構成: 社會・意味・性質・説明・移動……
　　 ⑥ 接尾構成: 硝子・樵子・人間・空間……
　　 ⑦ 目的構成: 避難・殺生・防火・停會・觀光……
　　 ⑧ 被動構成: 見奪・所定・被侵……
　　 ⑨ 否定構成: 勿論・不利・非理・無罪・否決……
　　 ⑩ 省略構成: 懷中・傷寒・意外・亡命・入試……

---

50 金宗澤(1972)「複合 漢字語의 語素 配合 構造」『語文學 27』韓國語文學會、p.84.
51 前掲論文、「漢字語의 構造와 그 造語力」、pp.31-37.

　崔圭一(1989)は、字音語の統辞的な構成によって、字音語の
構造を次のように九種に分類し、

(24)　① 融合関係: 身體・正直・逃走……
　　　② 並列関係: 風雲・晝夜・信任・眞善美……
　　　③ 対立関係: 貴賤・男女・旦夕……
　　　④ 修飾関係: 美人・人情・古書・新春……
　　　⑤ 主述関係: 日出・家貧・山高……
　　　⑥ 述目関係: 讀書・愛國・求人・給水……
　　　⑦ 述客関係: 登山・下山・登校・下校……
　　　⑧ 述補関係: 有效・難解……
　　　⑨ 述本関係: 所願・不美・不老……

　上の[(24)-①~⑤]に該当する字音語は、韓国語の語順と同じ
なので、漢字の順序どおり解釈し、[(24)-⑥~⑨]に該当する字
音語は、韓国語の語順と違うから、韓国語の語順に合うように解
釈しなければならないとしている。[52]

　盧明姫(1990)は、字音語の記述において、既存の機械的な形
態素の分析は、分析された形態素の間の相互の緊密性の差異を
正確に捕らえることができないから、実際的な機能単位を設定す
る必要があるとし、「機能素」という機能単位を設定して、これらの
「機能素」には、(Ⅰ)最小自立形式、(Ⅱ)依存形式の中で固有語
の接尾辞「−하다」と結合することができ、特殊助詞がつくことがで
きる単位、(Ⅲ)自立形式について、接辞的機能をする単位が含ま
れるとしている。[53]

　一方、盧明姫(2007)では、「国語で漢字語は単に語彙が借用

52　前掲論文、『韓國語 語彙形成에 관한 研究』、p.123.
53　盧明姫(1990)『漢字語의 語彙形態論的 特性에 관한 研究』서울大學校
　　大學院 碩士學位論文、pp.30-31.

される次元を越えて、その造語法まで一緒に借用されている」と
し、また「漢字語の内的構造が漢字語全体の文法的な機能や範
疇を決定するのにある程度反映される」と述べ、字音語の内的構
造を基本構造(主語＋述語、述語＋目的語、述語＋補語)、修飾
構造(冠形語＋名詞、副詞語＋述語)、並列構造(名詞＋名詞、
形容詞＋形容詞、動詞＋動詞)などに分けて論じている。[54] 卢明
姬(1990)とは相当違った立場を取っていることが分かる。

　　鄭元洙(1991)は、造語論的な過程に従って、三つの類型に要
約している。[55]

　　　(25)　①　並列構成
　　　　　　　a. NR(N)＋NR(N): 思想・土地・身體・江山
　　　　　　　b. V_2R＋V_2R: 加入・開拓・教育・記憶
　　　　　　　c. AR＋AR: 困難・公明・奇異・安樂
　　　　　②　冠形構成
　　　　　　　a. NR(N)＋NR(N): 名士・光線・路上・武臣
　　　　　　　b. AR＋NR(N): 大臣・所見・美女・好材
　　　　　　　c. V_1R＋NR(N): 動力・過程・動詞・來日
　　　　　③　叙述構成
　　　　　　　a. A_1R＋V_1R: 孤立・獨立・再考・合唱
　　　　　　　b. V_2R＋NR(N): 讀書・避難・安心・斷念
　　　　　　　c. NR＋V_1: 天崩・日沒・人造・市立
　　　　　　　d. NR＋AR: 年長・夜深・家貧・心痛
　　　　　　　(* R: 語根、V_1: 自動詞、V_2: 他動詞)

　　宋基中(1992)は、金敏洙(1971、1998)のような分析は「大部

54　盧明姬(2007)「漢字語의 語彙 範疇와 內的 構造」『震檀學報 103』、pp.
　　168-171.
55　鄭元洙(1991)『國語의 單語形成 研究』忠南大學校 大學院 博士學位論文
　　<金宗澤(1993)『國語 語彙論』塔出版社から再引用、p.200.>

分の漢字語が形成された歴史的な観点ではもちろん正しい。しか
し、現代(韓)国語に存在する漢字語の語彙項を分析した結果、
或は国語の話者が認識している漢字語の形態素を分析した結果
ではない。漢文文法の体系内では個別の漢字と結び付けられた
形式が、"名詞"、"叙述詞"、"副詞"などの機能を発揮すること
ができても、それが現代国語の中でもそのまま実現されないのは
自明である。国語漢字語の形態素の文法機能は固有語の形態素
と相関関係を考慮して把握されれればこそ、国語内で発揮される正
しい機能に把握できる」といい、「結局、漢字語の形態素が現代
国語で発揮する文法的機能を適切に把握する方法は、国語文法
の根幹的特性を発揮する固有語の形態素の文法的機能に立脚し
て、漢字語の形態素の機能を把握するが、別途の範疇を設定す
る方法が最も妥当である。すなわち、"国語形態素"をまず"非漢
字語形態素"と"漢字語形態素"とに区分し、非漢字語形態素の機
能範疇を把握・設定した後、非漢字語に適用した概念で漢字語の
形態素を観察して、それに適切な機能範疇を設定することである」
と述べ、「漢字語の形態素」を名詞性形態素(自立形式[名詞]、
自在的依存形式、制限的依存形式)、叙述・名詞性形態素(自在
的依存形式、制限的依存形式)、修飾詞性形態素(自在的依存
形式、制限的依存形式)に分けている。[56]

　Jang Yeongsu(1994)は、「構成素」「形象項」という概念を設定
し、字音語の語構成を[表2]のように分類している。[57]

56　前掲論文、「現代國語 漢字語의 構造」、pp.49-51.
57　Jang Yeongsu(1994)は、「構成素」「形象項」という概念を次のように定義し
　　ている。
　　構成素：漢字語を分析した場合、分析された構成要素の本来の語彙的な意
　　味を中心とする最小の単位である。ただし、各音節が互いにその他のどん

[表2]

形象項	構成素の結合方式	例
Ⅰ ㄱ	単一構成素	肝、江、門、冊、床……
Ⅰ ㄴ		矛盾、於此彼、分付……
Ⅱ	有義構成素＋無義構成素	饅頭、國家、菓子、帽子、拍子……
Ⅲ ㄱ	有義構成素＋有義構成素	江山、冊床、窓門……
Ⅲ ㄴ		父母、天地、兄弟……
Ⅲ ㄷ		自動、航空、國立……
Ⅲ ㄹ		困難、奇異、安樂……
Ⅳ	有義構成素＋添義構成素	投手、技士、大家、糖分、水分……
Ⅴ	形象項＋添義構成素	飛行士、理髪士、美術家、運轉手、無賴漢、門下生……
Ⅵ ㄱ	有義構成素＋形象項	大都市、新敎育、小企業……
Ⅵ ㄴ		未修交、再可動、最長身……
Ⅶ	形象項＋有義構成素	高壓線、前半期、前夜祭、貴重品……
Ⅷ	同一形態構成素の反復	句句節節、時時刻刻、子子孫孫、明明白白、虛虛實實……

そして、[表2]の中で「Ⅰ・Ⅱ・Ⅲㄹ」は単一語に、「Ⅲㄱ・Ⅲㄴ・Ⅲㄷ・Ⅵㄱ・Ⅶ・Ⅷ」は合成語に、「Ⅵㄴ」は準接頭派生語に、「Ⅳ・Ⅴ」は準接尾派生語に所属させている。

Jang Yeongsu(1994)は、「構成素」の設定の理由については、「漢字語」は固有語よりは生産性が高いだけでなく、「漢字語」の構

な構成素と結合することがないのは排除する。
形象項：「単一構成素(自立構成素)」や「構成素」と「構成素」が結合した漢字語である。
そして、「構成素」を意味によって有義構成素(例えば、「窓門」「父母」など)、無義構成素(例えば、「帽子」「國家」など)、添義構成素(例えば、「投手」「美術家」など)に分け、自立性によって自立構成素(例えば、「肝」「江」など)、依存構成素(例えば、「父」「天」など)に分けている。「形象項」は大きく八種に分けている。<Jang Yeongsu(1994)『漢字語 單語 짜임새에 관한 研究』東亞大學校 大學院 碩士學位論文、pp.20-31.>

成要素の中には文法的な機能をするものが全然現れないからであるとしている。また、「形象項」というのは、語彙に該当する概念で、中には単一語の範囲に所属させることができるものもあれば、複合語の範囲に入れることができるものもあるとし、「形象項」の設定の必要性については、「漢字語」の構成素が結合した場合、これらの語彙の中で、同じ構成素の結合が単一語に分けられるものもあれば、そうでないものもあるから、同じ類型の構成素同士の結合を「形象項」といえば便利だからであると述べている。

　鄭旼泳(1994、1999)は、字音語の複合語の構造を大きく並列構成、従属構成、叙述構成、その他の構成など四種に分け、統辞機能と意味によって、複合語の構成要素として、N(名詞、代名詞、数詞)、V(動詞)、A(形容詞)、Ad(副詞)などを設定して、(26)のように下位分類している。[58]

> (26)　①　並列構成
>   a. N＋N
>   ア. 反義関係: 上下・男女・天地・兄弟……
>   イ. 類義関係: 土地・言語・意味・根本……
>   ウ. 対等関係: 花鳥・風水・風雨……
>   b. V＋V
>   ア. 反義関係: 授受・生死・起伏・興亡……
>   イ. 類義関係: 達成・逃走・信任・結束……
>   ウ. 対等関係: 飲食・殺傷……
>   c. A＋A
>   ア. 反義関係: 大小・強弱・長短・早晩……

58　鄭旼泳(1994)『國語 漢字語의 單語 形成 研究』忠北大學校 大學院 博士
　　學位論文、pp.44-72.
　　鄭旼泳(1999)「國語 漢字 複合語의 構造」『開新語文研究 9』忠北大學校
　　開新語文研究會、pp.81-95.

イ. 類義関係: 正直・困難・貴重・明白……
ウ. 対等関係: 正大・秀麗・遠大・宏壯……
d. Ad＋Ad: 相互・恒常・何必・惟獨……
② 従属構成
a. N＋N: 人情・汽車・野外・陸上……
b. A＋N: 美人・小説・香水・熱心……
c. V＋N: 動詞・過程・來日・住宅……
d. Ad＋N: 唯一・卽席・卽興……
e. N＋V: 所定・所願・所見・一見……
f. A＋V: 重視・密接・激動・廣告……
g. V＋V: 合唱・敗北・加入・扶養……
h. Ad＋V: 復活・獨立・相談・自立……
i. Ad＋A: 必然・如何・相異・自重……
③ 叙述構成
a. N＋V₁: 地震・人造・毒殺・雲集……
b. V₁＋N: 行船・開花・發病……
c. N＋A: 夜深・家貧・性急・心亂……
d. A＋N: 有名・多情・如意・無罪……
e. V₂＋N: 避難・觀光・告別・負傷……
f. N＋V₂: 席卷・利用・步行・家出……
g. V₃＋N: 登山・上陸・乘車・渡日……
④ その他の構成
a. 補助構成: 可能・不在・非凡・否認……
b. 省略構成: 亡命・矛盾・古稀・完璧……
c. 反復構成: 漸漸・往往・一一・滔滔……

　　趙範熙(1998)は、沈在箕(1987)、鄭元洙(1994)、鄭旼泳(1994)などを基にして「漢字語の構造の新しい模型」を提示しているが、[表3]のようである。[59]

59　趙範熙(1998)『漢字語 構造에 關한 研究』韓國教員大學校 大學院 碩士
　　學位論文、pp.24-37.

[表3] 漢字語の構造の新しい模型

漢字語の構造類型		語根の類型	語 例[60]
主述構成		N＋V	波及・人造・波動……
		N＋A	夜深・土深・文弱……
述目構成		V＋N	決心・努力・報道・設計……
		V＋V	歸納・比重・说教・祝願……
述補構成		V＋N	登山・除外・照明・處理……
		A＋N	多情・有名・長壽・充分……
修飾構成	冠形語＋体言	N＋N	工業・個人・公園・空氣……
		V＋N	關心・教室・感情・速度……
		A＋N	古典・故事・能力・靑春……
		Ad＋N	今日・先人・豫想・卽刻……
	副詞語＋用言	V＋V	感激・關係・解放・警告……
		A＋V	輕視・固定・密接・要求……
		Ad＋V	共通・獨立・普及・自由……
		Ad＋A	可憐・便利・反對・素朴……
並列構成	対立関係	N＋N	夫婦・因果・春秋・黑白……
		V＋V	動靜・問答・生死・得失……
		A＋A	老少・是非・明暗・喜悲……
		Ad＋Ad	古今・彼此……
	対等関係	N＋N	父母・矛盾・貧困・心情……
		V＋V	過去・教育・發展・訪問……
		A＋A	巧妙・純潔・誠實・勇敢……
	類似関係	N＋N	基本・家庭・計算・思考……
		V＋V	開發・建築・經過・命令……
		A＋A	巨大・祈禱・描寫・平均……
	畳語関係	N＋N	年年……
		V＋V	戀戀……
		A＋A	緩緩・蕩蕩……
派生構成	接頭構成		無罪・不足・否認・未來……
	接尾構成		主人・文化・作家・自然……
単一構成	2音節単一語		工夫・文明・岁月・風水……

　Lee Sanggyu(2004)は、字音語の複合語を合成語と派生語に
分け、合成語の構造類型を形態的関係と統辞的関係によって分
類しているが、形態的関係による分類は、また自立性の有無に
よって、「自立形式＋自立形式」(例えば、「江山」「窓門」など)、「自
立形式＋依存形式」(例えば、「車道」「妻家」など)、「依存形式＋
自立形式」(例えば、「登山」「發病」など)、「依存形式＋依存形式」
(例えば、「加減」「讀書」など)に分類し、形成方式によっては、反
復構成合成語(例えば、「各各」「次次」など)、略語構成合成語
(例えば、「江南」「高校」など)に分類している。

　統辞的関係による分類は、「漢字語の語根は名詞性語根(NR)
と叙述名詞性語根(VNR)に分けられるという特徴と、漢字語の合
成語は大多数が名詞であるという特徴を反映して」、(27)のように
分類している。

　(27)　① NR(N)＋NR(N)
　　　　　並列構成: 江山・善惡・憤怒・土地……
　　　　　修飾構成: 茶房・月光・香水・人情……
　　　　　叙述構成: なし
　　　　② NR(N)＋VNR
　　　　　並列構成: なし
　　　　　修飾構成: 所定・所行・國會・漆黒……
　　　　　叙述構成: 國立・年長・地震・人造……
　　　　③ VNR＋NR(N)
　　　　　並列構成: なし
　　　　　修飾構成: 大臣・過客・登山・登校……
　　　　　叙述構成: 有名・下校・多情・犯罪……

60　語例は上掲論文、pp.40-58.を参照した。

④ VNR＋VNR
　　並列構成: 開始・超越・興亡・貴賤……
　　修飾構成: 孤立・合唱・重視・交戰……
　　叙述構成: なし
⑤ M＋M(M=morpheme): 經濟・文化・社會・人間……

　(27)で問題になるのは[(27)-⑤]であるが、Lee Sanggyu(2004)
は、[(27)-⑤]は「統辞的関係を分析することができない類型で、
並列関係、修飾関係、叙述関係を判断することができない。この
ような類型は単純に"形態素＋形態素"の結合で処理する」と述べ
ている。[61]

　辛基相(2005)は、「漢字語構文」という用語を使い、「漢字語構
文」を次のように分類し、

(28)　① 並列構文
　　　　a. 同一漢字語の並列: 家家・年年・別別・次次……
　　　　b. 類似漢字語の並列: 家屋・加入・困難・逃走・葡萄……
　　　　c. 対立漢字語の並列: 強弱・出入・先後・因果……
　　② 修飾構文
　　　　a. 冠形語＋被修飾語: 家具・物質・罰金・打者……
　　　　b. 副詞語＋被修飾語: 孤立・無視・未開・上昇……
　　③ 主述構文
　　　　a. 主語＋述語: 光明・日出・市立・人造……
　　　　b. 述語＋主語: 開花・多情・無限・有利……
　　④ 述目構文
　　　　a. 目的語＋述語: 國防・家出・面接・樹植……
　　　　b. 述語＋目的語: 開會・募金・消火・愛國……
　　⑤ 補完構文
　　　　a. 被動構文: 被拉・被選・被任・被害……

61　Lee Sanggyu(2004)『現代國語 漢字語의 構成單位와 構造 研究』漢陽大
　　學校 大學院 博士學位論文、pp.86-98.

b. 否定構文: 未開・非常・否認・無限……
c. 語根＋接辞(性漢字語): 街頭・拍子・自然・巨視的・大衆
　　化……
d. 接辞(性漢字語)＋語根: 猛活躍・猛攻撃・過保護・過乾燥……

　しかし、「漢字語」は内部構造が多様で、このような分類だけで
はすべての「漢字語」を満足に配属させることができず、このような
分類に適切に配属されにくい「漢字語」もあるとしている。[62]

　この外にも、韓国語での字音語の語構成に関する研究には、
金圭哲(1980)、鄭愚相(1993)などがあるが、金圭哲(1980)は韓
国語の固有語との比較を中心に研究が行なわれ、鄭愚相(1993)
は字音語の構造と「漢文」の構造との関係について論じている。李
光政(2003)は通時的な観点と共時的な観点の両面で、韓国語の
固有語と字音語の語彙的な特徴を考察し、鄭鎭烋(1990)は漢字
の解釈においての類型を、固有訓と漢字訓に分けて考察してい
る。両国語または三国語の字音語の意味対照を中心に扱った研
究には、黄慈仁(1984)、劉昌錫(1990)、金慧娟(1999)、崔允
敬(2003)、金鮮花(2004)、孫惠波(2004)、崔貴淑(2004)、金
慧順(2005)、柳玄京(2007)などがあり、教育学の面で字音語を
論じた研究には、Sim Soyeon(2004)、曺錦慈(2006)などがある。
これらの研究では、字音語の語構成について詳しく分類が行なわ
れていないため、ここでは詳述しない。

　以上、韓国語における字音語の語構成に関する研究を考察し
てみたが、次のようないくつかの問題点が挙げられる。まず、李
翊燮(1968)の「語幹」という用語の設定が字音語の語構成に関す

62　辛基相(2005)『現代國語 漢字語』북스 힐、pp.186-196.

る研究にはふさわしくないということである。というのは、「語幹」は
「語尾」と区別するために設定するものであるが、字音語には「語
尾」というものがないからである。

　盧明姫(1990)の「機能素」の下位分類である「自立形式」「依存
形式」と、宋基中(1992)の「名詞性形態素」の下位分類である「自
立形式」「自在的依存形式」「制限的依存形式」などの設定も、韓
国語の体系内ではある程度分類が可能であるかもしれないが、中
国語または日本語との対照研究においては相当問題になる。例
えば、「愛」は韓国語では「依存形式」であるが、中国語と日本語
では「自立形式」であり、「国」は日本語と韓国語では「依存形式」
であるが、中国語では「自立形式」である。従って、「愛国」は三
国語で同じく「国を愛する」という意味を表す「動詞＋目的語」構造
の語であるが、「自立形式」と「依存形式」で分類すると、韓国語
では「依存形式＋依存形式」、中国語では「自立形式＋自立形式」、
日本語では「自立形式＋依存形式」になる。

　Jang Yeongsu(1994)の「構成素」の下位分類も非常に曖昧で、
同じ形態の「構成素」が「無義構成素」になったり、「添義構成素」
になったりする。例えば、[表2]の語例で、「分付」は「単一構成素」
であるが、「糖分」「水分」の「分」は「添義構成素」に属し、「国家」
の「家」は「無義構成素」に属しているが、「大家」「美術家」の「家」
は「添義構成素」に属している。もちろん、同じ形態の「構成素」は
必ず一つの下位分類にしか属せないというわけではない。「帽子」
の「子」と「子孫」の「子」は意味と用法が違うから、当然別の「構成
素」と見なすべきであろう。

　いわゆる「漢文文法」の体系内での研究にも、論者によって使う
用語もさまざまであり、分類の基準と種類もさまざまであって、問

題は少なくないが、これらの問題については、次の章で詳しく論じることにする。

2.2.2 中国語における先行研究

これまでの中国語における字音語の語構成に関する研究は、複合語の内部構造が中国語の文法構造と基本的に一致するという前提のもとに、主として主述構成、修飾構成、述目構成、補充構成、並列構成など五つの構成を中心に研究が行なわれてきたが、代表的なものには次のようなものが挙げられる。

胡裕樹外(1991)は、語の内部構造の形式によって、現代中国語の語を単純語と合成語に分け、合成語は量的に絶対多数を占めるだけでなく、多様な構成方式を有するとし、合成語を「語基と接辞で構成された合成語」と「語基が互いに融合して構成された合成語」に分類しているが、まとめると次のようである。[63]

> (29)　① 語基と接辞で構成された合成語
> 　　　　a. 接頭辞＋語基: 老虎・可変・无常・超时代……
> 　　　　b. 語基＋接尾辞: 桌子・作者・职员・歌手・同化……
> 　　　　c. 接頭辞＋語基＋接尾辞: 反法西斯主义者・可靠性……
> 　　　② 語基が互いに融合して構成された合成語
> 　　　　a. 联合式(並列構成)
> 　　　　　ア. 同義の語基を並列したもの: 思想・真实・学习・矛盾・国家……
> 　　　　　イ. 反義の語基を並列したもの: 早晚・始终・东西・利害・动静……
> 　　　　b. 附加式(修飾構成): 内部・热爱・深入・四季……

63　前掲書、『現代中國語學概論』、pp.222-228.

　　　　c. 补充式(補充構成): 说明・打倒・物件・人口……
　　　　d. 陈述式(陳述構成): 头痛・眼花・性急・年轻……
　　　　e. 支配式(支配構成): 动员・示威・伤心・司令……

　Maeng Jueok(1992)も、現代中国語の語を単純語と合成語に分類しているが、まとめると次のようである。[64]

　(30)　① 単純語
　　　　a. 単音節の形態素で構成されたもの: 说・走・山・水・大・小……
　　　　b.「联绵字」で構成されたもの
　　　　　ア. 双声: 伶俐・仿佛・琉璃・澎湃……
　　　　　イ. 畳韻: 徘徊・从容・堂皇・苗条……
　　　　　ウ. 双声・畳韻でないもの: 蝴蝶・妯娌……
　　　　c. 音訳した外来語: 咖啡・逻辑・葡萄・奥林匹克……
　　　　d. 擬声語: 叭・轰隆・噼里啪啦……
　　　② 合成語
　　　　a. 複合語
　　　　　ア. 并列型(並列構成): 广泛・朋友・声音・岁月・意义・庆祝・
　　　　　　尊敬・明白・观察・美丽・辛苦・呼吸・国家・质量・人
　　　　　　物……
　　　　　イ. 修饰型(修飾構成): 国旗・新闻・前进・预习・重视……
　　　　　ウ. 补充型(補充構成): 扩大・治安・充满・改善・人口……
　　　　　エ. 支配型(支配構成): 注意・关心・主席・失望・满意……
　　　　　オ. 陈述型(陳述構成): 自觉・国营・法定・事变……
　　　　　カ. 重叠型(重畳構成): 弟弟・偏偏・纷纷・茫茫……
　　　　b. 派生語
　　　　　ア. 接頭辞＋語基: 老师・阿姨・第一・初一・可怜……
　　　　　イ. 語基＋接尾辞: 椅子・石头・记者・个性・速度……

　朱德熙(1997)は、単独で語を形成することができる形態素は「成词语素(自立形式)」(例えば、「人」「葡萄」など)で、単独で単

64　Maeng Jueok(1992)『現代中國語文法』青年社、pp.38-43.

純語になり、単独で語を形成することができない形態素は「不成词
语素(結合形式)」(例えば、「人民」の「民」、「履歴」の「履」と「歴」
など)で、他の形態素と結合して合成語になるといい、合成語の構
造を次のように分類している。

(31) ① 附加式(派生語)
　　　　a. 前缀(接頭辞)＋词根(語基): 初一・第一・老二・老李……
　　　　b. 词根(語基)＋后缀(接尾辞): 金子・桃儿・馒头・渐渐的・好
　　　　　　好儿的……
　　② 夏合式(複合語)
　　　　a. 主谓式(主述構成)
　　　　　　ア. 名詞: 冬至・霜降……
　　　　　　イ. 動詞: 地震・心疼・耳鸣……
　　　　　　ウ. 形容詞: 面熟・年轻・胆怯・理亏……
　　　　b. 述宾式(述目構成)
　　　　　　ア. 名詞: 主席・将军・防风……
　　　　　　イ. 動詞: 关心・动员・出版・告别……
　　　　　　ウ. 形容詞: 讨厌・满意・卫生・无聊……
　　　　　　エ. 副詞: 到底・照旧……
　　　　c. 偏正式(修飾構成)
　　　　　　ア. 名詞: 飞机・优点・蛋白・意外……
　　　　　　イ. 動詞: 重视・热爱・回忆・中立……
　　　　　　ウ. 形容詞: 自私・冰凉・滚烫……
　　　　　　エ. 副詞: 至少・未免……
　　　　　　オ. 连词(接続詞): 不但……
　　　　d. 述补式(補充構成)
　　　　　　ア. 動詞: 革新・改良・证明・扩大・降低……
　　　　e. 联合式(並列構成)
　　　　　　ア. 名詞: 音乐・道路・买卖・法律……
　　　　　　イ. 動詞: 调查・安慰・重叠・可能……
　　　　　　ウ. 形容詞: 奇怪・透彻・光明・特殊……
　　　　　　エ. 副詞: 根本・千万……

オ. 介词(前置詞): 自从……
カ. 连词(接続詞): 而且・并且・因为……

　この外、朱德熙(1997)は、特殊な複合語として「略称」があるが、「略称」には「減縮式」(例えば、「超音速飞机→超音速」「清华大学→清华」など)と、「緊縮式」(例えば、「抗日战争→抗战」「北京大学→北大」など)があると述べている。[65]

　史锡尧外(1998)は、二音節の単純語の中には、いくつかの特殊な形式があるが、それは「叠音」「双声」「叠韵」「非双声叠韵」である。このような形式は、中国語の特有のものであるとし、単純語と合成語を次のように分類している。[66]

(32)　① 単純語
　　　　a. 一音節のもの: 人・说・红……
　　　　b. 叠音词(畳語): 依依・熊熊・孜孜・潺潺……
　　　　c. 双声词(双声語): 蜘蛛・恍惚・参差・澎湃……
　　　　d. 叠韵词(畳韻語): 徘徊・玫瑰・唠叨・彷徨……
　　　　e. 非双声叠韵词(双声・畳韻でないもの): 玻璃・芙蓉……
　　　　f. 译音词(音訳語): 雷达・吉普……
　　　　g. 象声词(擬声語): 扑通・哗啦……
　　　② 合成語
　　　　a. 实词素(語基)＋实词素(語基)(複合語)
　　　　　ア. 联合式(並列構成): 路线・笔墨・妻子・智慧・采访……
　　　　　イ. 偏正式(修飾構成): 汽车・汉语・座谈・上游・深入……
　　　　　ウ. 动宾式(述目構成): 开幕・出版・动员・注目・安心……
　　　　　エ. 后补式(補充構成): 提高・说明・放大・人口・车辆……
　　　　　オ. 主谓式(主述構成): 民主・夏至・法定・人为……
　　　　　カ. 综合式(三つ以上の形態素で構成されたもの): (略)

65　前掲書、『現代 中國語 語法論』、pp.24-66.
66　前掲書、史锡尧・杨庆蕙主编『現代汉语』、pp.180-184.

　　　　b. 实词素(語基)＋虚词素(接辞)(派生語)
　　　　　ア. 接頭辞＋語基: 老李・阿姨・第一・初二……
　　　　　イ. 語基＋接尾辞: 剪子・木头・记者・学员・绿化……

　刘月华外(2000)は、単純語の中に二音節の語として「紛紛・玻璃・逍遥・琥珀・彷徨」などの語を含めさせ、中国語の合成語は次のような二つの方法で構成されているとしている。

　　(33)　① 附加法(派生的な方法)
　　　　　a. 接頭辞をつけたもの: 阿姨・老师・初一・第五・小孩……
　　　　　b. 接尾辞をつけたもの: 刀子・花儿・木头・作者・弾性・绿化……
　　　　② 夏合法(複合的な方法)
　　　　　a. 联合式(並列構成): 道路・人民・国家・声音・群众・友谊……
　　　　　b. 偏正式(修飾構成): 学校・家长・工人・京剧・移植・笔谈……
　　　　　c. 动宾式(述目構成): 动员・命令・理事・鼓掌・革命・主席……
　　　　　d. 补充式(補充構成): 扩大・埋没・提高・摧毁・说明・改进……
　　　　　e. 主谓式(主述構成): 年轻・地震・夏至・月亮・民主・月蚀……

　この外に、「略称」として「減縮法」(例えば、「整頓作风→整风」「北京大学→北大」など)と数字を使った略語(例えば、「工业现代化・农业现代化・国防现代化・科学技术现代化→四化」など)を挙げている。また、動詞・形容詞・量詞(助数詞)の重畳の用法は単に造語法に属する問題ではないとし、別に論じている。[67]
　Choe Gilwon主編(2000)は、語・形態素・文字の区別は[表4]のようであるとし、語の構成を(34)のように分類している。

67　前掲書、『現代中國語文法』、pp.10-11.

[表4] 語・形態素・文字の区別

性　質	例				
文　字	喜	欢	葡	萄	その他
形態素			葡　萄		
語	喜　欢				

(34)　① 単純語の構成

　　　　a. 一音節のもの: 打・把・水・和・的……

　　　　b. 双声词(双声語): 伶俐・仿佛・犹豫・郑重……

　　　　c. 叠韵词(畳韻語): 徘徊・从容・烂漫・堂皇……

　　　　d. 非双声叠韵词(双声・畳韻でないもの): 玫瑰・垃圾・蝙蝠・
　　　　　窟隆……

　　　　e. 音译词(音訳語): 玻璃・坦克・沙发・葡萄……

　　　② 合成語の構成

　　　　a. 夏合式(複合語)

　　　　　ア. 联合型(並列構成)

　　　　　　第一組: 广泛・城市・帮助・恶劣・岁月……

　　　　　　第二組: 呼吸・矛盾・风浪・骨肉・来往……

　　　　　　第三組: 国家・质量・人物・忘记・干净……

　　　　　イ. 偏正型(修飾構成): 电车・前进・深入・蔑视・合唱……

　　　　　ウ. 补充型(補充構成)

　　　　　　第一組: 延长・改正・打倒・战胜・压缩……

　　　　　　第二組: 人口・车辆・花束……

　　　　　エ. 动宾型(述目構成): 握手・注意・毕业・司令・着手……

　　　　　オ. 主谓型(主述構成): 民主・自卑・国营・歌唱……

　　　　　カ. 重叠式(畳語): 家家・年年・仅仅・说说……

　　　　b. 附加式(派生語)

　　　　　ア. 接頭辞＋語基: 老师・非法・可爱・初一……

　　　　　イ. 語基＋接尾辞: 饺子・年头・读者・歌手・教员・作品・温
　　　　　　度……

郭振华(2002)は、「葡萄・玻璃・玫瑰・胡同・马虎」などの語を、

単純語の範疇に入れて説明し、「合成語」を(35)のように大きく三種類に分けて説明している。[68]

    (35) ① 重叠式(畳語)
          a. 名詞: 爷爷・星星・人人・年年……
          b. 助数詞: 个个・张张・本本・件件……
          c. 動詞: 想想・看看・写写……
          d. 形容詞: 雪白雪白・好好儿的・老老实实……
          e. 副詞: 常常・偏偏・白白・渐渐……
      ② 附加式(派生語)
          a. 前加(接頭辞をつけたもの): 初一・老虎・第一・小姐……
          b. 后加(接尾辞をつけたもの): 桌子・石头・弹性・作家・美化……
      ③ 夏合式(複合語)
          a. 并列式(並列構成): 国家・根本・伟大・东西……
          b. 偏正式(修飾構成): 月饼・电话・重视・难听……
          c. 动宾式(述目構成): 有限・告别・负责・无效……
          d. 动补式(補充構成): 证明・改良・感动・减少……
          e. 主谓式(主述構成): 心疼・春分・年轻・水利……
          f. その他: <名詞＋助数詞> 车辆・信件・人口・花朵……
                  <略称> 北大・政协・四化・六书……

Charles N. Li外(2006)は、中国語の語の構造を形態論的な結合方式と複合語に分けて記述しているが、まとめると次のようである。[69]

    (36) ① 形態論的な結合方式
          a. 重畳
            ア. 意志動詞の重畳: 教教・说说・背背・走走……

68 前掲書、『简明汉语语法』、pp.76-80.

69 Charles N. Li外著・Bak Jeonggu外譯(2006)『標準中國語文法』한울、
    pp.48-107.

　　　イ. 形容詞の重畳: 红红・慢慢・长长・圆圆……
　　　ウ. 助数詞の重畳: 条条・个个・天天・年年……
　　　エ. 親族語の重畳: 弟弟・爷爷・伯伯・婆婆……
　　　オ. その他の畳語: 刚刚・偏偏・常常……
　　b. 接辞の附加
　　　ア. 接頭辞の附加: 老大・第六・初十・可能・好听・难听……
　　　イ. 接腰辞の附加: 说得清楚・说不清楚……
　　　ウ. 接尾辞の附加: 根儿・我们・化学・作家・美化・亭子・馒
　　　　头……
② 複合語
　　a. 名詞複合語(N1は前の名詞を、N2は後の名詞を表す)
　　　ア. N1がN2の置かれた場所を表す場合: 床单・墓碑・河
　　　　马・海狗……
　　　イ. N1がN2の使用される場所を表す場合: 唇膏・眼药・牙
　　　　膏・指甲油……
　　　ウ. N2がN1に使用される場合: 6
　　　エ. N2がN1の単位を表す場合: 铁原子・政府机关……
　　　オ. N2が競技種目であるN1に使用される運動器具を表す
　　　　場合: 乒乓球・网球拍……
　　　カ. N2がN1に対する保護装置を表す場合: 雨帽・雨衣……
　　　キ. N2がN1によって引き起こされる場合: 油迹・汗斑・水痕……
　　　ク. N2がN1の容器を表す場合: 书包・酒杯・米袋・奶瓶……
　　　ケ. N1とN2が並列関係である場合: 国家・子女・君主・父母……
　　　コ. N2がN1の生産物を表す場合: 蜂蜜・鸡蛋・蚕丝・猫粪……
　　　サ. N2がN1で造られる場合: 铜像・棉被・草鞋・纸老虎……
　　　シ. N2がN1の販売される場所を表す場合: 饭馆・菜市・药
　　　　店・图书馆……
　　　ス. N2がN1の疾病を表す場合: 腰痛・肺病・肠炎・心脏病……
　　　セ. N1がN2の時間を表す場合: 春天・夏季・秋月・夜校……
　　　ソ. N1がN2の原動力である場合: 电灯・汽车・风车・原子能……
　　　タ. N1がN2の比喩的描写である場合: 狗熊・龙船・虎将・鬼
　　　　脸……
　　　チ. N2がN1の構成要素である場合: 鸡毛・牛角……
　　　ツ. N2がN1の出所である場合: 水源・盐井・煤矿・油井……

テ. N2がN1の雇用人か公務員である場合: 大学校长・银行
　　総裁……

ト. N1がN2の場所・組織・機関・構成を表す固有名詞である
　　場合: 北京大学・上海路・美国国会……

ナ. N2がN1を販売するか運搬する人を表す場合: 盐商・保
　　险代理人……

b. 動詞複合語

ア. 結果動詞複合語: 打破・拉开……(原因)

跳过去・写清楚……(達成)

跳过去・跑出来……(方向)

用完・关掉……(形勢)

イ. 並列動詞複合語: 单独・虚伪・奇怪・建筑……(同義)

圆滑・贤明・漂流・扶养……(類義)

c. 主述複合語: 胆大・命苦・性急・年轻……

d. 動賓複合語

ア. 動詞で使われるもの: 关心・注意・结婚・出版……

イ. 名詞で使われるもの: 当局・炒饭・行政・领事……

ウ. 副詞で使われるもの: 当时・照常・转眼・到底……

e. 相反形容詞で構成された名詞複合語: 大小・长短・好坏・真
　　假……

f. その他の複合語

ア. 形容詞＋名詞: 香水・热心・美术・小便……

イ. 副詞＋副詞: 反正・左右・根本・早晚……

ウ. 名詞＋助数詞: 布匹・银两・书本・灯盏……

エ. 名詞＋動詞: 利用・风行・步行・口试……

オ. 副詞＋動詞: 自动・自杀・后事・先天……

　　北京大学中文系編(2007)は、語の構造を大きく単純語・合成
語・略称など三種に分け、単純語には「双声語」「畳韻語」「非双声
畳韻語」「擬声語」「音訳語」などの語が含められる外に、「姥姥」
「奶奶」「太太」のような「畳音語」があるが、これらは「哥哥」「姐姐」
など、形態素が重畳されてできた語とは性質が違うとし、略称に

は「省略」「縮約」「数詞を使った略称」などがあると述べている。合成語の分類は次のようである。[70]

    (37) ① 語基と語基で構成された合成語
           a. 并列式(並列構成)
              ア. 同義または類義の形態素で構成されたもの: 道路・头绪・攻击・英明……
              イ. 反義の形態素で構成されたもの: 开关・天地・动静・高低……
              ウ. 二つの形態素の意味が相関関係にあるもの: 手足・口舌・笔墨・岁月……
           b. 偏正式(修飾構成): 黑板・电灯・高级・好看……
           c. 陈述式(陳述構成): 心痛・年轻・地震・国营……
           d. 支配式(支配構成): 开幕・关心・破产・卫生……
           e. 补充式(補充構成): 证实・促进・接近・车辆……
           f. 重叠式(重畳構成): 哥哥・姐姐・星星・娃娃……
        ② 語基と接辞で構成された合成語
           a. 接頭辞＋語基: 第一・老师・阿姨……
           b. 語基＋接尾辞: 椅子・皮儿・石头・突然・胖乎乎……

　符淮青(2007)は、単純語はそれを構成する音節の特徴によって類型を分けることができ、合成語はそれを構成する形態素の間の関係を分析して類型を分けることができるとし、単純語は[表5]のように分類し、合成語の場合は「实义语素(実質形態素)」「虚义语素(形式形態素)」「弱化语素(弱化形態素)」など三種の形態素を設定して、(38)のように分類している。[71]

70　前掲書、北京大学中文系編『现代汉语』、pp.204-211.
71　前掲書、『现代汉语词汇』、pp.50-76.

[表5] 中国語の単純語の分類

			山 火 走 飞 大 高 和 把 呢
一音節	音訳		塔 佛 硼 氢 碘
	擬声		嗖 哟 砰 哇
二音節	連綿詞	双声	伶俐 吩咐 参差 枇杷
		畳韻	骆驼 哆嗦 馄饨 膀胱
		非双声畳韻	蝴蝶 垃圾 蜈蚣 玛瑙
	畳音		太太 奶奶 姥姥 熊熊
	音訳		尼龙 沙发 吉他 吉普
	擬声		扑通 刺溜 咕咚 拨刺
三音節	音訳		巧克力 法西斯 麦克风 蒙太奇
	擬声		轰隆隆 呼噜噜
四音節以上	音訳		歇斯底里 盘尼西林 布尔什维克 英特纳雄耐尔
	擬声		唧唧喳喳 劈里啪拉 丁零当啷

(38)　① 実質形態素＋実質形態素
　　　　　a. 并列(並列構成): 道路・笔墨・生产・聪明……
　　　　　b. 偏正(修飾構成): 电灯・黑板・空袭・鲜红……
　　　　　c. 支配(支配構成): 司机・开幕・关心・破产……
　　　　　d. 补充(補充構成): 改善・扩大・进入・超出……
　　　　　e. 陈述(陳述構成): 地震・国营・年轻・心虚……
　　　　　f. 重叠(重畳構成): 妈妈・叔叔・星星・娃娃……
　　　　② 形式形態素＋実質形態素
　　　　　a. 偏正(修飾構成): 已经・曾经・不管・不才……
　　　　　b. 准支配(準支配構成): 以前・以后・以上・被告……
　　　　③ 実質形態素＋弱化形態素
　　　　　a. 弱化形態素＋実質形態素
　　　　　　ア. 標志: 第一・第十・初一・初十……
　　　　　　イ. 模糊: 斯文・啤酒・卡车・打搅……
　　　　　　ウ. 表情: 阿哥・阿妹・老王・老李……
　　　　　　エ. 語構成: 阿公・阿婆・阿姨……
　　　　　　オ. 意味なし: 老师・老虎……

　　　b. 実質形態素＋弱化形態素
　　　　ア. 標志: 胖子・苦头・盖儿……
　　　　イ. 模糊: 枪支・书本・马匹……
　　　　ウ. 語構成: 椅子・石头・哑巴・忽然……
　　　　エ. 意味なし: 国家・忘记・窗户……
　　④ 形式形態素＋形式形態素
　　　　并列(並列構成): 自从・倘若・因为……
　　⑤ 凝合词(凝固語: 語の構成成分の間に直接的な意味関係がな
　　　　い語): 拆洗・剪贴・召集・而立……

　以上、中国語における字音語の語構成に関する研究を考察し
てみたが、単純語の下位分類に「双声」「畳韻」など音韻論的な分
類が行なわれたことと、朱德熙(1997)で主述構成などの下位分類
として、名詞、動詞、形容詞など品詞性による分類が特徴であ
る。音韻論的な分類は、中国語で単純語と複合語を区別する一
つの重要な基準になっている。しかし、対照研究においては、そ
れぞれの言語の音韻体系が違うので、ずれが生じることもある。
例えば、「過去(과거[gwageo]/guòqù/かこ)」は日本語と韓国語で
は「双声」に属するが、中国語ではそうでないし、「芍薬(작약
[jakyak]/sháoyao/しゃくやく)」は中国語と日本語では「畳韻」に属
するが、韓国語では韻が違う。

　朱德熙(1997)の品詞性による分類は、語構成と品詞性を結び
付けたという点で意義があるが、すべての字音語を分類するのに
は十分なものではないと思われる。特に、「自然」「投入」のような
二つ以上の品詞性を持つ語を分類する場合はふさわしくない。
Charles N. Li外(2006)の複合語の下位分類も、「名詞複合語」「動
詞複合語」までは品詞性によって分類されているが、その次は「主
述複合語」「動賓複合語」などのようになっていて、一貫性がない

ように思われる。

2.2.3 日本語における先行研究

日本語における字音語の語構成に関する先行研究で、割合に詳細に分類されたと思われる研究に、ワカバヤシ マサオ(1936)、斎賀秀夫(1957)、野村雅昭(1988)、日本語教育学会編(2005)などが挙げられる。

松下大三郎(1928)[72]は、いわゆる原辞の結合関係として、対等関係・修飾関係・実質関係・補足関係・客体関係などの五種を分類し、山田孝雄(1936)[73]は、合成語の意味的関係として、主従関係・一致関係・並立関係など三種を立てている。

ワカバヤシ マサオ(1936)は、「漢字ノ 組合ワセ スナワチ 漢語ノ組立テワ 非常ニ 自由デ ソノ間ニ 文法的連絡ノ アル 場合モ アルガ、時ニ ヨルト 単ニ 並ベタト ユウ ニ 過ギナイ 場合モ 少ナカラズ、マコトニ 放慢デ 不節制デ アル」とし、二字字音語を次のように十二種に大別している。[74]

> (39)　第1類 似寄りの意味の字を並べたもの
> 　　　　　　名詞: 山岳・河川・樹木・婦女・道路
> 　　　　　　動詞: 獲得・恐怖・会合・出発・使用
> 　　　　　　形容詞: 良好・尠少・微細・寒冷
> 　　　第2類 反対またはかけはなれた意味の字を並べたもの
> 　　　　　　名詞: 日月・天地・田畑・苦楽・上下

72　松下大三郎(1928)『改撰標準日本文法』紀元社、p.160.
73　山田孝雄(1936)『日本文法学概論』宝文館出版、p.610.
74　ワカバヤシ マサオ(1936)「漢語ノ 組立ト 云イカエノ 研究」斎藤倫明・石井正彦編(1997)『日本語研究資料集　第1期第13巻　語構成』ひつじ書房、pp.119-120.

動詞: 見聞・去来・売買・取捨・浮沈

形容詞: 寒暑・遅速・高低・巧拙・賢愚

代名詞: 貴我・彼此

第3類 2字並べた意味を限定し、または豊富にするもの

動詞: 飛行・突進・待避・俯瞰・焼死

形容詞: 陰惨・遠大・深遠・壮麗・貧弱

第4類 初めの字が形容詞の役目をなせるもの

1. 初めの字が名詞の場合

名詞: 石材・風力・電機・水圧・氷山

形容詞: 雪白・拳大

動詞: 牛飲・馬食・林立・山積・雲集

2. 初めの字が形容詞の場合: 好機・確証・偉観・異彩・別紙

3. 初めの字が動詞の場合: 動力・圧力・聴覚・産地・余命

第5類 副詞と合体せるもの

形容詞: 絶無・皆無・絶大・必要・既成

動詞: 精製・詳報・断行・中止・専売

第6類 動詞と他の文の要素と合体せるもの

1.「…ヲ」と合体: 造船・製紙・航空・立志・被害・国防……

2.「…ニ」と合体: 入場・乗馬・就職・違法・内在・前進・上告……

3.「…デ」と合体: 毒殺・鉄製・水洗・電送……

4.「…カラ」と合体: 落馬・離郷・出港・下車……

5.「…ガ」と合体: 官製・社給・国立・人造……

第7類 動詞にあらずして而も返り点を付けて意味を取るもの: 所有・可能・奉献・有名・無情・不利・未婚・非常・以上・如上……

第8類 接頭語と合体せるもの: 上流・中途・下端・前者・後方・先方・左側・右辺・大人・多数・小数・正本・副将・主将・助手・本人・公用・私服・単車・複数・両面・数人・諸方・総計・新年・旧年・現代・古書・他社・当社・同社・某社・各社・全線・半休・貴店・弊店……

第9類 接尾語と合体せるもの: 市中・市外・市内・都下・目前・事後・胸間・公式・社用・電化・敵視・年来・月末……

第10類 語尾に助字または添え字を伴うもの:　帽子・突如・断乎・偶然・別個・全般・端的・忘却・読破・悩殺……

第11類 同じ字を重ねるもの: 悠悠・万万・個個・重重・段段……
第12類 数字を伴うもの: 統一・劃一・一時・二重・三拝・四方・五官・六根・七宝・十分・百方・万事……

　野村雅昭(1988)は、ワカバヤシ マサオ(1936)の分類について「ワカバヤシの分類の特徴は、構成要素の文法的な結合関係に、はやい時期に着目しているところにある。……この分類は、戦前・戦後を通じて、もっとも詳細なものになっている。その目的が漢字制限によるイイカエの可能性をさぐるという実用性にあったため、現代語としての二字漢語の採集と分析に、ちからがそそがれた結果とみられる」[75]と、高く評価している。

　斎賀秀夫(1957)は、「いわゆる二字の漢語は、現代語においては、単独の用法としても、また結合の要素としても非常に使用度の高いものであるが、現代の一般の語意識としては単純語のように取り扱われる傾向にある。しかし、漢語は、本来漢字一字が一語を表わすべきものであるから、二字の漢語は、発生的見地から見た場合、当然二つの意味的要素から成り、その両要素の間にいくつかの意味的関係が存するはずである」と述べ、松下大三郎(1928)と山田孝雄(1936)の説を参考として、二字字音語を大きく六種に分けているが、まとめると(40)のようである。[76]

(40)　① 並立関係
　　　　a. 同義語・類義語による一義形成: 階級・学校・結果・精神・努力・経済・国家・人民・世界・程度・平和・理由・会議・解決・

75　野村雅昭(1988)「二字漢語の構造」『日本語学』5月号、明治書院、pp.48-49.
76　斎賀秀夫(1957)「語構成の特質」斎藤倫明・石井正彦編(1997)『日本語研究資料集 第1期第13巻 語構成』ひつじ書房、pp.41-42.

　　　　活動・教育……
　　　b. 類義語・対義語の並列対照
　　　　　ア. 比較対照: 公私・黒白・山河・前後・大小・東西・貧富・夫
　　　　　　妻・利害……
　　　　　イ. 累加列挙: 鳥獣・犬馬・風雨・算数・図工・京阪……
　　② 主述関係: 地震・日没・雲集・国営・市立・事変……
　　③ 補足関係: 文選・水浴・足温・霊安……
　　④ 修飾関係
　　　a. 後が前に所属: 海軍・家族・文学・財政・税金……
　　　b. 前が後の動作・作用: 議会・作品・住宅・食糧・捕虜……
　　　c. 前が後の性格・情態: 高級・古代・少年・新聞・青年・大戦・
　　　　多数……
　　　d. 前が後の範囲・量・程度: 外国・大衆・全体・直接・必要・
　　　　最後・唯一……
　　⑤ 補助関係: 椅子・国内・個人・婦人・端的・当然・強化……
　　⑥ 客体関係
　　　a.「を」で結ばれる関係: 企業・専門・同時・犯罪・協力・結婚・
　　　　成功……
　　　b.「に」で結ばれる関係: 帰国・就職・集中・出席・徹底・
　　　　統一……

　教科研東京国語部会・言語教育研究サークル著(1964)は、「漢語のうち、漢字三字以上のものは、漢字一字や二字の造語成分をくみあわせてつくられた合成語であり、その複合・派生のし方は和語や外来語のばあいとかわりない。……しかし、漢語の基本である漢字二字の漢語は、一般の合成語とちがう点がある。二字の漢語のなかには、"天地""銅線"のように、一つ一つの成分がそのまま単語としても用いられるもの、つまり、複合語がある。しかし、一方、"事故""宇宙""貫録""条件"のように、一字ずつに分解しても意味のないもの、つまり、単純語といってよいものも少なくない。二字の漢語の大部分は、その中間にあり、単純語に近い

特殊な合成語である」と記述し、「二字の漢字のつくり方」を、次の
ように大きく五種に分類している。[77]

    (41) ① 一方が他方を限定するもの
        a. 名詞＋名詞ににたもの: 南極・病院・校歌・国内・銅像
        b. 形容詞成分＋名詞成分ににたもの: 大陸・白人・近所・
          美人・名刀
        c. 動詞成分＋名詞成分ににたもの
          ア. 読本・産地・進路・作品・造花
          イ. 読書・登山・消火・握手・上京
      ② 対になって並んでいるもの
        a. 対立するものを並べたもの
          ア. 名詞成分＋名詞成分ににたもの: 天地・父母・上下・
            前後・公私
          イ. 動詞成分＋動詞成分ににたもの: 売買・往復・加減・
            進退・出入
          ウ. 形容詞成分＋形容詞成分ににたもの: 大小・高低・
            軽重・強弱・長短
        b. にた意味の成分を並べたもの
          ア. 名詞成分＋名詞成分ににたもの: 道路・岩石・倉庫・
            河川・歌謡
          イ. 動詞成分＋動詞成分ににたもの: 落下・生産・行進・
            増加・超過
          ウ. 形容詞成分＋形容詞成分ににたもの: 奇怪・広大・清潔・
            正確・温暖
      ③ 同じ成分をくりかえしたもの: 喜々・淡々・堂々・満々・黙々
      ④ 「然」「乎」「如」などがついて副詞的になるもの: 整然・超然・
      平然・断乎・突如
      ⑤ 前にうちけしがあるもの: 不便・無精・未知・非凡

---

77 教科研東京国語部会・言語教育研究サークル著(1964)『語彙教育ーその
内容と方法ー』麦書房、pp.178-180.

　金公七(1987)は、一字漢字は自立形式にならない場合もあるが、その複合形式は和語の場合と造語形式がほとんど同じく、完全な自立形式になるとし、二字字音語の造語形式として、次の九種を挙げている。[78]

(42)　① 同じ漢字を重ねたもの: 点点・堂堂
　　　② 類義の漢字を重ねたもの: 言語・絵画
　　　③ 反義の漢字を重ねたもの: 貧富・東西
　　　④ 主述関係で重なったもの: 地震・腹痛
　　　⑤ 限定修飾の関係で重なったもの: 再会・最高
　　　⑥ 冠形修飾の関係で重なったもの: 生物・全国
　　　⑦ 客述関係で重なったもの: 文飾
　　　⑧ 述客関係で重なったもの: 作文・伝言
　　　⑨ 接頭接尾の派生的なもの: 未完・公的

　野村雅昭(1988)は、日本語における二字字音語の構造についての先行研究を詳細に検討した上、「研究そのものは、あまりかずがおおくはないが、三つに大別できる。第一は、二字漢語を品詞性によって類別し、それぞれについて、構成要素となる字(字音形態素)の結合パターンを記述するものである。第二は、二字漢語の複合形態を和語などの複合語と同列にあつかい、複合の意味的関係を重視するものである。第三は、構成要素の形態的な特徴を重視し、それを基準にして分類する方法である。……これらの分類は、それぞれに特徴がある。ただし、おしむらくは、現代語の二字漢語を総合的に把握し、かつ、その内部を文法的・意味的関係にも留意して分類するという点で、必要かつ十分なものは存在しない。以下に筆者が呈示するものも、十全なも

78　金公七(1987)『日本語語彙論』學文社、p.144.

のではないが、先人の分類を参考としながら、多少は、その点について配慮したつもりである」と記述し、まず漢字一字で表記される、最小の意味をもった単位を「字音形態素」とよび、それを(43)のように六種に分け、つぎにこれらの形態素がどのような文法的関係で結合しているかを判定し、その結合パターンを(44)のように九種に大別している。[79]

(43)　① 語基
　　　　a. 体言類語基<N>: 客・駅・気・海・姿・員……
　　　　b. 相言類語基<A>: 急・新・独・異・強・幼……
　　　　c. 用言類語基<V>: 接・帰・集・欠・始・飛……
　　　　d. 副言類語基<M>: 最・再・予・必・特・全……
　　　② 接辞
　　　　a. 接頭辞: 不便・非礼・未定・所見・可読・以前……
　　　　b. 接尾辞: 法的・判然・躍如・美化・菓子・消却……

(44)　[1. 補足]
　　　① <N>＋<A>: 胃弱・性善・民主・農繁(~期)
　　　② <A>＋<N>: 有害・無人・多才・少数
　　　③ <N>＋<V>: 　地震・日没・国立/肉食・水防/前進/敵視/毒殺/
　　　　　山積
　　　④ <V>＋<N>: 降雨・積雪・落雷・来客
　　　⑤ <V>＋<N>: 読書・殺人・開店/登山・入会・接客/落馬・
　　　　　離陸
　　　[2. 修飾(1)]
　　　① <A>＋<V>: 博学・静観・細分・新任・精製・近刊
　　　② <V>＋<V>: 競泳・代弁・歓談・焼死・喚問・議決
　　　③ <M>＋<V>: 必要・皆勤・予感・全壊・極秘・再発
　　　④ <M>＋<A>: 最高・至近・特大・極小・極悪・絶好

79　前掲論文、「二字漢語の構造」、pp.48-51.

[3. 修飾(2)]
　①＜A＞＋＜N＞: 幼児・難題・悲劇・古代・安価・好機
　②＜V＞＋＜N＞: 祝日・支店・食器・産地・引力・視点
　③＜N＞＋＜N＞: 山脈・牛乳・雪原・茶道・下水・前編

[4. 並列]
　①＜N＞・＜N＞: 道路・身体・状況・海洋・倉庫・罪科
　②＜A＞・＜A＞: 温暖・堅固・永久・善良・簡易・巨大
　③＜V＞・＜V＞: 増加・破壊・断絶・救援・思考・養育

[5. 対立]
　①＜N＞↔＜N＞: 天地・左右・父母・禍福・始末・主客
　②＜A＞↔＜A＞: 高低・遠近・繁簡・緩急・強弱・新旧
　③＜V＞↔＜V＞: 生死・去就・攻守・売買・往復・進退

[6. 重複]
　①＜□＞＝＜□＞: 段々・個々/黙々/近々・朗々・悠々

[7. 補助]
　①＜■＞←＜□＞: 不明・不発/非常・非番/未完・未開
　②＜■＞←＜□＞: 所定/可能/奉納/以上
　③＜□＞→＜■＞: 史的・全然・突如・悪化・帽子・読破

[8. 省略]
　①＜□＞…＜□＞: 経済・農協・教組・高裁・国電・医大

[9. 音借]
　①＜□＞…＜□＞: 葡萄・玻璃・瑪瑙・刹那・阿片・檀那
　②＜□＞…＜□＞: 砂利・時計・面倒・辛抱・素敵・腕白

　荒川清秀・荒川由紀子(1988)と荒川清秀・那須雅之(1992)は、野村雅昭(1988)の分類をもとにして、中国語の結合パターンと造語力について論じている。

　中川正之(1992)は、主語をS、述語をV、目的語をO、修飾語をM、被修飾語をH、動作の結果を言うものをRとして、統語的な構造でできた字音語を、対等の構成要素からなる「並列語」の外に、次のように五種に分けている。[80]

80　中川正之(1992)「＜中国語から見た＞語構成ーとくに並列語をめぐってー」
『月刊言語』3月号、大修館書店、pp.28-29.

(45)　① SV: 地震・日没・骨折・頭痛・胃弱
　　　② VS: 積雪・開花・停電・流血・脱皮
　　　③ VO: 排水・読書・喫茶・殺人・脱衣
　　　④ MH: 美女・城壁・怒髪・林立・着衣
　　　⑤ VR: 打倒・溺死・拡大・縮小・延長

　日本語教育学会編(2005)は、「漢語の基本である二字漢語の構造は、"天地""脳死"のように"天"と"地"、"脳"と"死"から成る複合語であるという語構成意識が明らかなものもある。しかし、"事故""宇宙"のように現在では意味的に分解不可能であり、一語基相当、すなわち単純語と考えたほうがよいものもある。大部分の二字漢語は、この中間に存在する単純語に近い合成語である」とし、二字「漢語」の構造パターンの明確なものだけを(46)のように分類している(N=名詞相当、V=動詞相当、A=形容詞・形容動詞相当、AD=副詞的修飾語相当＜＊　本研究で使用する符号もこれに従うことにする＞)。[81]

(46)　① 対等
　　　　　a. 並列(類義の語基を重ねる)
　　　　　　ア. N＋N……道路・河川・身体
　　　　　　イ. V＋V……増加・尊敬・破壊
　　　　　　ウ. A＋A……広大・温暖・善良
　　　　　b. 対立(対義の語基を重ねる)
　　　　　　ア. N＋N……天地・父母・左右
　　　　　　イ. V＋V……売買・往復・愛憎
　　　　　　ウ. A＋A……強弱・大小・善悪
　　　　② 修飾・被修飾
　　　　　a. 連体修飾
　　　　　　ア. N＋N……天女・牛乳・銅像

　　　　　　イ. V＋N……造花・進路・産地
　　　　　　ウ. A＋N……近所・美人・悲劇
　　　　　b. 連用修飾
　　　　　　ア. A＋V……新着・近刊・静観
　　　　　　イ. V＋V……競走・焼死・代行
　　　　　　ウ. AD＋V……必要・特集・予知
　　　　　　エ. AD＋A……最短・極悪・絶大
　　　③ 補足(ガ・ヲ・ニなど格関係によって示されるもの)
　　　　　ア. N＋A……頭痛・民主・気鬱
　　　　　イ. A＋N……無害・多額・低音
　　　　　ウ. N＋V……日没・雷鳴/心配・草食/乗車・後退
　　　　　エ. V＋N……落雷・来客/読書・開店/登山・入社
　　　④ 重複……個々・黙々・喜々・堂々
　　　⑤ 接辞や助辞のつくもの
　　　　　a. 他の語基の上につくもの……非常/不明/未知/被害/所持
　　　　　b. 他の語基の下につくもの……整然・断乎・欠如・悪化・公的
　　　⑥ 省略……国際連合→国連・特別急行→特急・自宅配達→宅配
　　　⑦ 音借
　　　　　a. 和語に漢字をあてたもの……時計・素敵・物騒
　　　　　b. 借用語に漢字をあてたもの……旦那・刹那・阿片

　　中沢希男(1978)は、二字「漢語」の構造的特徴として、十六種
を挙げているが、次の(47)のようである。[82]

　　(47)　① 相対する意味の二字を結合したもの
　　　　　② 同義かあるいは類似した意味の二字を結合したもの
　　　　　③ 名詞に、有・阿・子・児などの無意味の字を添えたもの
　　　　　④ 主要字に、殺・却・着・者・破などの無意味の助字を添えたもの
　　　　　⑤ 主要字に、可・有・無・不・非・未・将・所・被などの字を冠した
　　　　　　もの

82　中沢希男(1978)『漢字・漢語概説』教育出版 <李仁淳(2007)『日韓漢語
　　語彙交流の研究』J&Cから再引用、p.143.>

⑥ 主要字に、然・乎・如・爾・焉などの字を加えたもの

⑦ 名詞に名詞を冠したもの(連体修飾語)

⑧ 名詞に形容詞を冠したもの(連体修飾語)

⑨ 動詞に動詞・形容詞・副詞などを冠したもの(連用修飾語)

⑩ 動詞とその目的語・補語からなるもの

⑪ 主語と述語からなるもの

⑫ 同じ字を重ねたもの

⑬ 双声もしくは畳韻からなるもの

⑭ 具体的な物の名を借りて別の意味を象徴したもの

⑮ 故事にもとづくもの

⑯ 物名

　李仁淳(2007)は、中沢希男(1978)の分類に、「⑰ 梵語を音訳したもの」を加えて十七種に分けて、語例を例示しているが、中には語例のない種類(④⑥⑬⑭など四種)もある。[83]

　この外、三字字音語と四字字音語の構造についての研究には、野村雅昭(1974)、野村雅昭(1975)などがあるが、これらは本研究の研究の対象から除外しているため、ここでは詳しく述べないことにする。

　日本語における字音語の語構成に関する研究では、「事故」「宇宙」などの語を単純語の範疇に入れようとする傾向があることと、「ガ」「ヲ」「ニ」「カラ」など格関係によって字音語の分析を行なっていることが特徴である。格関係による分析は、ある程度の字音語の語構成を究明するのには大変有用な方法である。しかし、この方法で分析可能のようにみえる語が、ある場合は分析できないときもある。例えば、(44)に例示した「山積」「積雪」のような語は、格関係によって分析することは適切でないと思う。というのは、「山積」は

83　李仁淳(2007)『日韓漢語語彙交流の研究』J&C、pp.143-145.

「山に積る」ではなく、「山のように積る」の意味であり、「積雪」は「雪が積る」ではなく、「積った雪」の意味を表しているからである。

　もう一つの問題としては、大部分の研究で形態的な構成と統語的な構成をはっきりと区別していないことである。字音語の特質の一つとして、字音語の複合語は、語構成要素間の関係が統語論における語同士の関係と同じ統語構造を有するということである。従って、形態的な構成と統語的な構成をはっきりとすることは、その語が複合語であるか否かを確定するもっとも重要な根拠になるだろう。

第3章

字音語の語構成による分類

　語は、どのような要素から構成されるかによって、単純語・派生語・複合語に分けられる。字音語も、普通はこの三種に大別することができるが、本研究では、字音語の語構成上の特質から、形態的な構成による字音語と統語的な構成による字音語に分けて考察することにする。

3.1　形態的な構成による二字字音語

　形態的な構成による二字字音語は、一般的に単純語と派生語に分類され、派生語はさらに接頭辞による派生語と接尾辞による派生語に分けることができるが、先行研究でははっきりした弁別基準がないため、論者によってその範囲の設定が少しずつ異なる。特に接辞の設定において大きな差異を見せている。そこで、ここではまず単純語の弁別基準と接辞の弁別基準について考え、次にそれぞれの弁別基準に基づいて分類を行なうことにする。また、本研究では助字による語も形態的な構成による二字字音語の範疇に入れて述べることにする。

3.1.1　単純語の弁別基準と分析

　単純語とは、「共時的に、それ以上分解することのできない語」[84]である。これを形態素という用語を使って定義すれば、「一つの実質的な意味を持つ形態素からできている語である」と定義すること

84　松村明編(1971)『日本文法大辞典』明治書院、p.470.

ができる。

　上の単純語の定義から、単純語の弁別基準を二つにまとめることができると考えられる。一つは、その語は一つの形態素からできているか、それとも二つ以上の形態素からできているかのことである。二つ以上の形態素からできている語は、単純語ではなく、派生語か複合語のどちらかに属する語である。もう一つは、その形態素は実質的な意味を持つ形態素であるか、それとも形式的な意味を持つ形態素であるかのことである。形式的な意味を持つ形態素であれば、語にはなれなく、接辞か助詞(日本語の場合は、助動詞も含められる)になるわけである。

　この二つの単純語の弁別基準をもとにして、既存の研究で単純語として取り上げられた二字字音語を検討してみることにしよう。先行研究で単純語に分類された二字字音語には、次のようなものがある。

> (48)　① 双声語: 躊躇・仿佛(髣髴)・猶予・鄭重・澎湃……
> 　　　　② 畳韻語: 燦爛・従容・駱駝・徘徊……
> 　　　　③ 双声・畳韻でないもの: 蝴蝶・玫瑰・珊瑚……
> 　　　　④ 音訳語: 玻璃・刹那・葡萄・三昧……
> 　　　　⑤ 擬声語: 刺溜・咕咚・羮隆・哗啦・扑通……
> 　　　　⑥ 畳語: 紛紛・黙黙・堂堂・滔滔・悠悠……
> 　　　　⑦ その他: 工夫・矛盾・事故・歳月・条件・文明・宇宙……

　[(48)-①]は、いわゆる上下二字の「声」が同じ語の「双声語」であり、[(48)-②]は、上下二字の「韻」が同じ語の「畳韻語」である。また、[(48)-③]は「双声語」「畳韻語」ではないが、やはりこの類に属する語である。これらは音韻論的に分類したもので、中国語の音韻体系においては、このように分類可能であるが、日本

語と韓国語の音韻体系では、当てはまらないものが少なくない。
例えば、「澎湃(팽배[paengbae]/péngpài/ほうはい)」は中国語と
日本語では「双声」に属するが、韓国語ではそうでないし、「徘徊
(배회[baehoe]/páihuái/はいかい)」は中国語と日本語では同じ「畳
韻」であるが、韓国語では「畳韻」ではない。

　漢字は形・音・義を備えた表意文字であるということについては
前述したことがある。意味を有する最小の言語単位を形態素とい
えば、表意文字である漢字は、その一字一字が原則として一つ
の形態素になるわけである。しかし、漢字には他の特定の漢字と
結合してはじめて意味を持つものが少なくない。例えば、「躊」「躇」
「彷」「彿」のような漢字がこれに属する。これらの漢字は、「躊躇」
「彷彿」と、二字を結合して一つの意味を表し、つまり、一つの形
態素になり、その他の漢字と結合する場合がほとんどない。従っ
て、「躊躇」のような語は、二つの漢字の間に、何の意味的な関
係もなく、ただ二字字音語を造語するために結合した形態的な構
成の単純語と認められる。このような単純語には、「躊躇」「彷彿」
の外に「澎湃」「駱駝」「徘徊」「蝴蝶」「珊瑚」など、「双声語」「畳韻
語」のほとんどがこれに属する。

　[(48)-①]の「猶予」「鄭重」、[(48)-②]の「燦爛」「従容」などの
語は、その語を構成しているそれぞれの漢字が、みな実質的な
意味を持って語構成に参与し、これらの語の外にも「猶疑」「尊重」
「燦然」「従然」などのような例もあり、単純語と判定しにくい。

　[(48)-④]は音訳語であるが、これらはただ外来語を表記する
ために、組み立てられたもので、「三昧」のように本来ある漢字の
中から、漢字の音だけを借りて表記する場合もあり、「葡萄」のよう
に別に漢字を造って表記する場合もある。従って、すべての音訳

語は漢字と漢字の間に何の意味的な関係もないから、形態的な構成の単純語と判断される。

　[(48)-⑤]は擬声語の類であるが、これらは中国語で音や声をまねて表すために造られた中国語の固有語であり、中国語では単純語と認められる語である。

　[(48)-⑥]の畳語は、同一語基を重ねてできた語であるが、これらの畳語が表す意味と、もとの漢字の意味はほとんど一致している[85]ので、単純語とは言えず、並列関係の複合語の一種だと考えられる。

　[(48)-⑦]は、特に日本語と韓国語の多くの論著では、現代語の表す意味からは分解不可能な語だと認定され、単純語の範疇に入れようとする傾向があるが、本研究では、これらの語も他の複合語と同じく分解可能な語だと考え、複合語として取り扱うことにする。

3.1.2 字音語系接頭辞の弁別基準と分析

3.1.2.1 字音語系接頭辞についての先行研究と問題点

　字音語系接頭辞と言えば、よく「阿－・第－・初－・老－・小－・非－・無－・不－・反－・未－・洋－……」などが取り上げられているが、中には純粋な接頭辞と認められるものもあれば、そうでない形態素も少なくない。それを弁別するために、まず接頭辞[86]につ

85　北京大学中文系編(2007)は、中国語の「爹爹」「姥姥」「奶奶」「太太」のような畳語は、外の畳語とは性質が違い、単純語であると主張している。具体的には<前掲書、北京大学中文系編『現代汉语』、p.204.>を参照。

86　この用語は日本語と韓国語では普通「接頭辞」または「接頭語」という用語で使用され、中国語では「前綴」または「词头」という用語で使用されている。

いての中・日・韓三国語の辞典的定義を調べてみたが、次のよう
である。

(49)　① 接頭辞(接頭語): 어떤 단어의 앞에 붙어 뜻을 첨가하여 하나
　　　　의 다른 단어를 이루는 말
　　　　(ある単語の前について意味を添加し、別の単語を造る語).
　　　　　　　　　　　　　　　　　　　（『엣센스 國語辭典』[87]）
　　　② 前缀(词头): 加在词根前面的构词成分(語基の前につく造語
　　　　成分)。　　　　　　　　　　　　　（『现代汉语词典』[88]）
　　　③ 接頭語(接頭辞): [文法で]造語成分の一種。複合語の前の方
　　　　の要素のうち、それ自体は単語として独立することの無いも
　　　　の。　　　　　　　　　　　　　　（『新明解国語辞典』[89]）

　もちろん、辞典によって、あるいは筆者によってその定義は少
しずつ違いはあるけれど、(49)を分析してみると、定義が非常に
模糊としていることが分かる。[(49)‐①]は韓国語の固有語に、
[(49)‐③]は日本語の和語には当てはまる定義であるかもしれない
が、それにしても問題がないわけではない。韓国語の固有語の接
頭辞は自立できる語基以外の結合形式の前につくことはまずない
と思われるが[90]、「意味を添加(뜻을 첨가)」するということは、一体
実質的な意味を添加するか、形式的な意味を添加するかがはっき
りしていない。また、日本語の語基というのは、語の基幹をなす

_____

本研究では、便宜上「接頭辞」という用語を使用することにする。
87　前掲書、『엣센스 國語辭典』、p.2027.
88　前掲書、『现代汉语词典』、p.1089.
89　前掲書、『新明解国語辞典』、p.821.
90　接頭辞が結合形式の前につくことについて、金敏洙(1998)は「얼간
　　(eolgan)」「헛것(heotgeot)」などを、成耆徹(1975)(李喜周[1990]を再引用)
　　は「헛탕(heottang)」「풋내기(putnaegi)」などを挙げ、これらの構造は「接頭
　　辞+接尾辞」の構造だと主張し、Jeong Donghwan(1993)はこれらを「接頭辞
　　+名詞」の構造だと見なしている。

形態素で、単独で語を形成し得る自立形式と、自立せず他と結合して語を形成する結合形式との二種がある。[91] 例えば、「高波」の「波(なみ)」は自立形式で、「高(たか)」は結合形式である。つまり、両方とも語基の一種である。しかし、[(49)-③]の条件に照らしてみると、「高(たか)」は「造語成分の一種」であり、「複合語の前の方の要素」であり、「それ自体は単語として独立することの無いもの」である。つまり、接頭辞になるわけである。[(49)-②]も同じく、「词根(=語基)」の前につく「构词成分(=造語成分)」は、接頭辞だけではない。語基もつくことができる。上に例示した「高波」は「語基+語基」の形でできた複合語である。

このような問題点は、韓国語の固有語と日本語の和語にだけ存在するものではない。特に字音語の語構成に対する研究において、未だに接辞を弁別する基準も明確でなく、人によって接辞の範囲を決めるのも少しずつ異なっている。そのため、「準接辞」とか「接辞性漢字語」とか「接頭漢字語」とかなどというような曖昧な用語も出てくる。

ここでは、既存の研究で字音語系接頭辞として論じてきた形態素の中で、比較的に代表的だと考えられる「阿－・老－・小－・第－・初－・非－・無－・不－・未－」などについて検討してみることにする。

字音語系接頭辞についての先行研究は、前でも少し触れているが、もう少し詳しく検討してみると、次のようである。

洪思満(2002)は、接辞というのは、語基について融合または活用の変化を通じて、品詞性、文法性を加えたり、感情的な意味

---

91 森岡健二(1986)「接辞と助辞」『日本語学』3月号、明治書院、p.11.

内容を添加させたり、時には論理的な概念内容を分化させたりする結合形式であるとし、接頭辞は接尾辞とは違い、語基に意味を添加する機能を有するだけで、語基の文法的な変化を起こさないのが特徴であると述べ、日本語には一字漢字でできた派生接頭辞がおおよそ250個にも達すると記述している。[92]

　盧明姫(2005)は、既存の論議を検討した上、「漢字語」の中で、まず「冠形詞」と「非冠形詞」の弁別基準を適用して「非冠形詞」を抽出した後、次に接頭辞と語根[93]の弁別基準を適用して接頭辞か否かを判定している。(50)は「冠形詞」と「非冠形詞」の弁別基準で、(51)は接頭辞と語根の弁別基準である。

(50)　① 形態的分離性
　　　② 分布上の制約
　　　③ 修飾範囲の限定
　　　④ 代置の不可能性

(51)　① 意味の変化
　　　② 生産性
　　　③ 固有語との結合の可能性
　　　④ 対応する固有語の接辞性
　　　⑤ 語基の範疇の変化

　その結果、「接頭漢字語」中、「生－・王－・洋－・親－・外－・媤－・超－・汎－・最－・準－」などを接頭辞と判定し、「高－・低－・急－・無－・對－・脱－・未－・沒－・不－・駐－・在－・猛－・再－・抗－・被－・假－・乾－・木－」などは接辞性の強い語根と判

92　洪思滿(2002)『韓・日語 對照分析』亦樂、pp.74-75.
93　盧明姫(2005)の「語根」という概念は、李翊燮(1975)の定義に従ったもので、森岡健二(1986)の語基の一種の「結合形式」と同じ概念である。

定している。[94]

　辛基相(2005)は「接辞を認定すれば自立語の前につく次のような
なものが接頭辞性漢字語である」とし、「高－・大－・無－・未－・
非－・新－・再－・超－・總－・最－・假－・强－・乾－・輕－・古－・
空－・過－・貴－・極－・急－・難－・內－・冷－・老－・淡－・堂－・
對－・都－・獨－・每－・猛－・名－・沒－・半－・反－・別－・本－・
不－・副－・生－・小－・純－・媤－・洋－・逆－・低－・前－・準－・
初－・好－」など、50個の形態素を挙げている。[95]

　Jo Seonghwa(2006)は、『標準國語大辭典』(1999)に載ってい
る81個の「漢字語接頭辞」の意味と用例について考察し、「漢字語
接頭辞」を意味機能の面から二十二種に分類している。[96]

　Bak Jeongeun(2007)は、韓国語の漢字語の接頭辞と固有語の
接頭辞との差異点を[表6]のように列挙し、

[表6] 漢字語の接頭辞と固有語の接頭辞との差異点

漢字語の接頭辞	固有語の接頭辞
後の語基の統辞範疇を変化させる	後の語基の統辞範疇を変化させることができない
具体的な意味を持つ	抽象的な意味を持つ
異形態が存在しない	異形態が存在する
語形の変化が存在しない	語形の変化が存在する

　「その差異点が漢字語の接頭辞が接辞の範疇に入れない要素
として作用しない」と主張している。[97]　これは、接頭辞の弁別基準

94　盧明姫(2005)『現代國語 漢字語 研究』國語學會、pp.75-96.

95　前掲書、『現代國語 漢字語』、pp.151-152.

96　Jo Seonghwa(2006)『韓・日 兩 言語의 漢字語 接頭辭 對照 研究』漢陽大
學校 敎育大學院 碩士學位論文、pp.5-26.

97　Bak Jeongeun(2007)『外國語로서의 韓國語 接頭派生語 研究』慶熙大學

からあまり離れた主張だと思われる。「後の語基の統辞範疇を変化させることができない」ことと、「抽象的な意味を持つ」ことは、「漢字語の接頭辞」でも例外はない。

朱德熙(1997)は中国語の接頭辞は「初－・第－・老－」など三個しかないとし、この三個にもみな具体的な語彙的意味が残っていると述べている。[98]

Charles N. Li外(2006)は「インドヨーロッパ語に比べて、中国語には接辞が非常に少ない方である。中国語に接辞が非常に少ないということは、中国語が孤立語だという類型論的な特性を説明する」とし、「老－・小－・第－・初－・可－・好－・難－」などの形態素を接頭辞として挙げている。[99]

符准青(2007)は合成語を構成する形態素を大きく3種(实义语素・虚义语素・弱化语素)に分類し、「弱化語素(意味が弱化した形態素)」の中に「第－・初－・阿－・老－」などを包含させている。「これ以上"語根"、"接辞"という概念を使わず、"複合"、"派生"という区分を応用しない」のが特徴であろう。[100]

森岡健二(1986)は、意味を添えて接辞的な働きをしていながら、語基としての機能ももっている形態素を「準接辞」と称し、前につく形態素として「亜－・仮－・稀－・旧－・次－・小－・正－・重－・新－・全－・大－・超－・半－・反－・非－・被－・不－・複－・未－・無－・有－」などを挙げ、「準接辞はあくまでも語基であり、合成語の要素である語基の一方が形式的な意味を添えるようになったた

　　　校 大學院 碩士學位論文、pp.16-18.
　98　前掲書、『現代 中國語 語法論』、pp.57-58.
　99　前掲書、『標準中國語文法』、pp.57-60.
100　前掲書、『現代汉语词汇』、pp.69-70.

めに生じる現象である」と述べている。[101]

　秋元美晴(2004)は、日本語の接頭辞は意味を添加させるだけで品詞を転換させない。ただし、「漢語性接頭辞」の中でも、否定の意味を表す「無」「不」「未」などや「大」「有」などは、品詞を転換させる場合もあるとし、字音語系接頭辞として「無・不・未・反・超・対・被・大・有・新」などの例を挙げている。また、ここで問題になるのは、「新」「大」などの一字漢字を接頭辞とするか、語基とするかということである。これらの一字漢語は、実質的語彙的な意味を表しているので、語基ともとれる。しかし単独では使うことができない形式であり、語基と接辞の中間的な存在であるが、ここでは接辞とすると述べている。[102]

　日本語教育学会編(2005)は、接頭辞とは、単独で語を構成することができず、つねに語基の前について語を構成する結合形式をいう。接頭辞は語基に意味を添加するだけで、語基の品詞性を変えるはたらきをもたない。ただし、否定の「漢語系接頭辞」である「無」「不」「未」「非」が、「理解→無理解」「景気→不景気」となるように、語基である名詞にこれらの接頭辞がついてできた派生語に、いわゆる形容動詞の語幹にあたる品詞性を与えるものなどがある。「漢語系接頭辞」は、二字「漢語」の構成要素となるだけでなく、「未成熟」「反体制」のような「漢語」だけでなく、「不払い」「抗アレルギー」のように和語や外来語とも結合する。「漢語系接頭辞」は、その種類も多く、生産力も高いとし、字音語系の代表的な接頭辞として、「抗－・御(ご)－・再－・新－・全－・大－・第－・超－・反－・非－・被－・不－・副－・無－(ブ・ム)・未－」などの例を

101　前掲論文、「接辞と助辞」、p.16.
102　前掲書、『よくわかる語彙』、pp.92-93.

挙げている。[103]

　その他、An　Sojin(2004)では「乾－・空－・生－・媤－・養－・洋－・王－・外－・義父－・靑－・親－」を、Maeng Jueok(1992)では「老－・阿－・第－・初－・可－」などを、史錫堯・杨庆蕙主编(1998)では「老－・第－・初－・阿－」などを、刘月華外(2000)では「阿－・老－・第－・初－・小－」などを、Choe Gilwon主编(2000)では「老－・阿－・第－・初－・小－・可－・非－・反－」などを、郭振華(2002)では「初－・老－・第－・小－」などを、北京大学中文系编(2007)では「第－・老－・阿－」などの形態素を、接頭辞として挙げている。また、野村雅昭(1988)では「不－・非－・未－・所－・可－・以－…」などを、庵功雄外(2001)では「非－・不－・未－・無－・反－・諸－・大－・再－・当－・本－」を接頭辞として挙げている。

　上の先行研究から分かるように、三国語での論議の対象に同じ形態素より、違う形態素がもっと多い。中国語では主に「阿－・老－・小－・第－・初－」などの形態素が挙げられるに対し、日本語と韓国語ではいわゆる否定の意味を表す「非－・無－・不－・未－・反－」などの形態素を主として挙げている。

　以下、先行研究で論議の対象となっていた形態素の中で、割合に代表的だと考えられる「阿－・老－・小－・第－・初－・非－・無－・不－・未－」などについて検討してみることにする。

3.1.2.2 字音語系接頭辞の弁別基準

　漢字は表意文字であり、一字一字が何らかの意味を持ってい

103　前掲書、『新版日本語教育事典』、p.244.

る。だから、字音語の中で、それが接頭辞であるか否かを弁別する際に、最も重要な基準になるのは、意味の形式化である。意味が形式化されたということは、接頭辞と語基との間には語彙的な意味関係は存在しないということである。接頭辞はただ語基に形式的な意味を添加するだけである。例えば、「老師」は中国語では「教師」の意味を表し、「老-」は尊敬の意味を添加するだけであるが、日本語と韓国語では「年をとった先生(坊さん)」の意味で、「老」と「師」の間には明らかに修飾関係が存在する。従って、この場合において「老-」は中国語では接頭辞と認められるが、日本語と韓国語では認められない。

　また、意味が形式化する過程で自立性も失う可能性がある。上の例で「老」はもともと中国語で「年をとっている」という意味の形容詞(自立形式)であるが、「尊敬」の意味を添加する接頭辞(結合形式)としても使われるようになり、自立形式と結合形式の両方の用法を持つようになっている。このような例から、自立形式か結合形式かということも弁別基準になれると考えられる。しかし結合形式といって、すべてを接頭辞と認めることはできない。語基として用いられる結合形式もあるからである。特に字音語には「結合形式+結合形式」「結合形式+接辞」の構造の合成語が少なくない。例えば、「月食」「椅子」などがそんな構造であるが、もし「月」「食」「椅」を結合形式ということで接辞と認めれば、多くの字音語は「接辞＋接辞」の構造になってしまう。

　接頭辞を弁別するもう一つの重要な基準として、それが後の語基の文法的範疇を変えるかどうかのことである。秋元美晴(2004)、日本語教育学会編(2005)、Bak Jeongeun(2007)などは、韓国語の固有語と日本語の和語の接頭辞は、語基に意味を添加する

だけで、語基の文法的範疇を変えないが、字音語系接頭辞「無」
「不」「未」などは語基の文法的範疇を変えるとしている。このような
主張は、韓国語の固有語と日本語の和語の接頭辞は狭義のいわ
ゆる純粋な接頭辞としてとらえようとするのに対し、字音語系接頭
辞は広義の接頭辞としてとらえようとする考え方だと思われる。とい
うのは、日本語と韓国語で字音語系接頭辞として挙げた形態素
は、ほとんど「実質的な意味を持つ」ことを前提としているからであ
る。本研究では、字音語系接頭辞も語基の文法的範疇を変えな
いと考える。

　以上の論議をもとにして、字音語系接頭辞の弁別基準を(52)の
ように まとめることができる。

(52)　字音語系接頭辞の弁別基準
　　　① 意味の形式化
　　　② 自立性の有無
　　　③ 語基の文法的範疇の変化
　　　④ 語基につく位置

3.1.2.3 「阿-」「老-」「小-」「第-」「初-」に対する分析

「阿-」は中国語で「ā」「ē」と二つの読み方があるが(助詞で使わ
れる時は「a」と読むが、この場合は普通「啊」と書く)、「ā」と読む場
合は、次のような用法で用いられる。

(53)　① 単音節の名や姓、兄弟順などの前につき、親しみを表す。
　　　　　阿大・阿宝・阿唐・阿Q
　　　② 単音節の親族名称の前につき、親しみを表す。
　　　　　阿哥・阿爹・阿公・阿姨
　　　③ 音訳用字として用いられる。
　　　　　阿片[opium]・阿尔卑斯山[Alps]・阿拉伯[Arab]・阿门[āmēn]

　[(53)-①②]の「阿大」は「長子」、「阿哥」は「あに」の意味であり、「阿－」は名詞性の語基の前について「親しみ」の意味を添加するだけで、語基の品詞性を変える機能はしない。この場合の「阿－」は接頭辞と認められる。日本語と韓国語の「阿翁」「阿兄」などの「阿－」も、これと同じ用法だと言える。また、「阿－」が名前につく場合は、日本語の女性の名前につけて「親しみ」の意味を添加する接頭辞「お」と同じ用法だと思われる。[(53)-③]は中国語で音訳用字として用いられる例であるが、これらの語を構成する一つ一つの漢字は何の意味も持てず、合わせて一つの意味を表すので、単純語の範疇に入れて説明するのがもっとふさわしい。

　　　(54)　① 阿附・阿谀
　　　　　　② 阿胶

　(54)は「阿(ē)」と読む例であるが、[(54)-①]は二つとも「こびへつらう」という意味で、類義の動詞を重ねた並列関係の複合語であり、[(54)-②]の「阿(ē)」は「中国の山東省東阿県」の略称で、「阿胶」は「山東省東阿県から産出した膠」という意味の連体修飾関係の複合語である。

　「老」は中国語で名詞、動詞、形容詞、副詞、接頭辞など、いろんな用法で用いられているが、その中で接頭辞としての用法だけ例を挙げると次のようである。

　　　(55)　① 老王・老李・老金・*老诸葛
　　　　　　② *老一・老二・老三・老十
　　　　　　③ 老虎・老鼠・老鹰・老玉米

　[(55)-①]は姓の前についた例であるが、一音節の姓の前には自由につけるのに、二音節の姓にはなかなかつかない。この場合は「親しみ」と「尊敬」の意味を添加する。[(55)-②]は「老－」が数字の前について兄弟順を表しているが、「長男/長女」をいう時は「老一」ではなく「老大」という。[(55)-③]は「老－」がいくつかの動物、植物の名の前について使われる例であるが、この場合「老－」は何の意味も添加せず、ただ二音節の語または三音節の語を構成する機能をするだけである。中国語で(55)のような用法で用いられた「老－」は接頭辞と認められる。

　[(55)-①]の「老王」「老李」「老金」のように、姓の前につく「老－」と同じ用法で使われる形態素として「小－」があるが、「老王」と「小王」は相手によって使い分ける。一般的に「老王」は目上の人に、「小王」は同輩あるいは後輩に使う。このことは、「老－」と「小－」にまだ実質的な意味が残っているように思われる。しかし、どんな人にも「老－」と「小－」をつけることはできず、親しい関係にある人にだけ使えるし、「年取る」「若い」という実質的な意味より、「親しみ」「尊敬」という形式的な意味がもっと強く働いているので、接頭辞と認めることができると考えられる。

　次は、「第－」について考えてみよう。『大辞林』[104]では「第」について次のように記述している。

(56)　①[接頭]数を示す語について、物事の順序を表す。
　　　第一日・第二番目・第五回
　　②順序。
　　　次第

104　前掲書、『大辞林』、pp.1430-1431.

③ やしき。

第宅・邸第・聚楽第

④ [古代中国の官吏登用試験の合格者掲示板の意から]試験。

科第・及第・落第

「第」は(56)のように「順序」「やしき」「試験」などの意味を持っているが、[(56)-③④]の「やしき」「試験」の意味を表す語は、現代語ではほとんど使わなくなってしまい、造語力も非常に弱い。[(56)-②]の「順序」を表す例として「次第」があるが、これも日本語で割合によく使われるだけで、韓国語にはない語であり、中国語でも使用率が非常に低い語である。「第」は[(56)-①]のように、現代語では一般的に数詞の前にくる結合形式として使われ、物事の順序を表す序数詞を造語する機能しかしない。この用法で使われる「第－」は造語力も強く、語基の数詞との語彙的な意味関係もなく、接頭辞と認められる。

「初－」は、「はじめ」「はじめて」「もと」「一番目の」などの意味を持つ形態素である。

(57)　① 初期・初旬・初級・初春

② 最初・年初・当初

③ 初対面・初感染・初一念

④ 初一・初二……初十

[(57)-①]の「初期」は「初めの時期」、「初旬」は「月のはじめの十日間」の意を、[(57)-②]の「最初」は「一番早い時期」、「年初」は「年のはじめ」の意を、[(57)-③]の「初対面」は「はじめて会うこと」の意を表す。いずれも「はじめ」という実質的な意味で使われていることが分かる。[(57)-④]は中国語で「初－」が一から十までの

数字について、陰暦の初旬の日を表す用法である。「初一」は「十一」「二十一」と区別して、「はじめての一」という意味を表し、「初十」は「二十」「三十」と区別して、「はじめての十」という意味を表す。やはり実質的な意味で使われた用法である。また、「初一」「初二」「初三」は中国語で中学校の「一学年」「二学年」「三学年」の意味にも使われる。中学校を中国語で「初級中学校」の略語で「初中」と言うことから、「初一」「初二」「初三」の「初－」は「初級」の意味だと思われる。

　「初」と結合する語基との語構成を分析してみると、[(57)－③]の「初対面」と「初感染」は「副詞＋動詞(性名詞)」構造の連用修飾関係の複合語であり、以外は全部連体修飾関係の複合語である。

　「初」は語基の前につく時と後につく時とで、同じ実質的な意味で使われ、接頭辞としての機能はほとんどないといえる。

3.1.2.4「非－」「無－」「不－」「未－」に対する分析

　日本語と韓国語で字音語系接頭辞として、よく論議の対象になっている形態素に、否定の意味を表す「非－」「無－」「不－」「未－」などがある。これらは、語基の品詞性を変化させる機能を持つ接頭辞と言われ、このような機能は、日本語の和語と韓国語の固有語の接頭辞にはない字音語系接頭辞の特有の機能であると言われている。それでは、この四つの形態素を、(52)に基づいて考察してみよう。

　まず、「非」に対する三国語の辞典での記述を調べてみると、次のようである。

(58) 「非」

　①『엣센스 國語辭典』[105]

　　　a. [名] 잘못되거나 그른 것(あやまり). ↔시(是)

　　　b. [接頭] 어떤 말의 머리에 붙여서 부정의 뜻을 나타내는
　　　　 말(ある語の前について否定の意味を表す語).

　②『现代汉语词典』[106]

　　　a. 错误(跟"是"相对)(あやまり、"是"と対立する)。

　　　b. 不合于(…に合致しない)。

　　　c. 不以为然; 反对; 责备(そうとは思わない、反対する、責める)。

　　　d. [动(動詞)] 不是(…でない)。

　　　e. [前缀(接頭辞)] 用在一些名词性成分的前面，表示不属于
　　　　 某种范围(一部の名詞性成分の前について、ある範囲に属
　　　　 しないことを表す)。

　　　f. [副] 跟"不"呼应，表示必须("不"と呼応して、「必ず…しな
　　　　 ければならない」という意味を表す)。

　　　g. [副] 一定要; 偏偏(必ず、どうしても)。

　　　h. <书(文語)> 不好; 糟(よくない、まずい)。

　③『新明解国語辞典』[107]

　　　a. 道理(道徳)に合っていないこと。

　　　b. 状況や条件が悪いこと。不利。

　　　c. あやまり。欠点。

　　　d. [造語成分] …でない。…しない。[後に続く語の意味を否
　　　　 定する]

　(58)をざっと見ると、「非」が自立的に使われる用法として、日本
語と韓国語では名詞の用法しかないのに対し、中国語では主に
動詞と副詞の用法で使われることが分かる。このようなずれが生じ
る原因は、三国語の語構造の違いにあると思われる。中国語で
は漢字一字で名詞にもなり、動詞、形容詞、副詞にもなる。が、

105　前掲書、『엣센스 國語辭典』、p.1095.

106　前掲書、『现代汉语词典』、p.393.

107　前掲書、『新明解国語辞典』、p.1233. p.1235.

日本語と韓国語には一字漢字(字音で読む語に限る)の名詞はあるけれど、動詞、形容詞、副詞[108]はない。このため、「非」のような一字漢字は日本語と韓国語に入って、単独では動詞、形容詞、副詞の機能は持たず、名詞に定着したであろう。しかし、造語成分になる場合は違う。漢字は普通他の漢字と結合して造語するのが一般的であるが、この場合は、韓国語の固有語と日本語の和語の語構造の制約を受けない。意味の変化が生じないかぎり、完全に自分のもとの機能を発揮する。つまり、もとの品詞性を持って造語に参与するということである。

(59)　① 非金属・非売品
　　　② 非礼・非常識・非凡
　　　③ 非公開・非武装
　　　④ 是非・理非・前非

　[(59)-①]は「非」が名詞性の語基についた例であるが、「非金属」は「金属でないもの」、「非売品」は「売らない品物」の意を表す。[(59)-②]は名詞性、形容詞性の語基についた例で、「非礼」は「礼儀に合わない様子だ」、「非凡」は「平凡/なみなみでない様子だ」の意を表す。この場合は、もとの語基が名詞性、形容詞性にかかわらず、新たに形成された語の品詞性は形容詞性になる。[(59)-③]の「公開」「武装」は動詞性の語基で、「非公開」は「公開(を)しない」、「非武装」は「武装(を)しない」の意を表す。[(59)-①②③]の「非」は全部語基の前につく例であるが、この場合「非」は、「…でない」「…しない」の意味で後につく語基を否定

108　韓国語で、「단(但)」は接続副詞で、「영(永)」「혹(或)」は副詞「영영(永永)」「혹시(或是)」の略語形で使われるなど、例外はある。

する機能をするから、助字[109]の働きをすると考えられる。語構成
上からみると、これらは「助字(非)＋語基」構造の語である。

　[(59)－④]は「非」が語基の後につく例であるが、それぞれ「是
非」は「よいことと悪いこと」、「理非」は「正しいことと正しくないこ
と」、「前非」は「過去に犯した罪」の意味を表し、「是非」と「理非」
は「名詞＋名詞」構造の対立関係の複合語で、「前非」は「名詞＋名
詞」構造の連体修飾関係の複合語である。

　「無」に対する三国語の辞典的記述は、次のようである。

　(60)　「無」
　　　①『엣센스 國語辭典』[110]
　　　　a. [名・하形] 없음. 존재하지 않음(ない、存在しない). ↔유(有)
　　　　b. [接頭] "없음"의 뜻("ない"という意味).
　　　②『现代汉语词典』[111]
　　　　a. [动(動詞)] 没有(跟"有"相对)(ない、"有"と対立する)。
　　　　b. 不(…でない)。
　　　　c. [连(接続詞)] 不论(…であろうとあるまいと)。
　　　　d. (略)
　　　③『新明解国語辞典』[112]
　　　<ぶ>
　　　a. [造語成分] ない。
　　　b. [造語成分]　[特定の語に冠して]人とのつきあい上、有ってほ
　　　　しいものが欠けていることを表す。
　　　<む>
　　　c. 何も無いこと。↔有

109　「助字」については「3.1.4 助字による二字字音語」の部分で詳しく述べるが、
　　　「非」「不」「未」は造語成分として使われる場合、助字の用法で使われるのが
　　　一般的だと考えられ、3.1.4でまた触れることにする。
110　前掲書、『엣센스 國語辭典』、p.827.
111　前掲書、『现代汉语词典』、p.1436.
112　前掲書、『新明解国語辞典』、p.1281. p.1442. p.1443.

　　　d. むだ。
　　　e. [造語成分] 問題とする物事が欠けていることを表す。

　「無」は(60)で分かるように、「有」と対立関係の形態素であり、中国語では主に動詞の用法で使われている。言語類型論の観点からみれば、中国語は孤立語で、基本的な語順はSVO型である。言い換えれば、動詞は目的語と補語の前に来るのが一般的な順序である。字音語の語構成においても、このような特徴が反映されている。例えば、「読書」は「本を読む」ことで、「動詞(読)＋目的語(書)」の構造でできている。「無」も(中国語で)動詞の用法で使われる場合は、「読」と同じ機能をすると思われる。

　ただし、「有」「無」の品詞性については語構成の正確な分析のために明確にしておく必要があると考えられる。「有」「無」に対応する韓国語の固有語は「있다」「없다」であり、日本語の和語は「ある」「ない」である。三国語の品詞性を調べてみると、中国語で「有」「無」は両語とも動詞の用法で使われ、韓国語で「있다」「없다」は両語とも形容詞の用法で使われている。日本語では「ある」は動詞、「ない」は形容詞の用法で用いられている。このように品詞性は異なっていても、同じ「存在する」「存在しない」という実質的な意味で使われているのは三国語とも同様である。従って、本研究では「存在」を表す「有」「無」は動作性の形態素ではなく、状態性の形態素であることから、語構成の分析においては形容詞として取り扱うことにする。

　(61)　① 無音・無事・無頼・無礼
　　　　② 無愛想・無遠慮・無作法・無趣味
　　　　③ 無情・無数・無線・無尽
　　　　④ 無資格・無事故・無抵抗・無能力

[(61)-①②]は「ぶ」、[(61)-③④]は「む」と読む例であるが、「無音」は「たよりがない」、「無愛想」は「愛想がない」、「無情」は「思いやりがない」、「無資格」は「資格がない」の意味で、いずれも同じ実質的な意味で用いられている。水野義道(1987)は「無」の機能について、次のように記述している。[113]

> (62) 「無」は、体言類の語基、及び用言類の語基で体言類の特徴をも持つものと結合する。どちらの場合も、語基の表すものやことがないという意味を添加するが、結合形の文法的性格は「無気力」「無関係」のように相言類となるものと「無事故」「無試験」のように体言類となるものとがある。

語構成上からみると、(61)は派生語ではなく、「形容詞(無)＋目的語」の構造でできた複合語だといえる。

「不」は、「…しない」「…でない」などの意味を表す形態素であるが、他の語基と結合する場合、その語基の前につくのが一般的であり、造語力もとても強い。そのゆえ、日本語と韓国語の多くの論著では、「不」を接頭辞の範疇に入れて論じているらしい。

「不」は中国語では主に副詞の用法で用いられる語であり、たまには名詞性の語基にもつける。副詞というのは動詞と形容詞を修飾する連用修飾語の機能を果たす語であるが、修飾語が被修飾語の前に来るのは三国語で同じである。[(63)-①]は前掲の三国語の辞典[114]で抜き出した、三国語に共通する例であり、[(63)-②]は二字字音語に「不」がついた例である。

---

113 水野義道(1987)「漢語系接辞の機能」『日本語学』2月号、明治書院、p.65.

114 『엣센스 國語辭典』、『现代汉语词典』、『新明解国語辞典』を指す。

(63)　① 不安・不便・不測・不逞・不当・不等・不定・不断・不服・不和・
　　　　不惑・不羈・不可・不快・不良・不満・不敏・不平・不屈・不善・
　　　　不適・不詳・不孝・不肖・不幸・不休・不朽・不遜・不要・不意・
　　　　不用・不在・不振・不正・不治・不足
　　　② 不安心・不合理・不経済・不景気・不必要・不愉快

　(63)の例の「不」と結合する語基は全部動詞性、形容詞性の語基であり、「不安」は「安定しない」、「不便」は「便利でない」などの意味を表す。この場合、中国語の立場から分析すると「不」と結合する語基との関係は、「副詞＋動詞性/形容詞性の語基」の修飾と被修飾の関係だということができる。つまり、(63)の例はみな連用修飾関係の複合語(中国語では[(63)-②]の例は語ではなく、「副詞＋動詞/形容詞」の連用修飾関係の動詞句または形容詞句の機能をする)になるわけである。

　しかし、日本語と韓国語の観点からみると、「…しない」「…でない」は実質的な意味を表す表現ではなく、前につく動詞性あるいは形容詞性の語句を全体的に否定する文法的な役割を果たしている。否定の意味を表し、また文法的な機能を有している「不」は接頭辞の用法よりは助字の用法に近いと判断され、本研究では助字の範疇に入れて述べることにする。

　(64)は「不」が名詞性の語基についた例である。

(64)　① 不法・不軌・不力・不利・不毛・不日・不時・不一
　　　② 不才

　[(64)-①]の「法」「軌」「力」「利」「毛」「日」「時」「一」などの漢字は、それ一字では確かに名詞性の語基であるが、結合形がそれぞれ「不法」は「法にかなわない」、「不軌」は「法を守らない」、「不

力」は「力を尽さない」、「不利」は「利益にならない」、「不毛」は
「草木が育たない」、「不日」は「多くの日数を経ない」、「不時」は
「思いがけない時であること」、「不一」は「一様でない」または
「一々詳しく言わない」などの意味を表すことから、それぞれの漢
字には「法にかなう」、「力を尽す」、「一様である」などのような句
全体の意味が内包されていることが分かる。つまり、「不」が否定
するのは名詞性の語基ではなく、それに内包されている動詞句全
体であることになる。

　[(64)-②]の「不才」は例外で、「不」は「…がない」という、中国
語では「没有」と同じ意味で使われている。

　「未」は「まだ……していない」という意味を表す形態素である
が、日本語と韓国語では結合形式として使われるのに対し、中国
語では自立形式の副詞の用法で使われている。

> (65)　① 未刊・未決・未然・未遂・未熟・未詳・未知・未定・未納・未聞・
> 　　　　未来・未練・未了・未婚
> 　　　② 未解決・未開発・未完成・未経験・未発表

　[(65)-①]は「未」が一字字音語基についた例で、[(65)-②]は
二字字音語基についた例であるが、語基の品詞性は全部動詞性
と形容詞性である(「未婚」の「婚」は「結婚する」の意味で、名詞性
の語基とは言えない)。水野義道(1987)は「未」の機能について、
次のように述べている。[115]

> (66)　「未」は、基本的に用言類の語基とのみ結合して、その語基の表
> 　　　す動作がまだ行われていないという意味を添加し、結合形全体

115　前掲論文、「漢語系接辞の機能」、pp.64－65.

を相言類にするという明確な機能を持っている。

　水野義道(1987)が言う「相言類」というのは、「な」を伴って連体修飾成分となるか、あるいは体言類・用言類・副言類に属さず「の」を伴って連体修飾成分となる[116]語基を指すが、(65)の例に「相言類」に属しない例もいくつかある。例えば、「未遂」「未了」は日本語では名詞に属し、中国語では動詞に属する。

　「未」は「まだ……していない」という意味で使われ、名詞性の語基の前につくことがなく、動詞性または形容詞性の語基について、その語基を否定する機能をするから、「非」「不」と同じく助字の機能を持つ形態素だと判断される。

3.1.2.5 まとめ

　以上、字音語系接頭辞的要素「阿－・老－・小－・第－・初－・非－・無－・不－・未－」などについて考察してきたが、中には純粋な字音語系接頭辞と認められる形態素もあれば、そうでない形態素も少なくない。

　「阿－」は中国語で「ā」「ē」二つの読み方があるが、「ā」と読む場合は、名詞性の語基の前について「親しみ」の意味を添加するだけで、語基との語彙的な意味関係がなく、接頭辞と認められる。

　「老－」は親しい関係にある人の姓の前について「親しみ」と「尊敬」の意味を添加し、数字の前については兄弟順を表し、いくつかの動物、植物の名の前については二音節の語または三音節の語を構成する機能をするが、この三つの用法で使われる「老－」は

116　上掲論文、「漢語系接辞の機能」、p.63.

接頭辞と認められる。

　「小－」は親しい関係にある人の姓の前について「親しみ」の意味を添加する機能をするが、この場合だけは「老－」と同じく接頭辞と認められる。

　「第－」は一般的に数詞の前について、物事の順序を表す序数詞を造語する機能をするが、この用法で使われる「第－」は造語力も強く、語基の数詞との語彙的な意味関係もなく、接頭辞と認められる。

　「初」は語基の前につく時と後につく時とで、同じ実質的な意味で使われ、名詞と副詞の用法を持つ語基と判断される。

　「非」は助字と名詞の用法を持つ形態素であるが、助字の用法で使われる場合は、「…でない」「…しない」の意味で後につく語基を否定する機能をし、名詞の用法で使われる場合は、普通語基の後につき、「あやまり」「欠点」などの意味を表す。

　「無」は形容詞の用法で使われる語基で、後にくる目的語の表すものやことがないという意味を表す。

　「不」は主として動詞性、形容詞性の語基の前について、その語基を否定する機能を果たす助字の用法で使われる形態素である。「不」は一般的に、「…しない」「…でない」などの意味で、動作性、状態性を否定するが、「不才(才能がない)」のように存在性を否定する例もある。

　「未」は名詞性の語基の前につくことがなく、動詞性または形容詞性の語基について、「まだ……していない」という意味でその語基を否定する機能をするから、助字の用法で使われる形態素だと認められる。

3.1.3 字音語系接尾辞の弁別基準と分析

3.1.3.1 字音語系接尾辞についての先行研究と問題点

字音語系接尾辞としてよく取り上げられている「－的・－化・－性・－子・－儿・－頭…」などの形態素から、純粋な接尾辞と認められるものを弁別するために、接頭辞の場合と同じく、まず接尾辞[117]についての中・日・韓三国語の辞典的定義を調べてみたが、次のようである。

(67) ① 接尾辭(接尾語): 어떤 단어의 뒤에 붙어 뜻을 첨가하여 한 다른 단어를 이루는 말
(ある単語の後について意味を添加し、別の単語を造る語).
(『엣센스 國語辭典』[118])
② 后缀(词尾): 加在词根后面的构词成分(語基の後につく造語成分)。　　　　　　　　　　　(『现代汉语词典』[119])
③ 接尾語(接尾辞): [文法で]造語成分の一種。複合語の後の方の要素のうち、それ自体は単語として独立することの無いもの。　　　　　　　　　　　(『新明解国語辞典』[120])

(67)を分析してみると、接頭辞に対する定義とほとんど同じ問題点があることが分かる。つまり、「意味を添加」するということは、一体実質的な意味を添加するか、形式的な意味を添加するかがはっきりしていないし、「複合語の後の方の要素」で、「単語として独立する」ことができない「造語成分」は、すべて接尾辞ではない

117　この用語も「接頭辞」と同じく、三国語で使用する用語が少し異なるが、本研究では、便宜上「接尾辞」という用語を使用することにする。
118　前掲書、『엣센스 國語辭典』、p.2028.
119　前掲書、『现代汉语词典』、p.571.
120　前掲書、『新明解国語辞典』、p.821.

という点である。(67)でもう一つ問題になるのは、韓国語の接尾辞
は語の後につくだけでなく、語根にもつくことができるということで
ある。例えば、韓国語の接尾辞「－이」「－롭－」は、「부엉－이」
「날카－롭－다」のような語を構成する接尾辞であるが、ここで「부
엉－」「날카－」は語ではなく、語根である。

　このような問題点は、接尾辞の定義だけでなく、字音語系接尾
辞の弁別基準、範囲の設定などにもたくさん存在する。

　ここでは、既存の研究で字音語系接尾辞として論じてきた形態
素の中で、比較的に代表的だと考えられる「－的・－性・－化・－子・
－頭」などについて、三国語でこれらの形態素が純粋な接尾辞と
して働いているか、それとも語基として働いているかを検討してみ
ることにする。

　まず、字音語系接尾辞に関する先行研究をもう少し詳しく検討
してみると、次のようである。

　金圭哲(1990)は、韓国語の「漢字語」においての既存の研究に
対して体系的に検討し、「漢字語」の接辞に対する研究は(韓)国
語形態論で部分的に言及するだけで、「漢字語」の接辞のみを集
中的に考察したのは、陳泰夏(1978)の「지(子)」に対する論文と
金在玩(1976)の「－的」派生語である「N＋的」類名詞に関する論
文があるだけだと言い、派生語の部分で問題になるのは誰によっ
ても「漢字語」の接辞を弁別する確実な基準が立てられなかった点
であると述べている。[121]

　盧明姫(2005)は、既存の論議を検討した上、漢字語の中で接
尾辞、語根、依存名詞の弁別基準を提示し、そしてそれを基準

121　金圭哲(1990)「漢字語」『國語研究 어디까지 왔나』서울大 大學院 國語
　　研究會編、東亞出版社、p.525.

にして「接尾漢字語」中、「－的・－性・－化・－視・－然・－者・－家・－嬢・－氏・－上・－別・－師・－手」などを接尾辞と判定している。[122]

　辛基相(2005)は、「接尾辞を認定すれば自立語の後につく次のようなものが接尾辞性漢字語である」とし、「－家・－街・－間・－係・－系・－界・－公・－課・－觀・－機・－器・－代・－力・－論・－別・－生・－性・－所・－手・－術・－式・－用・－人・－者・－的・－製・－紙・－學・－化」など、29個の形態素を挙げている。[123]

　Charles　N.　Li外(2006)は「形態素の後につく接辞を接尾辞」とし、「－子・－儿・－头・－们・－学・－家・－化」などの外、中国語では普通「时态助词」と言われる「－了」「－着」「－过」、「结构助词」と言われる「－的」「－地」までを接尾辞の範疇に入れて説明している。[124]

　野村雅昭(1988)は「字音形態素のうち、なにを語基とし、なにを接辞とするかについては定説はない。ここで接辞としたものは、常識的な判断にしたがっている。また、接辞のなかには、"突如"の"如"、"断乎"の"乎"のように、助字とされるものもあるが、あえて区別をしなかった」とし、字音形態素を六種に分け、接尾辞として「－的・－然・－如・－化・－子・－却・－破…」などを挙げている。[125]

　日本語教育学会編(2005)は「接尾辞とは、単独で語を構成することができず、つねに語基の後について語を構成する結合形式

122　前掲書、『現代國語 漢字語 研究』、pp.108-111.

123　前掲書、『現代國語 漢字語』、pp.152-153.

124　前掲書、『標準中國語文法』、pp.61-66.

125　前掲論文、「二字漢語の構造」、pp.49-52.

をいう。接尾辞には、語基に意味を添加させるだけのものと、意味を添加させると同時に語基の品詞を転換するものがある」とし、字音語系の代表的な接尾辞として、意味を添加させるだけのものに「－君・－士・－師・－人(じん)・－化・－式・－風・－主義・－枚・－台・－冊・－本・－匹・－人(にん)・－杯・－階・－羽・－個・－回」、意味を添加させると同時に品詞を変えるものに「－性(名詞をつくるもの)・－的な(形容動詞をつくるもの)」などを挙げている。[126] 森山卓郎(2003)も普通助数詞と言われる「－個・－回・－倍」などを接尾辞の範疇に入れて論じている。

　その他、Maeng Jueok(1992)では「－子・－头・－者・－性・－员・－化・－手・－家・－品・－度」を、史锡尧・杨庆蕙主編(1998)では「－子・－儿・－头・－们・－者・－性・－员・－化・－手」を、刘月華外(2000)では「－子・－儿・－头・－者・－巴・－然・－性・－化」を、郭振华(2002)では「－子・－儿・－头・－们・－者・－性・－家・－化」を、金琮鎬(2002)では「－夫・－家・－生・－手・－化…」など41個の形態素を、森岡健二(1986)では「－炎・－化・－界・－回・－学・－機・－器・－金・－具・－計・－形・－型・－圏・－膏・－材・－剤・－氏・－質・－者・－手・－術・－症・－錠・－状・－性・－素・－的・－病・－物・－膜・－薬・－油・－論…」などを、庵功雄外(2001)では「－的・－化・－上・－性・－式・－人・－者・－家・－員・－士・－師・－費・－金・－賃・－料・－代・－風・－流・－用・－中・－時」を接尾辞として挙げている。

　上の先行研究で分かるように、三国語での論議の対象に同じ形態素もあれば、違う形態素も少なくない。論者によっても、その定

義、弁別基準、用語などがやや異なっている。

　以下、先行研究で論議の対象となっていた形態素の中で、割合に代表的だと考えられる「－的・－性・－化・－子・－頭」などについて検討してみることにする。

3.1.3.2 字音語系接尾辞の弁別基準

　字音語系接尾辞の弁別基準と特徴を提示した研究には、韓国語では金圭哲(1980)、卢明姫(2005)、中国語では朱德熙(1997)、日本語では水野義道(1987)などがある。

　金圭哲(1980)は、準接尾辞という概念を導入し、多くの準接尾辞の中で純粋な接尾辞を抽出する方法を二つにまとめている。第一、準接尾辞の中で絶断に依らなかったものは接尾辞と認める。例えば、「経営－権」の「権」は「権利」「権限」などで絶断されたものだから準接尾辞であり、「具体化」は「具体変化」と同じではないから「－化」は接尾辞であるというわけである。第二、意味的基準から本来の意味を喪失したのは接尾辞と認める。例えば、「小説－家」の「－家」から「いえ」という意味を見いだすことができないので接尾辞になるわけである。このような抽出方法に基づいて、漢字語の接尾辞は生産性が高く、一音節しかなく、語彙的よりは統辞的だという特徴を提示している。

　卢明姫(2005)は、「漢字語」の中で接尾辞、語根、依存名詞の弁別基準を次のように提示している。

　　(68)　① 語基に対する依存性
　　　　　② 語基の範疇変化
　　　　　③ 意味の変化
　　　　　④ 単語の第一音節に出現不可

　　　　　⑤ 単語以上の語基に結合可能
　　　　　⑥ 助詞の結合の制約
　　　　　⑦ 生産性
　　　　　⑧ 語基の非自立性
　　　　　⑨ 名詞を修飾する機能
　　　　　⑩ 結合の順位

　朱德熙(1997)は接辞は全部定位語素[127]であり、純粋な接辞はただ語基にだけつくことができ、接辞と語基の間には位置の関係は存在するが、意味の関係は存在しないとしている。すなわち、「桌子」の「－子(zi)」は定位語素であるが、「弾性」の「－性」は「性質」「性能」のように前置することもあるので、不定位語素である。また、「弾」と「性」の間には明らかに修飾関係が存在するというわけである。

　水野義道(1987)は漢語系接辞の特徴として、(ほとんどが漢字一字に対応する)形態である、主として結合形式である、造語力が強い、意味が形式化している、などの四種を挙げている。

　字音語と韓国語の固有語、日本語の和語との根本的な差異は言語の構造的な差異である。字音語は漢字で形成された語であり、そのほとんどが中国語起源の語であり、形態的な性格よりは主として統辞的な意味・機能を有する語であることは周知の通りである。従って、字音語の語構成に関する研究において、中国語の文法的な構造と意味的な構造を理解しなくてはならないと思われる。

　漢字は表意文字であり、一字一字が何らかの意味を持ってい

127　定位語素というのは、いつも語基の前にまたは語基の後につく形態素を指す。

る。だから、字音語の中でそれが接尾辞であるか否かを弁別する
際に最も重要な基準になるのは、意味の形式化である。また、意
味が形式化する過程で自立性も失い、音韻の変化も生じる可能
性がある。それで、自立的に使われるかどうか、音韻の変化があ
るかどうか、このような事項も弁別基準になれると考えられる。そし
て、語基に接尾辞がついて新しい語が造られた時、韓国語の固
有語と日本語の和語の接尾辞の場合は、語基の文法的範疇を変
化させる機能があるが、この機能は字音語系接尾辞にもあると思
われる。

　以上の論議を基にして、中・日・韓三国語の字音語系接尾辞の
弁別基準を(69)のようにまとめることができる。

　　　(69)　字音語系接尾辞の弁別基準
　　　　　① 意味の形式化
　　　　　② 自立性の有無
　　　　　③ 語基の文法的範疇の変化
　　　　　④ 音韻の変化
　　　　　⑤ 語基につく位置

　字音語系接尾辞的要素といえば、上に挙げた形態素以外にもた
くさん存在すると判断されるが、それらを一一分析するということは
非常に難しいことであり、そうする意義もないと思われる。ここでは
「－的・－性・－化・－子・－頭」などの形態素を(69)に基づいて検討
し、これらが字音語系接尾辞であるか否かを究明することにする。

3.1.3.3 「－的」に対する分析

　「－的」は日本語と韓国語で、字音語に接尾辞が存在するという
明白な証拠にもなるような形態素である。起源については、明治

時代の翻訳家グループが、英語の－ticの翻訳に際して、中国語の「的」を使用したのが始まりである[128]といえよう。それ以後、「－的」は韓国語にも浸透し、甚だしい造語力を誇示しながら多様な語基の後について、さまざまな意味を添加するだけでなく、語基の文法的範疇を変化させる機能をも果たしている。次に、「－的」が日本語と韓国語で、どのような語基の後につき、どのような機能を果たしているかを考察してみよう。

(70)　① 感情的・原則的・世界的・本質的 (中-N、日韓-N)
　　　② 現実的・国際的・典型的・理性的 (中-NA、日韓-N)
　　　③ 主観的・消極的・悲観的・乐观的 (中-A、日韓-NV)
　　　④ 确定的・具体的・固定的・进步的 (中-VA、日韓-NV)
　　　⑤ 协力的・综合的・反抗的・批判的 (中-V、日韓-NV)
　　　⑥ 简单的(*かんたんてき、*간단적)・严重的(*げんじゅうてき、*엄중적)・微妙的(*びみょうてき、*미묘적)・勇敢的(*ゆうかんてき、*용감적) (中-A、日韓-NA)
　　　(* 中=中国語、日=日本語、韓=韓国語、N=名詞、V=動詞、A=形容詞)

　[(70)-①]は三国語で名詞の用法しかない語基に「－的」がついた形であり、[(70)-②③④]は、中国語には形容詞の用法があるのに、日本語と韓国語には名詞または動詞の用法しかない語基に「－的」がついた形である。[(70)-⑤]は中国語では動詞、日本語と韓国語では名詞あるいは動詞として用いられる語基に「－的」がついた形である。[(70)-⑥]は三国語で全部形容詞[129]の用法が

128　原由起子(1986)「－的」『日本語学』3月号、明治書院、p.73.
129　日本語では和語系の形容詞に対して、字音語系の形容詞は「形容動詞」「ナ形容詞」などの用語で使用されているが、本研究では用語を統一するため、「形容詞」という用語を使うことにする。

ある語基である。(70)で分かるように、日本語と韓国語で形容詞
の用法がない語基には普通「－的」がつくことができるが、形容詞
の用法がある語基にはつきにくい。

(71)　① 徹底的(てっていてき、*철저적)
　　　② 共通的(*きょうつうてき、공통적)

「徹底」は、中国語では形容詞、韓国語では名詞・形容詞、日
本語では名詞・動詞の用法で使用され、「共通」は、中国語では
形容詞、韓国語では名詞・動詞、日本語では名詞・動詞・形容詞
の用法で使用される。(71)でも「－的」は形容詞の用法がある語基
にはつきにくいことが確認できる。

(72)　比較的(ひかくてき、비교적)

「比較」は、中国語では動詞と副詞の用法で使用されるのに対
し、日本語と韓国語では名詞と動詞の用法で使用される。中国語
で副詞として用いられ、形容詞の用法のないものは、日本語で
「－的」とならない。[130]　韓国語では可能な場合と不可能な場合と
がある(例えば、故意的・独自的・*果然的・*忽然的など)。「比較」
は[(70)－⑤]の類型に属するものだと考えてもよいだろう。

(73)　① 健康的(けんこうてき、*건강적)
　　　② 自然的(*しぜんてき、자연적)
　　　③ 平和的(へいわてき、평화적)

「健康」「自然」「平和」などの語基は、三国語とも形容詞の用法

130　前掲論文、「－的」、p.75.

がある。(73)は形容詞の用法のある語基に「－的」がついた例である
が、日本語と韓国語でずれがあることが分かる。日本語では「－的」
がつくことによって、「健康な」「平和な」あるいは「健康だ」「平和だ」
とは異なる意味を表す。[131]　韓国語では「健康」「自然」「平和」など
が連体修飾語となる場合、「건강한 몸・＊자연한 환경・＊평화한 해
결」のように「…한…」で活用できない語基に「－的」をつけることが
できると考えられる。

　上に挙げた例は「－的」が二音節字音語基についた場合である
が、一音節の字音語基の後にもつくことができる。

　　(74)　① 内的・外的・史的・私的・公的・詩的・心的・神的・人的・知的・
　　　　　　性的・病的・量的
　　　　　② 動的・狂的
　　　　　③ 静的・全的・美的

(74)は「－的」が一音節の字音語基の後についた形であるが、
[(74)-①]では名詞性語基に、[(74)-②]では動詞性語基につい
て、その語基を形容詞化させる働きをする。[(74)-③]の「静」「全」
「美」などの語基は、中国語では自立形式の形容詞として用いら
れているが、日本語と韓国語では名詞あるいは造語成分としてし
か用いられない。また「静的」「全的」の表す意味からみても、「静
止した状態」「全面(全体)的」など、動詞(静止する)あるいは名詞
(全面)を形容詞化する用法だといえよう。

　上の論議から「－的」は日本語と韓国語で、一般的に形容詞の
用法がないものの後について、そのような性質・状態にあるという
意味を添加し、その名詞あるいは動詞を形容詞化する機能をする

131　上掲論文、「－的」、p.75.

接尾辞だと言うことができる。

　中国語での「的」の用法は、大きく三つに分けることができる。

　第一、構造助詞として用いられる。

　「的」は現代中国語で三種の読み方があるが、構造助詞として用いられる場合は「de」と読む。

(75)　① 我的(de)母亲 (私の母/나의 어머니)
　　　② 去的(de)方向 (行く方向/가는 방향)
　　　③ 幸福的(de)生活 (幸せな生活/행복한 생활)

(75)は、「的」が連体修飾構造をつくる構造助詞として用いられた例であるが、日本語と韓国語の格助詞「の」「의」と違い、動詞と形容詞の後にもつくことができるということが分かる。

　第二、語基として用いられる。

　「的」が語基として用いられる時、二つの読み方があるが、「間違いがない」「たしか」の意味を表す場合は「dí」と読み([(76)−③]は例外で、[(76)−①]の「的(dí)」と同じ意味を表す)、「まと」「めあて」の意味を表す場合は「dì」と読む。例えば、(76)のようである。

(76)　① 的(dí)确・的(dí)证
　　　② 目的(dì)・标的(dì)
　　　③ 端的(dì)

(76)のように中国語で語基として用いられる「的」は、日本語と韓国語でも接尾辞ではなく、語基と認めるべきである。

　第三、外来語の表記に使われる。例えば、(77)のようである。

(77)　的(dí)确良[dacron]・的(dí)士[taxi]

3.1.3.4 「－性」「－化」に対する分析

字音語の中に、よく語基の後について接尾辞的に使われる一字形態素が少なくないが、その代表的なものに「－性」「－化」などがある。これらは特に二字字音語の後について何らかの意味を添加したり、文法的範疇を変えたりすることが多い。そのために、「－的」と同じく扱おうとする傾向がよくある。

まず、「性」は三国語でどのような意味で使用されているかを考察してみよう。

(78) 『엣센스 國語辭典』[132]
　　① 사람·사물의 본바탕이나 본성(人·事物の本質や本性).
　　② [철]사람이 나면서부터 갖고 있는 소질([哲]人が生まれる時から持っている素質).
　　③ [불]만유의 본체([物]万有の本体).
　　④ [생]남녀·자웅·암수의 구별([生]男女·雌雄の区別).
　　⑤ 성숙한 남녀가 가지는 본능으로, 이성을 욕구하고 합치하려는 느낌이나 행위(成熟した男女が持つ本能で、異性を欲求し、合致しようとする思いや行為).
　　⑥ 문법상의 남성·여성·중성(文法上の男性·女性·中性).

(79) 『现代汉语词典』[133]
　　① 性格(性格).
　　② 物质所具有的性能; 物质因含有某种成分而产生的性质(物質が持っている性能。物質がある成分を含んでいるために生じる性質).
　　③ 后缀，加在名词、动词或形容词之后构成抽象名词或属性词，表示事物的某种性质或性能(接尾辞。名詞、動詞或は形容詞の後について、抽象名詞や属性詞を構成し、事物の

132　前掲書、『엣센스 國語辭典』、p.1298.

133　前掲書、『现代汉语词典』、p.1528.

ある性質や性能を表す)。
④ 有关生物的生殖或性欲的(生物の生殖や性欲に関するも
の)。
⑤ 性別(性別)。
⑥ 表示名词(以及代词、形容词)的类别的语法范畴(名詞及び
代名詞、形容詞の類別の文法範疇を表す)。

(80) 『新明解国語辞典』[134]
① 生まれつき(の性質)。
② からだの特質から来る、男女・雌雄の区別。
③ 成熟した男女が持つ、異性との肉体的な結合を欲求としてい
だく本能。セックス。
④ [インドヨーロッパ語族などで]「性②」に対応した、語尾変化の
しかたや、代名詞・冠詞の使い方など。[無生物名詞にまで
及ぶ]

(78)~(80)は、三国語の辞典で「性」に対する意味の記述である
が、中・日・韓三国語でほぼ同じ意味で使われている。「性」を造
語成分として造られた語の例を挙げると、次のようである。

(81) ① 植物性・大陆性・神経性・海洋性・人性・天性 (N+性)
② 創造性・放射性・流行性・移動性・弾性・耐性 (V+性)
③ 重要性・過敏性・可能性・危险性・急性・慢性 (A+性)
④ アルカリ性・アレルギー性・알코올性(アルコール性)・암모니
아性(アンモニア性) (外来語+性)
⑤ 참을性(こらえ性)・고약性(不届きさ)・脂性(あぶらしょう)・凝性
(こりしょう)(固有語+性)
⑥ 性別・性感・性格・性急・性能・性质 (性+語基)

[(81)−①~⑤]は、それぞれ名詞、動詞、形容詞、外来語、

134　前掲書、『新明解国語辞典』、p.795.

固有語に「性」がついた形であり、[(81)-⑥]は形態素「性」が語の前の造語成分となる例である。「－性」の意味を分析してみると、「植物性」は「植物だけに見られる性質」、「創造性」は「創造的な特性」、「重要性」は「物事の重要な要素や性質」、「アルカリ性」は「アルカリの性質」、「참을性」は「耐え忍ぶ性質」など、いずれも「性質」という実質的な意味を失っていない。つまり、語の前の造語成分となる「性」と同じ意味で使われている。語構成上からみても、前の語基と「－性」との関係は連体修飾関係を表し、全体としては名詞あるいは連体修飾語の機能を果たす複合語であることが分かる。

　次に、「化」について考えてみよう。田窪行則(1986)は、「－化」の意味は、「ある性状・状態に…すること/なること」であり、実質的な意味はほとんどなく、ほぼ状態変化のサ変動詞語幹を形成する接尾辞の機能を果たしている[135]と述べているが、ここで、「…にすること」「…になること」は元々日本語で変化を表す表現で[136]、「－化」に「実質的な意味はほとんどない」とは言えない。「化」のもとの意味が「変化」を表すからである。

(82)　① 進化・老化・緑化・美化・強化・深化・神化・同化・硬化・文化
　　　② 大衆化・孤立化・合理化・機械化・具体化・特殊化
　　　③ 化身・化石・化纤・化学・化合・化脓・化育・化妆

　[(82)-①]は一字字音形態素に「－化」がついた語であり、[(82)-②]は二字字音形態素に「－化」がついた語であるが、「進化」は「生物が高等でない状態から高等という状態に変化する」という意

135　田窪行則(1986)「－化」『日本語学』3月号、明治書院、p.82.

136　庵功雄外(2000)『初級を教える人のための日本語文法ハンドブック』スリーエーネットワーク、p.72.

味を表し、「大衆化」は「ある事柄が一般民衆の間に広く行われな
かった状態から広く行われる状態に変化した」という意味を表す。
「孤立化」について田窪行則(1986)は、「孤立化する」は、動詞の
形では「孤立する」とたいした差がないが、「日本の国際経済での
孤立/孤立化」のように名詞の形では「孤立」がより状態、状況的な
のに対して「孤立化」がより過程、変化に焦点を当てた表現になっ
ている[137]と述べているが、やはり「－化」のつくことによって、「変
化」を表すことが分かる。[(82)－③]は「化」が語の前の造語成分と
なる例であるが、「変化」の意味を表すことは[(82)－①②]と変わり
はない。

　上述のことから、「－性」「－化」は、まだ接尾辞としての機能は
乏しく、実質的な意味を持つ語基であると考えられる。

3.1.3.5 「－子」「－頭」に対する分析

　「－子」「－頭」についての研究は、先行研究からも分かるよう
に、日本語と韓国語の字音語系接尾辞に関する研究においては
ほとんど取り上げられず[138]、中国語の接尾辞に関する研究で主と
して扱っている。

　まず「－子」に関する研究を検討してみると、成元慶(1977)は、
韓国語の「종지」「판지」「장지」などの語も、中国語の「鍾子」「板
子」「障子」から来たようであり、「지(ji)」を「자(ja)」と読めば意味が
通じるものもあるとし、中国語での「－子」のついた語の例を、(83)
のように三種に分けて挙げている。[139]

137　前掲論文、「－化」、p.83.
138　成元慶(1977)、荒川清秀(1988)、鄭旼泳(2005)などが挙げられるくらいで
　　　ある。

(83) ① 元来名詞で「子」がついたもの
　　　　 刀子・椅子・帽子・孫子……
　　 ② 動詞に「子」をつけて名詞になったもの
　　　　 背子・拍子・扣子・推子……
　　 ③ 形容詞に「子」をつけて名詞化したもの
　　　　 辣子・胖子・老子・傻子……

　朱德煕(1997)は、「－子」は名詞と量詞(助数詞)の接尾辞であり、いつも「軽声」[140]で読むとし、次のような例を挙げている。

(84) ① 名詞についたもの[141]
　　　　 刀子・金子・影子・儿子……
　　　　 狗腿子・小伙子・澡堂子・鞋拔子……
　　 ② 量詞についたもの
　　　　 档子・阵子・下子・股子……

　そして、「君子・仙子・原子・孔子・鶏子(儿)・五味子」などのように、重読(重くて強く読むこと)される「子(zǐ)」は、もとの意味が残っているため、接尾辞ではない[142]と述べている。

(85) ① 椅子・帽子・拍子・扇子・椰子・種子
　　 ② 卓子・孫子・箱子・亭子
　　 ③ 調子・銚子
　　 ④ 様子・骨子・冊子
　　 ⑤ 妻子・小子

　⑥ 男子・女子・長子・孝子・弟子・父子

　[(85)-①~④]は中国語で「－子(zi)」と読む例であるが、[(85)-①]は三国語でほぼ同じ意味で使われる語であり、[(85)-②]は日本語にはないもの、[(85)-③]は韓国語にないものである。[(85)-④]は三国語でよく使われる語であるが、意味のずれがある語であると思われる。「様子」は、韓国語には「顔形、容貌」の意味しかないのに対し、中国語では「見かけ」「表情」「手本」など、日本語では「状態」「形跡」「徴候」「身なり」「態度」などいろんな意味で用いられている。「骨子」は、中国語では「傘骨子」「扇骨子」のように「骨組み」という割合に具体的な意味で用いられ、日本語と韓国語では「要点、要旨」のような抽象的な意味で使われている。「冊子」は、韓国語では「책(本)」とほぼ同じ意味で使われているが、中国語と日本語では「糸でとじた本」という意味で、普通の「本」、中国語では「书(shū)」とは区別されているらしい。[(85)-①~④]のそれぞれの語の語彙的な意味は、全部前の語基が表し、「－子(zi)」はただ前の語基について新しい語を造るだけである。

　[(85)-⑤]は日本語と韓国語で「妻子」は「妻と子」の意味で、「小子」は「小さな子供」または自分の謙称として用いられる。つまり、「－子」は実質的な意味を持ち、「妻子」は並列関係の複合語、「小子」は連体修飾関係の複合語になるわけである。しかし、中国語では「－子」の読み方によって意味も語構成も異なる。「－子(zǐ)」と読む場合は、「妻子」は「妻と子」、「小子」は日本語・韓国語と同じ意味になり、「－子(zi)」と読めば、「妻子」は「妻」、「小子」は「男の子(を軽蔑していう語)」の意味になる。中国語で「－子(zǐ)」は実質的な意味を持って複合語の語構成に参与し、「－子(zi)」は形

式的な意味で派生語の語構成に参与する。派生語を造る接尾辞
「－子(zi)」は前の語基の品詞性によってその機能も異なるが、名
詞性の語基については、非自立性の語基を自立できる名詞に変
え、動詞性の語基については、その動詞を名詞化する機能の
外、「…するもの」という意味を添加し、形容詞性の語基について
は、その形容詞を名詞化する外、「…状態のもの/人」という意味を
添加する機能を果たす。

　　[(85)-⑥]は中国語で「－子(zǐ)」と読む語であるが、それぞれ「男
子」は「男の人」、「女子」は「女の人」、「長子」は「一番上の子」、
「孝子」は「孝行な子」、「弟子」は「師について教えを受ける人」、
「父子」は「父とその子」の意味を表す。従って、「男子・女子・長
子・孝子・弟子」などは連体修飾関係の複合語で、「父子」は並列
関係の複合語である。

　　次に、「頭」は中国語で「－子(zi)」のように「軽声」で読み、いつ
も他の語基の後について接尾辞としての機能を果たす時がある。
成元慶(1977)、朱德熙(1997)などは、「－頭(tou)」の機能を、前
の語基の品詞性によって四種に分けているが[143]、まとめると次の
ようである。

　　(86)　① 名詞性の結合形式について名詞を造るもの
　　　　　　石頭・锁頭・木頭・枕頭・骨頭・罐頭
　　　　　② 動詞について名詞を造るもの
　　　　　　看頭・吃頭・来頭・说頭・搭頭・唤頭・赚頭
　　　　　③ 形容詞について名詞を造るもの
　　　　　　甜頭・准頭・苦頭

143　前掲論文、「韓・中兩國에서 現用하는 漢字語彙 比較攷」、p.301.
　　　前掲書、『現代 中國語 語法論』、p.60.

④ 方位詞につくもの
上頭・下頭・前頭・後頭・東頭・外頭

　[(86)-①]は「－頭(tou)」をつけることによって、名詞性の結合形式は自立形式の名詞になるだけで、「－頭(tou)」は語基の文法的範疇を変えるとか、意味を添加する機能はしない。[(86)-②]は動詞に「－頭(tou)」がついて抽象名詞になった例であるが、この場合「－頭(tou)」は、「…する/したもの」という意味と、「有/没有＋動詞＋頭」の形で「…する値打ちがある/ない」という意味を添加する。[(86)-③]は形容詞に「－頭(tou)」がついて抽象名詞になった例であるが、「－頭(tou)」は日本語の形容詞・形容動詞の語幹につく接尾辞「－さ/－み」と大体同じ意味を表す。[(86)-④]では「－頭(tou)」が方位詞「上・下・前・後・裏・外・東・西・南・北」などについて、「…の方」の意味を添加する。以上の「－頭(tou)」の機能から、(86)のような用法で使われた「－頭(tou)」は、中国語で接尾辞と認められる。

　日本語と韓国語にも「－頭」を造語成分とする字音語は少なくない。例えば、次のようである。

(87)　① 饅頭・念頭・「木頭」・[路頭]
　　　② 前頭・後頭
　　　③ 街頭・口頭・埠頭・心頭
　　　④ 露頭・出頭・回頭・[没頭]
　　　　　　　　(*「 」は日本語に、[ ]は中国語にない語)

　鄭旼泳(2005)は、「街頭・口頭・路頭・馬頭・饅頭・木頭・埠頭・心頭・念頭・園頭・前頭・地頭・津頭・没頭・出頭・等頭」などの語を挙げ、これらの語は二つの音節がみな形態素であり、前の音節だ

けが語根形態素と機能するから派生語であるとしているが[144]、これらの語を何種に分けて分析してみる必要があると思われる。

　[(87)-①~②]は中国語で「－頭(tou)」と読む例であるが、[(87)-①]の「饅頭」は「(作る方法、形は少しずつ違うが)小麦粉で作った食べ物」の意味を、「念頭」は「こころ・考え」、「木頭」は「木(切れ)」、「路頭」は「道ばた」の意味を表す。この場合「－頭(tou)」は、[(86)-①]の「－頭(tou)」と同じ機能をする。[(87)-②]は[(86)-④]でも触れているが、中国語では派生語に属する語である。しかし、日本語と韓国語では「前頭」は「頭の前面」、「後頭」は「頭の後の方」の意味を表し、連体修飾関係の複合語である。[(87)-③~④]は中国語で「－頭(tóu)」と読む例であるが、[(87)-③]の「街頭」は「街角」の意から「通り」の意へ、「口頭」は「口の尖端」の意から「(話す時の)口」の意へと、意味の変化が生じ、「－頭(tóu)」の音韻はまだ変化していない語である。「埠頭」は中国語で同じ意味として使われる「码頭」があり、この「码頭」の「－頭」は「tou」と読む。「心頭」は「心(の中)」の意味を表し、「－頭(tóu)」と読むのは例外である。[(87)-③]の「－頭(tóu)」は意味の形式化からみると、語基としての機能はもう失い、接尾辞の範疇に入れるのが当然だと考えられる。[(87)-④]はみな「V＋頭」の構造であるが、ここで「頭」は目的語に当たり、全体としては根底に「頭を…する」の意味が潜んでいる。従って、[(87)-④]は「述語＋目的語」の構造の複合語に属するわけである。

144　鄭旼泳(2005)「漢字語 接尾辭 ‘－頭’에 대하여」『言語學』第9號、중원언어學會、pp.109-110.

3.1.3.6 まとめ

以上、中・日・韓三国語での字音語系接尾辞的要素「－的・－性・－化・－子・－頭」などについて考察してきたが、「－的」は日本語と韓国語で、一般的に形容詞の用法がないものの後について、そのような性質・状態にあるという意味を添加し、その名詞あるいは動詞を形容詞化する機能をする接尾辞だと言うことができる。中国語では構造助詞として用いられる場合と、語基として用いられる場合があるが、構造助詞として用いられる場合は「de」と読み、語基として用いられる場合は「dí」「dì」と読む。中国語で語基として用いられる「的」は日本語と韓国語でも接尾辞ではなく、語基と認めるべきである。

「－性」は語の前の造語成分となる「性」と同じ意味で使われ、語構成上からも、前の語基と「－性」との関係は連体修飾関係を表すので、接尾辞の機能をするというより、語基としての機能を果たしているというのがもっとふさわしい。

「－化」も「－性」と同じく、語の前の造語成分となる「化」と同じ意味で使われ、まだ接尾辞としての機能は乏しく、実質的な意味を持つ語基であると考えられる。

「－子」は中国語で二つの読み方があるが、「－子(zǐ)」と読む時は、実質的な意味を持って複合語の語構成に参与する語基、「－子(zi)」と読む時は、形式的な意味で派生語の語構成に参与する接尾辞と認められる。接尾辞「－子(zi)」は前の語基の品詞性によってその機能も異なるが、名詞性の語基につく場合は、非自立性の語基を自立できる名詞に変える機能をする。しかし、動詞性の語基については、その動詞を名詞化する機能の外、「…する

もの」という意味を添加し、形容詞性の語基については、その形容詞を名詞化する外、「…状態のもの/人」という意味を添加する機能を果たす。

　「－頭」も中国語で二つの読み方があるが、「－頭(tou)」と読む場合は、必ず語基の後につき、語彙的な意味はなく、前の語基を名詞化する機能をするので、接尾辞と認められる。「－頭(tóu)」は、「街頭」のように意味の変化が認められる場合は接尾辞、そうでなければ語基と判定すべきである。

3.1.4 助字による二字字音語

　助字とは「漢文で、主として名詞・動詞・形容詞などの実質的な意味を表す語を実字というのに対して、実字を助けてある種の意味をそえる働きをする語」をいう。助字について、『新漢語林』(2005)[145]では次のように述べている。

(88)　① 英語の前置詞のように、語と語の関係を示すもの。原則として文中に置かれる。訓読では、その働きを送りがなによって示し、読まないことが多い。「於」、「乎」、「于」など。
　　　② 日本語の助動詞や副詞のように、動詞・形容詞などを修飾するもの。「不」、「無」などの否定の助字や、「所」、「被」などの受身の助字、「令」、「使」などの使役の助字、また「将」、「未」などの再読文字など。
　　　③ 日本語の助動詞や終助詞のように、文全体に断定・疑問などの意味を添える働きをするもの。文末・句末に置かれる助字「矣」・「也」・「乎」などは、基本的にこのグループに属する。
　　　④ 接続詞の働きをして、文と文・句と句の関係を示すもの。原則

として、文頭・句頭に置かれる。「唯」・「雖」・「則」など。
⑤　疑問詞・指示詞など働きをするもの。「何」・「誰」・「幾」・「此」・
　　「其」など。
⑥　動詞や形容詞などの直後に付いて、その語にある種の意味
　　を添える働きをするもの。「偶然」の「然」・「忙殺」の「殺」・「喝
　　破」の「破」など。

(88)で分かるように、助字は文の中で文法的な役割を果たす日
本語の助詞・助動詞に相当する語であることがわかる。『新漢語林』
(2005)には、字音語の助字として以下のような94字が収録されて
いる。

(89)　与・不・且・之・乃・及・乎・也・于・亦・以・令・何・使・便・分・則・勿・
　　　即・可・哉・唯・夫・奚・如・孰・安・宜・寧・将・当・已・几・庸・弗・従・
　　　徒・得・復・微・応・悪・惟・所・教・敢・方・於・曷・是・曾・肯・胡・能・
　　　未・欲・毋・況・為・烏・焉・然・無・爾・独・犹・由・盍・直・相・矣・縦・
　　　者・而・耳・耶・自・苟・若・莫・蓋・被・見・諸・誰・豈・載・輒・遣・邪・
　　　雖・非・須・却

中・日・韓三国語の同形二字字音語を調べてみると、上の94字
の中で造語成分として使われている漢字が「与・不・乃・及・乎・以・
令・使・便・則・即・可・唯・夫・如・安・宜・寧・将・当・庸・従・徒・得・
復・微・応・悪・所・教・敢・方・是・肯・胡・能・未・欲・況・為・然・無・
独・由・直・相・縦・者・耳・自・若・莫・被・見・諸・載・遣・邪・非・須・
却」など61字で、造語成分として使われていない漢字が「且・之・
也・于・亦・何・分・勿・哉・奚・孰・已・几・弗・惟・於・曷・曾・毋・烏・
焉・爾・犹・盍・矣・而・耶・苟・蓋・誰・豈・輒・雖」など33字である。
　　漢字の特徴としてはいろいろ挙げられるが、その中で表語性と
造語性についていうと、一文字で一語になる漢字、単語の構成

成分となる漢字、両方の用法をもつ漢字があり、意味も用法に
よって複数存在する場合がある。[146]　つまり、一つの漢字が実字と
助字の両方の意味で用いられる場合もあり、名詞、動詞、形容
詞など複数の品詞性を持つ場合もある。以下、造語成分として使
われている漢字61字について、助字の用法で造語に参与するも
の、助字と実字の用法で造語に参与するもの、実字の用法で造
語に参与するものなど三種に分けて分析してみることにする。

3.1.4.1 助字の用法で造語に参与するもの

(90)　① 不才・不利
　　　② 不法・不軌・不羈・不日・不時
　　　③ 不可・不測・不定・不断・不服・不惑・不満・不屈・不適・不孝・
　　　　不肖・不休・不朽・不遜・不要・不意・不用・不在・不振・不治・
　　　　不足
　　　④ 不安・不便・不逞・不当・不等・不和・不快・不良・不敏・不平・
　　　　不善・不祥・不幸

「不」は助字の用法で用いられる場合、「～しない」「～でない」
などの意味を表し、その後ろには名詞・動詞・形容詞などの語形
がつくのが一般的である。[(90)-①]の「不才」は「才能がないこと」、
「不利」は「利益のないこと」の意味を表し、「助字＋N」構造の二字
字音語である。[(90)-②]の「不法」は「法にかなわない」、「不日」
は「多くの日数を経ない」などの意味を表すことから、それぞれの
漢字には「法にかなう」、「日数を経つ」などのような句全体の意味
が内包されていることが分かる。つまり、「不」が否定するのは名

146　前掲書、『新版日本語教育事典』、p.388.

詞性の語基ではなく、それに内包されている動詞句全体であることになる。これを記号で表すと、「助字＋N→V」構造の二字字音語と言えよう。[(90)-③]の「不測」は「測りがたい」、「不断」は「絶えまない」の意味を表し、「助字＋V」構造の二字字音語であり、「不定」「不服」なども同じ構造の二字字音語であると言える。[(90)-④]の「不安」は「安定しない」、「不逞」は「満足しない」という意味であり、「助字＋A」構造の二字字音語である。

(91)　① 以上・以下・以内・以外・以前・以後
　　　② 以来

「以」は助字の用法で用いられる場合、「～から」「～より」などの意味を表す。(91)を分析してみると、[(91)-①]は「以」が方向を表す名詞性の語基の前に置かれて、「以上」は「～より上」、「以内」は「～より内側」、「以後」は「～よりこのかた」という意味を表す「助字＋N」構造の二字字音語を造り、[(91)-②]は動詞性の語基「来」の前に付いて「～からずっと」という「助字＋V」構造の二字字音語である。

「如」は助字の用法で用いられる場合、名詞性の語基の前に付いて、「～のようである」という「比況」の意味を表すほかに動詞性の語基の後ろについて形容詞を作る働きをする。

(92)　① 如上・如実・如意
　　　② 欠如・躍如・突如
　　　③ 如来

[(92)-①]の「如上」は「先に述べた通り」、「如意」は「思うままになる」という意味を表す「助字＋N」構造の二字字音語であり、

　[(92)-②]は「如」が動詞性の語基「欠」「突」などの後ろについて全体的に形容詞の働きをする「V＋助字」構造の二字字音語である。「如来」は仏教で仏の尊称として使われる語で、「如実(真理)からやってきたもの」[147]という意味を表し、「如」は「如実」の縮約形だと考えられる。

　「未」は助字の用法で用いられる場合「まだ〜していない」という意味を表す。「未」は名詞性の語基の前につくことがなく、ただ動詞性または形容詞性の語基の前につくことから、副詞性の語基とみなすことが多い。

　しかし、副詞というのはただ後ろに来る動詞性の語基を修飾するだけで、助字のように可能とか受身、否定などの意味を添え加えることはないと思われる。

(93)　① 未来・未了・未遂・未開・未完・未刊・未決・未見・未婚・未済・未収・未熟・未設・未知・未定・未到・未踏・未納・未発・未満・未聞・未着・未墾
　　　② 未詳・未明

　[(93)-①]は「未」が動詞性の語基の前に付いて用いられた用法で、「未来」は「まだ来ない」、「未婚」は「まだ結婚していない」、「未知」は「まだ知られていない」という意味を表し、「助字＋V」構造の二字字音語であり、[(93)-②]は「未」が形容詞性の語基の前に付いて用いられた用法で、「未明」は「まだ明るくならない時分」、「未詳」は「まだはっきりとわからないこと」という意味を表す「助字＋A」構造の二字字音語であることがわかる。

147　前掲書、『大辞林』、p.1855.

(94)　① 自然

　　　② 截然

　　　③ 突然・徒然

　　　④ 敢然・当然・未然

　「然」は造語成分として使われる場合、名詞性の語基、動詞性の語基、形容詞性の語基、助字など、さまざまな語の後ろについて、「そうである」という意味を添加し、状態を表す形容詞をつくる働きをする。[(94)-①~③]の「自然」は「ひとりでに、おのずからそうである」、「截然」は「断ち切るさま」、「突然」は「にわかに起こるさま」という意味を表し、構造的にみるとそれぞれ「N＋助字」「V＋助字」「A＋助字」構造の二字字音語であると判断できる。[(94)-④]の「敢」は「押し切って~する」という意味を、「当」は「~するのが当然である」「~すべきである」という意味を、「未」は「まだ~していない」という意味を表す助字で、「然」がこれらの助字の後ろについて全体的に状態を表す語を構成する。

(95)　① 相称・相伝・相当・相対・相関・相好・相互・相識・相思・相似・相同・相応

　　　② 乃至

　　　③ 断乎

　　　④ 唯一

　「相」は「たがいに~しあう」という意味を表す助字であり、[(95)-①]の「相伝」は「お互いにつたえあう」、「相対」は「お互いに対しあう」、「相応」「お互いにこたえあう」という意味を表す「助字＋V」構造の二字字音語である。[(95)-②]の「乃」は「そうしてから」という意味を表す助字で、「乃至」は「~から~に至るまで」という意味を表す「助字＋V」構造の二字字音語である。[(95)-③]の「乎」は他

の語基の後ろについて、「然」と同じく「そうである」という意味を添
加し、状態を表す形容詞をつくる働きをする語であり、「断乎」は
「困難・反対があっても、押し切ってする様子だ」という意味を表す
「V＋助字」構造の二字字音語であるといえる。[(95)-④]の「唯」
は「ただ～だけ」という限定の意味を表す助字で、「唯一」は「ただ
ひとつだけである」という意味を表す「助字＋N」構造の二字字音語
である。

　以上、造語成分として使われている61字の助字のうち、「不・
以・如・未・然・相・乃・乎・唯」など9字が純粋な助字の用法で造語
に参与することが分かる。その中で「不・以・未・相・乃・唯」などは
一般的に語の前につき、「然・乎」は語の後ろに置かれる。「如」は
語の前後両方ともつくが、後ろにつく場合は「然・乎」と同じく状態
を表す形容詞をつくる働きをする。

3.1.4.2 助字と実字の用法で造語に参与するもの

　前にも触れたように、漢字というのは一文字で一語になる漢字も
あるし、一つの漢字が実字と助字の両方の意味で用いられること
もあり、名詞、動詞、形容詞など複数の品詞性を持つ漢字もあ
る。助字として用いられる多くの漢字も実字の用法で造語に参与
する例が少なくない。次に、助字と実字の用法で造語に参与する
ものについて考察してみることにする。

　　(96)　① 可憐・可決・可動・可視
　　　　　② 許可・認可
　　　　　③ 可能

「可」は助字として使われる場合、動詞の前について「～できる」

という可能の意味を表し、実字の用法で使われる場合は「してよい
とする」という動詞性の語基で使われ、中国語の場合も「允許・同
意」[148]という動詞の用法を持っている。[(96)-①]の「可憐」は「か
わいそう」、「可視」は「目に見えること」という意味を表し、「助字＋
Ｖ」構造の二字字音語であり、[(96)-②]の「許可」は「相手の願っ
ている事をしてもよいと許すこと」、「認可」は「それをしてもよいと認
めること」という意味を表し、「Ｖ＋Ｖ」構造の二字字音語である。
[(96)-③]の「可能」は同義の助字「能」と結合して「～できる」という
意味を表す「助字＋助字」構造の二字字音語だということができ
る。

(97)　① 将来
　　　② 将官・将校・将士・将帥・将領
　　　③ 海将・武将・陸将
　　　④ 主将・少将・大将・中将・名将・猛将・老将

　「将」は助字の用法で用いられる場合は、「今にも～しようとする」
「今にも～になりそうだ」という意味を表し、実字としては「軍隊を率
いる人」という意味である。[(97)-①]の「将来」は「今まさに来ようと
している」という意味の「助字＋Ｖ」構造の二字字音語である。
[(97)-②]は「将」が語の前につく例で、[(97)-③]と[(97)-④]は
「将」が語の後ろにつく例である。[(97)-②]の「将士」は「将校と兵
士」、[(97)-③]の「武将」は「武士の大将」、[(97)-④]の「名将」
は「優れた武将」という意味を表す。[(97)-②～④]の「将」はいず
れも「軍隊を率いる人」という実字の意味で用いられ、[(97)-②]と
[(97)-③]は「Ｎ＋Ｎ」構造の二字字音語であり、[(97)-④]は「Ａ

148　漢語辞海編写組編(2003)『漢語辞海』北京教育出版社、p.1155.

＋N」構造の二字字音語である。

    (98)　① 従前
         ② 従来
         ③ 従業・従軍・従事・従犯
         ④ 従属

　「従」は助字の用法で用いられる場合は、「～から」という起点・経路の意味を表し、実字としては「たずさわる」「したがう」という意味である。[(98)-①]の「従前」は「今より前」という意味で、「助字＋N」の構造であり、[(98)-②]の「従来」は「以前から今まで」という意味を表し、「助字＋V」構造の二字字音語である。[(98)-③]の「従事」は「仕事に携わること」、「従軍」は「軍隊に付き従ってともに戦地へ行くこと」という意味で、「V＋N」の構造で、[(98)-④]の「従属」は「強力なものにつき従うこと」という意味を表す「V＋V」構造の二字字音語である。

    (99)　① 当然
         ② 当初・当代・当地・当家・当今・当局・当面・当年・当日・当時・
           当世・当夜・当月
         ③ 当選
         ④ 充当・担当・抵当・配当

　「当」は助字の用法で用いられる場合は「～するのが当然である」、「～すべきである」という意味を表し、実字の用法で用いられる場合は「その・この」「当てはまる」など連体詞または動詞として使われる。[(99)-①]の「当然」は「道理の上から考えて、そうなるのが当たり前であること」、つまり「～すべきである」という意味の「助字＋助字」構造の二字字音語である。[(99)-②]の「当代」「当地」

などは「その時代」「この地方」の意味で、いずれも連体修飾構造の二字字音語である。[(99)-③]の「当選」は「選挙で選び出されること」という意味で、「V＋N」構造の二字字音語であり、[(99)-④]「充当」は「ある用途や目的に、金品や人をあてること」、「担当」は「受け持ってその事に当たること」という意味で、「V＋V」構造の二字字音語である。

(100)　① 所懐・所轄・所管・所感・所願・所期・所見・所在・所思・所持・
　　　　　所信・所属・所存・所定・所得・所望・所有・所要・所領・所労
　　　② 所所・地所・場所・局所・所員・所長・役所
　　　③ 居所・在所・住所
　　　④ 急所・近所・随所・短所・長所・難所・名所・要所・余所

　助字としての「所」の用法は、動詞の前に置かれ、続く動詞の行為の対象や内容になる人・物・所・理由などを示し、「〜のこと」「〜のもの」に訳され、日本語の形式名詞「こと・もの」と同じ役割をする。実字としては「ところ」「ありか」の意味で使われる。[(100)-①]の「所懐」は「心に思うこと」、「所得」は「手に入れるもの」、「所感」は「心に感じ思う事柄」という意味を表し、いずれも「助字＋V」構造の二字字音語である。[(100)-②〜④]の「所」は実質的な意味で使われる用法であり、[(100)-②]は「N＋N」構造、[(100)-③]は「V＋N」構造、[(100)-④]は「A＋N」構造の二字字音語である。

(101)　① 敢行・敢闘
　　　② 勇敢・果敢

　「敢」は助字の用法で用いられる場合、動詞の前に置かれ、

「押し切って〜する」という意味を表す。[(101)-①]の「敢行」は「危惧・懸念を押し切って実行すること」、「敢闘」は「全力でふるって勇ましく戦うこと」という意味を表し、「助字＋Ｖ」構造の二字字音語である。実字としては「勇ましい」の意味であるが、[(101)-②]の「勇敢」「果敢」の「勇」「果」二字とも「勇ましい」という意味の形容詞性の語基で、「勇敢」「果敢」は同義並列関係の「Ａ＋Ａ」構造の二字字音語だと判断できる。

(102)　① 能動
　　　　② 能力・能事
　　　　③ 機能・技能・才能・性能

　助字としての「能」は動詞の前に置かれ、「〜できる」、「〜する能力がある」という意味を表す可能の表現である。[(102)-①]の「能動」は現代語では「その動作の働きかけが主語から他へ及ぶことを表す」動詞の文法形式の一つとして使われているが、「能」が動詞の前について用いられることから、「能動」は「助字＋Ｖ」構造の二字字音語だと判断できる。実字としては動詞と名詞の用法を持っているが、[(102)-②]の「能力」は「物事を成し遂げることのできる力」、「能事」は「なすべきこと」という意味を表す「Ｖ＋Ｎ」構造の二字字音語であり、[(102)-③]の「機能」「才能」などの「能」は「物事をうまく成し遂げる優れた能力」という意味を表す名詞性の語基で、「Ｎ＋Ｎ」構造の二字字音語である。

(103)　① 自若・瞠若
　　　　② 若干

　「若」は助字の用法で用いられる場合「もし〜ならば」「〜のようだ」

という意味を表す。実字としては「いくらか」という未定の意味で使われる。[(103)-①]の「自若」は「おのずからそうである」「落ち着いていて、物事に驚いたり慌てたりしないさま」、「瞠若」は「驚いて目を見張るさま」という意味を表し、「若」は「然」「如」「乎」と同じく状態を表す形容詞をつくる働きをする。すなわち、「自若」「瞠若」は「N＋助字」「V＋助字」構造の二字字音語である。[(103)-②]の「若干」は「数ははっきりしないがあまり多くないこと」の意を表し、「N＋N」構造の二字字音語である。

(104)　① 莫逆
　　　　② 莫大

　「莫」は助字の用法で用いられる場合「～ない」という否定の意味で使われ、実字の用法としては「ひろい」「大きい」という意味で使われる。[(104)-①]の「莫逆」は「さからうことのない」という意味で、「助字＋V」構造の二字字音語であり、[(104)-②]の「莫大」は「程度や数量が大きいさま」という意味で、同義並列関係の「A＋A」構造の二字字音語である。
　次に、助字としての「被」は動詞の前に置かれ、「～される」という受身の意味を表し、実字の用法としては「着物」「覆う」という名詞と動詞の意味で使われる。

(105)　① 被害・被告
　　　　② 被服
　　　　③ 被覆

[(105)-①]の「被害」は「害を受ける」という意味の「助字＋N」構造の二字字音語で、「被告」は「裁判所に訴えられた人」という意

味の「助字＋V」構造の二字字音語である。[(105)-②]の「被服」
は「着物」という意味の同義並列関係の「N＋N」構造の二字字音
語であり、[(105)-③]の「被覆」は「おおいかぶせること」という意
味の同義並列関係の「V＋V」構造の二字字音語である。

　助字としての「非」は「～でない」という意味で、主として名詞の
前に置かれ、その名詞に対する否定的な判断を表し、実字として
は「せめる」「正しくない」という動詞と形容詞の用法で使われる。

(106)　①　非常・非凡・非礼・非命・非人
　　　　②　非難
　　　　③　是非

[(106)-①]の「非常」は「普通でない」、「非凡」は「なみなみでな
い」などの意味を表す「助字＋N」構造の二字字音語であり、
[(106)-②]の「非難」は「せめる」という意味の同義並列関係の「V
＋V」構造の二字字音語である。[(106)-③]の「是非」は「非」が語
の後ろにつく用例であるが、この場合「よいことと悪いこと」という意
味を表し、対義並列関係の「A＋A」構造の二字字音語になる。

(107)　①　即興・即刻・即時・即日・即席
　　　　②　即位・即席

　「即」は助字の用法で用いられる場合「すぐその場で」「ただちに」
という意味で使われ、実字の用法としては「就く」という意味で使わ
れる。[(107)-①]の「即刻」「即時」は「その時すぐ」、「即日」は
「すぐその日」という意味を表す「助字＋N」構造の二字字音語であ
り、[(107)-②]の「即位」は「定められた位置につくこと」という意味
を表す「V＋N」構造の二字字音語だといえるが、その中で「即席」

は「座席につく」という意味で使われる場合は「V＋N」構造になり、「その席」「その場」という意味で使われる場合は「助字＋N」構造になる。

(108)　① 忘却・売却・冷却
　　　　② 退却

「却」は助字の用法で使われる場合、動詞のあとについて、「〜しおわる」「〜してしまう」の意味を表し、その動詞の意味を強める働きをする。実字としての「却」は「しりぞく」の意味を表す。[(108)-①]の「忘却」は「忘れてしまう」、「冷却」は「冷やすこと」という意味を表す「V＋助字」構造の二字字音語であり、[(108)-②]の「退却」は「争いに敗れて退くこと」という意味の同義並列関係の「V＋V」構造の二字字音語である。

　以上、助字と実字の両方の用法で造語に参与する漢字について考察してみたが、造語成分として使われている61字の助字のうち、「可・将・従・当・所・敢・能・若・莫・被・非・即・却」など13字が助字と実字の両方の用法で造語に参与することが分かる。その中で、助字の用法で用いられる「可・将・従・当・所・敢・能・莫・被・非・即」などは一般的に語の前につき、「若」は語の後ろに置かれ、「如・然・乎」と同じく状態を表す形容詞をつくる働きをする。「却」は前の動詞の意味を強める働きをする助字である。

3.1.4.3 実字の用法で造語に参与するもの

　造語成分として使われている61字の助字のうち、上の部分で触れた22字を除外した残りの39字の助字の用法は[表7]のようである。

[表7] 実字の用法で造語に参与する助字とその意味

助字	意味	助字	意味
与	と	是	これ、ここ
及	および	肯	進んで〜する
令	〜に〜させる	胡	どうして〜か
使	〜に〜させる	欲	〜になろうとする
便	そうすると	況	まして〜はなおさらだ
則	〜すればそのときは	為	〜である
夫	〜なのだなあ	無	〜するな
安	どうして〜か	独	ひとり〜のみ
寧	どうして〜だろうか	由	ちょうど〜のようである
宜	よろしく〜べし	直	ただ〜だけ
庸	どうして〜か	縦	かりに〜であっても
徒	ただ〜だけ	者	〜は
得	〜できる	耳	〜だけ
復	ふたたび〜する	自	〜から
微	〜がなかったならば	見	〜される
応	おそらく〜であろう	諸	これ
悪	どこに〜か	載	〜しながら
教	〜に〜させる	遣	〜に〜させる
方	今や〜しようとしていること	邪	〜であるか
須	ぜひ〜する必要がある		

　次に、上の表に挙げた39字を含む同形二字字音語について分
析してみることにする。

　　　(109)　① 会則・規則・原則・校則・鉄則・党則・法則・本則
　　　　　　② 通則・定則・罰則・反則・付則・変則
　　　　　　③ 細則・総則
　　　(110)　① 夫婦・夫妻・夫権・夫役・夫子・夫人
　　　　　　② 火夫・漁夫・坑夫・鉱夫・水夫・農夫
　　　　　　③ 亡夫

　　　　　④ 匹夫・凡夫
(111)　① 方寸・方法・方今・方略・方面・方式・方術・方位・方向・方言・
　　　　　方円・方丈・方針・方陣
　　　　② 処方・地方
(112)　胡椒
(113)　① 欲火・欲念・欲望・情欲・私欲
　　　　② 愛欲・禁欲・食欲・貪欲
(114)　状況
(115)　① 孤独・単独
　　　　② 独白・独歩・独裁・独唱・独創・独断・独立・独行・独占・独奏
(116)　学者・行者・作者・侍者
(117)　耳朵・耳目・耳順・耳語
(118)　① 自家・自身・自我・自序・自己・各自
　　　　② 自愛・自白・自卑・自裁・自沈・自称・自乗・自得・自発・自費・
　　　　　自動・自負・自供・自給・自薦・自尽・自決・自覚・自立・自律・
　　　　　自殺・自恃・自首・自衛・自慰・自刻・自問・自習・自信・自省・
　　　　　自修・自営・自用・自由・自在・自責・自制・自治・自重・自主・
　　　　　自助・自伝・自転・自足・自尊

　(109)～(118)の「則・夫・方・胡・欲・況・独・者・耳・自」は、それ
ぞれ「きまり」「おとこ」「やりかた」「異民族」「ほしい心」「ありさま」「ひ
とり」「もの」「みみ」「みずから」などの意味を表す名詞性の語基で
ある。[(109)-①]の「会則」は「会の規則」の意味で「N＋N」構
造、[(109)-②]の「通則」は「一般に適用される規則」という意味で
「V＋N」構造、[(109)-③]の「細則」は「細かい規則」という意味で
「A＋V」構造の二字字音語になる。同じ方法で(110)～(118)を分
析すると、それぞれ[(110)-①] [(110)-②] (111) (112) [(113)-
①] (114) [(115)-①] (117) [(118)-①]は「N＋N」構造、[(110)-
③] [(113)-②] (116)は「V＋N」構造、[(110)-④]は「A＋N」構
造、[(115)-②]は「AD＋V」構造、[(118)-②]は「(N→AD)＋V」

構造の二字字音語である。

  (119)　参与

  (120)　及第

  (121)　① 得失

      ② 得意

      ③ 獲得・拾得・取得・会得・感得・修得・習得・説得・体得・納得・
損得

      ④ 自得

  (122)　① 復辟・復古・復旧・復刊・復命・復位・復業・復元・復原・復職・
復学

      ② 復讐・復帰・復航・復活・復習・復興

      ③ 往復・回復・修復・報復・反復

  (123)　① 応力

      ② 応変・応酬・応答・応対・応募・応諾・応訴・応用・応援・応戦

      ③ 応急

      ④ 対応・呼応・適応・反応・順応・照応

  (124)　① 肯定

      ② 首肯

  (125)　① 人為

      ② 作為

  (126)　① 見解・見識・見習・見聞

      ② 意見・引見・拝見・偏見

  (127)　記載・掲載・搭載・満載・連載

  (128)　差遣・派遣

  (129)　① 必須

      ② 須要

　(119)～(129)の「与・及・得・復・応・肯・為・見・載・遣・須」は、それぞれ「あたえる」「およぶ」「える」「もどる」「こたえる」「うなずく」「なす」「みる」「のる」「いかせる」「もちいる」などの意味を表す動詞性の語基である。(119)～(129)の用例を分析してみると、(119)

[(121)-①③] [(122)-③] [(123)-②④](124)[(125)-②](126)(127)
(128)[(129)-②]は「V＋V」構造、(120)[(121)-②] [(122)-①②]
[(123)-①]は「V＋N」構造、[(123)-③]は「V＋A」構造、[(121)
-④] [(125)-①]は「N＋V」構造、[(129)-①]は「AD＋V」構造
の二字字音語である。

(130)　① 無益・無縁・無間・無機・無形・無限・無辜・無私・無上・無常・
　　　　　無情・無心・無数・無声・無双・無題・無敵・無能・無風・無辺・
　　　　　無法・無味・無名・無理・無量・無力・無援・無効・無償・無尽・
　　　　　無知・無恥
　　　　② 虚無・有無
(131)　① 慰安
　　　　② 安寧
(132)　① 事宜・時宜
　　　　② 適宜
(133)　寧日
(134)　中庸・凡庸
(135)　① 微風・微分・微粒・微量
　　　　② 微細・微弱・微小・微賤・微妙
　　　　③ 軽微・細微・精微
(136)　是非
(137)　① 邪気・邪教・邪心・邪説・邪道・邪念・邪魔
　　　　② 邪悪

　(130)～(137)の「無・安・宜・寧・庸・微・是・邪」は、それぞれ「な
い」「やすらか」「よろしい」「ぶじ」「へいぼん」「かすか」「ただしい」
「よこしま」などの意味を表す形容詞性の語基である。(130)～
(137)の用例を分析してみると、[(130)-①]は述目関係の「A＋N」
構造、(133)[(135)-①]　　[(137)-①]は連体修飾関係の「A＋N」
構造、[(132)-①]は「N＋A」構造、[(131)-①]は「V＋(A→V)」

構造、[(130)-②][(131)-②][(132)-②](134)[(135)-②③](136)[(137)-②]は「A＋A」構造の二字字音語である。

(138) 諸侯

(138)の「諸」は実字の用法で使われる場合、「多くの」という意味を表し、後ろにつく名詞性の語基を修飾する働きをする。従って、(138)は「連体詞＋N」構造の二字字音語だということができる。

次の(139)〜(147)は、「直・令・使・便・徒・悪・教・由・縦」などの漢字が複数の品詞性を持って用いられる用例であるが、語構成を分析してみるとさまざまな様相をみせている。

(139) ① 直角・直線・直径・直腸
　　　 ② 直覚・直轄・直観・直言・直航・直接・直截・直属・直面・直訳・直立
(140) ① 辞令・省令・条令・政令・勅令
　　　 ② 禁令・訓令・号令・指令・伝令・発令
　　　 ③ 命令
　　　 ④ 令兄・令嬢・令名
(141) ① 使者・使節・使命
　　　 ② 公使・天使
　　　 ③ 大使・特使・密使
　　　 ④ 使役・使用
　　　 ⑤ 行使・駆使
(142) ① 便所
　　　 ② 便秘
　　　 ③ 小便・大便
　　　 ④ 便衣・便服・便覧
　　　 ⑤ 便宜・便利
　　　 ⑥ 簡便・軽便

(143)　① 徒刑・徒弟・酒徒・門徒

　　　　② 学徒・信徒

　　　　③ 暴徒

　　　　④ 徒渉・徒歩

　　　　⑤ 徒手

　　　　⑥ 徒長・徒労

(144)　① 罪悪

　　　　② 憎悪・嫌悪

　　　　③ 悪意・悪感・悪疾・悪臭・悪習・悪心・悪人・悪声・悪性・悪念・
　　　　　 悪報・悪魔・悪名・悪戦

　　　　④ 悪化

　　　　⑤ 凶悪・好悪

(145)　① 儒教・宗教・仏教・文教

　　　　② 宣教

　　　　③ 新教

　　　　④ 教案・教員・教会・教官・教義・教区・教具・教皇・教材・教師・
　　　　　 教室・教主・教条・教程・教徒・教派・教範・教父・教鞭・教本

　　　　⑤ 教育・教化・教学・教訓・教唆・教授・教習・教導・教務・教養・
　　　　　 教練

　　　　⑥ 説教・調教

(146)　① 事由・理由

　　　　② 自由

　　　　③ 由来・経由

(147)　① 縦横・縦隊

　　　　② 縦覧

　「直」は「まっすぐ」「じきに」などの意味を表し、[(139)-①] は連
体修飾関係の「A＋N」構造、　[(139)-②]は「AD＋V」構造の二
字字音語である。「令」は「おきて」「命ずる」などの意味を表し、
[(140)-①]は「N＋N」構造、[(140)-②]は「V＋N」構造、[(140)
-③]は「V＋V」構造の二字字音語であり、[(140)-④]の「令」は
「敬称」の意を添加するだけで、[(140)-④]は「接頭辞＋N」構造

の二字字音語だと判断できる。「使」は「つかい」「もちいる」などの意味を表し、[(141)-①②]は「N＋N」構造、[(141)-③]は「A＋N」構造、[(141)-④⑤]は「V＋V」構造の二字字音語である。「便」は「大(小)便」「都合がよい」などの意味を表し、[(142)-①]は「N＋N」構造、[(142)-②]は「N＋A」構造であり、[(142)-③④]は「A＋N」構造、[(142)-⑤⑥]は「A＋A」構造の二字字音語である。そして、「徒」は「なかま」「あるく」「からっぽ」などの意、「悪」は「よくないこと」「にくむ」「わるい」などの意、「教」は「いましめ」「おしえる」などの意、「由」は「わけ」「へる」などの意、「縦」は「たて」「したいようにする」などの意を表し、[(143)～(147)-①]は「N＋N」構造、[(143)-②] [(145)-②④]は「V＋N」構造、[(143)-③⑤] [(144)-③] [(145)-③]は「A＋N」構造、[(143)-④] [(144)-②] [(145)-⑤⑥] [(146)-③]は「V＋V」構造の二字字音語であり、[(143)-⑥] [(144)-④] [(147)-②]は「A＋V」構造、[(144)-⑤]は「A＋A」構造、[(146)-②]は「N＋V」構造の二字字音語である。

　以上、実字の用法で造語に参与する漢字について考察してみたが、造語成分として使われている61字の助字のうち、「則・夫・方・胡・欲・況・独・者・耳・自・与・及・得・復・応・肯・為・見・載・遣・須・無・安・宜・寧・庸・微・是・邪・諸・直・令・使・便・徒・悪・教・由・縦」など39字が実字の用法だけで造語に参与することが分かる。その中で、「則・夫・方・胡・欲・況・独・者・耳・自」など10字は名詞性の語基で、「与・及・得・復・応・肯・為・見・載・遣・須」など11字は動詞性の語基で、「無・安・宜・寧・庸・微・是・邪」など8字は形容詞性の語基で、「諸」は連体詞性の語基で造語に参与し、「直・令・使・便・徒・悪・教・由・縦」など9字は複数の品詞性を持って造

語に参与することを明らかにした。

3.1.4.4 まとめ

　以上、『新漢語林』(2005)に収録されている字音語の助字94字の中で、二字字音語の造語成分として使われている61字を研究対象とし、その意味・用法と語構成について考察してみた。

　造語成分として使われている61字の助字のうち、「不・以・如・未・然・相・乃・乎・唯」など9字が助字の用法だけで造語に参与し、その中で「不・以・未・相・乃・唯」などは一般的に語の前につき、「然・乎」は語の後ろについて語を構成する。「如」は語の前後両方ともつくが、後ろにつく場合は「然・乎」と同じく状態を表す形容詞をつくる働きをする。

　助字と実字の両方の用法で造語に参与する漢字は61字のうち、「可・将・従・当・所・敢・能・若・莫・被・非・即・却」など13字であったが、その中で、助字の用法で用いられる「可・将・従・当・所・敢・能・莫・被・非・即」などは一般的に語の前につき、「若」は語の後ろについて「如・然・乎」と同じく状態を表す形容詞をつくる働きをし、「却」は前の動詞の意味を強める働きをする。

　そして、実字の用法で造語に参与する漢字は61字のうち、「則・夫・方・胡・欲・況・独・者・耳・自・与・及・得・復・応・肯・為・見・載・遣・須・無・安・宜・寧・庸・微・是・邪・諸・直・令・使・便・徒・悪・教・由・縦」など39字であったが、その中で、「則・夫・方・胡・欲・況・独・者・耳・自」など10字は名詞性の語基、「与・及・得・復・応・肯・為・見・載・遣・須」など11字は動詞性の語基、「無・安・宜・寧・庸・微・是・邪」など8字は形容詞性の語基、「諸」は連体詞性の語基で

造語に参与し、「直・令・使・便・徒・悪・教・由・縦」など9字は複数の品詞性を持って造語に参与することがわかった。

3.2 統語的な構成による二字字音語

単純語と派生語及び助字による語が形態的な構成による字音語だとすると、複合語は統語的な構成による字音語だということができる。字音語における複合語の語構成に関する中・日・韓三国語の先行研究を調べてみると、複合語を語構成要素間の結合関係によって大きく並列関係・主述関係・修飾関係・述目関係・述補関係などの五種に分けている。が、その下位分類は論者によって少しずつ異なり、用語などもまちまちである。従って、本研究ではこの五種の複合語の結合関係と下位分類についてもう少し詳しく考察してみることにする。

3.2.1 並列関係の二字字音語

並列関係の二字字音語の下位分類として、割合に具体的に分類されたと思われる研究には、鄭旼泳(1994、1999)、日本語教育学会編(2005)などがあるが、比べてみると[表8]のようである。

[表8] 並列関係の二字字音語に対する下位分類の比較

鄭旼泳 (1994、1999)	N＋N		反義関係	上下・男女・天地・兄弟
			類義関係	土地・言語・意味・根本
			対等関係	花鳥・風水・風雨
	V＋V		反義関係	授受・生死・起伏・興亡
			類義関係	達成・逃走・信任・結束
			対等関係	飲食・殺傷
	A＋A		反義関係	大小・強弱・長短・早晩
			類義関係	正直・困難・貴重・明白
			対等関係	正大・秀麗・遠大・宏壮
	AD＋AD			相互・恒常・何必・惟獨
日本語 教育学会編 (2005)	対等	並列 (類義の語基を 重ねる)	N＋N	道路・河川・身体
			V＋V	増加・尊敬・破壊
			A＋A	広大・温暖・善良
		対立 (対義の語基を 重ねる)	N＋N	天地・父母・左右
			V＋V	売買・往復・愛憎
			A＋A	強弱・大小・善悪

　[表8]で分かるように、語基の品詞性によって、鄭旼泳(1994、1999)は「N＋N」「V＋V」「A＋A」「AD＋AD」など四種に分けているのに対し、日本語教育学会編(2005)は「N＋N」「V＋V」「A＋A」など三種に下位分類している。また、語基の意味的な関係によっては、鄭旼泳(1994、1999)は「AD＋AD」構造を除いた三種の構造は、二つの語基が「反義(=対義)関係」「類義関係」「対等関係」で結合しているとし、日本語教育学会編(2005)は「類義」も「対義」もみな「対等」関係だという立場をとっている。

　[表8]で挙げた語例を検討してみると、語基の品詞性による分類は「N＋N」「V＋V」「A＋A」「AD＋AD」など四種に分類されるのが正しいといえよう。ただ、「何必」の「何」は「どうして……か」とい

う疑問を表す助字で、「AD＋AD」構造の字音語ではないと思われる。

語基の意味的な関係による分類は、両者とも細分されていないと考えられ、もう少し検討してみることにする。

(148) ① N＋N……根本・身体・土地・意味
② V＋V……変化・習慣・増加・尊敬
③ A＋A……安静・困難・明白・温暖
④ AD＋AD……交互・惟獨・相互・再三
⑤ N＋N……見識・権利・文芸・知能
⑥ V＋V……観測・監督・教訓・信頼
⑦ A＋A……貴重・健全・精密・奇妙
⑧ N＋N……兄弟・利害・前後・宇宙
⑨ V＋V……出入・呼吸・勝敗・問答
⑩ A＋A……長短・大小・多少・早晩

[(148)-①⑤⑧]は同じ「N＋N」構造の二字字音語で、[(148)-②⑥⑨]は同じ「V＋V」構造の二字字音語、[(148)-③⑦⑩]は同じ「A＋A」構造の二字字音語である。しかし、同じ名詞性・動詞性・形容詞性の構造でも、語基と語基との意味的な関係は全部異なる。

まず、[(148)-①]の「根」「身」「土」「意」はそれぞれ「もと/ね」「み/からだ」「つち」「わけ/おもむき」などの意味を表し、「本」「体」「地」「味」はそれぞれ「もと/ね」「み/からだ」「つち」「おもむき」などの意味を表す。つまり、「根」と「本」、「身」と「体」、「土」と「地」、「意」と「味」は同義の語基であり、「根本」「身体」「土地」「意味」は同義の名詞性の語基で構成された二字字音語である。

次に、[(148)-⑤]の「見識」は「見聞と学識」、「権利」は「権力と利益」、「文芸」は「学問と技芸/文学と芸術」、「知能」は「知恵と才

能」などの意味を表す。「見聞」と「学識」、「権力」と「利益」など
は、それが表す意味が明らかに違う。つまり、語を構成している
二つの語基は同義ではないのである。といって、対義の語基とも
言いにくい。これらは並列関係にある同類の二つの語のまとまりか
ら、それぞれ代表される字を選んで結合させた、いわゆる縮約し
て作られた略語のような語だと考えられる。このような結合方式が
可能であるのは、漢字が表意文字であるからにほかならない。こ
の結合方式は字音語の語構成の一つの重要な特徴だと言えよ
う。

　[(148)-⑧]は対義の二つの名詞性の語基が結合して構成され
た字音語であるが、「兄弟」は「あにとおとうと」、「利害」は「利益と
損害」、「前後」は「まえとうしろ」、「宇宙」は「空間と時間」の意味
を表す。ここで、「利害」のような語は[(148)-⑤]と同じく、縮約し
て作られた略語ともいえるが、「利益」と「損害」が対義であるという
意味で[(148)-⑤]と異なる。

　これまでは「N＋N」構造の二字字音語に対する分析であるが、
これと同じ分析方法で(148)の「V＋V」「A＋A」「AD＋AD」構造
の二字字音語を分析してみると、[(148)-②③④]は[(148)-①]と
同じ同義の語基で構成された二字字音語に属し、[(148)-⑥⑦]
は[(148)-⑤]と同じ類義[149]の語基で構成された二字字音語に、
また[(148)-⑨⑩]は[(148)-⑧]と同じ対義の語基で構成された二
字字音語に属するということが分かる。

149　狭義では、「見聞」と「学識」、「権力」と「利益」などは類義とはいえないが、
　　本研究では「同義」「対義」と区別するために広義で「類義」という用語を使うこ
　　とにする。

(149)　① 処処・一一
　　　　② 匆匆・紛紛・茫茫・黙黙・堂堂・悠悠
　　　　③ 暗暗・僅僅・徐徐

(149)は、同一語基を重ねてできた畳語であるが、[(149)-①]
は名詞性の語基を重ねた畳語、[(149)-②]は形容詞性の語基を
重ねた畳語、[(149)-③]は副詞性の語基を重ねた畳語である。[150]

　多くの論著では畳語を単純語の範疇に入れて記述しているが、
これらの畳語が表す意味と、もとの漢字の意味はほとんど一致して
いるし、同じ意味で他の語基と結合する例も少なくないから、畳語
は複合語の範疇に入れて記述するのがもっともふさわしいと判断さ
れる。例えば、「悠」は「ゆったりしているさま」の意味を表す語基
であるが、重複された形の「悠悠」も同じ意味で使われ、この外に
「悠然」「悠長」「悠揚」などの語例が挙げられる。

3.2.2 主述関係の二字字音語

　主述関係の語といえば、「主語＋述語」構造の語をいうが、主
語と述語が文中で置かれる位置をみると、中・日・韓三国語の基
本的な語順は、主語が前に、述語が後にと、三国語とも同じであ
る。主述関係の二字字音語の構造も、文中での主語と述語の語
順と同じく、主語にあたる名詞性の語基が前に置かれ、述語にあ
たる動詞性・形容詞性の語基が後に置かれる。従って、主述関係
の二字字音語は、「Ｎ＋Ｖ」構造と「Ｎ＋Ａ」構造とに分けることがで

150　動詞性の語基を重ねた例として、中国語に「看看」「想想」「走走」などがある
　　が、これらは語彙的な機能をするのではなく、主に動作の量を表す文法的
　　な機能をすると思われるので、本研究では考察の対象から除外する。

きる。

(150)　① 公共・国有・人造・優勝
　　　　② 年少・性急・日常・頭痛

　[(150)-①]は「N＋V」構造で構成された二字字音語で、[(150)-②]は「N＋A」構造で構成された二字字音語である。[(150)-①]の「公共」は「公衆が共にすること」、「国有」は「国家が所有すること」、「人造」は「人間がつくること」などの意味を表す。「優勝」の「優」は、「役者」「すぐれる」「やさしい」など、いろんな品詞性を持つ語基であるが、この場合は「すぐれたもの」という意味で、「優勝」は「すぐれたものが勝つ」という意味を表し、主述関係の字音語だといえる。

　[(150)-②]の「年少」は「年齢が少ない」、「性急」は「性質が急だ」という意味を表し、「日常」は現代語では「ふだん/つねひごろ」の意味を表すが、語源をたどってみると、元来は「太陽はいつも同じだ/変わらない」という意味であると考えられる。「頭痛」は「頭が痛い」と解釈される場合は「N＋A」構造の語になるが、「頭部の痛み」と解釈される場合は「N＋N」構造の連体修飾関係の語になる。「頭痛」は、中国語では「N＋A」構造の語として使われるのに対し、日本語と韓国語では「N＋N」構造の語として使われるようである。

3.2.3 修飾関係の二字字音語

　修飾関係の二字字音語の分類に関する先行研究を検討してみると、大部分は修飾語と被修飾語の最も基礎的な結合関係に着

目して分類を行なっている。 つまり、まず名詞性の語基を修飾する連体修飾関係と、動詞性・形容詞性の語基を修飾する連用修飾関係に大別し、また連体修飾関係は「N＋N」「V＋N」「A＋N」など三種の構造に、連用修飾関係は「AD＋V」構造と「AD＋A」構造に下位分類している。 しかし、漢字と漢文法の特性上、既存の分類よりもっと複雑な結合関係を有すると思われ、次に連体修飾関係の二字字音語と連用修飾関係の二字字音語に分けて考察してみることにする。

3.2.3.1 連体修飾関係の二字字音語

(151)　① N＋N……風力・牛乳・水圧・四季
　　　　② V＋N……産地・進路・生物・引力
　　　　③ A＋N……大陸・近所・難題・幼児

(151)は既存の研究で挙げられた連体修飾関係の三種の構造と語例であるが、[(151)-①]の「風力」は「風の力」、「牛乳」は「牛の乳汁」、「水圧」は「水の圧力」、「四季」は「四つの季節」の意味を表し、[(151)-②]の「産地」は「物を産出する土地」、「進路」は「進んでゆく道」、「生物」は「生きているもの」、「引力」は「他を引きつける力」の意味を表し、[(151)-③]の「大陸」は「地球上の広大な陸地」、「近所」は「近いところ」、「難題」は「むずかしい問題」、「幼児」は「おさない子供」などの意味を表す。 このように、(151)はいずれもはっきりした直接的な結合関係で構成されていることが分かる。 しかし、そうでないものもある。

(152)　電車・方針・詩人・水産

(152)を分析してみると、前の語基、つまり修飾する語基である「電」「方」「詩」「水」は、みな名詞性の語基である。しかし、これらが被修飾の語基である「車」「針」「人」「産」と結合した場合、「電車」は「電気の車」ではなく「電力で走る車」、「方針」は「方位の針」ではなく「方位を指し示す針」、「詩人」は「詩の人」ではなく「詩を作る人」、「水産」は「水の産物」ではなく「水からとれる産物」の意味を表し、名詞性から動詞性に変わる現象が起こる。従って、このような構造は「N＋N」構造ではなく、「(N→V)＋N」構造の連体修飾関係の二字字音語と言うべきである。

(153)　最初・最後

副詞は、文中では中・日・韓三国語ともに、連用修飾語になる品詞であって、連体修飾語にはならない。しかし、字音語の語構成においては、まれな例ではあるが、副詞性の語基が名詞性の語基を修飾することが可能なようである。(153)の「最」は「もっとも」「一番」という意味を表す副詞性の語基で、「最初」は「一番はじめ」、「最後」は「もっともあと/もっともうしろ」の意味を表し、副詞性の語基が名詞性の語基を修飾している。つまり、(153)は「AD＋N」構造の連体修飾関係の二字字音語になるわけである。

(154)　最近

(154)の「最」「近」二つの漢字は、中国語では語と語基の両方の機能を持つ字である。例えば、「最近的将来(もっとも近い将来)」の場合は語の機能をし、「最近」は二つの語で構成された句であり、「最近我很少看电影(このごろ私はあまり映画を見ない)」の場

合は「最近」が一つの語で、「最」と「近」は語基の機能をする。日
本語と韓国語では、後者の語基の機能だけで、「最近」は一語と
してしか使われない。この場合、「最近」は「一番近い過去」などの
意を表すが、この構造は「(一番＋近い)＋過去」「一番＋(近い＋
過去)」のように両方の解釈ができる。本研究では、「近」は「近い
過去」の意味を代表する語基と思われ、「最近」を「AD＋N」構造
の連体修飾関係の二字字音語の範疇に入れて述べることにす
る。

3.2.3.2 連用修飾関係の二字字音語

　連用修飾語といえば、「用言を中心とする成分を被修飾語とす
る修飾語で、用言にかかっていって、その用言の意味を詳しく限
定する」語である。連用修飾語は、中・日・韓三国語でさまざまな
形で現れているが、日本語での連用修飾語の末尾の文節は、①
副詞(例えば、「もっとも新しい」「ぽつぽつ降る」など)、②用言の
連用形(例えば、「急ぎ参れ」「美しく咲く」「穏やかに話す」など)、
③名詞＋助詞(例えば、「東京へ行く」「外国から帰る」など)の三つ
の型が基本である。[151]　字音語の研究において、漢文法に用言の
活用とか格助詞というような文法的な形式がないので、連用修飾
関係の語を弁別することは非常に難しいことであるが、意味的に
上のような三つの型で解釈できる語であれば、連用修飾関係の二
字字音語と認めることができると判断される。
　連用修飾関係の二字字音語に関する先行研究を検討してみる
と、大体次のように二種に下位分類している。

151　前掲書、『日本語文法大辞典』、p.852.

(155)　① AD＋V……必要・独立・予感・再発
　　　　② AD＋A……極悪・特大・絶大・最高

　[(155)‐①]は副詞性の語基と動詞性の語基を結合した構造であるが、「必要」は「必ず要る」、「独立」は「ひとりで立っている」、「予感」は「前もって感ずる」、「再発」は「再び発生する」の意味を表す。[(155)‐②]は副詞性の語基と形容詞性の語基を結合した構造で、「極悪」は「きわめて悪い」、「特大」は「特別に大きい」、「絶大」は「きわめて大きい」、「最高」は「最も高い」という意味を表す。(155)は上の三つの型で①にあたる連用修飾関係の二字字音語と言える。

　この外に、野村雅昭(1988)と日本語教育学会編(2005)などは、(156)のような構造も連用修飾関係の二字字音語に含めさせているが、次に連用修飾関係か否かを弁別してみることにする。

(156)　① A＋V……静観・細分・新任・精製
　　　　② V＋V……代弁・競走・焼死・議決

　[(156)‐①]の「静観」は「静かに観察すること」、「細分」は「細かく分けること」、「新任」は「新しく任命されること」、「精製」は「念入りに製造すること」の意味を表し、上の三つの型で②にあたる連用修飾関係の二字字音語である。この類は、修飾する語基が意味的に形容詞性から副詞性に変わっているので、厳密に言うと「A＋V」構造ではなく、「(A→AD)＋V」構造と言うべきである。

　[(156)‐②]は「V＋V」構造の二字字音語で、それぞれ「代弁」は「本人に代わって言うこと」、「競走」は「競って走ること」、「焼死」は「焼けて死ぬこと」、「議決」は「合議して決定すること」の意味を

表し、前の動詞性の語基は後の動作・作用が行われる原因・理由・状態などいろんな意味を表し、後の動詞性の語基はその結果を表す。この類は、修飾関係の字音語とは言えず、述補関係の二字字音語に属すると思われる。

(157)　筆記・前進・実用・文化

(157)は名詞性の語基と動詞性の語基が結合して構成された二字字音語で、「筆記」は「筆で記すること」、「前進」は「前へ進むこと」、「実用」は「実際に用いること」、「文化」は「(世の中が開ける)状態に化すること」の意味を表し、上の三つの型で③にあたる連用修飾関係の二字字音語である。この構造の前の修飾する語基は、意味的にもう名詞性から副詞性に変わっているので、「(N→AD)＋V」構造と言うことができる。

3.2.4　述目関係の二字字音語

述目関係の二字字音語を考察するためには、まず目的語の定義について検討してみる必要がある。

南基心・高永根(2002)は「目的語は他動詞によって表現される行為の対象を表す文の成分」[152]と定義し、山口明穂・秋本守英編(2001)は、目的語というのは「動詞の表す動作・行為の対象となってその動作・行為を受ける人やものを表す語」[153]であると定義している。

一方、北京大学中文系編(2007)は「目的語は述語動詞の支配

152　南基心・高永根(2002)『標準國語文法論』改訂版、塔出版社、p.258.
153　前掲書、『日本語文法大辞典』、p.788.

と制約を受ける対象である」とし、目的語と述語動詞の意味的な関係は多様であるが、主なものには次のような類型があると述べている。[154]

(158)　①目的語は動詞の表す動作・行為の対象である(例: 看電影/映画を見る)。
　　　　②目的語が指し示す事物はこのような動作・行為によって生じたものである(例: 写信/手紙を書く)。
　　　　③目的語は動作・行為の道具である(例: 洗凉水/冷たい水で洗う)。
　　　　④目的語は場所や位置を表す(例: 上樹/木にのぼる、进城/町へ行く)。
　　　　⑤目的語は動作・行為の行為者である(例: 住人/人が住む)。

　上の目的語の定義から、日本語と韓国語では[(158)-①②]の類型だけを目的語と認めるのに対し、中国語では[(158)-③④⑤]の類型までを目的語の範疇に属させていることが分かる。

　語順においては、文中での目的語と述語の順序は、日本語と韓国語では名詞に助詞「を」、「을/를」が付いて後の動詞にかかる形をとるのが一般的であるが、中国語では反対に述語の後に直接目的語が付く形をとるのが基本的な順序である。述目関係の二字字音語は、中国語での述語と目的語の順序と同じく、動詞性の語基と名詞性の語基が結合して構成された「V＋N」構造でできている。

(159)　発電・加熱・開会・作文

154　前掲書、北京大学中文系編『現代汉语』、pp.358-359.

　(159)の「発電」は「電流を起こすこと」、「加熱」は「熱を加えること」、「開会」は「会議を始めること」、「作文」は「文章を作ること」の意味を表すが、いずれも「…を…する」の形をとっている。従って、(159)は三国語ともに述目関係の二字字音語と認められる類であると言える。

　(160)　出席・発病・徹底・当選

　(160)の「出席」は「席に出る」、「発病」は「病気がおこる」、「徹底」は「底まで貫き通る」、「当選」は「選挙で選ばれる」の意味で、(160)は日本語と韓国語の基準では述目関係と認められないが、中国語では認められる類型である。

　本研究では、字音語の語構成というのは、あくまでも漢文法に準ずるものと考えられ、述目関係の二字字音の弁別においては、(158)の中国語での目的語と述語の意味的な関係を基準にして弁別することにする。

　なお、述目関係の二字字音語といえば、一般的に上のような「V＋N」構造の語だけを指しているが、二字字音語の中には「多情」「細心」「有名」「無理」[155]など「形容詞性の語基＋名詞性の語基」構造の語も少なくない。先行研究でこのような構造の語について分類を行った類型を調べてみると、金敏洙(1971、1998)は構文構成の字音語のうち、動賓関係の存現結構であるとし、鄭旼泳(1994、1999)は叙述構成の複合語であるとし、趙範熙(1998)は述補構成の漢字語、辛基相(2005)は主述構文の「述語＋主語」関係の漢字語であるとしている。また、郭振华(2002)は述目構成

155　「有」「無」の品詞性については3.1.2.4を参照。

の合成語、野村雅昭(1988)と日本語教育学会編(2005)は格関係によって示される補足関係の語であるとしている。[156]　このように論議によって分類は少しずつ異なっているが、「形容詞性の語基＋名詞性の語基」構造といえば、連体修飾関係の語でなければ述目関係の語であろう。意味的に分析すると、「多情」は「情けが多い」、「有名」は「名が知られている」などの意味を表し、連体修飾関係ではないことは明らかである。従って、この類の語は「A＋N」構造の述目関係の二字字音語だと判断できる。

3.2.5　述補関係の二字字音語

　補語は目的語と同じく、語順において日本語と韓国語では述語の前に置かれ、中国語では述語の後に付くのが一般的である。述補関係の二字字音語は、中国語の語順に従い、「述語＋補語」の構造で構成されたと思われ、まず中国語の補語について考察してみることにする。

　北京大学中文系編(2007)は「補語は動詞または形容詞の後に付いて補充説明する成分である」と定義し、補語を①結果補語(例えば、「学会/学んで分かる」「推倒/押して倒す」など)、②方向補語(例えば、「走進/歩いて入る」「送来/送ってくる」など)、③可能補語(例えば、「听得懂/聞いて理解できる」「听不懂/聞いても理解できない」など)、④程度補語(例えば、「写得好/よく書いた」「好极了/非常によい」など)、⑤前置詞句補語(例えば、「生于一八一八年/1818年に生まれた」「等到昨天/昨日まで待った」など)のように

156　具体的な内容は2.2を参照。

五種に分類している。[157]

　上の五種の中で、③〜⑤は述語の後に補語がつくためには、その間に「得」「不」「于」などの語が入らなければならないので、漢字数からいって、二字字音語にはこの類型で構成された語はまずないと判断される。

　結果補語は動作・変化の結果を表し、その結果は動詞または形容詞から成る。方向補語は動詞の後に方向を表す動詞「上」「下」「進」「出」「回」「過」「起」と「来」「去」などが付いて、事物の運動の方向を表す。[158]　従って、述補関係の二字字音語は、「V＋V」構造と「V＋A」構造で構成されるということが分かる。

　　(161)　① 参議・測定・代理・会談
　　　　　② 改良・革新・減少・拡大

　[(161)-①]の「参議」は「参与して議する」、「測定」は「はかってきめる」、「代理」は「本人に代わって処理する」、「会談」は「会って話し合う」の意味を表し、この類は「V＋V」構造の述補関係の二字字音語に属する。

　[(161)-②]の「改良」は「改めてよくする」、「革新」は「改めて新しくする」、「減少」は「減って少なくなる」、「拡大」は「拡げて大きくする」の意味を表し、後の語基は形容詞性ではなく、動詞性の語基として使用されていることが分かる。従って、[(161)-②]の類型は「V＋A」構造というより、「V＋(A→V)」構造の述補関係の二字字音語というほうが最もふさわしい。

157　上掲書、北京大学中文系編『現代汉语』、pp.369-378.
158　前掲書、劉月華外著『現代中國語文法』、pp.261-267.

3.3 二字字音語の語構成による分類

　本章では、中・日・韓三国語の二字字音語を、形態的な構成による二字字音語と統語的な構成による二字字音語に分けて考察してみたが、二字字音語を語構成上から分類すると、次のようである。

(162)　二字字音語の語構成による分類
　　　① 形態的な構成による二字字音語
　　　　　a. 単純語……刹那・躊躇・俳徊・葡萄
　　　　　b. 派生語
　　　　　　　ア. 接頭辞＋語基……第一・老師
　　　　　　　イ. 語基＋接尾辞……街頭・饅頭・帽子・拍子
　　　　　c. 助字による二字字音語……所有・唯一・以前・自然
　　　② 統語的な構成による二字字音語(複合語)
　　　　　a. 並列関係の二字字音語
　　　　　　　a) 同義の語基を重ねた二字字音語
　　　　　　　　　ア. N＋N……道路・児童・服装・根本
　　　　　　　　　イ. V＋V……変化・測量・居住・増加
　　　　　　　　　ウ. A＋A……豊富・恐怖・良好・詳細
　　　　　　　　　エ. AD＋AD……交互・相互・再三
　　　　　　　b) 類義の語基を重ねた二字字音語
　　　　　　　　　ア. N＋N……見解・権利・文芸・性能
　　　　　　　　　イ. V＋V……観測・監督・捜査・信仰
　　　　　　　　　ウ. A＋A……貴重・健全・精密・軽快
　　　　　　　c) 対義の語基を重ねた二字字音語
　　　　　　　　　ア. N＋N……夫婦・左右・利害・前後
　　　　　　　　　イ. V＋V……出入・呼吸・勝敗・問答
　　　　　　　　　ウ. A＋A……長短・大小・黒白・早晩
　　　　　　　d) 畳語……処処・茫茫・往往・悠悠
　　　　　b. 主述関係の二字字音語
　　　　　　　ア. N＋V……公共・国産・民主・人工

　　　　　イ. N＋A……日常・頭痛・性急
　　　c. 修飾関係の二字字音語
　　　　a) 連体修飾関係の二字字音語
　　　　　ア. N＋N……地球・電圧・物質・紙幣
　　　　　イ. (N→V)＋N……電話・劇場・詩人・現金
　　　　　ウ. V＋N……愛情・産地・歌手・孝子
　　　　　エ. A＋N……長期・大陸・緑茶・速度
　　　　　オ. AD＋N……最初・最後
　　　　b) 連用修飾関係の二字字音語
　　　　　ア. AD＋V……交流・特定・予想・再生
　　　　　イ. (N→AD)＋V……筆記・前進・実験・自覚
　　　　　ウ. (A→AD)＋V……広告・楽観・強化・確認
　　　　　エ. AD＋A……痛快・最好
　　　d. 述目関係の二字字音語
　　　　　ア. V＋N……徹底・出席・当選・発電
　　　　　イ. A＋N……多情・無理・細心・有名
　　　e. 述補関係の二字字音語
　　　　　ア. V＋V……保護・改造・教育・座談
　　　　　イ. V＋(A→V)……発明・革新・減少・延長

第4章

中・日・韓三国語の二字字音語と品詞性

(7)の三種の辞典から抽出した同形二字字音語は11470語で、(4)の三種の資料で再抽出した同形二字字音語は4191語である。本章では、その中から使用率が最も高いと思われる同形二字字音語3320語を選定し、それを語構成によって分類した上、語構成と品詞性の類型との対応関係の様相を究明することにする。

4.1 形態的な構成による二字字音語と品詞性

形態的な構成による二字字音語は単純語、派生語、助字による二字字音語など三種に下位分類することができる。

4.1.1 単純語と品詞性

同形二字字音語3320語の中で、単純語は13語であるが、単純語とその品詞性を表であらわすと[表9]のようである。

[表9] 単純語と品詞性

中国語	品詞性	日本語	品詞性	韓国語	品詞性
玻璃	N	玻璃	N	玻璃	N
刹那	N	刹那	N	刹那	N
踌躇・踌蹰	V・A	躊躇	N・V	踌躇	N・V
仿佛・彷彿	V・AD	髣髴・彷彿	N・A	髣髴・彷彿	A・AD
胡蝶・蝴蝶	N	胡蝶	N	胡蝶・蝴蝶	N
喇叭	N	喇叭	N	喇叭	N
琉璃	N	瑠璃	N	瑠璃	N
骆驼	N	駱駝	N	駱駝	N
徘徊	V	徘徊	N・V	徘徊	N・V

彷徨・旁皇	V	彷徨	N・V	彷徨	N・V
葡萄	N	葡萄	N	葡萄	N
珊瑚	N	珊瑚	N	珊瑚	N
鴉片・雅片	N	鴉片・阿片	N	鴉片・阿片	N

[表10] 中・日・韓三国語の品詞性の比較(一) (総語数:13語)

品詞性	名　詞			動　詞			形容詞			副　詞			その他		
国語	中	日	韓	中	日	韓	中	日	韓	中	日	韓	中	日	韓
語数	9	13	12	4	3	3	1	1	1	1	0	1	0	0	0
％	69.2	100	92.3	30.8	23.1	23.1	7.7	7.7	7.7	7.7	0	7.7	0	0	0

　[表10]で分かるように、単純語は三国語ともに名詞の用法で使
われる語が最も多く、次いで動詞、形容詞、副詞の順であるが、
その中で外来語はすべて名詞の用法しかないようである。中国語
で動詞の用法で使われる「踟躇」「徘徊」「彷徨」などの語は、日本
語と韓国語では二字字音語だけでは名詞の用法で用いられ、「踟
躇する」「徘徊する」「彷徨する」「踟躇하다」「徘徊하다」「彷徨하다」
などのように日本語は後に「－する」、韓国語は後に「－하다」をつ
けて動詞の機能を有するようになる。また、「彷彿」は中国語では
そのままの形で副詞として使われるのに対し、日本語と韓国語で
は副詞の用法で使われるためにはそれぞれ「彷彿と」「彷彿히」の
形にしなければならない。ただし、日本語で「彷彿と」は一語では
なく、形容(動)詞の連用形であり、韓国語で「彷彿히」は一つの副
詞として扱われている。

4.1.2 派生語と品詞性

4.1.2.1 接頭辞による派生語と品詞性

[表11] 接頭辞による派生語と品詞性

中国語	品詞性	日本語	品詞性	韓国語	品詞性
第一	N	第一	N・AD	第一	N・AD
老师	N	老師	N	老師	N

[表12] 中・日・韓三国語の品詞性の比較(二) (総語数:2語)

品詞性	名　詞			動　詞			形容詞			副　詞			その他		
国語	中	日	韓	中	日	韓	中	日	韓	中	日	韓	中	日	韓
語数	2	2	2	0	0	0	0	0	0	0	1	1	0	0	0
％	100	100	100	0	0	0	0	0	0	0	50	50	0	0	0

　上の表のように、接頭辞による派生語は2語しかないが、その中で「第一」は日本語と韓国語では名詞の外に副詞としても使われる。「老師」は中国語では派生語に属するが、日本語と韓国語では「年をとった師匠」の意味で、「A＋N」構造の連体修飾関係の二字字音語に属する。

4.1.2.2 接尾辞による派生語と品詞性

[表13] 接尾辞による派生語と品詞性

中国語	品詞性	日本語	品詞性	韓国語	品詞性
果子	N	菓子	N	菓子	N
后头	N	後頭	N	後頭	N
街头	N	街頭	N	街頭	N

馒头	N	饅頭	N	饅頭	N
帽子	N	帽子	N	帽子	N
念头	N	念頭	N	念頭	N
拍子	N	拍子	N	拍子	N
妻子	N	妻子	N	妻子	N
前头	N	前頭	N	前頭	N
扇子	N	扇子	N	扇子	N
勺子	N	杓子	N	杓子	N
舌头	N	舌頭	N	舌頭	N
狮子	N	獅子	N	獅子	N
样子	N	様子・容子	N	様子	N
椅子	N	椅子	N	椅子	N
枕头	N	枕頭	N	枕頭	N
种子	N	種子	N	種子	N

[表14] 中・日・韓三国語の品詞性の比較(三) (総語数:17語)

品詞性	名　詞			動　詞			形容詞			副　詞			その他		
国語	中	日	韓	中	日	韓	中	日	韓	中	日	韓	中	日	韓
語数	17	17	17	0	0	0	0	0	0	0	0	0	0	0	0
％	100	100	100	0	0	0	0	0	0	0	0	0	0	0	0

　「－子(zi)」「－頭(tou)」は前の語基を名詞化する接尾辞で、この二つの接尾辞で構成された派生語はすべて名詞の用法しかないということが上の表で確認できる。この中で「後頭」「前頭」「舌頭」「枕頭」などの語は日本語と韓国語ではそれぞれ「頭の後ろの方」「頭の前面」「舌の先」「まくらもと」などの意味を表し、「N＋N」構造の連体修飾関係の二字字音語に属し、「妻子」は日本語と韓国語では「妻と子」の意味で、「N＋N」構造の並列関係の二字字音語

に属する。

4.1.3 助字による二字字音語と品詞性

　同形二字字音語3320語の中で、助字の用法だけで造語に参
与する「不・以・如・未・然・相・乃・乎・唯」など9字と助字と実字の両
方の用法で造語に参与する「可・将・従・当・所・敢・能・若・莫・被・
非・即・却」など13字を造語成分としている同形二字字音語は64語
であるが、助字による二字字音語とその品詞性を表であらわすと
[表15]のようである。

[表15] 助字による二字字音語と品詞性

中国語	品詞性	日本語	品詞性	韓国語	品詞性
被告	N	被告	N	被告	N
必然	N・A	必然	N	必然	N・A・AD
不安	A	不安	N・A	不安	N・A・AD
不便	V・A	不便	N・V・A	不便	N・A・AD
不測	N・A	不測	N	不測	N・A
不当	A	不当	N・A	不當	N・A・AD
不断	V・AD	不断	N	不斷	A・AD
不法	A	不法	N・A	不法	N・A
不服	V	不服	N・A	不服	N・V
不可	助動詞	不可	N	不可	N・A
不快	A	不快	N・A	不快	A・AD
不利	A	不利	N・A	不利	N・A
不良	A	不良	N・A	不良	N・A・AD
不満	A	不満	N・A	不滿	N・A・AD
不平	N・A	不平	N・A	不平	N・V・A
不幸	N・A	不幸	N・A	不幸	N・A・AD
不要	AD	不要	N・A	不要	A

不在	V	不在	N	不在	N・V
不足	V・A	不足	N・V・A	不足	N・A
从来	AD	従来	N	從來	N・AD
从前	N	従前	N	從前	N
当然	A・AD	当然	N・A・AD	當然	A・AD
断然	A・AD	断然	AD	斷然	A・AD
非常	A・AD	非常	N・A・AD	非常	N・A・AD
非凡	A	非凡	N・A	非凡	A・AD
果然	AD・接続詞	果然	AD	果然	AD
忽然	AD	忽然	AD	忽然	A・AD
即时	AD	即時	N	即時	N・AD
即兴	V	即興	N	卽興	N
将来	N	将来	N・V・AD	將來	N・AD
可怜	V・A	可憐	N・A	可憐	A・AD
可能	N・A・AD	可能	N・A	可能	N・A
茫然	A	茫然	N・A	茫然	A・AD
乃至	接続詞	乃至	接続詞	乃至	AD
能动	A	能動	N	能動	N
偶然	A・AD	偶然	N・AD	偶然	N・A・AD
全然	AD	全然	AD	全然	AD
如实	AD	如実	N	如實	A・AD
如意	N・V	如意	N	如意	N
所属	A	所属	N・V	所屬	N・V
所有	N・V・A	所有	N・V	所有	N・V
所在	N	所在	N	所在	N・V
泰然	A	泰然	N・A	泰然	N・A・AD
天然	A	天然	N	天然	N・A・AD
突然	A	突然	AD	突然	A・AD
忘却	V	忘却	N・V	忘却	N・V
唯一・惟一	A	唯一	N	唯一	N・A
未来	N・A	未来	N	未來	N
未然	V	未然	N	未然	N
未遂	V	未遂	N	未遂	N・V

未詳	V	未詳	N	未詳	N・A
相当	V・A・AD	相当	N・V・A・AD	相當	N・A・AD
相対	V・A	相対	N	相對	N・V
相关	V	相関	N・V	相關	N・V
相应	V	相応	N・V・A	相應	N・V
依然	V・AD	依然	N・A	依然	A・AD
以后	N	以後	N	以後	N・AD
以来	N	以来	N	以來	N
以内	N	以内	N	以內	N
以前	N	以前	N	以前	N
以上	N	以上	N	以上	N
以外	N	以外	N	以外	N
以下	N	以下	N	以下	N
自然	N・A・AD・接続詞	自然	N・A・AD	自然	N・A・AD

[表16] 中・日・韓三国語の品詞性の比較(四) (総語数:64語)

品詞性	名　詞			動　詞			形容詞			副　詞			その他		
国語	中	日	韓	中	日	韓	中	日	韓	中	日	韓	中	日	韓
語数	20	58	49	18	9	11	32	24	34	16	11	31	4	1	0
％	31.3	90.6	76.6	28.1	14.1	17.2	50	37.5	53.1	25	17.2	48.4	6.3	1.6	0

　助字による二字字音語の品詞性は、助字によって異なるが、上の表を検討してみると、「不」「可」「然」などの助字で構成された語は主に形容詞・副詞で使用され、「所」「相」で構成された語は主に動詞で、「以」で構成された語は主に名詞で使用されていることが分かる。中国語で形容詞として使われている32語のうち、「必然」「不測」「不法」「非常」「能动」「所属」「所有」「天然」「唯一」「未来」「相対」など11語はいわゆる「属性词」[159]で、普通の形容詞とは

違い、述語にはならず、一般的に連体修飾語として使われる語である。日本語で形容詞として使われている24語のうち、「不良」「不足」など2語は「－な」の形で連体修飾語を構成し、「茫然」「泰然」「依然」など3語は「－たる」の形で連体修飾語、「－と」の形で連用修飾語を構成し、外の19語は「－な」の形で連体修飾語、「－に」の形で連用修飾語になる。その中で、「自然」は「－と」の形で連用修飾語を構成することもある。韓国語で形容詞として使われている34語は、すべて後に「－하다」がついて形容詞となるが、その中の「不安」「不便」「不良」「不満」「偶然」「泰然」「天然」「自然」など8語は「－스럽다」の形をとることもできる。韓国語の特徴の一つは、多くの「－하다」がついて形容詞となる二字字音語の後に副詞を作る接尾辞「－히」がつくと副詞として使われるということである。また、「－스럽다」は「－스레」、「－롭다」は「－로이」の形で副詞として使われる。「不當」「不斷」「不快」「不幸」「當然」「非常」「非凡」「忽然」「可憐」「茫然」「如實」「相當」「依然」など13語は「－히」がついて副詞となる語であり、「不便」「不良」など2語は「－스레」の形で副詞となる語である。「不安」「不満」「偶然」「泰然」「天然」「自然」など6語は「－히」「－스레」の両方の形で副詞として使われることができる。

---

159 「属性词」は形容詞の一種で、人や事物の属性・特徴を表し、他と区別または分類する役割を果たす。「属性词」は一般的に連体修飾語を構成するが、まれに連用修飾語にもなる。＜前掲書、『現代汉语词典』、p.1267.＞

4.2 統語的な構成による二字字音語と品詞性

　同形二字字音語3320語の中で、統語的な構成による二字字音語は3224語であるが、これをまた具体的に分析すると、並列関係を表す二字字音語が1296語、主述関係を表す二字字音語が21語、修飾関係を表す二字字音語が1331語、述目関係を表す二字字音語が294語、述補関係を表す二字字音語が282語である。

4.2.1 並列関係の二字字音語と品詞性

4.2.1.1 同義の語基を重ねた二字字音語と品詞性

4.2.1.1.1 「N＋N」構造の二字字音語と品詞性

[表17] 同義の語基を重ねた「N＋N」構造の二字字音語と品詞性

中国語	品詞性	日本語	品詞性	韓国語	品詞性
伴侶	N	伴侶	N	伴侶	N
保障	N・V	保障	N・V	保障	N・V
堡垒	N	堡塁	N	堡壘	N
报酬	N	報酬	N	報酬	N・V
背后	N	背後	N	背後	N
比例	N	比例	N・V	比例	N・V
比率	N	比率	N	比率	N
边境	N	辺境・辺疆	N	邊境	N
标准	N・A	標準	N	標準	N
波涛	N	波濤	N	波濤	N
部队	N	部隊	N	部隊	N
部分	N	部分	N	部分	N
部门	N	部門	N	部門	N

部署	V	部署	N	部署	N
才能	N	才能	N	才能	N
材料	N	材料	N	材料	N
财产	N	財産	N	財産	N
仓库	N	倉庫	N	倉庫	N
差别	N	差別	N・V	差別	N・V
差异	N	差異・差違	N	差異	N
车辆	N	車輌・車両	N	車輌	N
耻辱	N	恥辱	N	恥辱	N
船舶	N	船舶	N	船舶	N
慈爱	A	慈愛	N	慈愛	N・A・AD
单独	AD	単独	N	單獨	N
岛屿	N	島嶼	N	島嶼	N
道德	N・A	道徳	N	道徳	N
道理	N	道理	N	道理	N
道路	N	道路	N	道路	N
等级	N	等級	N	等級	N
地域	N	地域	N	地域	N
店铺	N	店舗	N	店鋪・店舗	N
殿堂	N	殿堂	N	殿堂	N
都市	N	都市	N	都市	N
独身	N・V	独身	N	獨身	N
独自	AD	独自	N・A	獨自	N
恩惠	N	恩恵	N	恩惠	N・A・AD
儿童	N	児童	N	兒童	N
法规	N	法規	N	法規	N
法律	N	法律	N	法律	N
法则	N	法則	N	法則	N
范畴	N	範疇	N	範疇	N
范围	N・V	範囲	N	範圍	N
方法	N	方法	N	方法	N
方面	N	方面	N	方面	N
方式	N	方式	N	方式	N

方向	N	方向	N	方向	N
費用	N	費用	N	費用	N
粉末	N	粉末	N	粉末	N
分量·份量	N	分量	N	分量	N
风景	N	風景	N	風景	N
风俗	N	風俗	N	風俗	N
风味	N	風味	N	風味	N
服装	N	服装	N	服裝	N
符号	N	符号	N	符號	N
福祉	N	福祉	N	福祉	N
港口	N	港口	N	港口	N
歌曲	N	歌曲	N	歌曲	N
歌谣	N	歌謡	N	歌謠	N
格式	N	格式	N	格式	N
根本	N·A·AD	根本	N	根本	N
根据	N·V·前置詞	根拠	N	根據	N·V
根源	N·V	根源·根元	N	根源	N
工事	N	工事	N·V	工事	N
功绩	N	功績	N	功績	N
功劳	N	功労	N	功勞	N
宫殿	N	宮殿	N	宮殿	N
孤独	A	孤独	N·A	孤獨	N·A
故障	N	故障	N·V	故障	N
观念	N	観念	N·V	觀念	N
官吏	N	官吏	N	官吏	N
官僚	N	官僚	N	官僚	N
官厅	N	官庁	N	官廳	N
惯例	N	慣例	N	慣例	N
光景	N	光景	N	光景	N
光明	N·A	光明	N	光明	N·A
光荣	N·A	光栄	N·A	光榮	N
光泽	N	光沢	N	光澤	N
规定	N·V	規定	N·V	規定	N·V

规范	N・V・A	規範	N	規範	N
规格	N	規格	N	規格	N
规律	N	規律	N	規律	N・V
规模	N	規模	N	規模	N
规则	N・A	規則	N	規則	N
规制	N	規制	N・V	規制	N・V
国家	N	国家	N	國家	N
果实	N	果実	N	果實	N
过失	N	過失	N	過失	N
海洋	N	海洋	N	海洋	N
行列	N	行列	N・V	行列	N・V
河川	N	河川	N	河川	N
核心	N	核心	N	核心	N
痕迹	N	痕跡	N	痕迹・痕跡	N
洪水	N	洪水	N	洪水	N
婚姻	N	婚姻	N・V	婚姻	N・V
火焰	N	火焰・火炎	N	火焰	N
货币	N	貨幣	N	貨幣	N
机会	N	機会	N	機會	N
机能	N	機能	N・V	機能	N
机械	N・A	機械	N	機械	N
基本	N・A・AD	基本	N	基本	N
基础	N	基礎	N	基礎	N
极端	N・A・AD	極端	N・A	極端	N・A・AD
极限	N	極限	N	極限	N
疾病	N	疾病	N	疾病	N
纪要	N	紀要	N	紀要	N
技法	N	技法	N	技法	N
技能	N	技能	N	技能	N
技巧	N	技巧	N	技巧	N・A
技术	N	技術	N	技術	N
季节	N	季節	N	季節	N
家庭	N	家庭	N	家庭	N

家族	N	家族	N	家族	N
价值	N	価値	N	價値	N
尖端	N・A	尖端	N	尖端	N
郊外	N	郊外	N	郊外	N
阶层	N	階層・界層	N	階層	N
阶段	N	階段	N	階段	N
阶级	N	階級	N	階級	N
街道	N	街道	N	街道	N
金钱	N	金銭	N	金錢	N
锦绣	N・A	錦繍	N	錦繍	N
经常	A・AD	経常	N	經常	N
经典	N・A	経典	N	經典	N
精神	N・A	精神	N	精神	N
景气	N・A	景気	N	景氣	N
景色	N	景色	N	景色	N
境地	N	境地	N	境地	N
境界	N	境界	N	境界	N
科目	N	科目・課目	N	科目	N
苦难	N	苦難	N	苦難	N
苦痛	A	苦痛	N	苦痛	N・A・AD
蜡烛	N	蠟燭	N	蠟燭	N
栏杆	N	欄干	N	欄杆・欄干	N
类型	N	類型	N	類型	N
理由	N	理由	N	理由	N
力量	N	力量	N	力量	N
利润	N	利潤	N	利潤	N
利息	N	利息	N	利息	N
利益	N	利益	N	利益	N
粮食	N	糧食	N	糧食	N
灵魂	N	霊魂	N	靈魂	N
陆地	N	陸地	N	陸地	N
轮廓	N	輪廓・輪郭	N	輪廓	N
面貌	N	面貌	N	面貌	N

面前	N	面前	N	面前	N
民众	N	民衆	N	民衆	N
名称	N	名称	N	名稱	N
名声	N	名声	N	名聲	N
名誉	N・A	名誉	N・A	名譽	N・A・AD
模范	N・A	模範	N	模範	N
模型	N	模型	N	模型・模形	N
模样	N	模様	N	模様	N
年龄	N	年齢	N	年齡	N
奴隶	N	奴隷	N	奴隷	N
俳优	N	俳優	N	俳優	N
泡沫	N	泡沫	N	泡沫	N
配偶	N	配偶	N	配偶・配耦	N
皮肤	N・A	皮膚	N	皮膚	N
平常	N・A	平常	N	平常	N・AD
平素	N	平素	N	平素	N・AD
旗帜	N	旗幟	N	旗幟	N
气力	N	気力	N	氣力	N
气势	N	気勢	N	氣勢	N
气质	N	気質	N	氣質	N
器官	N	器官	N	器官	N
器具	N	器具・機具	N	器具	N
器械	N	器械	N	器械	N
墙壁	N	牆壁	N	牆壁	N
亲戚	N	親戚	N	親戚	N
情况	N	情況・状況	N	情況	N
情势	N	情勢・状勢	N	情勢	N
情绪	N	情緒	N	情緒	N
丘陵	N	丘陵	N	丘陵	N
区域	N	区域	N	區域	N
趣味	N	趣味	N	趣味	N
缺陷	N	欠陥	N	缺陷	N
人口	N	人口	N	人口	N

人民	N	人民	N	人民	N
人士	N	人士	N	人士	N
荣誉	N	栄誉	N	榮譽	N・A・AD
容貌	N	容貌	N	容貌	N
肉体	N	肉体	N	肉體	N
若干	N	若干	N	若干	N・V・A・AD
色彩	N	色彩	N	色彩	N
森林	N	森林	N	森林	N
沙漠	N	沙漠・砂漠	N	沙漠・砂漠	N
社会	N	社会	N	社會	N
身体	N	身体	N	身體	N
绅士	N	紳士	N	紳士	N
师范	N	師範	N	師範	N
时代	N	時代	N	時代	N
时候	N	時候	N	時候	N
时节	N	時節	N	時節	N
时刻	N・AD	時刻	N	時刻	N
时期	N	時期	N	時期	N
实质	N	実質	N	實質	N
食粮	N	食糧	N	食糧	N
世代	N	世代	N	世代	N
世纪	N	世紀	N	世紀	N
市场	N	市場	N	市場	N
事变	N	事変	N	事變	N
事故	N	事故	N	事故	N
事件	N	事件	N	事件	N
事务	N	事務	N	事務	N
事物	N	事物	N	事物	N
事项	N	事項	N	事項	N
事业	N	事業	N	事業	N・V
手段	N	手段	N	手段	N
手法	N	手法	N	手法	N
首领	N	首領	N	首領	N

首脳	N	首脳	N	首腦	N
寿命	N	寿命	N	壽命	N
书籍	N	書籍	N	書籍	N
树木	N	樹木	N	樹木	N
庶民	N	庶民	N	庶民	N
数量	N	数量	N	數量	N
顺序	N・AD	順序	N	順序	N
寺院	N	寺院	N	寺院	N
素材	N	素材	N	素材	N
岁月	N	歳月	N	歲月	N
态度	N	態度	N	態度	N
态势	N	態勢	N	態勢	N
题目	N	題目	N	題目	N
体系	N	体系	N	體系	N
体制	N	体制	N	體制	N
条件	N	条件	N	條件	N
条理	N	条理	N	條理	N
庭园	N	庭園	N	庭園	N
通常	A	通常	N・AD	通常	N・AD
头发	N	頭髪	N	頭髪	N
头脑	N	頭脳	N	頭腦	N
土地	N	土地	N	土地	N
土壤	N	土壌	N	土壤	N
威风	N・A	威風	N	威風	N
威力	N	威力・偉力	N	威力	N
威势	N	威勢	N	威勢	N
文句	N	文句	N	文句	N
文书	N	文書	N	文書	N
文章	N	文章	N	文章	N
文字	N	文字	N	文字	N
物件	N	物件	N	物件	N
物品	N	物品	N	物品	N
误差	N	誤差	N	誤差	N

牺牲	N・V	犠牲	N	犧牲	N・V
系统	N・A	系統	N	系統	N
峡谷	N	峡谷	N	峽谷	N
先头	N・A	先頭	N	先頭	N
先祖	N	先祖	N	先祖	N
闲暇	N	閑暇	N	閑暇	A
限界	N	限界	N	限界	N
线路	N	線路	N	線路	N
宪法	N	憲法	N	憲法	N
项目	N	項目	N	項目	N
消息	N	消息	N	消息	N
效果	N	効果	N	效果	N
心情	N	心情	N	心情	N
信号	N	信号	N・V	信號	N・V
形式	N	形式	N	形式	N
形势	N	形勢	N	形勢	N
形态	N	形態・形体	N	形態	N
形象	N・A	形象	N	形象・形像	N・V
兴趣	N	興趣	N	興趣	N
兴味	N	興味	N	興味	N・A
幸福	N・A	幸福	N・A	幸福	N・A・AD
性质	N	性質	N	性質	N
羞耻	A	羞恥	N	羞恥	N・A・AD
言语	N・V	言語	N	言語	N
岩石	N	岩石	N	岩石	N
沿岸	N	沿岸	N	沿岸	N
样式	N	様式	N	樣式	N
要领	N	要領	N	要領	N
业绩	N	業績	N	業績	N
业务	N	業務	N	業務	N
衣服	N	衣服	N	衣服	N
衣裳	N	衣裳・衣装	N	衣裳	N
仪式	N	儀式	N	儀式	N

义理	N	義理	N	義理	N
意见	N	意見	N·V	意見	N
意思	N·V	意思	N	意思	N
意味	N	意味	N·V	意味	N·V
意义	N	意義	N	意義	N
意志	N	意志	N	意志	N
音节	N	音節	N	音節	N
音乐	N	音楽	N	音樂	N
英雄	N·A	英雄	N	英雄	N
婴儿	N	嬰児	N	嬰兒	N
余暇	N	余暇	N	餘暇	N
元素	N	元素·原素	N	元素	N
原始	A	原始·元始	N	原始·元始	N
原因	N	原因	N·V	原因	N
缘故·原故	N	縁故	N	緣故	N
源泉	N	源泉·原泉	N	源泉	N
灾害	N	災害	N	災害	N
灾难	N	災難	N	災難	N
责任	N	責任	N	責任	N
丈夫	N	丈夫	N·A	丈夫	N
知识	N	知識	N	知識	N
脂肪	N	脂肪	N	脂肪	N
职务	N	職務	N	職務	N
职业	N·A	職業	N	職業	N
制度	N	制度	N	制度	N
秩序	N	秩序	N	秩序	N
中间	N	中間	N	中間	N
中心	N	中心	N	中心	N·V
中央	N	中央	N	中央	N
忠诚	A	忠誠	N	忠誠	N·V·A·AD
种类	N	種類	N	種類	N
周边	N	周辺	N	周邊	N
周围	N	周囲	N	周圍	N

传记	N	伝記	N	傳記	N
状况	N	状況・情況	N	狀況	N
状态	N	状態・情態	N	狀態	N
姿势	N	姿勢	N	姿勢	N
资本	N	資本	N	資本	N
资产	N	資産	N	資産	N
资格	N	資格	N	資格	N
资金	N	資金	N	資金	N
子孙	N	子孫	N	子孫	N
自己	N	自己	N	自己	N
自身	N	自身	N	自身	N
自我	N	自我	N	自我	N
宗教	N	宗教	N	宗敎	N
踪迹	N	踪跡	N	蹤迹・蹤跡	N
祖先	N	祖先	N	祖先	N
罪恶	N	罪悪	N	罪惡	N

[表18] 中・日・韓三国語の品詞性の比較(五) (総語数:326語)

品詞性	名　詞			動　詞			形容詞			副　詞			その他		
国語	中	日	韓	中	日	韓	中	日	韓	中	日	韓	中	日	韓
語数	315	326	325	11	15	18	34	7	15	8	1	13	1	0	0
%	96.6	100	99.7	3.4	4.6	5.5	10.4	2.2	4.6	2.5	0.3	4	0.3	0	0

[表18]で分かるように、同義の語基を重ねた「N＋N」構造の二字字音語は、三国語ともに主として名詞の用法で使用され、動詞・形容詞などの品詞性を持つ語は非常にまれである。中国語で形容詞の語数が34語で、10.4%を占めているのも、「根本」「基本」「経常」など10語は「属性詞」で、実際に形容詞の用法で使用されるのは「精神」「系統」「幸福」など24語しかない。日本語の形容詞で使われる7語のうち、「名誉」は「－な」の形で連体修飾語を構成

し、「独自」「孤独」「光栄」「極端」「幸福」「丈夫」など6語は「－な」
の形で連体修飾語、「－に」の形で連用修飾語になる。韓国語の
形容詞と副詞の場合、「光明」「技巧」「若干」などは「－하다」の
形、「孤獨」「極端」「閑暇」などは「－하다」「－히」の形、「興味」
は「－롭다」の形、「慈愛」「恩惠」などは「－롭다」「－로이」の形、
「苦痛」「羞恥」などは「－스럽다」「－스레」の形、「幸福」「忠誠」な
どは「－하다」「－스럽다」「－스레」の形、「名譽」「榮譽」などは
「－롭다」「－로이」「－스럽다」「－스레」の形で使われる。「部署」
は日本語と韓国語では「わりあてた役目または場所」の意味を表す
同義の「N＋N」構造の語であるが、中国語では「わりあてる、てわ
けする」の意を表す同義の「V＋V」構造の語に分類することができ
る。また「報酬」は「むくい」の意を表す同義の「N＋N」構造の語で
あるが、韓国語で動詞の用法で使われる場合は「むくいる」の意を
表す同義の「V＋V」構造の語に分類することができる。

4.2.1.1.2 「V＋V」構造の二字字音語と品詞性

[表19] 同義の語基を重ねた「V＋V」構造の二字字音語と品詞性

中国語	品詞性	日本語	品詞性	韓国語	品詞性
愛好	N・V	愛好	N・V	愛好	N・V
把握	N・V	把握	N・V	把握	N・V
扮装	V	扮装	N・V	扮裝	N・V
包含	V	包含	N・V	包含	N・V
包括	V	包括	N・V	包括	N・V
包容	V	包容	N・V	包容	N・V
包囲	V	包囲	N・V	包圍	N・V
包装	N・V	包装	N・V	包裝	N・V
保持	V	保持	N・V	保持	N・V

保存	V	保存	N・V	保存	N・V
保护	V	保護	N・V	保護	N・V
保留	V	保留	N・V	保留	N・V
保全	V	保全	N・V	保全	N・V
保守	V・A	保守	N・V	保守	N・V
保养	V	保養	N・V	保養	N・V
保育	V	保育・哺育	N・V	保育	N・V
报道	N・V	報道	N・V	報道	N・V
报复	V	報復	N・V	報復	N・V
报告	N・V	報告	N・V	報告	N・V
抱负	N	抱負	N	抱負	N
暴露	V	暴露	N・V	暴露	N・V
爆破	V	爆破	N・V	爆破	N・V
奔走	V	奔走	N・V	奔走	V・A・AD
崩溃	V	崩潰・崩壊	N・V	崩潰	N・V
逼迫	V	逼迫	N・V	逼迫	N・V・A
比较	V・AD・前置詞	比較	N・V	比較	N・V
比喻	N・V	比喩・譬喩	N	比喩・譬喩	N・V
笔记	N・V	筆記	N・V	筆記	N・V
闭锁	V	閉鎖	N・V	閉鎖	N・V
编辑	N・V	編輯・編集	N・V	編輯	N・V
变动	V	変動	N・V	變動	N・V
变革	V	変革	N・V	變革	N・V
变更	V	変更	N・V	變更	N・V
变化	V	変化	N・V	變化	N・V
变换	V	変換	N・V	變換	N・V
变迁	V	変遷	N・V	變遷	N・V
辨别	V	弁別・辨別	N・V	辨別	N・V
辩论	V	弁論・辯論	N・V	辯論	N・V
表示	N・V	表示	N・V	表示	N・V
表现	N・V	表現	N・V	表現	N・V
表彰	V	表彰	N・V	表彰	N・V
并列	V	並列	N・V	竝列	N・V

捕获	V	捕獲	N・V	捕獲	N・V
捕捉	V	捕捉	N・V	捕捉	N・V
裁判	N・V	裁判	N・V	裁判	N・V
采取	V	採取	N・V	採取	N・V
参加	V	参加	N・V	参加	N・V
参与・参预	V	参与	N・V	參與	N・V
参照	V	参照	N・V	參照	N・V
操作	V	操作	N・V	操作	N・V
测量	V	測量	N・V	測量	N・V
忏悔	V	懺悔	N・V	懺悔	N・V
偿还	V	償還	N・V	償還	N・V
超过	V	超過	N・V	超過	N・V
超越	V	超越	N・V	超越	N・V
沉没	V	沈没	N・V	沈沒	N・V
陈列	V	陳列	N・V	陳列	N・V
陈述	V	陳述	N・V	陳述	N・V
称赞	V	称賛・称讃	N・V	稱讚	N・V
成就	N・V	成就	N・V	成就	N・V
成熟	V・A	成熟	N・V	成熟	N・V
承诺	V	承諾	N・V	承諾	N・V
承认	V	承認	N・V	承認	N・V
冲击	V	衝撃	N	衝擊	N
冲突	V	衝突	N・V	衝突	N・V
充当	V	充当	N・V	充當	N・V
充满	V	充満	N・V	充滿	N・V・A・AD
充实	V・A	充実	N・V	充實	N・A・AD
充足	A	充足	N・V	充足	N・V・A・AD
重叠	V	重畳	N・V	重疊	N・V
重复	V	重複	N・V	重複	N・V
出产	N・V	出産	N・V	出産	N・V
出生	V	出生	N・V	出生	N・V
出现	V	出現	N・V	出現	N・V
除去	V・前置詞	除去	N・V	除去	N・V

处罚	V	処罰	N・V	處罰	N・V
处决	V	処決	N・V	處決	N・V
处理	V	処理	N・V	處理	N・V
储蓄	N・V	儲蓄・貯蓄	N・V	儲蓄・貯蓄	N・V
传播	V	伝播	N・V	傳播	N・V
传授	V	伝授	N・V	傳授	N・V
创建	V	創建	N・V	創建	N・V
创立	V	創立	N・V	創立	N・V
创始	V	創始	N・V	創始	N・V
创造	V	創造	N・V	創造	N・V
创作	N・V	創作	N・V	創作	N・V
辞退	V	辞退	N・V	辭退	N・V
刺绣	N・V	刺繍	N・V	刺繡	N・V
从属	V	従属	N・V	從屬	N・V
存在	N・V	存在	N・V・A	存在	N・V
挫折	V	挫折	N・V	挫折	N・V
错误	N・A	錯誤	N	錯誤	N・V
搭乘	V	搭乗	N・V	搭乘	N・V
搭载	V	搭載	N・V	搭載	N・V
达成	V	達成	N・V	達成	N・V
打击	V	打撃	N	打擊	N・V
代替	V	代替	N・V	代替	N・V
待遇	N・V	待遇	N・V	待遇	N・V
怠慢	V	怠慢	N・A	怠慢	N・A・AD
逮捕	V	逮捕	N・V	逮捕	N・V
担保	V	担保	N	擔保	N・V
担当	V	担当	N・V	擔當	N・V
担任	V	担任	N・V	擔任	N・V
诞生	V	誕生	N・V	誕生	N・V
到达	V	到達	N・V	到達	N・V
登记	V	登記	N・V	登記	N・V
登录	V	登録	N・V	登錄	N・V
抵抗	V	抵抗	N・V	抵抗	N・V

缔结	V	締結	N・V	締結	N・V
颠倒	V	顛倒・転倒	N・V	顚倒	N・V
颠覆	V	顛覆・転覆	N・V	顚覆	N・V
雕刻	N・V	彫刻	N・V	雕刻・彫刻	N・V
调查	V	調査	N・V	調査	N・V
订正	V	訂正	N・V	訂正	N・V
动乱	V	動乱	N	動亂	N
动摇	V	動揺	N・V	動搖	N・V
动作	N・V	動作	N・V	動作	N・V
斗争	V	闘争	N・V	鬪爭	N・V
督促	V	督促	N・V	督促	N・V
赌博	V	賭博	N	賭博	N・V
断绝	V	断絶	N・V	斷絶	N・V
对比	N・V	対比	N・V	對比	N・V
对面	N・AD	対面	N・V	對面	N・V
堕落	V	堕落	N・V	墮落	N・V
发表	V	発表	N・V	發表	N・V
发掘	V	発掘	N・V	發掘	N・V
发起	V	発起	N・V	發起	N・V
发射	V	発射	N・V	發射	N・V
发生	V	発生	N・V	發生	N・V
发送	V	発送	N・V	發送	N・V
发现	V	発現	N・V	發現	N・V
翻译	N・V	翻訳	N・V	翻譯	N・V
繁荣	V・A	繁栄	N・V	繁榮	N・V・A
繁盛	A	繁盛	N・V	繁盛	N・V・A
繁殖	V	繁殖	N・V	繁殖	N・V
反对	V	反対	N・V・A	反對	N・V
反复	N・V・AD	反復	N・V	反復	N・V
反省	V	反省	N・V	反省	N・V
返还	V	返還	N・V	返還	N・V
泛滥	V	氾濫・汎濫	N・V	氾濫・汎濫	N・V
贩卖	V	販売	N・V	販賣	N・V

防御	V	防御・防禦	N・V	防禦	N・V
妨碍	V	妨碍	N・V	妨礙	N・V
放射	V	放射	N・V	放射	N・V
飞翔	V	飛翔	N・V	飛翔	N・V
飞跃	V	飛躍	N・V	飛躍	N・V
非难	V	非難・批難	N・V	非難	N・V
诽谤	V	誹謗	N・V	誹謗	N・V
废弃	V	廃棄	N・V	廢棄	N・V
废止	V	廃止	N・V	廢止	N・V
沸腾	V	沸騰	N・V	沸騰	N・V
分别	N・V・AD	分別	N・V	分別	N・V
分布	V	分布	N・V	分布	N・V
分解	V	分解	N・V	分解	N・V
分离	V	分離	N・V	分離	N・V
分裂	V	分裂	N・V	分裂	N・V
分散	V・A	分散	N・V	分散	N・V
分析	V	分析	N・V	分析	N・V
粉碎	V・A	粉砕	N・V	粉碎・分碎	N・V
愤怒	A	憤怒・忿怒	N・V	憤怒・忿怒	N・V
封锁	V	封鎖	N・V	封鎖	N・V
讽刺	V	諷刺	N・V	諷刺	N・V
奉献	V	奉献	N・V	奉獻	N・V
服从	V	服従	N・V	服從	N・V
服务	V	服務	N・V	服務	N・V
符合	V	符合	N・V	符合	N・V
腐败	V・A	腐敗	N・V	腐敗	N・V
负担	N・V	負担	N・V	負擔	N・V
附属	V・A	附属・付属	N・V	附屬	N・V
该当	V	該当	N・V	該當	N・V
改变	V	改変	N・V	改變	N・V
改革	V	改革	N・V	改革	N・V
干涉	V	干渉	N・V	干涉	N・V
感觉	N・V	感覚	N・V	感覺	N・V

告白	N・V	告白	N・V	告白	N・V
隔离	V	隔離	N・V	隔離	N・V
工作	N・V	工作	N・V	工作	N・V
攻击	V	攻撃	N・V	攻擊	N・V
供给	V	供給	N・V	供給	N・V
共同	A・AD	共同	N・V	共同	N・V
贡献	N・V	貢献	N・V	貢獻	N・V
构筑	V	構築	N・V	構築	N・V
购买	V	購買	N・V	購買	N・V
雇佣	V	雇傭・雇用	N・V	雇傭・雇用	N・V
关系	N・V	関係	N・V	關係	N・V
观察	V	観察	N・V	觀察	N・V
观览	V	観覧	N・V	觀覽	N・V
管理	V	管理	N・V	管理	N・V
管辖	V	管轄	N・V	管轄	N・V
贯彻	V	貫徹	N・V	貫徹	N・V
贯通	V	貫通	N・V	貫通	N・V
灌溉	V	灌漑	N・V	灌漑	N・V
归还	V	帰還	N・V	歸還	N・V
归结	N・V	帰結	N・V	歸結	N・V
过剩	V	過剰	N・A	過剩	N・A
合并	V	合併	N・V	合併	N・V
合同	N	合同	N・V・A	合同	N・V
化妆	V	化粧	N・V	化粧	N・V
欢喜	V・A	歓喜	N・V	歡喜	N・V
缓和	V・A	緩和	N・V	緩和	N・V
回避	V	回避	N・V	回避	N・V
回答	V	回答	N・V	回答	N・V
回夏・恢夏	V	回復・恢復	N・V	回復・恢復	N・V
回收	V	回収	N・V	回収	N・V
回转	V	回転	N・V	回轉・廻轉	N・V
会合	V	会合	N・V	會合	N・V
会见	V	会見	N・V	會見	N・V

会同	V	会同	N・V	會同	N・V
絵画	V	絵画	N	繪畫	N
贿赂	N・V	賄賂	N	賄賂	N・V
昏迷	V	昏迷	N・V	昏迷	N・A
混合	V	混合	N・V	混合	N・V
混乱	A	混乱	N・V	混亂	N・A
混同	V	混同	N・V	混同	N・V
混杂	V	混雑	N・V	混雜	N・A・AD
混浊	A	混濁	N・V	混濁	N・A
获得	V	獲得	N・V	獲得	N・V
饥饿	A	飢餓・饑餓	N	飢餓・饑餓	N
集合	N・V	集合	N・V	集合	N・V
集会	N・V	集会	N・V	集會	N・V
嫉妒	V	嫉妬	N・V	嫉妬・嫉妒	N・V
给与・给予	V	給与	N・V	給與	N・V
计划	N・V	計画	N・V	計劃・計畫	N・V
计算	V	計算	N・V	計算	N・V
记录	N・V	記録	N・V	記錄	N・V
记念・纪念	N・V	記念・紀念	N・V	記念・紀念	N・V
记述	V	記述	N・V	記述	N・V
记忆	N・V	記憶	N・V	記憶	N・V
记载	N・V	記載	N・V	記載	N・V
继承	V	継承	N・V	繼承	N・V
继续	V	継続	N・V	繼續	N・V・AD
寄托	V	寄託	N・V	寄託	N・V
寄与・寄予	V	寄与	N・V	寄與	N・V
加入	V	加入	N・V	加入	N・V
加重	V	加重	N・V	加重	N・V
歼灭	V	殲滅	N・V	殲滅	N・V
监视	V	監視	N・V	監視	N・V
检查	N・V	検査	N・V	檢查	N・V
检索	V	検索	N・V	檢索	N・V
检讨	V	検討	N・V	檢討	N・V

间隔	N・V	間隔	N	間隔	N
建立	V	建立	N・V	建立	N・V
建设	V	建設	N・V	建設	N・V
建议	N・V	建議	N・V	建議	N・V
建造	V	建造	N・V	建造	N・V
建筑	N・V	建築	N・V	建築	N・V
讲话	N・V	講話	N・V	講話	N・V
讲习	V	講習	N・V	講習	N・V
交付	V	交付	N・V	交付・交附	N・V
交换	V	交換	N・V	交換	N・V
交际	V	交際	N・V	交際	N・V
交替	V	交替	N・V	交替	N・V
交易	N・V	交易	N・V	交易	N・V
接触	V	接触	N・V	接觸	N・V
接近	V	接近	N・V	接近	N・V
接收	V	接収	N・V	接收	N・V
接受	V	接受	N・V	接受	N・V
接续	V	接続	N・V	接續	N・V
节约	V	節約	N・V	節約	N・V
杰出	A	傑出	N・V	傑出	N・A
结构	N・V	結構	N・A・AD	結構	N・V
结束	V	結束	N・V	結束	N・V
解除	V	解除	N・V	解除	N・V
解放	V	解放	N・V	解放	N・V
解剖	V	解剖	N・V	解剖	N・V
解散	V	解散	N・V	解散	N・V
解释	V	解釈	N・V	解釋	N・V
解说	V	解説	N・V	解說	N・V
解析	V	解析	N・V	解析	N・V
戒严	V	戒厳	N	戒嚴	N
紧迫	A	緊迫	N・V	緊迫	A
紧缩	V	緊縮	N・V	緊縮	N・V
谨慎	A	謹慎	N・V	謹慎	N・V

进出	V	進出	N・V	進出	N・V
进化	V	進化	N・V	進化	N・V
近似	V	近似	N・V	近似	A
禁止	V	禁止	N・V	禁止	N・V
经过	N・V	経過	N・V	經過	N・V
经营	V	経営	N・V	經營	N・V
经由	前置詞	経由	N・V	經由	N・V
警备	V	警備	N・V	警備	N・V
警戒	V	警戒	N・V	警戒	N・V
竞争	V	競争	N・V	競爭	N・V
敬礼	V	敬礼	N・V	敬禮	N・V・感嘆詞
救济	V	救済	N・V	救濟	N・V
救助	V	救助	N・V	救助	N・V
居住	V	居住	N・V	居住	N・V
局限	V	局限	N・V	局限	N・V
举行	V	挙行	N・V	擧行	N・V
拒绝	V	拒絶	N・V	拒絶	N・V
具备	V	具備	N・V	具備	N・V
距离	N・V	距離	N	距離	N
决定	N・V	決定	N・V	決定	N・V
觉悟	N・V	覚悟	N・V	覺悟	N・V
觉醒	V	覚醒	N・V	覺醒	N・V
绝灭	V	絶滅	N・V	絶滅	N・V
开垦	V	開墾	N・V	開墾	N・V
开辟	V	開闢	N	開闢	N・V
开始	N・V	開始	N・V	開始	N・V
开通	V・A	開通	N・V	開通	N・V
开拓	V	開拓	N・V	開拓	N・V
看护	N・V	看護	N・V	看護	N・V
考察	V	考察	N・V	考察	N・V
考虑	V	考慮	N・V	考慮	N・V
控诉	V	控訴	N・V	控訴	N・V
苦闷	A	苦悶	N・V	苦悶	N・V

苦悩	A	苦悩	N・V	苦惱	N・V
夸张	N・A	誇張	N・V	誇張	N・V
会计	N	会計	N・V	會計	N・V
困惑	V・A	困惑	N・V	困惑	N・V
扩散	V	拡散	N・V	擴散	N・V
扩张	V	拡張	N・V	擴張	N・V
劳动	N・V	労働	N・V	勞動	N・V
累积	V	累積	N・V	累積	N・V
类似	V	類似	N・V	類似	N・A
离别	V	離別	N・V	離別	N・V
理解	V	理解・理会	N・V	理解	N・V
连结・联结	V	連結	N・V	連結	N・V
连续	V	連続	N・V	連續	N・V
联合	V・A	聯合・連合	N・V	聯合	N・V
联络	V	聯絡・連絡	N・V	聯絡・連絡	N・V
练习	N・V	練習	N・V	練習・鍊習	N・V
恋爱	N・V	恋愛	N・V	戀愛	N・V
了解	V	了解	N・V	了解	N・V
料理	N・V	料理	N・V	料理	N・V
列举	V	列挙	N・V	列舉	N・V
流动	V	流動	N・V	流動	N・V
流浪	V	流浪	N・V	流浪	N・V
旅行	V	旅行	N・V	旅行	N・V
履行	V	履行	N・V	履行	N・V
掠夺	V	掠奪・略奪	N・V	掠奪	N・V
论述	V	論述	N・V	論述	N・V
罗列	V	羅列	N・V	羅列	N・V
麻痹・痳痹	V・A	麻痺	N・V	痲痺・痳痺	N
麻醉	V	麻酔・痳酔	N	痲醉	N・V
埋没	V	埋没	N・V	埋没	N・V
蔓延	V	蔓延	N・V	蔓延・蔓衍	N・V
贸易	N	貿易	N・V	貿易	N・V
媒介	N	媒介	N・V	媒介	N・V

迷惑	V・A	迷惑	N・V・A	迷惑	N・V
免除	V	免除	N・V	免除	N・V
描写	V	描写	N・V	描寫	N・V
灭亡	V	滅亡	N・V	滅亡	N・V
命令	N・V	命令	N・V	命令	N・V
命名	V	命名	N・V	命名	N・V
摸索	V	摸索・模索	N・V	摸索	N・V
模仿・摹仿	V	模倣	N・V	模倣・摸倣	N・V
模拟・摹拟	V	模擬	N	模擬・摸擬	N・V
摩擦・磨擦	N・V	摩擦	N・V	摩擦	N・V
募集	V	募集	N・V	募集	N・V
凝固	V	凝固	N・V	凝固	N・V
凝结	V	凝結	N・V	凝結	N・V
殴打	V	殴打	N・V	毆打	N・V
呕吐	V	嘔吐	N・V	嘔吐	N・V
排斥	V	排斥	N・V	排斥	N・V
排除	V	排除	N・V	排除	N・V
排列	V	排列・配列	N・V	排列・配列	N・V
派遣	V	派遣	N・V	派遣	N・V
判断	N・V	判断	N・V	判斷	N・V
抛弃	V	抛棄・放棄	N・V	抛棄	N・V
培养	V	培養	N・V	培養	N・V
赔偿	V	賠償	N・V	賠償	N・V
配合	V・A	配合	N・V	配合	N・V
喷射	V	噴射	N・V	噴射	N・V
膨胀	V	膨脹・膨張	N・V	膨脹	N・V
批评	V	批評	N・V	批評	N・V
漂流・飄流	V	漂流	N・V	漂流	N・V
破裂	V	破裂	N・V	破裂	N・V
破损	V	破損	N・V	破損	N・V
期待	V	期待	N・V	期待	N・V
祈祷	V	祈祷	N・V	祈禱	N・V
企划	V	企劃・企画	N・V	企劃	N・V

启发	V	啓発	N・V	啓發	N・V
启示	N・V	啓示	N・V	啓示	N・V
契约	N	契約	N・V	契約	N・V
牵引	V	牽引	N・V	牽引	N・V
潜伏	V	潜伏	N・V	潛伏	N・V
侵犯	V	侵犯	N・V	侵犯	N・V
侵蚀	V	侵蝕・侵食	N・V	侵蝕	N・V
勤勉	A	勤勉	N・A	勤勉	N・V・A・AD
勤务	N	勤務	N・V	勤務	N・V
轻蔑	V	軽蔑	N・V	輕蔑	N・V
倾斜	V	傾斜	N・V	傾斜	N
请求	N・V	請求	N・V	請求	N・V
请愿	V	請願	N・V	請願	N・V
庆祝	V	慶祝	N・V	慶祝	N・V
区别	N・V	区別	N・V	區別	N・V
区分	V	区分	N・V	區分	N・V
驱逐	V	駆逐	N・V	驅逐	N・V
屈伏・屈服	V	屈伏・屈服	N・V	屈伏・屈服	N・V
取得	V	取得	N・V	取得	N・V
劝诱	V	勧誘	N・V	勸誘	N・V
燃烧	V	燃焼	N・V	燃燒	N・V
忍耐	V	忍耐	N・V	忍耐	N・V
认识	N・V	認識	N・V	認識	N・V
认知	V	認知	N・V	認知	N・V
妊娠	V	妊娠	N・V	妊娠・姙娠	N・V
溶解	V	溶解	N・V	溶解	N・V
融通	V	融通	N・V	融通	N・V
丧失	V	喪失	N・V	喪失	N・V
杀害	V	殺害	N・V	殺害	N・V
伤害	V	傷害	N・V	傷害	N・V
商议	V	商議	N・V	商議	N・V
绍介	V	紹介	N・V	紹介	N・V
奢侈	A	奢侈	N	奢侈	N・V・A・AD

设置	V	設置	N・V	設置	N・V
射击	N・V	射撃	N・V	射擊	N・V
摄取	V	摂取	N・V	攝取	N・V
申请	V	申請	N・V	申請	N・V
呻吟	V	呻吟	N・V	呻吟	N・V
审查	V	審査	N・V	審査	N・V
生产	V	生産	N・V	生産	N・V
生存	V	生存	N・V	生存	N・V
生活	N・V	生活	N・V	生活	N・V
生长	V	生長	N・V	生長	N・V
省略	V	省略	N・V	省略	N・V
胜利	V	勝利	N・V	勝利	N・V
剩余	V	剰余	N	剩餘	N
失败	V	失敗	N・V	失敗	N・V
施行	V	施行	N・V	施行	N・V
识别	V	識別	N・V	識別	N・V
使用	V	使用	N・V	使用	N・V
试验	V	試験	N・V	試驗	N・V
视察	V	視察	N・V	視察	N・V
适合	V	適合	N・V	適合	N・A
释放	V	釈放	N・V	釋放	N・V
收获	N・V	収獲・収穫	N・V	收穫	N・V
收拾	V	収拾	N・V	收拾	N・V
收缩	V	収縮	N・V	收縮	N・V
守护	V	守護	N・V	守護	N・V
守卫	V	守衛	N	守衛	N・V
输送	V	輸送	N・V	輸送	N・V
熟练	A	熟練	N・V	熟練	N・V
束缚	V	束縛	N・V	束縛	N・V
树立	V	樹立	N・V	樹立	N・V
睡眠	N	睡眠	N・V	睡眠	N・V
顺应	V	順応	N・V	順應	N・V
思考	V	思考	N・V	思考	N・V

思惟・思维	N・V	思惟	N・V	思惟	N・V
思想	N・V	思想	N	思想	N
死亡	V	死亡	N・V	死亡	N・V
饲养	V	飼養	N・V	飼養	N・V
搜索	V	捜索	N・V	捜索	N・V
诉讼	V	訴訟	N・V	訴訟	N・V
损害	V	損害	N	損害	N
损失	N・V	損失	N	損失	N・V
谈话	N・V	談話	N・V	談話	N・V
探访	V	探訪	N・V	探訪	N・V
探究	V	探究・探求	N・V	探究	N・V
探索	V	探索	N・V	探索	N・V
逃避	V	逃避	N・V	逃避	N・V
逃亡	V	逃亡	N・V	逃亡	N・V
逃走	V	逃走	N・V	逃走	N・V
讨论	V	討論	N・V	討論	N・V
提示	V	提示	N・V	提示	N・V
添加	V	添加	N・V	添加	N・V
调和	V・A	調和	N・V	調和	N・V
调节	V	調節	N・V	調節	N・V
跳跃	V	跳躍	N・V	跳躍	N・V
停留	V	停留	N・V	停留	N・V
停止	V	停止	N・V	停止	N・V
停滞	V	停滞	N・V	停滞	N・V
通过	V・前置詞	通過	N・V	通過	N・V
通行	V	通行	N・V	通行	N・V
统合	V	統合	N・V	統合	N・V
统一	V・A	統一	N・V	統一	N・V
统制	V	統制	N・V	統制	N・V
统治	V	統治	N・V	統治	N・V
投入	N・V・A	投入	N・V	投入	N・V
屠杀	V	屠殺	N・V	屠殺	N・V
团结	V・A	団結	N・V	團結	N・V

推測	V	推測	N・V	推測	N・V
推荐	V	推薦	N・V	推薦	N・V
推进	V	推進	N・V	推進	N・V
推论	N・V	推論	N・V	推論	N・V
脱落	V	脱落	N・V	脱落	N・V
歪曲	V	歪曲	N・V	歪曲	N・V
完备	A	完備	N・V	完備	N・V
完成	V	完成	N・V	完成	N・V
完了	V	完了	N・V	完了	N・V
违背	V	違背	N・V	違背	N・V
违反	V	違反	N・V	違反	N・V
维持	V	維持	N・V	維持	N・V
委托	V	委託・依託	N・V	委託	N・V
位置	N	位置	N・V	位置	N・V
慰劳	V	慰労	N・V	慰勞	N・V
斡旋	V	斡旋	N・V	斡旋	N・V
侮辱	V	侮辱	N・V	侮辱	N・V
吸引	V	吸引	N・V	吸引	N・V
希望	N・V	希望・冀望	N・V	希望	N・V
习惯	N・V	習慣	N	習慣	N
袭击	V	襲撃	N・V	襲擊	N・V
洗涤	V	洗滌	N・V	洗滌	N・V
洗濯	V	洗濯	N・V	洗濯	N・V
喜悦	A	喜悦	N・V	喜悅	N・V
下降	V	下降	N・V	下降	N・V
下落	N・V	下落	N・V	下落	N・V
限定	V	限定	N・V	限定	N・V
享受	V	享受	N・V	享受	N・V
消费	V	消費	N・V	消費	N・V
消耗	N・V	消耗	N・V	消耗	N・V
消灭	V	消滅	N・V	消滅	N・V
消失	V	消失	N・V	消失	N・V
协会	N	協会	N	協會	N

协调	V・A	協調	N・V	協調	N・V
协同	V	協同	N・V	協同	N・V
胁迫	V	脅迫	N・V	脅迫	N・V
携带	V	携帯	N・V	携帯	N・V
谢绝	V	謝絶	N・V	謝絶	N・V
兴奋	N・V・A	興奮	N・V	興奮	N・V
行动	N・V	行動	N・V	行動	N・V
行进	V	行進	N・V	行進	N・V
行使	V	行使	N・V	行使	N・V
行为	N	行為	N	行爲	N
休憩	V	休憩	N・V	休憩	N・V
休息	V	休息	N・V	休息	N・V
修理	V	修理	N・V	修理	N・V
修缮	V	修繕	N・V	修繕	N・V
修饰	V	修飾	N・V	修飾	N・V
修养	N	修養	N・V	修養	N・V
需要	N・V	需要	N	需要	N
许可	V	許可	N・V	許可	N・V
叙述	V	叙述	N・V	敍述	N・V
宣布	V	宣布	N・V	宣布	N・V
选拔	V	選抜	N・V	選拔	N・V
选举	V	選挙	N・V	選擧	N・V
选择	V	選択	N・V	選擇	N・V
循环	V	循環	N・V	循環	N・V
言论	N	言論	N	言論	N
研究	V	研究	N・V	研究	N・V
研修	V	研修	N・V	研修	N・V
厌恶	V	厭悪	N・V	厭惡	N・V
养育	V	養育	N・V	養育	N・V
养殖	V	養殖	N・V	養殖	N・V
要求	N・V	要求	N・V	要求	N・V
要约	V	要約	N・V	要約	N・V
医疗	V	医療	N	醫療	N

依赖	V	依頼	N・V	依賴	N・V
移动	V	移動	N・V	移動	N・V
疑惑	V	疑惑	N	疑惑	N・V
议论	N・V	議論	N・V	議論	N・V
引导	V	引導	N	引導	N・V
隐蔽	V・A	隠蔽	N・V	隱蔽	N・V
印刷	V	印刷	N・V	印刷	N・V
迎接	V	迎接	N・V	迎接	N・V
应答	V	応答	N・V	應答	N・V
应对	V	応対	N・V	應對	N・V
拥护	V	擁護	N・V	擁護	N・V
优先	V	優先	N・V	優先	N・V
优秀	A	優秀	N・A	優秀	N・A
忧虑	V	憂慮	N・V	憂慮	N・V
犹豫	A	猶予	N・V	猶豫	N・V
游戏	N・V	遊戯	N・V	遊戲	N・V
诱导	V	誘導	N・V	誘導	N・V
诱拐	V	誘拐	N・V	誘拐	N・V
诱惑	V	誘惑	N・V	誘惑	N・V
娱乐	N・V	娯楽	N	娛樂	N・V
欲望	N	欲望	N	欲望	N・V
援助	V	援助	N・V	援助	N・V
愿望	N	願望	N・V	願望	N・V
约束	V	約束	N・V	約束	N・V
阅读	V	閲読	N・V	閱讀	N・V
阅览	V	閲覧	N・V	閱覽	N・V
允许	V	允許	N・V	允許	N・V
运动	N・V	運動	N・V	運動	N・V
运输	V	運輸	N	運輸	N・V
运送	V	運送	N・V	運送	N・V
运行	V	運行	N・V	運行	N・V
运营	V	運営	N・V	運營	N・V
运用	V	運用	N・V	運用	N・V

运转	V	運転	N・V	運轉	N・V
赞叹	V	賛嘆・讃嘆	N・V	贊嘆・讚歎	N・V
增加	V	増加	N・V	增加	N・V
展开	V	展開	N・V	展開	N・V
展望	V	展望	N・V	展望	N・V
占领	V	占領	N・V	占領	N・V
战斗	N・V	戦闘	N・V	戰鬪	N・V
战争	N	戦争	N・V	戰爭	N・V
障碍	N・V	障礙	N	障礙	N
招聘	V	招聘	N・V	招聘	N・V
侦察	V	偵察	N・V	偵察	N・V
斟酌	V	斟酌	N・V	斟酌	N・V
诊察	V	診察	N・V	診察	N・V
振兴	V	振興	N・V	振興	N・V
镇压	V	鎮圧	N・V	鎭壓	N・V
征收	V	徴収	N・V	徵收	N・V
整备	V	整備	N・V	整備	N・V
整理	V	整理	N・V	整理	N・V
支持	V	支持	N・V	支持	N・V
支出	N・V	支出	N・V	支出	N・V
支援	V	支援	N・V	支援	N・V
知觉	N	知覚	N・V	知覺	N・V
执行	V	執行	N・V	執行	N・V
执着・执著	A	執着	N・V	執着	N・V
指摘	V	指摘	N・V	指摘	N・V
制定	V	制定	N・V	制定	N・V
制约	V	制約	N・V	制約	N・V
制造	V	製造	N・V	製造	N・V
制止	V	制止	N・V	制止	N・V
制作	V	制作・製作	N・V	製作	N・V
质问	V	質問	N・V	質問	N・V
治疗	V	治療	N・V	治療	N・V
终了	V	終了	N・V	終了	N・V

终止	V	終止	N・V	終止	N・V
主张	N・V	主張	N・V	主張	N・V
住居	V	住居	N	住居	N・V
注解	N・V	注解・註解	N・V	注解・註解	N・V
注射	V	注射	N・V	注射	N・V
注释	N・V	注釈・註釈	N・V	注釋・註釋	N・V
祝贺	V	祝賀	N・V	祝賀	N・V
著作	N・V	著作	N・V	著作	N・V
铸造	V	鋳造	N・V	鑄造	N・V
转换	V	転換	N・V	轉換	N・V
转移	V	転移	N・V	轉移	N・V
装备	N・V	装備	N・V	裝備	N・V
装饰	N・V	装飾	N・V	裝飾	N・V
装置	N・V	装置	N・V	裝置	N・V
追究	V	追究・追窮	N・V	追究	N・V
追求	V	追求	N・V	追求	N・V
坠落	V	墜落	N・V	墜落	N・V
综合	V	綜合・総合	N・V	綜合	N・V
总理	N・V	総理	N	總理	N・V
阻止	V	阻止・沮止	N・V	沮止	N・V
组织	N・V	組織	N・V	組織	N・V
尊敬	V・A	尊敬	N・V	尊敬	N・V
尊重	V・A	尊重	N・V	尊重	N・V
遵守	V	遵守・循守	N・V	遵守	N・V
作成	V	作成	N・V	作成	N・V
作用	N・V	作用	N・V	作用	N・V

[表20] 中・日・韓三国語の品詞性の比較(六) (総語数:629語)

品詞性	名　詞			動　詞			形容詞			副　詞			その他		
国語	中	日	韓	中	日	韓	中	日	韓	中	日	韓	中	日	韓
語数	117	629	626	588	587	596	47	9	21	5	1	9	4	0	1
％	18.6	100	99.5	93.5	93.3	94.8	7.5	1.4	3.3	0.8	0.2	1.4	0.6	0	0.2

　同義の語基を重ねた「Ｖ＋Ｖ」構造の二字字音語は、日本語と韓国語では90％以上名詞と動詞の両方の品詞性を有するのに対し、中国語では名詞で使われる語は18.6％しかなく、動詞の用法を持つ語が93.5％で、主に動詞で使われることが分かる。中国語の名詞で使われる117語をもう少し分析してみると、「抱负」「合同」「会计」など17語を除外した残りの100語のうち、「爱好」「把握」「包装」など93語は名詞と動詞の両方の品詞性を持って使用され、「错误」「夸张」など2語は名詞と形容詞、「对面」は名詞と副詞、「投入」「兴奋」など2語は名詞・動詞・形容詞、「反复」「分别」など2語は名詞・動詞・副詞の品詞性を持って使われる。中国語の形容詞で使われる47語のうち、形容詞だけの品詞性を有する語は「充足」「繁盛」「愤怒」など19語で、「保守」「成熟」「充实」など23語は動詞と形容詞の両方の品詞性を持って使われ、「共同」は形容詞と副詞の用法を持っているが、「共同」を含め「附属」「联合」など3語は「属性词」である。中国語のこの構造の二字字音語の特徴の一つは、前置詞の用法で使われる語が「比较」「除去」「经由」「通过」など4語もあるということである。日本語の場合は、名詞と動詞の両方の品詞性で使われる語が583語で最も多く、次は名詞だけの品詞性を有する語で「抱負」「比喩」「衝撃」など37語である。そして、「怠慢」「過剰」「勤勉」「優秀」など4語は名詞と形容詞、「存在」「反対」「合同」「迷惑」など4語は名詞・動詞・形容詞、「結構」は名詞・形容詞・副詞の品詞性を持って使われている。この中で「存在」は形容詞として使われる場合は「ぞんざい」と読むが、この語は語原未詳の言葉で、「存在」は漢字の意義に関係なく使われる借字である。[160]　韓国語も名詞と動詞の両方の品詞性で使われる語が586語で最も多く、次は名詞だけの品詞性を有す

る語で「抱負」「衝撃」「動亂」など20語である。韓国語の形容詞で
使われる21語のうち、「奔走」「混亂」「混雜」「奢侈」など4語は「－하
다」のほかに「－스럽다」の形をとることができ、この中で「奔走」
「混雜」「奢侈」など3語は「－스레」の形で副詞として使われる。
「－히」の形で副詞となる語には「奔走」「充滿」「充實」「充足」「怠
慢」「勤勉」など6語がある。また、「繼續」はそれ自体で副詞の用
法を有し、「敬禮」はそれ自体で感嘆詞として使われる。

4.2.1.1.3 「A＋A」構造の二字字音語と品詞性

[表21] 同義の語基を重ねた「A＋A」構造の二字字音語と品詞性

中国語	品詞性	日本語	品詞性	韓国語	品詞性
曖昧	A	曖昧	N・A	曖昧	N・A・AD
安静	A	安静	N・A	安靜	N・V・A・AD
安宁	A	安寧	N	安寧	N・A・AD・感嘆詞
安全	A	安全	N・A	安全	N・A・AD
安稳	A	安穏	N・A	安穩	N・A・AD
傲慢	A	傲慢	N・A	傲慢	N・A
饱满	A	飽満	N・V	飽滿	N・A
卑贱	A	卑賤	N・A	卑賤	A
悲哀	A	悲哀	N	悲哀	N
悲惨	A	悲惨・悲酸	N・A	悲慘	N・A・AD
便利	V・A	便利	N・A	便利	N・A
残酷	A	残酷	N・A	殘酷	N・A
残忍	A	残忍	N・A	殘忍	N・A・AD
灿烂	A	燦爛	N・A	燦爛	A・AD
长久	A	長久	N	長久	A・AD
诚实	A	誠実	N・A	誠實	N・A・AD

160　前掲書、『新明解国語辞典』、p.876.

崇高	A	崇高	N・A	崇高	A
丑恶	A	醜悪	N・A	醜惡	A・AD
纯粹	A・AD	純粋	N・A	純粹	N・A
纯真	A	純真	N・A	純眞	A
匆忙	A	忽忙	N	恖忙	A・AD
聪明	A	聡明	N・A	聰明	N・A
脆弱	A	脆弱	N・A	脆弱	N・A
独特	A	独特	N・A	獨特	N・A・AD
端正	V・A	端正	N・A	端正	A・AD
对称	A	対称	N	對稱	N・V
对等	A	対等	N・A	對等	N・A
肥沃	A	肥沃	N・A	肥沃	N・A
丰富	V・A	豊富	N・A	豊富	A・AD
丰满	A	豊満	N・A	豊滿	A
夏杂	A	複雑	N・A	複雜	A・AD
富裕	V・A	富裕・富有	N・A	富裕	N・A
干燥	A	乾燥	N・V	乾燥	N・V・A・AD
高贵	A	高貴	N・A	高貴	A
高尚	A	高尚	N・A	高尙	A・AD
公平	A	公平	N・A	公平	N・A・AD
公正	A	公正	N・A	公正	N・A・AD
巩固	V・A	鞏固・強固	N・A	鞏固	A・AD
广大	A	広大	N・A	廣大	N・A・AD
广阔	A	広闊	N・A	廣闊	A
和睦	A	和睦	N・V	和睦	N・A
和平	N・A	和平	N	和平	N・A
华丽	A	華麗	N・A	華麗	A・AD
缓慢	A	緩慢	N・A	緩慢	A・AD
活泼	A	活溌・活発	N・A	活潑	A・AD
激烈	A	激烈	N・A	激烈	A・AD
急速	A	急速	N・A	急速	N・A・AD
寂寞	A	寂寞	N・A	寂寞	N・A・AD
尖锐	A	尖鋭	N・A	尖鋭	A

坚固	A	堅固	N・A	堅固	A・AD
简便	A	簡便	N・A	簡便	A・AD
简单	A	簡単	N・A	簡單	A・AD
健康	A	健康	N・A	健康	N・A・AD
骄傲	N・A	驕傲	N・A	驕傲	N・A・AD
狡猾・狡滑	A	狡猾	N・A	狡猾	A・AD
洁白	A	潔白	N・A	潔白	N・A
紧急	A	緊急	N・A	緊急	N・A・AD
巨大	A	巨大	N・A	巨大	N・A
均衡	A	均衡	N	均衡	N
空虚	A	空虚	N・A	空虚	A
恐怖	A	恐怖	N・V	恐怖	N
空白	N	空白	N	空白	N
快乐	A	快楽	N	快樂	N・A
快速	A	快速	N・A	快速	N・A
宽大	A	寛大	N・A	寬大	A・AD
困难	N・A	困難	N・A	困難	N・A・AD
冷淡	V・A	冷淡	N・A	冷淡	N・A・AD
冷静	A	冷静	N・A	冷靜	N・A・AD
良好	A	良好	N・A	良好	N・A
玲珑	A	玲瓏	N・A	玲瓏	A・AD
满足	V	満足	N・V・A	滿足	N・V・A・AD
猛烈	A	猛烈	N・A	猛烈	A・AD
秘密	N・A	秘密	N・A	祕密	N・A・AD
敏捷	A	敏捷	N・A	敏捷	A・AD
明白	V・A	明白	N・A	明白	A・AD
明朗	A	明朗	N・A	明朗	N・A・AD
模糊・模胡	V・A	模糊	N・A	模糊	A
莫大	A	莫大	N・A	莫大	A・AD
浓厚	A	濃厚	N・A	濃厚	A
庞大	A	厖大・膨大	N・A	厖大・尨大	A・AD
疲劳	A	疲労	N・V	疲勞	N・A
便宜	N・V・A	便宜	N・A	便宜	N

贫乏	A	貧乏	N・V・A	貧乏	N・A
贫困	A	貧困	N・A	貧困	N・A・AD
贫穷	A	貧窮	N・V	貧窮	N・A・AD
贫弱	A	貧弱	N・A	貧弱	N・A
频繁	A	頻繁	N・A	頻繁・頻煩	A・AD
平安	A	平安	N	平安	N・A・AD
平等	A	平等	N・A	平等	N・A
平凡	A	平凡	N・A	平凡	A・AD
平和	A	平和	N・A	平和	N・A・AD
平衡	A	平衡	N	平衡	N・A
平均	V・A	平均	N・V	平均	N・V
平坦	A	平坦	N・A	平坦	N・A・AD
平稳	A	平穏	N・A	平穩	N・A・AD
普遍	A	普遍	N	普遍	N
凄惨	A	凄惨	N・A	悽慘	A・AD
奇怪	V・A	奇怪	N・A	奇怪	A
谦虚	V・A	謙虚	N・A	謙虛	N・A・AD
谦逊	A	謙遜	N・V	謙遜	N・A・AD
强大	A	強大	N・A	強大	A
强烈	A	強烈	N・A	強烈	A・AD
巧妙	A	巧妙	N・A	巧妙	A・AD
亲密	A	親密	N・A	親密	N・A・AD
亲切	A	親切・深切	N・A	親切	N・A・AD
轻率	A	軽率・軽卒	N・A	輕率	N・A・AD
清洁	A	清潔	N・A	清潔	N・A・AD
确实	A・AD	確実	N・A	確實	A・AD
容易	A	容易	N・A	容易	A・AD
柔软	A	柔軟	N・A	柔軟	A・AD
软弱	A	軟弱	N・A	軟弱	A
锐利	A	鋭利	N・A	銳利	A
锐敏	A	鋭敏	N・A	銳敏	A
善良	A	善良	N・A	善良	N・A
深刻	A	深刻	N・A	深刻	N・V・A・AD

神秘	A	神秘	N・A	神祕	N・A・AD
神圣	A	神聖	N・A	神聖	N・A
慎重	A	慎重	N・A	愼重	N・A・AD
湿润	A	湿潤	N・A	濕潤	A
适当	A	適当	N・V・A	適當	A・AD
适宜	A	適宜	AD	適宜	A
率直	A	率直・卒直	N・A	率直	A・AD
爽快	A	爽快	N・A	爽快	A・AD
素朴	A	素朴・素樸	N・A	素朴	A
太平	A	太平・泰平	N・A	太平・泰平	N・A・AD
特别	A・AD	特別	N・A	特別	N・A・AD
特殊	A	特殊	N・A	特殊	N・A
特异	A	特異	N・A	特異	N・A
同等	A	同等	N	同等	N・A
同一	A	同一	N・A	同一	N・A
透明	A	透明	N・A	透明	N・A
完全	A・AD	完全	N・A	完全	N・A・AD
顽固	A	頑固	N・A	頑固	A・AD
顽强	A	頑強	N・A	頑強	A・AD
旺盛	A	旺盛	N・A	旺盛	N・A・AD
危险	A	危険	N・A	危険	N・A・AD
微妙	A	微妙	N・A	微妙	A・AD
微小	A	微小	N・A	微小	A
伟大	A	偉大	N・A	偉大	A
温暖	V・A	温暖	N・A	溫暖	N・A
稀薄	A	稀薄・希薄	N・A	稀薄	A
稀少・希少	A	稀少・希少	N・A	稀少	N・A
狭隘	A	狭隘	N・A	狹隘	A
纤细	A	繊細	N・A	纖細	A・AD
鲜明	A	鮮明	N・A	鮮明	N・A・AD
贤明	N・A	賢明	N・A	賢明	N・A・AD
显著	A	顕著	N・A	顯著	A・AD
详细	A	詳細	N・A	詳細	A・AD

新鲜	A	新鮮	N・A	新鮮	A
凶恶	A	凶悪・兇悪	N・A	凶惡・兇惡	N・A・AD
雄壮	A	雄壮・勇壮	N・A	雄壯	A
虚弱	A	虚弱	N・A	虛弱	N・A
迅速	A	迅速	N・A	迅速	A・AD
严密	V・A	厳密	N・A	嚴密	A・AD
严肃	V・A	厳粛	N・A	嚴肅	A・AD
严重	A	厳重	N・A	嚴重	N・A・AD
野蛮	A	野蛮	N・A	野蠻	N・A・AD
英俊	A	英俊	N	英俊	N・A
永久	A	永久	N	永久	N・A・AD
永远	AD	永遠	N	永遠	N・A・AD
勇敢	A	勇敢	N・A	勇敢	A・AD
优良	A	優良	N・A	優良	N・A
优雅	A	優雅	N・A	優雅	A・AD
忧郁	A	憂鬱	N・A	憂鬱	N・A・AD
悠久	A	悠久	N・A	悠久	A・AD
幼稚	A	幼稚	N・A	幼稚	A
愉快	A	愉快	N・A	愉快	A・AD
愚昧	A	愚昧	N・A	愚昧	N・A
圆满	A	円満	N・A	圓滿	A・AD
远大	A	遠大	N・A	遠大	A
真实	A	真実	N・A・AD	眞實	N・A・AD
真挚	A	真摯	N・A	眞摯	A
正直	A	正直	N・A	正直	N・A・AD
郑重	A	鄭重	N・A	鄭重	A・AD
智慧	N	智慧・知恵	N	智慧・知慧	N・A・AD
重大	A	重大	N・A	重大	N・A・AD
重要	A	重要	N・A	重要	N・A・AD
周到	A	周到	N・A	周到	N・A・AD
周密	A	周密	N・A	周密	A・AD
主要	A	主要	N・A	主要	N・A
著名	A	著名	N・A	著名	A

壯大	V・A	壯大	N・A	壯大	A・AD
卓越	A	卓越	N・V	卓越	A
仔細・子細	A	仔細・子細	N	仔細・子細	A・AD
尊严	N・A	尊厳	N	尊嚴	N・A・AD

[表22] 中・日・韓三国語の品詞性の比較(七) (総語数:185語)

品詞性	名　詞			動　詞			形容詞			副　詞			その他		
国語	中	日	韓	中	日	韓	中	日	韓	中	日	韓	中	日	韓
語数	9	184	103	17	12	6	181	156	177	5	2	112	0	0	1
％	4.9	99.5	55.7	9.2	6.5	3.2	97.8	84.3	95.7	2.7	1.1	60.5	0	0	0.5

　同義の語基を重ねた「A＋A」構造の二字字音語は、日本語の場合は名詞と形容詞、韓国語の場合は名詞・形容詞・副詞の品詞性で使われる語が最も多いが、中国語の場合は形容詞で使われる語が97.8％で圧倒的に多く、次いで動詞、名詞、副詞の順で、特に名詞性の語は日本語と韓国語に比べれば、はるかに少ないほうである。もう少し詳しく分析してみると、中国語の名詞で使われる9語のうち、名詞だけの品詞性を有する語は「空白」「智慧」など2語で、「和平」「骄傲」「困难」「秘密」「贤明」「尊严」など6語は名詞と形容詞、「便宜」は名詞・動詞・形容詞の品詞性で使われる。中国語の動詞と副詞で使われる語も同じく、動詞だけの品詞性を有する語はただ「満足」1語で、「便利」「端正」「丰富」など15語は動詞と形容詞の品詞性で使われ、副詞だけの品詞性を有する語は「永远」1語で、「纯粹」「确实」「特別」「完全」など4語は副詞と形容詞の品詞性で使われる。日本語の場合、名詞だけの品詞性を有する語は「安寧」「悲哀」「長久」など19語で、「飽満」「乾燥」「和睦」など9語は名詞と動詞、「満足」「貧乏」「適当」など3語

は名詞・動詞・形容詞の品詞性で使われる。この3語を含んだ形
容詞の用法で使用される156語の活用について考察してみると、
「卑賎」「崇高」「醜悪」など25語は「－な」の形、「悠久」は「－なる」
の形で連体修飾語を構成し、「燦爛」「寂寞」「玲瓏」「模糊」など4
語は「－たる」の形で連体修飾語、「－と」の形で連用修飾語を構
成する。また、「曖昧」「安静」「安全」など126語は「－な」の形で
連体修飾語、「－に」の形で連用修飾語になる。副詞の用法で使
用される「真実」はそれ自体で副詞として使われ、「適宜」はそれ自
体で使われる場合もあれば、「－に」の形をとることもある。韓国語
の場合、名詞だけの品詞性を有する語は「悲哀」「均衡」「恐怖」
「空白」「便宜」「普遍」など6語で、「對稱」「平均」など2語は名詞と
動詞、「安靜」「乾燥」「滿足」「深刻」など4語は名詞・動詞・形容
詞・副詞の品詞性で使われる。形容詞の用法で使用される177語
のうち、「野蠻」は「－스럽다」の形、「智慧」は「－롭다」の形、
「殘忍」「複雜」「困難」「滿足」「祕密」「太平」「危險」「勇敢」「優雅」
「圓滿」など10語は「－하다」「－스럽다」の形、「乾燥」は「－하다」
「－롭다」の形、「平和」「神祕」など2語は「－하다」「－롭다」「－스
럽다」の形で使われ、「曖昧」「安靜」「安寧」など162語は「－하다」
の形で形容詞となる。この中で上に挙げた「乾燥」「智慧」など2語
は「－로이」の形、「殘忍」「複雜」「危險」「野蠻」「優雅」など5語は
「－스레」の形、「曖昧」「安靜」「安寧」などを含んだ96語は「－히」
の形、「困難」「滿足」「祕密」「太平」「勇敢」「圓滿」など6語は「－히」
「－스레」の形、「平和」「神祕」など2語は「－로이」「－스레」の
形、「眞實」は「－히」「－로」の形で副詞として使われる。この
外、韓国語で「安寧」は感嘆詞としても用いられる。

4.2.1.1.4 「AD＋AD」構造の二字字音語と品詞性

[表23] 同義の語基を重ねた「AD＋AD」構造の二字字音語と品詞性

中国語	品詞性	日本語	品詞性	韓国語	品詞性
毕竟	AD	畢竟	AD	畢竟	AD
交互	V・AD	交互	N・AD	交互	N・V
全都	AD	全都	N	全都	N
相互	A・AD	相互	N	相互	N・AD
再三	AD	再三	AD	再三	AD

[表24] 中・日・韓三国語の品詞性の比較(八) (総語数:5語)

品詞性	名　詞			動　詞			形容詞			副　詞			その他		
国語	中	日	韓	中	日	韓	中	日	韓	中	日	韓	中	日	韓
語数	0	3	3	1	0	1	1	0	0	5	3	3	0	0	0
％	0	60	60	20	0	20	20	0	0	100	60	60	0	0	0

　上の表で分かるように、同義の語基を重ねた「AD＋AD」構造の二字字音語の中で、「畢竟」「再三」など2語は三国語ともに副詞の用法で使われ、「相互」は中国語と韓国語で、「交互」は中国語と日本語で副詞の用法を持っている。「全都」の「全」「都」両語基は、中国語ではみな「すべて」という意味を表す副詞で、「全都」は「AD＋AD」構造の二字字音語と言えるが、日本語と韓国語では「全体の都市」という意味しかなく、「N＋N」構造の連体修飾関係の二字字音語に属する語である。従って、同義の語基を重ねた「AD＋AD」構造の二字字音語は、三国語で主に副詞の用法で使われているということができる。

4.2.1.2 類義の語基を重ねた二字字音語と品詞性

4.2.1.2.1 「N＋N」構造の二字字音語と品詞性

[表25] 類義の語基を重ねた「N＋N」構造の二字字音語と品詞性

中国語	品詞性	日本語	品詞性	韓国語	品詞性
比重	N	比重	N	比重	N
番号	N	番号	N	番號	N
葛藤	N	葛藤	N	葛藤	N
货物	N	貨物	N	貨物	N
见解	N	見解	N	見解	N
见识	N・V	見識	N	見識	N
路线	N	路線	N	路線	N
名义	N	名義	N	名義	N
农林	N	農林	N	農林	N
器材	N	器材	N	器材	N
权利	N	権利	N	權利	N
权威	N	権威	N	權威	N
权益	N	権益	N	權益	N
山河	N	山河	N	山河	N
山水	N	山水	N	山水	N
图书	N	図書	N	圖書	N
威望	N	威望	N	威望	N
威信	N	威信	N	威信	N
文献	N	文献	N	文獻	N
文艺	N	文芸	N	文藝	N
心血	N	心血	N	心血	N
刑罚	N	刑罰	N	刑罰	N・V
性能	N	性能	N	性能	N
衣食	N	衣食	N	衣食	N
智能	N	智能・知能	N	知能	N

[表26] 中・日・韓三国語の品詞性の比較(九) (総語数:25語)

品詞性	名　詞			動　詞			形容詞			副　詞			その他		
国語	中	日	韓	中	日	韓	中	日	韓	中	日	韓	中	日	韓
語数	25	25	25	1	0	1	0	0	0	0	0	0	0	0	0
％	100	100	100	4	0	4	0	0	0	0	0	0	0	0	0

　類義の語基を重ねた「N＋N」構造の二字字音語は、「見识」が中国語で名詞と動詞、「刑罰」が韓国語で名詞と動詞の二つの品詞性を持つ外、その他の語は三国語ともに名詞の用法で使われている。「见识」は中国語で動詞の用法で使われる場合、「見て認識する」という意味を表し、述補関係の「V＋V」構造の二字字音語に分類することができ、「刑罰」は韓国語で動詞の用法で使われる場合、「刑法に照らして罰する」という意味を表し、連用修飾関係の「(N→AD)＋V」構造の二字字音語に分類することができる。

4.2.1.2.2 「V＋V」構造の二字字音語と品詞性

[表27] 類義の語基を重ねた「V＋V」構造の二字字音語と品詞性

中国語	品詞性	日本語	品詞性	韓国語	品詞性
哀愁	A	哀愁	N	哀愁	N
哀悼	V	哀悼	N・V	哀悼	N・V
愛护	V	愛護	N・V	愛護	N・V
愛惜	V	愛惜	N・V	愛惜	N・V・A・AD
保管	N・V	保管	N・V	保管	N・V
编制	N・V	編制	N・V	編制	N・V
编纂	V	編纂	N・V	編纂	N・V
纺织	V	紡織	N	紡織	N・V
观测	V	観測	N・V	觀測	N・V

和解	V	和解	N・V	和解	N・V
激励	V	激励	N・V	激勵	N・V
监督	N・V	監督	N・V	監督	N・V
见闻	N	見聞	N・V	見聞	N・V
讲演	V	講演	N・V	講演	N・V
教训	N・V	教訓	N・V	教訓	N・V
经济	N・V・A	経済	N・A	經濟	N・V
警察	N	警察	N	警察	N
敬爱	V	敬愛	N・V	敬愛	N・V
疗养	V	療養	N・V	療養	N・V
视听	N	視聴	N・V	視聽	N・V
守备	V	守備	N・V	守備	N・V
搜查	V	捜査	N・V	搜査	N・V
探测	V	探測	N・V	探測	N・V
慰问	V	慰問	N・V	慰問	N・V
消防	V	消防	N	消防	N・V
信赖	V	信頼	N・V	信賴	N・V
信仰	V	信仰	N・V	信仰	N・V
信用	N・V・A	信用	N・V	信用	N・V
饮食	N	飲食	N・V	飲食	N
诊疗	V	診療	N・V	診療	N・V

[表28] 中・日・韓三国語の品詞性の比較(十) (総語数:30語)

品詞性	名　詞			動　詞			形容詞			副　詞			その他		
国語	中	日	韓	中	日	韓	中	日	韓	中	日	韓	中	日	韓
語数	10	30	30	25	25	27	3	1	1	0	0	1	0	0	0
%	33.3	100	100	83.3	83.3	90	10	3.3	3.3	0	0	3.3	0	0	0

　類義の語基を重ねた「V＋V」構造の二字字音語は、まず中国語の品詞性を分析してみると、名詞だけの品詞性で使われる語が「見聞」「警察」「視听」「飲食」など4語、動詞だけの品詞性で使わ

れる語が「哀悼」「爱护」「爱惜」など19語、形容詞だけの品詞性で
使われる語が「哀愁」1語、合わせて24語が単一の品詞性で使わ
れる。名詞と動詞の用法で使われる語は「保管」「编制」「监督」「教
训」など4語で、名詞・動詞・形容詞の用法で使われる語が「经济」
「信用」など2語であるが、「信用」が形容詞の用法で使われる場合
は「属性词」に属する。日本語の場合は、名詞だけの品詞性で使
われる語が「哀愁」「紡織」「警察」「消防」など4語、名詞と動詞の
用法で使われる語が「哀悼」「愛護」「愛惜」など25語、名詞と形容
詞の用法で使われる語が「経済」1語であり、韓国語の場合は、名
詞だけの品詞性で使われる語が「哀愁」「警察」「飲食」など3語、
名詞と動詞の用法で使われる語が「哀悼」「愛護」「保管」など26
語、名詞・動詞・形容詞・副詞の用法で使われる語が「愛惜」1語
で、日本語と韓国語では主に名詞と動詞の二つの品詞性で使わ
れていることが分かる。日本語の「経済」が形容詞の用法で使われ
る場合、「－な」「－に」の形で連体修飾語と連用修飾語になり、
韓国語の「愛惜」が副詞の用法で使われる場合は「－히」の形をとる。

4.2.1.2.3「A＋A」構造の二字字音語と品詞性

[表29] 類義の語基を重ねた「A＋A」構造の二字字音語と品詞性

中国語	品詞性	日本語	品詞性	韓国語	品詞性
卑怯	A	卑怯	N・A	卑怯	A
悲痛	A	悲痛	N・A	悲痛	N・A・AD
薄弱	A	薄弱	N・A	薄弱	N・A
纯洁	V・A	純潔	N・A	純潔	N・A
单纯	A	単純	N・A	單純	N・A・AD
贵重	A	貴重	N・V・A	貴重	A・AD
豪华	A	豪華	N・A	豪華	N・A・AD

健全	V・A	健全	N・A	健全	N・A・AD
精密	A	精密	N・A	精密	N・A・AD
精确	A	精確	N・A	精確	N・A・AD
快活	A	快活	N・A	快活	A・AD
明确	V・A	明確	N・A	明確	A・AD
奇妙	A	奇妙	N・A	奇妙	A・AD
轻快	A	軽快	N・V・A	輕快	A・AD
热烈	A	熱烈	N・A	熱烈	A・AD
盛大	A	盛大	N・A	盛大	A・AD
妥当	A	妥当	N・V・A	妥當	A
危急	A	危急	N	危急	N・A
新奇	A	新奇	N・A	新奇	A・AD
秀丽	A	秀麗	N・A	秀麗	A
严格	V・A	厳格	N・A	嚴格	A・AD
英明	A	英明	N・A	英明	A
正确	A	正確	N・A	正確	N・A・AD
忠实	A	忠実	N・A	忠實	N・A・AD

[表30] 中・日・韓三国語の品詞性の比較(十一) (総語数:24語)

品詞性	名 詞			動 詞			形容詞			副 詞			その他		
国語	中	日	韓	中	日	韓	中	日	韓	中	日	韓	中	日	韓
語数	0	24	11	4	3	0	24	23	24	0	0	17	0	0	0
%	0	100	45.8	16.7	12.5	0	100	95.8	100	0	0	70.8	0	0	0

　類義の語基を重ねた「A＋A」構造の二字字音語は、中国語の場合、名詞の用法で使われる語は一つもなく、動詞の用法で使われる語も「純洁」「健全」「明确」「严格」など4語しかないが、この4語を含めて24語全部形容詞で用いられている。　日本語の場合は、名詞だけの品詞性で使われる語が「危急」1語、名詞と形容詞の用法で使われる語が「卑怯」「悲痛」「薄弱」など20語、名詞・

動詞・形容詞の用法で使われる語が「貴重」「軽快」「妥当」など3語
で、名詞と形容詞の両方の品詞性を持って使用される語が最も多
い。形容詞の用法で使用される23語のうち、「薄弱」「純潔」「貴重」
「妥当」「新奇」「秀麗」など6語は「－な」の形で連体修飾語を構成
し、「卑怯」「悲痛」「単純」など17語は「－な」の形で連体修飾語、
「－に」の形で連用修飾語になる。韓国語の場合は、形容詞だけ
の品詞性で使われる語が「卑怯」「妥當」「秀麗」「英明」など4語、
名詞と形容詞の用法で使われる語が「薄弱」「純潔」「危急」など3
語、形容詞と副詞の用法で使われる語が「貴重」「快活」「明確」な
ど9語、名詞・形容詞・副詞の用法で使われる語が「悲痛」「單純」
「豪華」など8語で、形容詞と副詞の品詞性を持って使用される語
が多いのが特徴である。この中で、「新奇」は「－하다」の外に「－롭
다」の形で形容詞、「－로이」の形で副詞となり、「豪華」は「－하
다」の外に「－롭다」「－스럽다」の形で形容詞、「－로이」「－스
레」の形で副詞となる。また、「悲痛」「單純」「貴重」など15語は接
尾辞「－히」がついて副詞となる。

4.2.1.3 対義の語基を重ねた二字字音語と品詞性

4.2.1.3.1 「N＋N」構造の二字字音語と品詞性

[表31] 対義の語基を重ねた「N＋N」構造の二字字音語と品詞性

中国語	品詞性	日本語	品詞性	韓国語	品詞性
彼此	N	彼此	N	彼此	N・AD
标本	N	標本	N	標本	N
春秋	N	春秋	N	春秋	N
雌雄	N	雌雄	N	雌雄	N
得失	N	得失	N	得失	N

东西	N	東西	N	東西	N
凤凰	N	鳳凰	N	鳳凰	N
夫妇	N	夫婦	N	夫婦	N
夫妻	N	夫妻	N	夫妻	N
父母	N	父母	N	父母	N
利害	N	利害	N	利害	N
矛盾	N・V・A	矛盾	N・V	矛盾	N
男女	N	男女	N	男女	N
南北	N	南北	N	南北	N
内外	N	内外	N	内外	N・V
前后	N	前後	N・V	前後	N・V
人物	N	人物	N	人物	N
生死	N・A	生死	N	生死	N
天地	N	天地	N	天地	N
先后	N・AD	先後	N・V	先後	N・V
兄弟	N	兄弟	N	兄弟	N
因果	N	因果	N・A	因果	N
影响	N・V・A	影響	N・V	影響	N
宇宙	N	宇宙	N	宇宙	N
质量	N	質量	N	質量	N
昼夜	N	昼夜	N	晝夜	N
子女	N	子女	N	子女	N
姊妹	N	姉妹	N	姉妹	N
纵横	V・A	縦横	N	縦横	N
左右	N・V・AD	左右	N・V	左右	N・V

[表32] 中・日・韓三国語の品詞性の比較(十二) (総語数:30語)

品詞性	名　詞			動　詞			形容詞			副　詞			その他		
国語	中	日	韓	中	日	韓	中	日	韓	中	日	韓	中	日	韓
語数	29	30	30	4	5	4	4	1	0	2	0	1	0	0	0
%	96.7	100	100	13.3	16.7	13.3	13.3	3.3	0	6.7	0	3.3	0	0	0

　対義の語基を重ねた「N＋N」構造の二字字音語は、三国語で主に名詞として用いられるが、その他の品詞性もいくつか見られる。中国語で「矛盾」「影响」など2語は名詞・動詞・形容詞、「生死」は名詞と形容詞、「先后」は名詞と副詞、「纵横」は動詞と形容詞、「左右」は名詞・動詞・副詞の用法で使われるが、この中で「生死」が形容詞の用法で使われる場合は「属性词」に属する。日本語で名詞と動詞の両方の品詞性を持って使われる語は「矛盾」「前後」「先後」「影響」「左右」など5語であり、名詞と形容詞の両方の品詞性を持って使われる語が「因果」1語であるが、「因果」は形容詞の用法で使われる場合、「－な」の形で連体修飾語、「－に」の形で連用修飾語を構成する。韓国語の場合は、名詞と動詞の両方の品詞性を持って使われる語が「内外」「前後」「先後」「左右」など4語で、名詞と副詞の用法で使われる語が「彼此」1語である。韓国語で「矛盾」は接尾辞「－되다」がついて動詞的に用いられるが、一つの単語として認められない。

4.2.1.3.2 「V＋V」構造の二字字音語と品詞性

[表33] 対義の語基を重ねた「V＋V」構造の二字字音語と品詞性

中国語	品詞性	日本語	品詞性	韓国語	品詞性
出没	V	出没	N・V	出沒	N・V
出入	N・V	出入	N・V	出入	N・V
动静	N	動静	N	動靜	N
呼吸	V	呼吸	N・V	呼吸	N・V
呼应	V	呼応	N・V	呼應	N・V
沐浴	V	沐浴	N・V	沐浴	N・V
起伏	V	起伏	N・V	起伏	N・V
上下	N・V	上下	N・V	上下	N・V

伸缩	V	伸縮	N・V	伸縮	N・V
胜败	N	勝敗	N	勝敗	N
胜负	N	勝負	N・V	勝負	N
始终	N・AD	始終	N・AD	始終	N・V・AD
收支	N	収支	N	收支	N
往复	V	往復	N・V	往復	N・V
往来	V	往来	N・V	往來	N・V
问答	V	問答	N・V	問答	N・V
学问	N	学問	N・V	學問	N・V

[表34] 中・日・韓三国語の品詞性の比較(十三) (総語数:17語)

品詞性	名　詞			動　詞			形容詞			副　詞			その他		
国語	中	日	韓	中	日	韓	中	日	韓	中	日	韓	中	日	韓
語数	8	17	17	11	13	13	0	0	0	1	1	1	0	0	0
%	47.1	100	100	64.7	76.5	76.5	0	0	0	5.9	5.9	5.9	0	0	0

　対義の語基を重ねた「V＋V」構造の二字字音語は、中国語では名詞だけの用法で使われる語が「动静」「胜败」「胜负」「收支」「学问」など5語、動詞だけの用法で使われる語が「出没」「呼吸」「呼应」など9語、名詞と動詞の両方の品詞性で使われる語が「出入」「上下」など2語、名詞と副詞の両方の品詞性で使われる語が「始终」1語で、動詞の用法で使われる語が最も多く、次いで名詞、副詞の順である。日本語では名詞だけの用法で使われる語が「動静」「勝敗」「収支」など3語、名詞と動詞の両方の品詞性で使われる語が「出没」「出入」「呼吸」など13語、名詞と副詞の両方の品詞性で使われる語が「始終」1語であり、韓国語では名詞だけの用法で使われる語が「動靜」「勝敗」「勝負」「收支」など4語、名詞と動詞の両方の品詞性で使われる語が「出没」「出入」「呼吸」な

ど12語、名詞・動詞・副詞の用法で使われる語が「始終」1語で、日本語と韓国語の場合は名詞の用法で使われる語が最も多く、次いで動詞、副詞の順である。

4.2.1.3.3 「A＋A」構造の二字字音語と品詞性

[表35] 対義の語基を重ねた「A＋A」構造の二字字音語と品詞性

中国語	品詞性	日本語	品詞性	韓国語	品詞性
長短	N・AD	長短	N	長短	N
大小	N・AD	大小	N	大小	N
多少	N・AD	多少	N・AD	多少	N・AD
貴賤	N・AD	貴賤	N	貴賤	N
黒白	N	黒白	N	黑白	N
軽重	N	軽重	N	輕重	N
是非	N	是非	N・AD	是非	N・V
早晩	N・AD	早晩	AD	早晩	N

[表36] 中・日・韓三国語の品詞性の比較(十四) (総語数:8語)

品詞性	名　詞			動　詞			形容詞			副　詞			その他		
国語	中	日	韓	中	日	韓	中	日	韓	中	日	韓	中	日	韓
語数	8	7	8	0	0	1	0	0	0	5	3	1	0	0	0
％	100	87.5	100	0	0	12.5	0	0	0	62.5	37.5	12.5	0	0	0

　対義の語基を重ねた「A＋A」構造の二字字音語は、語基としてのもとの形容詞性を失い、結合形態は三国語ともに形容詞の用法で使われる語は一つもなく、主として名詞の用法で使われ、副詞の用法で使われる語も中国語「長短」「大小」「多少」「貴賤」「早晩」など5語、日本語「多少」「是非」「早晩」など3語、韓国語「多少」1語で、比較的多くの比率を占めている。

4.2.1.4 畳語と品詞性

[表37] 畳語と品詞性

中国語	品詞性	日本語	品詞性	韓国語	品詞性
暗暗	AD	暗暗	N	暗暗	A・AD
勃勃	A	勃勃	A	勃勃	A
蒼蒼	A	蒼蒼	A	蒼蒼	A・AD
処処	AD	処処・所所	N	處處	N
匆匆	A	匆匆・草草	N	悤悤	A・AD
紛紛	A・AD	紛紛	A	紛紛	A・AD
浩浩	A	浩浩	A	浩浩	A・AD
津津	A	津津	A	津津	A
仅仅	AD	僅僅	AD	僅僅	AD
茫茫	A	茫茫	A	茫茫	A・AD
默默	AD	默默	A	默默	A・AD
堂堂	A	堂堂	A	堂堂	A・AD
滔滔	A	滔滔	A	滔滔	A・AD
往往	AD	往往	AD	往往	AD
徐徐	AD	徐徐	AD	徐徐	AD
一一	AD	一一	AD	一一	AD
悠悠	A	悠悠	A	悠悠	A・AD

[表38] 中・日・韓三国語の品詞性の比較(十五) (総語数:17語)

品詞性	名　詞			動　詞			形容詞			副　詞			その他		
国語	中	日	韓	中	日	韓	中	日	韓	中	日	韓	中	日	韓
語数	0	3	1	0	0	0	10	10	12	8	4	14	0	0	0
％	0	17.6	5.9	0	0	0	58.8	58.8	70.6	47.1	23.5	82.4	0	0	0

　上の表で分かるように、畳語は三国語で一般的に形容詞と副詞として使われているが、中国語の場合は、形容詞だけの用法で使われる語が「勃勃」「蒼蒼」「匆匆」など9語、副詞だけの用法で使われる語が「暗暗」「処処」「仅仅」など7語、形容詞と副詞の両

方の品詞性で使われる語が「紛紛」1語である。日本語の場合
は、名詞だけの用法で使われる語が「暗暗」「処処」「匆匆」など3
語、形容詞だけの用法で使われる語が「勃勃」「蒼蒼」「紛紛」など
10語、副詞だけの用法で使われる語が「僅僅」「往往」「徐徐」「一一」
など4語であるが、形容詞の用法で使われる10語はいずれも「－た
る」の形で連体修飾語を構成し、「－と」の形で連用修飾語を構成
する。また、副詞の用法で使われる4語のうち、「僅僅」「往往」
「一一」など3語はそれ自体で副詞として使われるが、「徐徐」はそ
れ自体では単語にならず、後に「－に」をつけて副詞となる。韓国
語の場合は、名詞だけの用法で使われる語が「處處」1語、形容
詞だけの用法で使われる語が「勃勃」「津津」など2語、副詞だけの
用法で使われる語が「僅僅」「往往」「徐徐」「一一」など4語、形容詞
と副詞の両方の品詞性で使われる語が「暗暗」「蒼蒼」「恩恩」など10語
であるが、副詞の用法で使われる14語のうち、「暗暗」「蒼蒼」「恩
恩」「紛紛」「浩浩」「茫茫」「默默」「堂堂」「滔滔」「徐徐」「悠悠」など11
語は「－히」の形で副詞となり、「往往」はそれ自体で、「僅僅」はそ
れ自体または「－이」の形で、「一一」は「－이」の形で副詞となる。

4.2.2 主述関係の二字字音語と品詞性

4.2.2.1 「N＋V」構造の二字字音語と品詞性

[表39] 「N＋V」構造の二字字音語と品詞性

中国語	品詞性	日本語	品詞性	韓国語	品詞性
段落	N	段落	N	段落	N
公共	A	公共	N	公共	N
公用	V	公用	N	公用	N・V

公有	V	公有	N・V	公有	N
国产	A	国産	N	國産	N
国立	A	国立	N	國立	N
国营	A	国営	N	國營	N・V
国有	V	国有	N	國有	N
脉搏	N	脈搏	N	脈搏	N
民主	N・A	民主	N	民主	N
人工	N・A	人工	N	人工	N
人为	V・A	人為	N	人爲	N
人造	A	人造	N	人造	N
私立	V・A	私立	N	私立	N
私营	A	私営	N	私營	N・V
私有	V	私有	N・V	私有	N・V
瓦解	V	瓦解	N・V	瓦解	N・V
优胜	A	優勝	N・V	優勝	N・V・A

[表40] 中・日・韓三国語の品詞性の比較(十六) (総語数:18語)

品詞性	名　詞			動　詞			形容詞			副　詞			その他		
国語	中	日	韓	中	日	韓	中	日	韓	中	日	韓	中	日	韓
語数	4	18	18	7	4	6	11	0	1	0	0	0	0	0	0
％	22.2	100	100	38.9	22.2	33.3	61.1	0	5.6	0	0	0	0	0	0

　主述関係の「N＋V」構造の二字字音語は、まず中国語の場合、名詞だけの用法で使われる語が「段落」「脉搏」など2語、動詞だけの用法で使われる語が「公用」「公有」「国有」「私有」「瓦解」など5語、形容詞だけの用法で使われる語が「公共」「国产」「国立」など7語、名詞と形容詞の用法で使われる語が「民主」「人工」など2語、動詞と形容詞の用法で使われる語が「人为」「私立」など2語であるが、形容詞の用法で使われる11語のうち、「民主」「优胜」

を除いた外の9語はみな述語になれない「属性詞」で、その用法は
普通の名詞の用法とほぼ同様であると考えられる。日本語の場合
は「段落」「公共」「公用」など14語が名詞だけの用法、「公有」「私
有」「瓦解」「優勝」など4語が名詞と動詞の用法で使われ、韓国語
の場合は「段落」「公共」「公有」など12語が名詞だけの用法、「公
用」「國營」「私營」「私有」「瓦解」など5語が名詞と動詞の用法、「優
勝」1語が名詞・動詞・形容詞の用法で使われるが、この構造の二
字字音語は日本語と韓国語では主に名詞として用いられているこ
とが分かる。

4.2.2.2「N＋A」構造の二字字音語と品詞性

[表41]「N＋A」構造の二字字音語と品詞性

中国語	品詞性	日本語	品詞性	韓国語	品詞性
日常	A	日常	N	日常	N・AD
头痛	A	頭痛	N	頭痛	N
性急	A	性急	N・A	性急	A・AD

[表42] 中・日・韓三国語の品詞性の比較(十七) (総語数:3語)

品詞性	名 詞			動 詞			形容詞			副 詞			その他		
国語	中	日	韓	中	日	韓	中	日	韓	中	日	韓	中	日	韓
語数	0	3	2	0	0	0	3	1	1	0	0	2	0	0	0
％	0	100	66.7	0	0	0	100	33.3	33.3	0	0	66.7	0	0	0

[表41]の「日常」は、元は「太陽はいつも同じだ」という意味で
あったと思われるが、現在は三国語ともに「ふだん」という意味で使
われる語である。「頭痛」は中国語では「頭が痛い」という意味の主
述関係の「N＋A」構造の二字字音語であるが、日本語と韓国語

では「頭の痛み」という意味の連体修飾関係の二字字音語であると
思われる。三国語の品詞性を分析してみると、中国語では3語と
もに形容詞の用法で使われるのに対して、日本語では2語が名詞
だけの用法、1語が名詞と形容詞の用法で使われ、韓国語では
「頭痛」は名詞だけの用法、「日常」は名詞と副詞の用法、「性急」
は形容詞と副詞の用法で使われる。「性急」が日本語で形容詞の
用法で使われる場合、「－な」の形で連体修飾語、「－に」の形で
連用修飾語になり、韓国語で副詞の用法で使われる場合は「－히」
の形をとる。

4.2.3 修飾関係の二字字音語と品詞性

4.2.3.1 連体修飾関係の二字字音語と品詞性

4.2.3.1.1 「N＋N」構造の二字字音語と品詞性

[表43] 連体修飾関係の「N＋N」構造の二字字音語と品詞性

中国語	品詞性	日本語	品詞性	韓国語	品詞性
案件	N	案件	N	案件	N
暗中	N	暗中	N	暗中	N
霸权	N	霸権	N	霸權	N
百货	N	百貨	N	百貨	N
百科	N	百科	N	百科	N
百姓	N	百姓	N	百姓	N
版权	N	版権	N	版權	N
半岛	N	半島	N	半島	N
半价	N	半価	N	半價	N
半径	N	半径	N	半徑	N
宝剑	N	宝剣	N	寶劍	N
宝物	N	宝物	N	寶物	N

北边	N	北辺	N	北邊	N
北方	N	北方	N	北方	N
北极	N	北極	N	北極	N
北面	N	北面	N・V	北面	N・V
北纬	N	北緯	N	北緯	N
背景	N	背景	N	背景	N
背面	N	背面	N	背面	N
倍数	N	倍数	N	倍數	N
本部	N	本部	N	本部	N
本来	A・AD	本来	N	本來	N・AD
本能	N・AD	本能	N	本能	N
本人	N	本人	N	本人	N
本文	N	本文	N	本文	N
本性	N	本性	N	本性	N
本质	N	本質	N	本質	N
笔筒	N	筆筒	N	筆筒	N
表面	N	表面	N	表面	N
别名	N	別名	N	別名	N
别人	N	別人	N	別人	N
部位	N	部位	N	部位	N
部下	N	部下	N	部下	N
材质	N	材質	N	材質	N
财政	N	財政	N	財政	N
草原	N	草原	N	草原	N
侧面	N	側面	N	側面	N
常识	N	常識	N	常識	N
常温	N	常温	N	常溫	N
潮流	N	潮流	N	潮流	N
程度	N	程度	N	程度	N
初步	A	初歩	N	初步	N
初级	A	初級	N	初級	N
初期	N	初期	N	初期	N
初旬	N	初旬	N	初旬	N

厨房	N	厨房	N	廚房	N
春风	N	春風	N	春風	N
辞典・词典	N	辞典	N	辭典	N
单调	A	単調	N・A	單調	N・A・AD
单位	N	単位	N	單位	N
当代	N	当代	N	當代	N
当地	N	当地	N	當地	N
当日	N	当日	N	當日	N
当时	N・V	当時	N	當時	N
党员	N	党員	N	黨員	N
地带	N	地帯	N	地帶	N
地点	N	地点	N	地點	N
地方	N	地方	N	地方	N
地理	N	地理	N	地理	N
地面	N	地面	N	地面	N
地球	N	地球	N	地球	N
地区	N	地区	N	地區	N
地势	N	地勢	N	地勢	N
地图	N	地図	N	地圖	N
地位	N	地位	N	地位	N
地下	N・A	地下	N	地下	N
地形	N	地形	N	地形	N
地狱	N	地獄	N	地獄	N
地震	N・V	地震	N	地震	N
地质	N	地質	N	地質	N
弟子	N	弟子	N	弟子	N
典型	N・A	典型	N	典型	N
电波	N	電波	N	電波	N
电池	N	電池	N	電池	N
电力	N	電力	N	電力	N
电流	N	電流	N	電流	N
电气	N	電気	N	電氣	N
电压	N	電圧	N	電壓	N

电源	N	電源	N	電源	N
电子	N	電子	N	電子	N
店员	N	店員	N	店員	N
淀粉	N	澱粉	N	澱粉	N
顶点	N	頂点	N	頂點	N
东方	N	東方	N	東方	N
东经	N	東経	N	東經	N
东洋	N	東洋	N	東洋	N
冬季	N	冬季	N	冬季	N
豆腐	N	豆腐	N	豆腐	N
队员	N	隊員	N	隊員	N
恩情	N	恩情	N	恩情	N
方言	N	方言	N	方言	N
风力	N	風力	N	風力	N
佛法	N	仏法	N	佛法	N
佛教	N	仏教	N	佛教	N
夫人	N	夫人	N	夫人	N
妇人	N	婦人	N	婦人	N
复数	N	複数	N	複數	N
副本	N	副本	N	副本	N
副业	N	副業	N	副業	N
概况	N	概況	N	概況	N
概论	N	概論	N・V	概論	N・V
肝炎	N	肝炎	N	肝炎	N
干部	N	幹部	N	幹部	N
干线	N	幹線	N	幹線	N
歌词	N	歌詞	N	歌詞	N
个人	N	個人	N	個人	N
个性	N	個性	N	個性	N
各自	N	各自	N	各自	N・AD
公海	N	公海	N	公海	N
公害	N	公害	N	公害	N
公民	N	公民	N	公民	N

公式	N	公式	N・A	公式	N
公务	N	公務	N	公務	N
公园	N	公園	N	公園	N
公证	V	公証	N	公證	N・V
公众	N	公衆	N	公衆	N
古迹	N	古跡	N	古跡・古蹟	N
古文	N	古文	N	古文	N
光线	N	光線	N	光線	N
轨道	N	軌道	N	軌道	N
国宝	N	国宝	N	國寶	N
国道	N	国道	N	國道	N
国法	N	国法	N	國法	N
国防	N	国防	N	國防	N
国歌	N	国歌	N	國歌	N
国会	N	国会	N	國會	N
国籍	N	国籍	N	國籍	N
国际	N・A	国際	N	國際	N
国境	N	国境	N	國境	N
国力	N	国力	N	國力	N
国民	N	国民	N	國民	N
国旗	N	国旗	N	國旗	N
国史	N	国史	N	國史	N
国土	N	国土	N	國土	N
国王	N	国王	N	國王	N
国务	N	国務	N	國務	N
国语	N	国語	N	國語	N
海岸	N	海岸	N	海岸	N
海流	N	海流	N	海流	N
海面	N	海面	N	海面	N
海外	N	海外	N	海外	N
海峡	N	海峡	N	海峽	N
汉语	N	漢語	N	漢語	N
汉字	N	漢字	N	漢字	N

恒星	N	恒星	N	恒星	N
后輩	N	後輩	N	後輩	N
后代	N	後代	N	後代	N
后方	N	後方	N	後方	N
后年	N	後年	N	後年	N
后期	N	後期	N	後期	N
后世	N	後世	N	後世	N
画面	N	画面	N	畫面	N
话题	N	話題	N	話題	N
会员	N	会員	N	會員	N
婚礼	N	婚礼	N	婚禮	N
婚约	N	婚約	N・V	婚約	N・V
火力	N	火力	N	火力	N
火山	N	火山	N	火山	N
火灾	N	火災	N	火災	N
机构	N	機構	N	機構	N
机关	N・A	機関	N	機關	N
积极	A	積極	N	積極	N・AD
基地	N	基地	N	基地	N
家计	N	家計	N	家計	N
家事	N	家事	N	家事	N
家业	N	家業	N	家業	N
家长	N	家長	N	家長	N
价格	N	価格	N	價格	N
江南	N	江南	N	江南	N
角度	N	角度	N	角度	N
教会	N	教会	N	教會	N
今后	N	今後	N	今後	N・AD
今年	N	今年	N	今年	N
今日	N	今日	N	今日	N
金额	N	金額	N	金額	N
金融	N	金融	N	金融	N
金属	N	金属	N	金屬	N

金鱼	N	金魚	N	金魚	N
筋肉	N	筋肉	N	筋肉	N
精力	N	精力	N	精力	N
局面	N	局面	N	局面	N
军备	N	軍備	N	軍備	N
军队	N	軍隊	N	軍隊	N
军舰	N	軍艦	N	軍艦	N
军人	N	軍人	N	軍人	N
军事	N	軍事	N	軍事	N
科学	N・A	科学	N	科學	N
客观	A	客観	N・V	客觀	N
课程	N	課程	N	課程	N
课外	N	課外	N	課外	N
空气	N	空気	N	空氣	N
空中	N・A	空中	N	空中	N
口头	N・A	口頭	N	口頭	N
矿物	N	鉱物・礦物	N	鑛物	N
礼节	N	礼節	N	禮節	N
礼物	N	礼物	N	禮物	N
礼仪	N	礼儀	N	禮儀	N
里面	N	裏面	N	裏面・裡面	N
理想	N・A	理想	N	理想	N
历代	N	歴代	N	歷代	N
历史	N	歴史	N	歷史	N
例外	N・V	例外	N	例外	N
两极	N	両極	N	兩極	N
路上	N	路上	N	路上	N
论点	N	論点	N	論點	N
论据	N	論拠	N	論據	N
论理	V・AD	論理	N	論理	N
梅花	N	梅花	N	梅花	N
面积	N	面積	N	面積	N
面目	N	面目	N	面目	N

民间	N	民間	N	民間	N
民事	A	民事	N	民事	N
民俗	N	民俗	N	民俗	N
民族	N	民族	N	民族	N
名字	N	名字	N	名字	N
末期	N	末期	N	末期	N
母校	N	母校	N	母校	N
母语	N	母語	N	母語	N
木材	N	木材	N	木材	N
目次	N	目次	N	目次	N
目录	N	目録	N	目錄	N
目前	N	目前	N	目前	N
男性	N	男性	N	男性	N
男子	N	男子	N	男子	N
南方	N	南方	N	南方	N
南极	N	南極	N	南極	N
脑力	N	脳力	N	腦力	N
内部	N	内部	N	内部	N
内地	N	内地	N	内地	N
内阁	N	内閣	N	内閣	N
内幕	N	内幕	N	内幕	N
内容	N	内容	N	内容	N
内线	N	内線	N	内線	N
内心	N	内心	N	内心	N・AD
内脏	N	内臓	N	内臟	N
内战	N	内戦	N	内戰	N
内政	N	内政	N	内政	N
年初	N	年初	N	年初	N
年代	N	年代	N	年代	N
年度	N	年度	N	年度	N
年间	N	年間	N	年間	N
年末	N	年末	N	年末	N
年中	N	年中	N・AD	年中	N

女流	N	女流	N	女流	N
女人	N	女人	N	女人	N
女神	N	女神	N	女神	N
女王	N	女王	N	女王	N
女性	N	女性	N	女性	N
女优	N	女優	N	女優	N
女子	N	女子	N	女子	N
炮弹	N	砲弾	N	砲彈	N
盆地	N	盆地	N	盆地	N
品目	N	品目	N	品目	N
品质	N	品質	N	品質	N
品种	N	品種	N	品種	N
平民	N	平民	N	平民	N
平日	N	平日	N	平日	N
平生	N	平生	N	平生	N・AD
平时	N	平時	N	平時	N・AD
期间	N	期間	N	期間	N
期末	N	期末	N	期末	N
期限	N	期限	N	期限	N・V
气候	N	気候	N	氣候	N
气流	N	気流	N	氣流	N
气体	N	気体	N	氣體	N
气味	N	気味	N	氣味	N
气温	N	気温	N	氣溫	N
气象	N	気象	N	氣象	N
气压	N	気圧	N	氣壓	N
汽车	N	汽車	N	汽車	N
铅笔	N	鉛筆	N	鉛筆	N
前方	N	前方	N	前方	N
前景	N	前景	N	前景	N
前面	N	前面	N	前面	N
前年	N	前年	N	前年	N
前期	N	前期	N	前期	N

前途	N	前途	N	前途	N
情報	N	情報	N	情報	N
权力	N	権力	N	權力	N
权限	N	権限	N	權限	N
全般	A	全般	N	全般	N
全部	N	全部	N	全部	N・AD
全集	N	全集	N	全集	N
全力	N	全力	N	全力	N
全面	N・A	全面	N	全面	N
全身	N	全身	N	全身	N
全体	N	全体	N・AD	全體	N
全员	N	全員	N	全員	N
热量	N	熱量	N	熱量	N
人才・人材	N	人材	N	人才・人材	N
人格	N	人格	N	人格	N
人间	N	人間	N	人間	N
人类	N	人類	N	人類	N
人力	N	人力	N	人力	N
人气	N	人気	N	人氣	N
人情	N	人情	N	人情	N
人身	N	人身	N	人身	N
人生	N	人生	N	人生	N
人事	N	人事	N	人事	N・V
人体	N	人体	N	人體	N
人文	N	人文	N	人文	N
人心	N	人心	N	人心	N
人员	N	人員	N	人員	N
人种	N	人種	N	人種	N
日程	N	日程	N	日程	N
日光	N	日光	N	日光	N
日记	N	日記	N	日記	N
日用	N・A	日用	N	日用	N・V
三角	N・A	三角	N	三角	N

山脉	N	山脈	N	山脈	N
上层	N	上層	N	上層	N
上等	A	上等	N・A	上等	N
上级	N	上級	N	上級	N
上空	N	上空	N	上空	N
上流	N	上流	N	上流	N
上司	N	上司	N	上司	N
上旬	N	上旬	N	上旬	N
社员	N	社員	N	社員	N
身边	N	身辺	N	身邊	N
身长	N	身長	N	身長	N
神话	N	神話	N	神話	N
神经	N	神経	N	神經	N
时差	N	時差	N	時差	N
时机	N	時機	N	時機	N
时间	N	時間	N	時間	N
时局	N	時局	N	時局	N
时事	N	時事	N	時事	N
实话	N	実話	N	實話	N
实际	N・A	実際	N・AD	實際	N
实绩	N	実績	N	實績	N
实况	N	実況	N	實況	N
实力	N	実力	N	實力	N
实情	N	実情・実状	N	實情	N
实体	N	実体・実態	N	實體	N
士气	N	士気	N	士氣	N
世界	N	世界	N	世界	N
市民	N	市民	N	市民	N
势力	N	勢力	N	勢力	N
事例	N	事例	N	事例	N
事情	N	事情	N	事情	N・V
事实	N	事実	N・AD	事實	N・AD
事态	N	事態	N	事態	N

首都	N	首都	N	首都	N
首席	N・A	首席	N	首席	N
首相	N	首相	N	首相	N
数学	N	数学	N	數學	N
数字	N	数字	N	數字	N
双方	N	双方	N	雙方	N
水分	N	水分	N	水分	N
水力	N	水力	N	水力	N
水面	N	水面	N	水面	N
水平	N・A	水平	N・A	水平	N
水源	N	水源	N	水源	N
水准	N	水準	N	水準	N
思潮	N	思潮	N	思潮	N
四方	N・A	四方	N	四方	N
四季	N	四季	N	四季	N
四面	N	四面	N	四面	N
四肢	N	四肢	N	四肢	N
素质	N	素質	N	素質	N
他人	N	他人	N	他人	N
台风	N	台風	N	颱風	N
体操	N	体操	N・V	體操	N・V
体格	N	体格	N	體格	N
体积	N	体積	N	體積	N
体力	N	体力	N	體力	N
体面	N・A	体面	N	體面	N
体温	N	体温	N	體溫	N
体质	N	体質	N	體質	N
体重	N	体重	N	體重	N・A
天国	N	天国	N	天國	N
天气	N	天気	N	天氣	N
天使	N	天使	N	天使	N
天堂	N	天堂	N	天堂	N
天文	N	天文	N	天文	N

天下	N	天下	N	天下	N
图表	N	図表	N	圖表	N
团员	N	団員	N	團員	N
外宾	N	外賓	N	外賓	N
外部	N	外部	N	外部	N
外地	N	外地	N	外地	N
外观	N	外観	N	外觀	N
外国	N	外国	N	外國	N
外货	N	外貨	N	外貨	N
外界	N	外界	N	外界	N
外貌	N	外貌	N	外貌	N
外面	N	外面	N	外面	N・V
外人	N	外人	N	外人	N
外事	N	外事	N	外事	N
外形	N	外形	N	外形	N
外资	N	外資	N	外資	N
晩餐	N	晩餐	N	晩餐	N
万岁	N・V	万歳	N・V・感嘆詞	萬歳	N・感嘆詞
万一	N・接続詞	万一	N・AD	萬一	N・AD
王子	N	王子	N	王子	N
文法	N	文法	N	文法	N
午后	N	午後	N	午後	N
午前	N	午前	N	午前	N
武力	N	武力	N	武力	N
武器	N	武器	N	武器	N
物价	N	物価	N	物價	N
物理	N	物理	N	物理	N
物流	N	物流	N	物流	N
物体	N	物体	N	物體	N
物质	N	物質	N	物質	N
物资	N	物資	N	物資	N
夕阳	N・A	夕陽	N	夕陽	N
西方	N	西方	N	西方	N

西欧	N	西欧	N	西歐	N
西洋	N	西洋	N	西洋	N
系列	N	系列	N	系列	N
下級	N	下級	N	下級	N
下流	N・A	下流	N	下流	N
下人	N	下人	N	下人	N
下水	N・V	下水	N	下水	N
下旬	N	下旬	N	下旬	N
夏季	N	夏季	N	夏季	N
纤维	N	繊維	N	纖維	N
现代	N	現代	N	現代	N
现实	N・A	現実	N	現實	N
现状	N	現状	N	現狀	N
消极	A	消極	N	消極	N
校服	N	校服	N	校服	N
效力	N・V	効力	N	效力	N
效率	N	効率	N	效率	N
心理	N	心理	N	心理	N
心脏	N	心臓	N	心臟	N
性别	N	性別	N	性別	N
性格	N	性格	N	性格	N
学科	N	学科	N	學科	N
学年	N	学年	N	學年	N
学期	N	学期	N	學期	N
学术	N	学術	N	學術	N
学说	N	学説	N	學說	N
血管	N	血管	N	血管	N
血压	N	血圧	N	血壓	N
血液	N	血液	N	血液	N
颜色	N	顔色	N	顔色	N
眼前	N	眼前	N	眼前	N
眼下	N	眼下	N	眼下	N
羊毛	N	羊毛	N	羊毛	N

阳光	N・A	陽光	N	陽光	N
药品	N	薬品	N	藥品	N
野兽	N	野獣	N	野獸	N
夜间	N	夜間	N	夜間	N
夜景	N	夜景	N	夜景	N
液体	N	液体	N	液體	N
一般	N・A	一般	N	一般	N
一带	N	一帯	N	一帶	N
一旦	N・AD	一旦	AD	一旦	AD
一连	AD	一連	N	一連	N
一流	N・A	一流	N	一流	N
一面	N・V・AD	一面	N	一面	N・V
一齐	AD	一斉	N	一齊	N
一切	N	一切	N・AD	一切	N・AD
一生	N	一生	N	一生	N
一时	N・AD	一時	N	一時	N・AD
一同	AD	一同	N	一同	N
一样	A	一様	N・A	一樣	N
义务	N・A	義務	N	義務	N
艺术	N・A	芸術	N	藝術	N・V
议员	N	議員	N	議員	N
意外	N・A	意外	N・A	意外	N・A・AD
意向	N	意向・意嚮	N	意向	N
友好	N・A	友好	N	友好	N
友情	N	友情	N	友情	N
友人	N	友人	N	友人	N
友谊	N	友誼	N	友誼	N
雨水	N	雨水	N	雨水	N
语调	N	語調	N	語調	N
语汇	N	語彙	N	語彙	N
语义	N	語義	N	語義	N
语音	N	語音	N	語音	N
原稿	N	原稿	N	原稿	N

原理	N	原理	N	原理	N
原料	N	原料	N	原料	N
原油	N	原油	N	原油	N
原則	N	原則	N	原則	N
原子	N	原子	N	原子	N
原作	N	原作	N	原作	N
月末	N	月末	N	月末	N
哲学	N	哲学	N	哲學	N
正月	N	正月	N	正月	N
証券	N	証券	N	證券	N
政変	V	政変	N	政變	N
政策	N	政策	N	政策	N
政党	N	政党	N	政黨	N
政府	N	政府	N	政府	N
政権	N	政権	N	政權	N
症状	N	症状	N	症狀	N
紙币	N	紙幣	N	紙幣	N
指紋	N	指紋	N	指紋	N
智力	N	智力・知力	N	智力	N
中等	A	中等	N	中等	N
中級	A	中級	N	中級	N
中年	N	中年	N	中年	N
中途	N	中途	N	中途	N
中学	N	中学	N	中學	N
中旬	N	中旬	N	中旬	N
周末	N	週末	N	週末	N
主妇	N	主婦	N	主婦	N
主观	A	主観	N	主觀	N
主权	N	主権	N	主權	N
主人	N	主人	N	主人	N
主体	N	主体	N	主體	N
主席	N	主席	N	主席	N
資料	N	資料	N	資料	N

资源	N	資源	N	資源	N
祖父	N	祖父	N	祖父	N
祖国	N	祖国	N	祖國	N
祖母	N	祖母	N	祖母	N

[表44] 中・日・韓三国語の品詞性の比較(十八) (総語数:511語)

品詞性	名　詞			動　詞			形容詞			副　詞			その他		
国語	中	日	韓	中	日	韓	中	日	韓	中	日	韓	中	日	韓
語数	491	510	510	10	6	12	40	6	3	9	7	15	1	1	1
％	96.1	99.8	99.8	1.9	1.2	2.4	7.8	1.2	0.6	1.8	1.4	2.9	0.2	0.2	0.2

　連体修飾関係の「N＋N」構造の二字字音語は、中国語の場合、名詞だけの用法で使われる語が「案件」「暗中」「霸権」など454語、動詞だけの用法で使われる語が「公証」「政変」など2語、形容詞だけの用法で使われる語が「初步」「初级」「单调」など13語、副詞だけの用法で使われる語が「一连」「一齐」「一同」など3語、名詞と動詞の用法で使われる語が「当时」「地震」「例外」「万岁」「下水」「效力」など6語、名詞と形容詞の用法で使われる語が「地下」「典型」「国际」など26語、名詞と副詞の用法で使われる語が「本能」「一旦」「一时」など3語、名詞と接続詞の用法で使われる語が「万一」1語、動詞と副詞の用法で使われる語が「论理」1語、形容詞と副詞の用法で使われる語が「本来」1語、名詞・動詞・副詞の用法で使われる語が「一面」1語であるが、形容詞の用法で使われる40語のうち、「本来」「初步」「初级」「地下」「国际」「机关」「空中」「口头」「民事」「日用」「三角」「上等」「首席」「水平」「四方」「夕阳」「阳光」「义务」「中等」「中级」など20語は「属性词」の用法で使われ、「客观」「主观」など2語は普通の形容詞の用法と「属性

詞」の用法を一緒に有している。日本語の場合、名詞だけの用法
で使われる語が「案件」「暗中」「覇権」など492語、副詞だけの用
法で使われる語が「一旦」1語、名詞と動詞の用法で使われる語が
「北面」「概論」「婚約」「客観」「体操」など5語、名詞と形容詞の用
法で使われる語が「単調」「公式」「上等」「水平」「一様」「意外」など
6語、名詞と副詞の用法で使われる語が「年中」「全体」「実際」「事
実」「万一」「一切」など6語、名詞・動詞・感嘆詞の用法で使われる
語が「万歳」1語であるが、形容詞の用法で使われる6語のうち、
「単調」「水平」など2語は「－な」の形で連体修飾語を構成し、「公
式」「上等」「一様」「意外」など4語は「－な」の形で連体修飾語、
「－に」の形で連用修飾語を構成する。韓国語の場合、名詞だけ
の用法で使われる語が「案件」「暗中」「霸權」など482語、副詞だ
けの用法で使われる語が「一旦」1語、名詞と動詞の用法で使われ
る語が「北面」「概論」「公證」など12語、名詞と形容詞の用法で使
われる語が「體重」1語、名詞と副詞の用法で使われる語が「本來」
「各自」「積極」など12語、名詞と感嘆詞の用法で使われる語が
「萬歲」1語、名詞・形容詞・副詞の用法で使われる語が「單調」
「意外」など2語であるが、この中で「單調」は「－롭다」の形で形容
詞、「－로이」の形で副詞となり、「意外」は「－롭다」の形で形容
詞、「－로」の形で副詞となる。

　その他、構造分析において問題となったいくつかの二字字音語
についてもう少し具体的に考察してみると、まず、「積極」はもと
「陽極」[161]、「消極」はもと「陰極」[162]の意を表し、語源から判断して
この2語は連体修飾関係の「N＋N」構造の二字字音語だということ

161　前掲書、『新明解国語辞典』、p.817.

162　上掲書、『新明解国語辞典』、p.705.

ができる。次に、中国語で「当时」「下水」「效力」など3語は動詞の
用法で使われる場合、「時期に適合する」「水中に入る」「力をつく
す」という意味を表し、述目関係の「V＋N」構造の二字字音語に
属し、「地震」は動詞の用法で使われる場合、「地が震える」という
意味を表し、主述関係の「N＋V」構造の二字字音語に属すると判
断できる。「北面」「概論」「婚約」などの語は日本語と韓国語で動
詞の用法で使われる場合、「北方に向いている」「大要を述べる」
「結婚を約束する」という意味を表し、連用修飾関係の「(N→AD)
＋V」構造の二字字音語に分類することができ、「體重」は韓国語
で形容詞の用法で使われる場合、「地位が高く重厚なこと/体が重
い」という意味を表し、主述関係の「N＋A」構造の二字字音語に
分類することができる。

4.2.3.1.2 「(N→V)＋N」構造の二字字音語と品詞性

[表45] 連体修飾関係の「(N→V)＋N」構造の二字字音語と品詞性

中国語	品詞性	日本語	品詞性	韓国語	品詞性
宝库	N	宝庫	N	寶庫	N
便所	N	便所	N	便所	N
病床	N	病床	N	病床	N
病毒	N	病毒	N	病毒	N
病菌	N	病菌	N	病菌	N
病院	N	病院	N	病院	N
财务	N	財務	N	財務	N
车道	N	車道	N	車道	N
车库	N	車庫	N	車庫	N
船员	N	船員	N	船員	N
船长	N	船長	N	船長	N
道具	N	道具	N	道具	N

灯台	N	灯台	N	燈臺	N
电报	N	電報	N	電報	N・V
电车	N	電車	N	電車	N
电灯	N	電灯	N	電燈	N
电话	N	電話	N・V	電話	N・V
电线	N	電線	N	電線	N
恩人	N	恩人	N	恩人	N
恩师	N	恩師	N	恩師	N
罚金	N・V	罰金	N	罰金	N
法官	N	法官	N	法官	N
法人	N	法人	N	法人	N
法庭	N	法廷	N	法庭・法廷	N
法制	N	法制	N	法制	N
帆船	N	帆船	N	帆船	N
饭店	N	飯店	N	飯店	N
方针	N	方針	N	方針	N
风浪	N	風浪	N	風浪	N
果树	N	果樹	N	果樹	N
海风	N	海風	N	海風	N
海军	N	海軍	N	海軍	N
害虫	N	害虫	N	害蟲	N
户籍	N	戸籍	N	戸籍	N
化学	N	化学	N	化學	N
画报	N	画報	N	畫報	N
会费	N	会費	N	會費	N
火药	N	火薬	N	火藥	N
家畜	N	家畜	N	家畜	N
家具	N	家具	N	家具	N
金库	N	金庫	N	金庫	N
剧场	N	劇場	N	劇場	N
空港	N	空港	N	空港	N
空军	N	空軍	N	空軍	N
口语	N	口語	N	口語	N

矿山	N	鉱山	N	鑛山	N
矿石	N	鉱石・礦石	N	鑛石	N
理念	N	理念	N	理念	N
理性	N・A	理性	N	理性	N
林业	N	林業	N	林業	N
陆军	N	陸軍	N	陸軍	N
旅费	N	旅費	N	旅費	N
旅馆	N	旅館	N	旅館	N
马车	N	馬車	N	馬車	N
毛笔	N	毛筆	N	毛筆	N
梅雨	N	梅雨	N	梅雨	N
美术	N	美術	N	美術	N
民谣	N	民謡	N	民謠	N
内科	N	内科	N	內科	N
炮火	N	砲火	N	砲火	N
气功	N	気功	N	氣功	N
气管	N	気管	N	氣管	N
气球	N	気球	N	氣球	N
汽船	N	汽船	N	汽船	N
人道	N・V・A	人道	N	人道	N
人权	N	人権	N	人權	N
人参	N	人参	N	人蔘	N
日报	N	日報	N	日報	N
山地	N	山地	N	山地	N
商标	N	商標	N	商標	N
社交	N	社交	N	社交	N・V
诗集	N	詩集	N	詩集	N
诗人	N	詩人	N	詩人	N
石油	N	石油	N	石油	N
时速	N	時速	N	時速	N
实物	N	実物	N	實物	N
使命	N	使命	N	使命	N
事迹	N	事跡・事蹟	N	事迹・事跡	N

事前	N	事前	N	事前	N
手工	N	手工	N	手工	N
手巾	N	手巾	N	手巾	N
手术	N・V	手術	N・V	手術	N・V
书斋	N	書斎	N	書齋	N
水产	N	水産	N	水産	N
水道	N	水道	N	水道	N
水田	N	水田	N	水田	N
税金	N	税金	N	税金	N
税务	N	税務	N	税務	N
题材	N	題材	N	題材	N
体育	N	体育	N	體育	N
天才	N	天才	N	天才	N
天灾	N	天災	N	天災	N
条例	N	条例	N	條例	N
条约	N	条約	N	條約	N
铁道	N	鉄道	N	鐵道	N
童话	N	童話	N	童話	N
外交	N	外交	N	外交	N
外科	N	外科	N	外科	N
王国	N	王国	N	王國	N
文盲	N	文盲	N	文盲	N
文人	N	文人	N	文人	N
文学	N	文学	N	文學	N・V
西瓜	N	西瓜	N	西瓜	N
习性	N	習性	N	習性	N
先辈	N	先輩	N	先輩	N
现场	N	現場	N	現場	N
现金	N	現金	N・A	現金	N
现役	N・A	現役	N	現役	N
刑法	N	刑法	N	刑法	N
刑事	A	刑事	N	刑事	N
雪山	N	雪山	N	雪山	N

银行	N	銀行	N	銀行	N
油田	N	油田	N	油田	N
园艺	N	園芸	N	園藝	N
乐队	N	楽隊	N	樂隊	N
乐谱	N	楽譜	N	樂譜	N
乐器	N	楽器	N	樂器	N
债务	N	債務	N	債務	N
职权	N	職権	N	職權	N
职员	N	職員	N	職員	N
罪名	N	罪名	N	罪名	N
罪人	N	罪人	N	罪人	N

[表46] 中・日・韓三国語の品詞性の比較(十九) (総語数:122語)

品詞性	名　詞			動　詞			形容詞			副　詞			その他		
国語	中	日	韓	中	日	韓	中	日	韓	中	日	韓	中	日	韓
語数	121	122	122	3	2	5	4	1	0	0	0	0	0	0	0
％	99.2	100	100	2.5	1.6	4.1	3.3	0.8	0	0	0	0	0	0	0

　[表46] で分かるように、 連体修飾関係の「(N→V)＋N」構造の二字字音語は三国語ともに基本的には名詞として用いられるが、まれに動詞と形容詞の用法で使われる語もみられる。その中で、「罚金」は中国語で動詞として使われる場合、「金銭を課して罰する」という意味で使われ、述目関係の「V＋N」構造の二字字音語に属し、「社交」は韓国語で動詞として使われる場合、「社会で交際する」という意味を表し、連用修飾関係の「(N→AD)＋V」構造の二字字音語に属するということができる。中国語の形容詞の用法で使われる4語のうち、「人道」を除いた「理性」「現役」「刑事」など3語は「属性词」であり、日本語の形容詞の用法で使われる「現金」は「－な」の形で連体修飾語、「－に」の形で連用修飾語を構成する。

4.2.3.1.3 「V＋N」構造の二字字音語と品詞性

[表47] 連体修飾関係の「V＋N」構造の二字字音語と品詞性

中国語	品詞性	日本語	品詞性	韓国語	品詞性
愛情	N	愛情	N	愛情	N
愛人	N	愛人	N	愛人	N・V
保姆・保母	N	保姆・保母	N	保姆	N
爆竹	N	爆竹	N	爆竹	N
备品	N	備品	N	備品	N
绷带	N	繃帯	N	繃帶	N
笔迹	N	筆跡・筆蹟	N	筆跡	N
笔者	N	筆者	N	筆者	N
标题	N	標題・表題	N	標題・表題	N
标语	N	標語	N	標語	N
标志・标识	N・V	標識	N	標識	N
表情	N・V	表情	N	表情	N
病人	N	病人	N	病人	N
步道	N	歩道	N	歩道	N
产地	N	産地	N	産地	N
产物	N	産物	N	産物	N
产业	N	産業	N	産業	N
成分・成份	N	成分	N	成分	N
成果	N	成果	N	成果	N
成绩	N	成績	N	成績	N
成人	N・V	成人	N・V	成人	N・V
乘客	N	乗客	N	乗客	N
出身	N・V	出身	N	出身	N
触觉	N	触覚	N	觸覺	N
传说	N・V	伝説	N	傳說	N
传统	N・A	伝統	N	傳統	N
炊事	N	炊事	N・V	炊事	N・V
答案	N	答案	N	答案	N
代价	N	代価	N	代價	N

当局	N	当局	N	當局	N・V
导师	N	導師	N	導師	N
导体	N	導体	N	導體	N
定价	N・V	定価	N	定價	N・V
定量	N・V	定量	N	定量	N
定期	V・A	定期	N	定期	N
定员	N・V	定員	N	定員	N
动机	N	動機	N	動機	N
动力	N	動力	N	動力	N
动脉	N	動脈	N	動脈	N
动物	N	動物	N	動物	N
动向	N	動向	N	動向	N
斗志	N	闘志	N	鬪志	N
读者	N	読者	N	讀者	N
对策	N・V	対策	N	對策	N
对话	N・V	対話	N・V	對話	N・V
对象	N	対象	N	對象	N
反感	N・A	反感	N	反感	N
反面	N・A	反面	N・AD	反面	N・V
犯人	N	犯人	N	犯人	N
肥料	N	肥料	N	肥料	N
废品	N	廃品	N	廢品	N
废物	N	廃物	N	廢物	N
废墟	N	廃墟	N	廢墟	N
分母	N	分母	N	分母	N
分身	V	分身	N	分身	N
分数	N	分数	N	分數	N
分野	N	分野	N	分野	N
分子・份子	N	分子	N	分子	N
附近	N・A	附近・付近	N	附近	N
附象	N	附録・付録	N	附錄	N
概念	N	概念	N	概念	N
感情	N	感情	N	感情	N

感想	N	感想	N	感想	N
歌手	N	歌手	N	歌手	N
耕地	N・V	耕地	N	耕地	N
工場	N	工場	N	工場	N
工房	N	工房	N	工房	N
工具	N	工具	N	工具	N
工业	N	工業	N	工業	N
工艺	N	工芸	N	工藝	N
顾客	N	顧客	N	顧客	N
观点	N	観点	N	觀點	N
观众	N	観衆	N	觀衆	N
灌木	N	灌木	N	灌木	N
过程	N	過程	N	過程	N
含量	N	含量	N	含量	N
合金	N	合金	N	合金	N
画家	N	画家	N	畵家	N
环境	N	環境	N	環境	N
患者	N	患者	N	患者	N
会场	N	会場	N	會場	N
会馆	N	会館	N	會館	N
活气	N	活気	N	活氣	N
基金	N	基金	N	基金	N
基准	N	基準	N	基準	N・感嘆詞
集团	N	集団	N	集團	N
记号	N	記号	N	記號	N
记者	N	記者	N	記者	N
监狱	N	監獄	N	監獄	N
讲师	N	講師	N	講師	N
讲堂	N	講堂	N	講堂	N
讲座	N	講座	N	講座	N
焦点	N	焦点	N	焦點	N
教材	N	教材	N	教材	N
教师	N	教師	N	教師	N

教室	N	教室	N	教室	N
教员	N	教員	N	教員	N
杰作	N	傑作	N・A	傑作	N
结局	N	結局	AD	結局	N・V・AD
结论	N	結論	N	結論	N・V
经费	N	経費	N	經費	N
经历	N・V	経歴	N	經歴	N・V
敬意	N	敬意	N	敬意	N
居室	N	居室	N	居室	N
据点	N	拠点	N	據點	N
看板	N	看板	N	看板	N
课题	N	課題	N	課題	N
狂风	N	狂風	N	狂風	N
括弧	N	括弧	N・V	括弧	N
来宾	N	来賓	N	來賓	N
来历	N	来歴	N	來歴	N
来年	N	来年	N	來年	N
来日	N	来日	N・V	來日	N・AD
老年	N	老年	N	老年	N
老婆	N	老婆	N	老婆	N
理论	N・V	理論	N	理論	N
联邦	N	聯邦・連邦	N	聯邦	N
列车	N	列車	N	列車	N
列岛	N	列島	N	列島	N
临时	A・AD	臨時	N	臨時	N
领土	N	領土	N	領土	N
领域	N	領域	N	領域	N
流水	N	流水	N	流水	N
流域	N	流域	N	流域	N
旅客	N	旅客	N	旅客	N
履历	N	履歴	N	履歴	N
略语	N	略語	N	略語	N
论文	N	論文	N	論文	N

麻药	N	麻薬	N	痲藥・痳藥	N
媒体	N	媒体	N	媒體	N
魅力	N	魅力	N	魅力	N
秘书	N	秘書	N	祕書	N
目标	N	目標	N	目標	N・V
目的	N	目的	N	目的	N・V
牧场	N	牧場	N	牧場	N
牧师	N	牧師	N	牧師	N
能力	N	能力	N	能力	N
农场	N	農場	N	農場	N
农村	N	農村	N	農村	N
农夫	N	農夫	N	農夫	N
农家	N	農家	N	農家	N
农具	N	農具	N	農具	N
农民	N	農民	N	農民	N
农事	N	農事	N	農事	N・V
农药	N	農薬	N	農藥	N
农业	N	農業	N	農業	N
偏见	N	偏見	N	偏見	N
歧路	N	岐路	N	岐路	N
起点	N	起点	N	起點	N
起源	N・V	起源・起原	N	起源・起原	N・V
寝室	N	寝室	N	寢室	N
趋势	N	趨勢	N	趨勢	N
去年	N	去年	N	去年	N
缺点	N	欠点	N	缺點	N
群岛	N	群島	N	群島	N
群众	N	群衆	N	群衆	N
燃料	N	燃料	N	燃料	N
染料	N	染料	N	染料	N
任期	N	任期	N	任期	N
任务	N	任務	N	任務	N
容积	N	容積	N	容積	N

容量	N	容量	N	容量	N
容器	N	容器	N	容器	N
溶液	N	溶液	N	溶液	N
商店	N	商店	N	商店	N
商品	N	商品	N	商品	N
商人	N	商人	N	商人	N
商业	N	商業	N	商業	N・V
生理	N	生理	N	生理	N・V
生命	N	生命	N	生命	N
生态	N	生態	N	生態	N
生物	N	生物	N	生物	N
生涯	N	生涯	N	生涯	N
食品	N	食品	N	食品	N
食堂	N	食堂	N	食堂	N
食物	N	食物	N	食物	N
食欲	N	食欲・食慾	N	食慾	N
视觉	N	視覚	N	視覺	N
视力	N	視力	N	視力	N
视线	N	視線	N	視線	N
视野	N	視野	N	視野	N
熟语	N	熟語	N	熟語	N
顺风	N・V	順風	N	順風	N
瞬间	N	瞬間	N	瞬間	N
死刑	N	死刑	N	死刑	N・V
饲料	N	飼料	N	飼料	N
弹力	N	弾力	N	彈力	N
弹性	N	弾性	N	彈性	N
听觉	N	聴覚	N	聽覺	N
听力	N	聴力	N	聽力	N
听众	N	聴衆	N	聽衆	N
通货	N	通貨	N	通貨	N
通路	N	通路	N	通路	N
图形	N	図形	N	圖形	N

団体	N	団体	N	團體	N
玩具	N	玩具	N	玩具	N
委员	N	委員	N	委員	N
卫星	N・A	衛星	N	衛星	N
问题	N	問題	N	問題	N
舞台	N	舞台	N	舞臺	N
现象	N	現象	N	現象	N
限度	N	限度	N	限度	N
孝女	N	孝女	N	孝女	N
孝心	N	孝心	N	孝心	N
孝子	N	孝子	N	孝子	N
肖像	N	肖像	N	肖像	N
写真	N・V	写真	N	寫眞	N
谢意	N	謝意	N	謝意	N
信念	N	信念	N	信念	N
信心	N	信心	N・V	信心	N
行人	N	行人	N	行人	N
选手	N	選手	N	選手	N
学费	N	学費	N	學費	N
学会	N	学会	N	學會	N
学历	N	学歴	N	學歷	N
学生	N	学生	N	學生	N
学校	N	学校	N	學校	N
学院	N	学院	N	學院	N
学者	N	学者	N	學者	N
压力	N	圧力	N	壓力	N
宴会	N	宴会	N	宴會	N
养分	N	養分	N	養分	N
要旨	N	要旨	N	要旨	N
医师	N	医師	N	醫師	N
医学	N	医学	N	醫學	N
医药	N	医薬	N	醫藥	N
遗产	N	遺産	N	遺産	N

遺迹	N	遺跡・遺蹟	N	遺跡・遺蹟	N
遺物	N	遺物	N	遺物	N
议会	N	議会	N	議會	N
引力	N	引力	N	引力	N
饮料	N	飲料	N	飲料	N
印象	N	印象	N	印象	N
用法	N	用法	N	用法	N・V
用具	N	用具	N	用具	N
用品	N	用品	N	用品	N
用途	N	用途	N	用途	N
用语	N・V	用語	N	用語	N
余地	N	余地	N	餘地	N
余震	N	余震	N	餘震	N
渔船	N	漁船	N	漁船	N
渔民	N	漁民	N	漁民	N
渔业	N	漁業	N	漁業	N
浴室	N	浴室	N	浴室	N
运河	N	運河	N	運河	N
葬礼	N	葬礼	N	葬禮	N
战场	N	戦場	N	戰場	N
战略	N	戦略	N	戰略	N
战士	N	戦士	N	戰士	N
战术	N	戦術	N	戰術	N
战线	N	戦線	N	戰線	N
战友	N	戦友	N	戰友	N
蒸气	N	蒸気	N	蒸氣	N
证据	N	証拠	N	證據	N
证书	N	証書	N	證書	N
植物	N	植物	N	植物	N
指针	N	指針	N	指針	N
制品	N	製品	N	製品	N・V
终点	N	終点	N	終點	N
周期	N	周期	N	週期	N

助手	N	助手	N	助手	N
住所	N	住所	N	住所	N
住宅	N	住宅	N	住宅	N
著者	N	著者	N	著者	N
专科	N	専科	N	專科	N
总额	N	総額	N	總額	N
总数	N	総数	N	總數	N
总务	N	総務	N	總務	N
作法	N・V	作法	N	作法	N・V
作家	N	作家	N	作家	N
作品	N	作品	N	作品	N
作物	N	作物	N	作物	N
作者	N	作者	N	作者	N
坐席	N・V	座席	N	座席・坐席	N

[表48] 中・日・韓三国語の品詞性の比較(二十) (総語数:274語)

品詞性	名　詞			動　詞			形容詞			副　詞			その他		
国語	中	日	韓	中	日	韓	中	日	韓	中	日	韓	中	日	韓
語数	271	273	274	21	6	20	7	1	0	1	2	2	0	0	1
％	98.9	99.6	100	7.7	2.2	7.3	2.6	0.4	0	0.4	0.7	0.7	0	0	0.4

　連体修飾関係の「V＋N」構造の二字字音語も、三国語で主に名詞として用いられているが、前の「N＋N」構造と「(N→V)＋N」構造に比べて動詞の用法で使われる語が割合に多いのが特徴である。これらの動詞の用法で使われる語の多くは述目関係の「V＋N」構造の二字字音語と見なすことができる。例えば、「愛人」は「愛する人」という意味で使われる場合は連体修飾関係の語になり、「人を愛する」という意味で使われる場合は述目関係の語になる。三国語の動詞の用法で使われる語のうち、「愛人」の外に述目関係

の語と判断できる語は「標識」「表情」「成人」「出身」「当局」「定価」「定量」「定期」「定員」「対策」「分身」「耕地」「結局」「結論」「括弧」「来日」「目標」「目的」「起源」「順風」「写真」「用法」「用語」「製品」「作法」「座席」などのような語である。「伝説」「対話」「反面」「理論」などの語はそれぞれの言語中で「伝えて話す」「向かい合って話す」「他郷から帰って親に会う」「筋を通して論ずる」などの意味で用いられ、述補関係の「V＋V」構造の二字字音語に分類することができ、「経歴」は二字ともに「経る」という意味を表し、並列関係の同義の「V＋V」構造の二字字音語に分類することができる。中国語の形容詞の用法で使われる7語のうち、「传统」「定期」「反面」「附近」「临时」「卫星」など6語は「属性詞」で、普通の形容詞の用法で使われる語は「反感」1語しかない。「傑作」は日本語で形容詞の用法で使われる場合、「－な」の形で連体修飾語、「－に」の形で連用修飾語を構成する。

4.2.3.1.4 「A＋N」構造の二字字音語と品詞性

[表49] 連体修飾関係の「A＋N」構造の二字字音語と品詞性

中国語	品詞性	日本語	品詞性	韓国語	品詞性
暗礁	N	暗礁	N	暗礁	N
白菜	N	白菜	N	白菜	N
白人	N	白人	N	白人	N
白色	N・A	白色	N	白色	N
宝石	N	宝石	N	寶石	N
暴風	N	暴風	N	暴風	N
暴君	N	暴君	N	暴君	N
暴力	N	暴力	N	暴力	N
暴利	N	暴利	N	暴利	N

悲剧	N	悲劇	N	悲劇	N
博士	N	博士	N	博士	N
博物	N	博物	N	博物	N
长期	N	長期	N	長期	N
长寿	A	長寿	N	長壽	N・V
长途	N・A	長途	N	長途	N
诚意	N	誠意	N	誠意	N
赤道	N	赤道	N	赤道	N
纯情	N・A	純情	N・A	純情	N
大半	N・AD	大半	N	大半	N
大便	N・V	大便	N	大便	N
大臣	N	大臣	N	大臣	N
大地	N	大地	N	大地	N
大队	N	大隊	N	大隊	N
大概	N・A・AD	大概	N・AD	大概	N・AD
大会	N	大会	N	大會	N・V
大家	N	大家	N	大家	N
大局	N	大局	N	大局	N
大量	A	大量	N	大量	N
大陆	N	大陸	N	大陸	N
大门	N	大門	N	大門	N
大脑	N	大脳	N	大腦	N
大炮	N	大砲	N	大砲	N
大人	N	大人	N	大人	N
大使	N	大使	N	大使	N
大事	N・AD	大事	N・A	大事	N
大体	N・AD	大体	N・AD	大體	N・AD
大学	N	大学	N	大學	N
大意	N・A	大意	N	大意	N
大战	N・V	大戦	N	大戰	N・V
大众	N	大衆	N	大衆	N
淡水	N	淡水	N	淡水	N
低温	N	低温	N	低溫	N

短期	N	短期	N	短期	N
多数	N	多数	N	多數	N・A・AD
悪魔	N	悪魔	N	惡魔	N
悪性	A	悪性	N・A	惡性	N
高层	N・A	高層	N	高層	N
高潮	N	高潮	N・V	高潮	N
高价	N	高価	N・A	高價	N
高空	N	高空	N	高空	N
高速	A	高速	N	高速	N
高温	N	高温	N	高溫	N
高圧	N・A	高圧	N	高壓	N
高原	N	高原	N	高原	N
古代	N	古代	N	古代	N
古典	N・A	古典	N	古典	N
固体	N	固体	N	固體	N
故乡	N	故郷	N	故郷	N
怪物	N	怪物	N	怪物	N
贵宾	N	貴賓	N	貴賓	N
贵人	N	貴人	N	貴人	N
贵族	N	貴族	N	貴族	N
寒带	N	寒帯	N	寒帶	N
寒流	N	寒流	N	寒流	N
好感	N	好感	N	好感	N
好评	N	好評	N	好評	N・V
好意	N	好意	N	好意	N
和气	N・A	和気	N・A	和氣	N
黒板	N	黒板	N	黑板	N
黒人	N	黒人	N	黑人	N
紅茶	N	紅茶	N	紅茶	N
紅叶	N	紅葉	N・V	紅葉	N
荒野	N	荒野	N	荒野	N
黄金	N・A	黄金	N	黃金	N
活力	N	活力	N	活力	N

近代	N	近代	N	近代	N
近郊	N	近郊	N	近郊	N
巨額	A	巨額	N	巨額	N
空間	N	空間	N	空間	N
空想	N・V	空想	N・V	空想	N・V
快感	N	快感	N	快感	N
昆虫	N	昆虫	N	昆蟲	N
老人	N	老人	N	老人	N
良心	N	良心	N	良心	N
烈火	N	烈火	N	烈火	N
烈士	N	烈士	N	烈士	N
緑茶	N	緑茶	N	綠茶	N
慢性	N・A	慢性	N	慢性	N
美徳	N	美徳	N	美德	N
美观	A	美観	N	美觀	N
美貌	N・A	美貌	N	美貌	N
美女	N	美女	N	美女	N
美人	N	美人	N	美人	N
猛兽	N	猛獣	N	猛獸	N
秘诀	N	秘訣	N	祕訣	N
密度	N	密度	N	密度	N
名人	N	名人	N	名人	N
名胜	N	名勝	N	名勝	N
名物	N	名物	N	名物	N
名作	N	名作	N	名作	N
难度	N	難度	N	難度	N
难关	N	難関	N	難關	N
难题	N	難題	N	難題	N
难民	N	難民	N	難民	N
浓度	N	濃度	N	濃度	N
暖流	N	暖流	N	暖流・煖流	N
暖气	N	暖気	N・A	暖氣・煖氣	N
贫民	N	貧民	N	貧民	N

平地	N・V	平地	N	平地	N
平面	N	平面	N	平面	N
平野	N	平野	N	平野	N
平原	N	平原	N	平原	N
奇迹	N	奇跡・奇蹟	N	奇蹟	N
强度	N	強度	N	強度	N
强风	N	強風	N	強風	N
强国	N・V	強国	N	強國	N
亲友	N	親友	N	親友	N
青春	N	青春	N	青春	N
青年	N	青年	N	青年	N
曲线	N	曲線	N	曲線	N
热带	N	熱帯	N	熱帶	N
热气	N	熱気	N	熱氣	N
热情	N・A	熱情	N	熱情	N
热心	A	熱心	N・A	熱心	N・AD
弱点	N	弱点	N	弱點	N
少量	A	少量	N	少量	N
少数	N	少数	N	少數	N
少年	N	少年	N	少年	N
少女	N	少女	N	少女	N
深度	N・A	深度	N	深度	N
深夜	N	深夜	N	深夜	N
圣地	N	聖地	N	聖地	N
圣火	N	聖火	N	聖火	N
圣人	N	聖人	N	聖人	N
湿地	N	湿地	N	濕地	N
湿度	N	湿度	N	濕度	N
淑女	N	淑女	N	淑女	N
速度	N	速度	N	速度	N
太阳	N	太陽	N	太陽	N
特产	N	特産	N	特産	N
特权	N	特権	N	特權	N

特色	N	特色	N	特色	N
特性	N	特性	N	特性	N
特征	N	特徴	N	特徴	N・V
同胞	N	同胞	N	同胞	N
同窓	N・V	同窓	N	同窓	N
同僚	N	同僚	N	同僚	N
同期	N	同期	N・V	同期	N
同时	N・接続詞	同時	N	同時	N
同志	N	同志	N	同志	N
晩年	N	晩年	N	晩年	N
危机	N	危機	N	危機	N
温带	N	温帯	N	溫帶	N
温度	N	温度	N	溫度	N
温泉	N	温泉	N	溫泉	N
温室	N	温室	N	溫室	N
喜剧	N	喜劇	N	喜劇	N
细胞	N	細胞	N	細胞	N
细工	N	細工	N・V	細工	N・V
细菌	N	細菌	N	細菌	N
鲜血	N	鮮血	N	鮮血	N
贤人	N	賢人	N	賢人	N
香水	N	香水	N	香水	N
小便	N・V	小便	N・V	小便	N
小儿	N	小児	N	小兒	N
小数	N	小数	N	小數	N
小说	N	小説	N	小說	N
小学	N	小学	N	小學	N
新妇	N	新婦	N	新婦	N
新郎	N	新郎	N	新郎	N
新年	N	新年	N	新年	N
新人	N	新人	N	新人	N
新式	A	新式	N	新式	N
新闻	N	新聞	N	新聞	N

幸运	N・A	幸運・好運	N・A	幸運	N
要点	N	要点	N	要點	N
要素	N	要素	N	要素	N
野心	N	野心	N	野心	N
疑问	N	疑問	N	疑問	N・V
勇气	N	勇気	N	勇氣	N
勇士	N	勇士	N	勇士	N
幼儿	N	幼児	N	幼兒	N
幼年	N	幼年	N	幼年	N
舆论	N	輿論	N	輿論	N
杂文	N	雑文	N	雜文	N
杂音	N	雑音	N	雜音	N
杂志	N	雑誌	N	雜誌	N
早期	N	早期	N	早期	N
真理	N	真理	N	眞理	N
真相	N	真相	N	眞相	N
整数	N	整数	N	整數	N
正常	A	正常	N・A	正常	N
正规	A	正規	N	正規	N
正门	N	正門	N	正門	N
正面	N・A	正面	N・V	正面	N
正式	A	正式	N・A	正式	N
正午	N	正午	N	正午	N
正义	N・A	正義	N	正義	N
正装	N	正装	N・V	正裝	N・V
直角	N	直角	N・A	直角	N
直径	N	直径	N	直徑	N
直线	N・A	直線	N	直線	N
重点	N・AD	重点	N	重點	N
重力	N	重力	N	重力	N
重量	N	重量	N	重量	N
主力	N	主力	N	主力	N
主流	N	主流	N	主流	N

主任	N	主任	N	主任	N
主食	N	主食	N	主食	N
主題	N	主題	N	主題	N
主义	N	主義	N	主義	N
壮观	N・A	壮観	N・A	壯觀	N

[表50] 中・日・韓三国語の品詞性の比較(二十一) (総語数:212語)

品詞性	名　詞			動　詞			形容詞			副　詞			その他		
国語	中	日	韓	中	日	韓	中	日	韓	中	日	韓	中	日	韓
語数	200	212	212	7	8	9	31	12	1	5	2	4	1	0	0
％	94.3	100	100	3.3	3.8	4.3	14.6	5.7	0.5	2.4	0.9	1.9	0.5	0	0

　連体修飾関係の「A＋N」構造の二字字音語は、三国語で主に名詞として使用されるが、動詞・形容詞・副詞の用法で使われる語も多少みられる。動詞の用法で使われる語のうち、「大会」「大戦」「好評」「空想」「細工」などの語はそれぞれ「(人が)多く集まる」「大きく戦う」「よく評価する」「むだに想像する」「細かに作る」の意味を表し、連用修飾関係の「(A→AD)＋V」構造の二字字音語に分類することができ、「平地」「強国」などはそれぞれ「土地をならす」「国力を強める」の意味を表し、述目関係の「V＋N」構造の二字字音語に分類することができ、「特徴」は「特別に召し出す」の意味を表し、連用修飾関係の「AD＋V」構造の二字字音語に分類することができる。中国語の形容詞の用法で使われる31語のうち、「白色」「长途」「大概」など17語は「属性词」として使われる語であり、「大量」「慢性」など2語は「属性词」と普通の形容詞の両方の用法で使われる語である。また、三国語の形容詞の用法で使われる語のうち、「長寿」「純情」「大量」「多數」「高価」「慢性」「美観」「美貌」「熱

心」「幸運」「壮観」などの語は、それぞれ「寿命が長い」「感情が純
潔だ」「器量が大きい」「数が多い」「価格が高い」「性格がぐずだ」
「眺めが美しい」「顔だちが美しい」「心が温かい」「運がよい」「眺め
が素晴らしい」の意味を表し、述目関係の「A＋N」構造の二字字
音語に分類することができる。 日本語の形容詞の用法で用いられ
る12語の活用について考察してみると、「純情」「悪性」「壮観」など
3語は「－な」の形で連体修飾語を構成し、「大事」「高価」「熱心」
など8語は「－な」の形で連体修飾語、「－に」の形で連用修飾語
を構成する。「和気」は「－たる」の形で連体修飾語、「－と」の形
で連用修飾語を構成する。この外、韓国語で「多數」「熱心」など2
語は「－히」の形で副詞として使われる。

4.2.3.1.5 「AD＋N」構造の二字字音語と品詞性

[表51] 連体修飾関係の「AD＋N」構造の二字字音語と品詞性

中国語	品詞性	日本語	品詞性	韓国語	品詞性
最初	N	最初	N	最初	N
最后	N	最後	N	最後	N
最近	N	最近	N	最近	N
最終	N	最終	N	最終	N

[表52] 中・日・韓三国語の品詞性の比較(二十二) (総語数:4語)

品詞性	名 詞			動 詞			形容詞			副 詞			その他		
国語	中	日	韓	中	日	韓	中	日	韓	中	日	韓	中	日	韓
語数	4	4	4	0	0	0	0	0	0	0	0	0	0	0	0
％	100	100	100	0	0	0	0	0	0	0	0	0	0	0	0

連体修飾関係の「AD＋N」構造の二字字音語は、上の表で分

かるように、4語全部名詞の用法で使われている。

4.2.3.2 連用修飾関係の二字字音語と品詞性

4.2.3.2.1 「AD＋V」構造の二字字音語と品詞性

[表53] 連用修飾関係の「AD＋V」構造の二字字音語と品詞性

中国語	品詞性	日本語	品詞性	韓国語	品詞性
必修	A	必修	N	必修	N
必須	AD	必須	N	必須	N
必需	V	必需	N	必需	N
必要	A	必要	N・A	必要	N・A
常用	A	常用	N・V	常用	N・V
独裁	V	独裁	N・V	獨裁	N・V
独立	V	独立	N・V	獨立	N・V
独占	V	独占	N・V	獨占	N・V
独奏	V	独奏	N・V	獨奏	N・V
共存	V	共存	N・V	共存	N・V
共和	N	共和	N	共和	N・V
共鳴	V	共鳴	N・V	共鳴	N・V
共通	A	共通	N・V・A	共通	N・V
交流	V	交流	N・V	交流	N・V
交渉	V	交渉	N・V	交渉	N・V
交通	N・V	交通	N・V	交通	N・V
濫用	V	濫用・乱用	N・V	濫用	N・V
特定	A	特定	N・V	特定	N・V・A
特許	V	特許	N・V	特許	N・V
同居	V	同居	N・V	同居	N・V
同盟	N・V	同盟	N・V	同盟	N・V
同行	V	同行	N・V	同行	N・V
突発	V	突発	N・V	突發	N・V
妄想	N・V	妄想	N・V	妄想	N・V
予報	V	予報	N・V	豫報	N・V

预备	V	予備	N	豫備	N・V
预测	V	予測	N・V	豫測	N・V
预定	V	予定	N・V	豫定	N・V
预防	V	予防	N・V	豫防	N・V
预感	N・V	予感	N・V	豫感	N・V
预告	N・V	予告	N・V	豫告	N・V
预见	N・V	予見	N・V	豫見	N・V
预期	V	予期	N・V	豫期	N・V
预算	N・V	予算	N	豫算	N・V
预习	V	予習	N・V	豫習	N・V
预想	N・V	予想	N・V	豫想	N・V
预选	V	予選	N・V	豫選	N・V
预言	N・V	予言・預言	N・V	豫言	N・V
预约	V	予約	N・V	豫約	N・V
再会	V	再会	N・V	再會	N・V
再生	V	再生	N・V	再生	N・V
直航	V	直航	N・V	直航	N・V
直接	A	直接	N・V・AD	直接	N・AD
直面	V	直面	N・V	直面	N・V
直译	V	直訳	N・V	直譯	N・V
专攻	V	専攻	N・V	専攻	N・V
专用	V	専用	N・V	専用	N・V

[表54] 中・日・韓三国語の品詞性の比較(二十三) (総語数:47語)

品詞性	名　詞			動　詞			形容詞			副　詞			その他		
国語	中	日	韓	中	日	韓	中	日	韓	中	日	韓	中	日	韓
語数	10	47	47	39	40	42	6	2	2	1	1	1	0	0	0
％	21.3	100	100	83	85.1	89.4	12.8	4.3	4.3	2.1	2.1	2.1	0	0	0

　連用修飾関係の「AD＋V」構造の二字字音語の品詞性は、[表54]のとおり日本語と韓国語の場合は名詞と動詞の用法で使われ

る語の比率が85％以上で最も多く、次いで形容詞の用法で使われる語が各2語、副詞の用法で使われる語が各1語の順であるが、中国語の場合は動詞の用法で使われる語が83％で最も多く、次いで名詞10語、形容詞6語、副詞1語の順で、名詞の用法で使われる語は日本語と韓国語に比べてはるかに少ない。また、中国語で形容詞の用法で用いられる6語のうち、「必修」「常用」「共通」「特定」など4語は「属性詞」で、実際に普通の形容詞の用法で使われる語は「必要」「直接」など2語しかない。日本語の形容詞の用法で用いられる2語のうち、「必要」は「－な」の形で連体修飾語、「－に」の形で連用修飾語を構成し、「共通」は「－な」の形で連体修飾語を構成する。

4.2.3.2.2 「(N→AD)＋V」構造の二字字音語と品詞性

[表55] 連用修飾関係の「(N→AD)＋V」構造の二字字音語と品詞性

中国語	品詞性	日本語	品詞性	韓国語	品詞性
低下	A	低下	N・V	低下	N・V
敵対	A	敵対	N・V	敵對	N・V
敵視	V	敵視	N・V	敵視	N・V
冬眠	V	冬眠	N・V	冬眠	N・V
法定	A	法定	N	法定	N・V
否定	V・A	否定	N・V	否定	N・V
否決	V	否決	N・V	否決	N・V
否认	V	否認	N・V	否認	N・V
公开	V・A	公開	N・V	公開	N・V
公演	V	公演	N・V	公演	N・V
公约	N	公約	N・V	公約	N・V
慣用	V	慣用	N・V	慣用	N・V
海抜	N	海抜	N	海抜	N

横行	V	横行	N・V	横行	N・V
后悔	V	後悔	N・V	後悔	N・V
后退	V	後退	N・V	後退	N・V
后援	N	後援	N・V	後援	N・V
幻想	N・V	幻想	N・V	幻想	N
假定	N・V	仮定	N・V	假定	N・V
假设	N・V	仮設	N・V	假設	N・V
假想	V	仮想	N・V	假想	N・V
间接	A	間接	N	間接	N
军用	A	軍用	N	軍用	N
肯定	V・A・AD	肯定	N・V	肯定	N・V
老化	V	老化	N・V	老化	N・V
绿化	V	緑化	N・V	綠化	N・V
梦想	N・V	夢想	N・V	夢想	N・V
命中	V	命中	N・V	命中	N・V
内在	A	内在	N・V	內在	N・V
逆流	N・V	逆流	N・V	逆流	N・V
逆转	V	逆転	N・V	逆轉	N・V
前进	V	前進	N・V	前進	N・V
前提	N	前提	N	前提	N・V
上升	V	上昇	N・V	上昇・上升	N・V
上述	A	上述	N・V	上述	N・V
上诉	V	上訴	N・V	上訴	N・V
实感	N	実感	N・V	實感	N・V
实践	N・V	実践	N・V	實踐	N・V
实施	V	実施	N・V	實施	N・V
实习	V	実習	N・V	實習	N・V
实现	V	実現	N・V	實現	N・V
实行	V	実行	N・V	實行	N・V
实验	N・V	実験	N・V	實驗	N・V
实用	V・A	実用	N	實用	N・V
实在	A・AD	実在	N・V	實在	N・V
食用	V	食用	N	食用	N・V

始发	V	始発	N	始發	N・V
体现	V	体現	N・V	體現	N・V
体验	V	体験	N・V	體驗	N・V
外出	V	外出	N・V	外出	N・V
文化	N	文化	N	文化	N
文明	N・A	文明	N	文明	N
武装	N・V	武装	N・V	武裝	N・V
先进	N・A	先進	N	先進	N
先生	N	先生	N	先生	N
先行	N・V	先行	N・V	先行	N・V
现存	V	現存	N・V	現存	N・V
现行	A	現行	N	現行	N・V
现在	N	現在	N・V	現在	N
形成	V	形成	N・V	形成	N・V
野生	A	野生	N・V	野生	N・V
一定	A・AD	一定	N・V・AD	一定	N・A・AD
一向	N・AD	一向	N・AD	一向	AD
一行	N	一行	N	一行	N
一致	A・AD	一致	N・V	一致	N・V
意识	N・V	意識	N・V	意識	N・V
意图	N	意図	N・V	意圖	N・V
阴谋	N・V	陰謀・隠謀	N	陰謀	N・V
原告	N	原告	N	原告	N
掌握	V	掌握	N・V	掌握	N・V
政治	N	政治	N	政治	N・V
中断	V	中断	N・V	中斷	N・V
中立	V	中立	N・V	中立	N
中止	V	中止	N・V	中止	N・V
忠告	N・V	忠告	N・V	忠告	N・V
自卑	A	自卑	N・V	自卑	N・V
自动	A・AD	自動・自働	N	自動	N・V
自发	A	自発	N	自發	N・V
自费	V	自費	N	自費	N

自覚	V・A	自覚	N・V	自覺	N・V
自杀	V	自殺	N・V	自殺	N・V
自首	V	自首	N・V	自首	N・V
自卫	V	自衛	N・V	自衛	N・V
自习	V	自習	N・V	自習	N・V
自信	V	自信	N	自信	N・V
自由	N・A	自由	N・A	自由	N・A・AD
自治	V	自治	N	自治	N・V
自主	V	自主	N	自主	N
自尊	V	自尊	N	自尊	N・V

[表56] 中・日・韓三国語の品詞性の比較(二十四) (総語数:89語)

品詞性	名　詞			動　詞			形容詞			副　詞			その他		
国語	中	日	韓	中	日	韓	中	日	韓	中	日	韓	中	日	韓
語数	28	89	88	58	63	72	23	1	2	6	2	3	0	0	0
％	31.5	100	98.9	65.2	70.8	80.9	25.8	1.1	2.3	6.7	2.3	3.4	0	0	0

　連用修飾関係の「(N→AD)＋V」構造の二字字音語は、中国語の場合、動詞の用法で使われる語が65.2%で最も多く、次いで名詞、形容詞、副詞の順であるが、日本語の場合は名詞と動詞の用法で使われる語が70%以上で最も多く、形容詞1語、副詞2語で形容詞と副詞の用法で使用される語は非常にまれである。韓国語の場合も日本語と同じく、名詞と動詞の用法で使われる語が80%以上で最も多く、形容詞と副詞の用法で使われる語は形容詞2語、副詞3語しかない。中国語の形容詞の用法で使われる23語のうち、「敵対」「法定」「否定」など11語は「属性詞」として使われる語であり、「肯定」「内在」など2語は「属性詞」と普通の形容詞の両方の用法で使われる語で、実際に普通の形容詞の用法で使われる語は「低下」「公開」「実用」など10語である。日本語で

「自由」は形容詞の用法で使われる場合、「－な」の形で連体修飾
語、「－に」の形で連用修飾語を構成する。韓国語で「自由」は
「－롭다」「－스럽다」の形で形容詞となり、「－로이」「－스레」の
形で副詞となる。また、「一定」は後に「－히」をつけて副詞の機
能を有するようになる。

4.2.3.2.3 「(A→AD)＋V」構造の二字字音語と品詞性

[表57] 連用修飾関係の「(A→AD)＋V」構造の二字字音語と品詞性

中国語	品詞性	日本語	品詞性	韓国語	品詞性
安定	V・A	安定	N・V	安定	N・V
安慰	V・A	安慰	N	安慰	N・V
安置	V	安置	N・V	安置	N・V
暗杀	V	暗殺	N・V	暗殺	N・V
暗示	V	暗示	N・V	暗示	N・V
饱和	V	飽和	N・V	飽和	N
暴动	V	暴動	N	暴動	N
暴行	N	暴行	N・V	暴行	N・V
悲观	A	悲観	N・V	悲觀	N・V
悲鸣	V	悲鳴	N	悲鳴	N
博爱	V	博愛	N	博愛	N・V
博览	V	博覧	N・V	博覽	N・V
等分	V	等分	N・V	等分	N・V
恶化	V	悪化	N・V	惡化	N・V
孤立	V・A	孤立	N・V	孤立	N・V
固定	V・A	固定	N・V	固定	N・V
固执	A	固執	N・V	固執	N・V
广告	N	広告	N・V	廣告	N・V
好转	V	好転	N・V	好轉	N・V
活动	N・V・A	活動	N・V	活動	N・V
活跃	V・A	活躍	N・V	活躍	N・V

激动	V・A	激動	N・V	激動	N・V
激增	V	激増	N・V	激增	N・V
坚持	V	堅持	N・V	堅持	N・V
紧张	A	緊張	N・V	緊張	N・V
精算	V	精算	N・V	精算	N・V
精通	V	精通	N・V	精通	N・V
净化	V	浄化	N・V	淨化	N・V
朗读	V	朗読	N・V	朗讀	N・V
浪费	V	浪費	N・V	浪費	N・V
乐观	A	楽観	N・V	樂觀	N・V
利用	V	利用	N・V	利用	N・V
美化	V	美化	N・V	美化	N・V
密闭	V	密閉	N・V	密閉	N・V
密封	V	密封	N・V	密封	N・V
密集	V・A	密集	N・V	密集	N・V
平行	V・A	平行	N・V・A	平行	N・V
普及	V	普及	N・V	普及	N・V
普通	A	普通	N・A・AD	普通	N・AD
强盗	N	強盗	N	強盜	N
强调	V	強調	N・V	強調	N・V
强化	V	強化	N・V	強化	N・V
强制	V	強制	N・V	強制	N・V
强迫	V	強迫	N・V	強迫	N・V
勤劳	A	勤労	N・V	勤勞	N・V
轻视	V	軽視	N・V	輕視	N・V
清扫	V	清掃	N・V	清掃	N・V
确保	V	確保	N・V	確保	N・V
确定	V・A	確定	N・V	確定	N・V
确立	V	確立	N・V	確立	N・V
确认	V	確認	N・V	確認	N・V
确信	N・V	確信	N・V	確信	N・V
热爱	V	熱愛	N・V	熱愛	N・V
散步	V	散歩	N・V	散步	N・V

深化	V	深化	N・V	深化	N・V
盛行	V	盛行	N・V	盛行	N・V
适应	V	適応	N・V	適應	N・V
适用	A	適用	N・V	適用	N・V
同感	N	同感	N・V	同感	N・V
同化	V	同化	N・V	同化	N・V
痛感	N・V	痛感	N・V	痛感	N・V
妥协	V	妥協	N・V	妥協	N・V
微笑	N・V	微笑	N・V	微笑	N・V
污染	V	汚染	N・V	汚染	N・V
闲谈	V	閑談	N・V	閑談	N・V
显示	V	顕示	N・V	顯示	N・V
新生	N・A	新生	N・V	新生	N・V
正当	V・A	正当	N・A	正當	A・AD
重视	V	重視	N・V	重視	N・V

[表58] 中・日・韓三国語の品詞性の比較(二十五) (総語数:69語)

品詞性	名 詞			動 詞			形容詞			副 詞			その他		
国語	中	日	韓	中	日	韓	中	日	韓	中	日	韓	中	日	韓
語数	9	69	68	57	62	63	19	3	1	0	1	2	0	0	0
％	13	100	98.6	82.6	89.9	91.3	27.5	4.4	1.5	0	1.5	2.9	0	0	0

　連用修飾関係の「(A→AD)＋V」構造の二字字音語の品詞性は、前述した「(N→AD)＋V」構造の二字字音語の品詞性と大体同じ様相を呈している。中国語の場合、動詞の用法で用いられる語が82.6％で最も多く、次いで形容詞、名詞の順であるが、形容詞の用法で使われる19語のうち、普通の形容詞だけの用法で使われる語は「悲观」「固执」「緊张」など7語で、「平行」「新生」など2語は「属性詞」であり、「安定」「安慰」「孤立」など9語は動詞と形容詞の両方の品詞性で使われ、「活动」は名詞・動詞・形容詞の三

種の品詞性を持って使われる。日本語の場合は、名詞と動詞の両方の品詞性で使われる語が61語で圧倒的に多く、次いで名詞だけの用法で用いられる語が「安慰」「暴動」「悲鳴」「博愛」「強盗」など5語、名詞・動詞・形容詞の三種の品詞性を持って使われる語が「平行」1語、名詞・形容詞・副詞の用法で使われる語が「普通」1語、名詞と形容詞の用法で使われる語が「正当」1語である。日本語で形容詞の用法で使われる3語は、いずれも「－な」の形で連体修飾語、「－に」の形で連用修飾語を構成する。韓国語の場合は、名詞と動詞の両方の品詞性で使われる語が63語で91.3%という高い比率を占め、次いで名詞だけの用法で使われる語が「飽和」「暴動」「悲鳴」「強盗」など4語、名詞と副詞の用法で使われる語が「普通」1語、形容詞と副詞の用法で使われる語が「正當」1語である。韓国語で副詞の用法で用いられる2語のうち、「正當」は後に「－히」をつけて副詞の機能を有するようになる。

4.2.3.2.4 「AD＋A」構造の二字字音語と品詞性

[表59] 連用修飾関係の「AD＋A」構造の二字字音語と品詞性

中国語	品詞性	日本語	品詞性	韓国語	品詞性
固有	A	固有	N・A	固有	N・A
痛快	A	痛快	N・A	痛快	N・A・AD
最好	AD	最好	N・A	最好	N・V・A

[表60] 中・日・韓三国語の品詞性の比較(二十六) (総語数:3語)

品詞性	名　詞			動　詞			形容詞			副　詞			その他		
国語	中	日	韓	中	日	韓	中	日	韓	中	日	韓	中	日	韓
語数	0	3	3	0	0	1	2	3	3	1	0	1	0	0	0
％	0	100	100	0	0	33.3	66.7	100	100	33.3	0	33.3	0	0	0

　上の表で分かるように、連用修飾関係の「AD＋A」構造の二字字音語は、中国語では形容詞の用法で使われる語が2語、副詞の用法で使われる語が1語であり、日本語では3語ともに名詞と形容詞の用法で使われ、韓国語では3語ともに名詞と形容詞の用法で使われる外に、「痛快」は「－히」の形で副詞としても用いられ、「最好」は動詞の用法でも用いられる。

4.2.4　述目関係の二字字音語と品詞性

4.2.4.1　「V＋N」構造の二字字音語と品詞性

[表61] 述目関係の「V＋N」構造の二字字音語と品詞性

中国語	品詞性	日本語	品詞性	韓国語	品詞性
愛国	V	愛国	N	愛國	N・V
安心	V・A	安心・安神	N・V・A	安心	N・V
保安	N・V	保安	N	保安	N・V
保健	V	保健	N	保健	N
保温	V	保温	N・V	保溫	N・V
保険	N・V・A	保険	N	保險	N
報恩	V	報恩	N	報恩	N・V
閉会	V	閉会	N・V	閉會	N・V
閉口	V	閉口	N・V	閉口	N・V
閉幕	V	閉幕	N・V	閉幕	N・V
避难	V	避難	N・V	避難	N・V
避暑	V	避暑	N・V	避暑	N・V
变形	V	変形	N・V	變形	N・V
变质	V	変質	N・V	變質	N・V
播种	V	播種	N・V	播種	N・V
采光	V	採光	N・V	採光	N・V
彻底・澈底	A	徹底	N・V	徹底	N・A・AD

彻夜	AD	徹夜	N・V	徹夜	N・V
成功	V・A	成功	N・V	成功	N・V
充电	V	充電	N・V	充電	N・V
充分	A	充分・十分	N・A	充分	A・AD
抽象	V・A	抽象	N・V	抽象	N
出版	V	出版	N・V	出版	N・V
出场	V	出場	N・V	出場	N・V
出国	V	出国	N・V	出國	N・V
出品	N・V	出品	N・V	出品	N・V
出勤	V	出勤	N・V	出勤	N・V
出世	V	出世	N・V	出世	N・V
出席	V	出席	N・V	出席	N・V
出演	V	出演	N・V	出演	N・V
除外	V	除外	N・V	除外	N・V
处分	N・V	処分	N・V	處分	N・V
创业	V	創業	N・V	創業	N・V
辞职	V	辞職	N・V	辭職	N・V
从事	V	従事	N・V	從事	N・V
答礼	V	答礼	N・V	答禮	N・V
待机	V	待機	N・V	待機	N・V
当选	V	当選	N・V	當選	N・V
到底	V・AD	到底	AD	到底	A・AD
得意	A	得意	N・A	得意	N・V
登场	V	登場	N・V	登場	N・V
登山	V	登山	N・V	登山	N・V
点火	V	点火	N・V	點火	N・V
定义	N・V	定義	N・V	定義	N・V
动员	V	動員	N・V	動員	N・V
读书	V	読書	N・V	讀書	N・V
镀金	V	鍍金	N・V	鍍金	N・V
发病	V	発病	N・V	發病	N・V
发车	V	発車	N・V	發車	N・V
发电	V	発電	N・V	發電	N・V

发动	V	発動	N・V	發動	N・V
发火	V・A	発火	N・V	發火	N・V
发热	V	発熱	N・V	發熱	N・V
发言	N・V	発言	N・V	發言	N・V
发音	N・V	発音	N・V	發音	N・V
犯罪	V	犯罪	N	犯罪	N・V
防疫	V	防疫	N・V	防疫	N・V
放心	V	放心	N・V	放心	N・V
分类	V	分類	N・V	分類	N・V
负伤	V	負傷	N・V	負傷	N・V
复职	V	復職	N・V	復職	N・V
干杯	V	乾杯	N・V	乾杯	N・V
告别	V	告別	N・V	告別	N・V
革命	V・A	革命	N	革命	N・V
关心	V	関心	N	關心	N・V
观光	V	観光	N	觀光	N・V
过半	V	過半	N	過半	N
过度	A	過度	N・A	過度	N・A・AD
过分	A	過分	N・A	過分	A・AD
航海	V	航海	N・V	航海	N・V
航空	V	航空	N	航空	N・V
合法	A	合法	N・A	合法	N・A
合格	A	合格	N・V	合格	N・V
合理	A	合理	N	合理	N・A
合意	A	合意	N・V	合意	N・V
合资	V	合資	N	合資	N・V
化石	N	化石	N・V	化石	N
怀疑	V	懐疑	N・V	懷疑	N・V
即位	V	即位	N・V	即位	N・V
即席	V	即席	N	卽席	N
集中	V・A	集中・集注	N・V	集中	N・V
给水	V	給水	N・V	給水	N・V
记事	V	記事	N	記事	N・V

加工	V	加工	N・V	加工	N・V
加热	V	加熱	N・V	加熱	N・V
加速	V	加速	N・V	加速	N・V
检疫	V	檢疫	N・V	檢疫	N・V
讲义	N	講義	N・V	講義	N・V
结实	A	結実	N・V	結實	N・V
结果	N・V・接続詞	結果	N・V	結果	N
结婚	V	結婚	N・V	結婚	N・V
结晶	N・V	結晶	N・V	結晶	N・V
解雇	V	解雇	N・V	解雇	N・V
尽力	V	尽力	N・V	盡力	N・V
进步	V・A	進歩	N・V	進步	N・V
经验	N・V	経験	N・V	經驗	N・V
竞技	V	競技	N・V	競技	N・V
就任	V	就任	N・V	就任	N・V
就业	V	就業	N・V	就業	N・V
就职	V	就職	N・V	就職	N・V
具体	V・A	具体	N	具體	N
决断	N・V	決断	N・V	決斷	N・V
决胜	V	決勝	N	決勝	N・V
决算	N	決算	N・V	決算	N・V
决心	N・V	決心	N・V	決心	N・V
决议	N	決議	N・V	決議	N・V
决意	V	決意	N・V	決意	N・V
绝对	A・AD	絶対	N・AD	絶對	N・AD
绝望	V	絶望	N・V	絶望	N・V
绝缘	V	絶縁	N・V	絶緣	N・V
开会	V	開会	N・V	開會	N・V
开幕	V	開幕	N・V	開幕	N・V
开学	V	開学	N	開學	N・V
开业	V	開業	N・V	開業	N・V
看病	V	看病	N・V	看病	N・V
抗议	V	抗議	N・V	抗議	N・V

考古	N・V	考古	N	考古	N・V
空腹	V	空腹	N	空腹	N
苦心	N・AD	苦心	N・V	苦心	N・V
离婚	V	離婚	N・V	離婚	N・V
理发	V	理髪	N・V	理髪	N・V
理事	N・V	理事	N	理事	N
连年	V	連年	N	連年	N
连日	V	連日	N	連日	N・V・AD
列席	V	列席	N・V	列席	N・V
劣等	A	劣等	N・A	劣等	N・A
临床	V	臨床	N	臨床	N・V
领事	N	領事	N	領事	N
留意	V	留意	N・V	留意	N・V
录音	N・V	録音	N・V	錄音	N・V
落第	V	落第	N・V	落第	N・V
落选	V	落選	N・V	落選	N・V
卖国	V	売国	N	賣國	N・V
满点	V	満点	N	滿點	N
满员	V	満員	N	滿員	N
冒险	V	冒険	N・V	冒險	N・V
美容	V	美容	N	美容	N・V
免税	V	免税	N・V	免税	N・V
命题	N・V	命題	N	命題	N・V
牧畜	N	牧畜	N	牧畜	N・V
纳税	V	納税	N・V	納税	N・V
努力	V・A	努力	N・V	努力	N・V
暖房	N・V	暖房	N・V	暖房・煖房	N
拍手	V	拍手	N・V	拍手	N・V
偏向	N・V	偏向	N・V	偏向	N・V
评价	N・V	評価	N・V	評價	N・V
破产	V	破産	N・V	破産	N・V
企业	N	企業	N	企業	N・V
起床	V	起床	N・V	起床	N・V

起诉	V	起訴	N・V	起訴	N・V
弃权	V	棄権	N・V	棄權	N・V
潜水	V	潜水	N・V	潛水	N・V
切实	A	切実	N・A	切實	A・AD
取材	V	取材	N・V	取材	N・V
缺席	V	欠席	N・V	缺席	N・V
染色	V	染色	N・V	染色	N・V
让步	V	譲歩	N・V	讓步	N・V
任命	V	任命	N・V	任命	N・V
入门	N・V	入門	N・V	入門	N・V
入手	V	入手	N・V	入手	N・V
入学	V	入学	N・V	入學	N・V
入院	V	入院	N・V	入院	N・V
杀菌	V	殺菌	N・V	殺菌	N・V
设计	N・V	設計	N・V	設計	N・V
摄影	V	撮影	N・V	撮影	N・V
失礼	V	失礼	N・V・A	失禮	N・V
失恋	V	失恋	N・V	失戀	N・V
失望	V・A	失望	N・V	失望	N・V
失业	V	失業	N・V	失業	N・V
失踪	V	失踪	N・V	失踪	N・V
施工	V	施工	N・V	施工	N・V
示威	V	示威	N・V	示威	N・V
收益	N	収益	N	收益	N・V
抒情	V	抒情・叙情	N	抒情・敍情	N
输血	V	輸血	N・V	輸血	N・V
赎罪	V	贖罪	N・V	贖罪	N・V
署名	V	署名	N・V	署名	N・V
司法	V	司法	N	司法	N
算数	V	算数	N	算數	N
随笔	N	随筆	N	隨筆	N
随时	AD	随時	AD	隨時	N・AD
探险	V	探険・探検	N・V	探險	N・V

提案	N	提案	N・V	提案	N・V
提议	N・V	提議	N・V	提議	N・V
调味	V	調味	N・V	調味	N・V
挑战	V	挑戦	N・V	挑戰	N・V
听讲	V	聴講	N・V	聽講	N・V
停车	V	停車	N・V	停車	N・V
通风	V	通風	N・V	通風	N・V
通话	V	通話	N・V	通話	N・V
通信	V	通信	N・V	通信	N・V
同情	V	同情	N・V	同情	N・V
同意	V	同意	N・V	同意	N・V
投稿	V	投稿	N・V	投稿	N・V
投机	V・A	投機	N	投機	N・V
投票	V	投票	N・V	投票	N・V
投资	N・V	投資	N・V	投資	N・V
推理	V	推理	N・V	推理	N・V
退场	V	退場	N・V	退場	N・V
退勤	V	退勤	N・V	退勤	N・V
退色・褪色	V	退色・褪色	N・V	退色・褪色	N・V
退学	V	退学	N・V	退學	N・V
退职	V	退職	N・V	退職	N・V
脱毛	V	脱毛	N・V	脱毛	N・V
脱水	V	脱水	N・V	脱水	N・V
违法	V	違法	N	違法	N・V
卫生	N・A	衛生	N	衛生	N
握手	V	握手	N・V	握手	N・V
献身	V	献身	N・V	獻身	N・V
享乐	V	享楽	N・V	享樂	N・V
想像・想象	N・V	想像	N・V	想像	N・V
向上	V	向上	N・V	向上	N・V
象征	N・V	象徴	N・V	象徵	N・V
消毒	V	消毒	N・V	消毒	N・V
协力	V	協力	N・V	協力	N・V

謝罪	V	謝罪	N・V	謝罪	N・V
行事	N・V	行事	N	行事	N・V
行政	N・V	行政	N	行政	N
休学	V	休学	N・V	休學	N・V
休业	V	休業	N・V	休業	N・V
宣言	N・V	宣言	N・V	宣言	N・V
延期	V	延期	N・V	延期	N・V
沿海	N	沿海	N	沿海	N
演技	N	演技	N・V	演技	N・V
移民	N・V	移民	N・V	移民	N・V
疑心	N・V	疑心	N	疑心	N・V
异常	A・AD	異常	N・A	異常	N・A・AD
异性	N・A	異性	N	異性	N
营业	V	営業	N・V	營業	N・V
应募	V	応募	N・V	應募	N・V
用人	N・V	用人	N	用人	N・V
用心	N・A	用心	N・V	用心	N・V
用意	N	用意	N・V	用意	N・V
越冬	V	越冬	N・V	越冬	N・V
在职	V	在職	N・V	在職	N・V
遭难	V	遭難	N・V	遭難	N・V
整形	V	整形	N・V	整形	N・V
植树	V	植樹	N・V	植樹	N・V
治水	V	治水	N・V	治水	N・V
致命	V	致命	N	致命	N・V
终日	AD	終日	N	終日	N
终身	N	終身	N	終身	N・V
中毒	V	中毒	N・V	中毒	N
注文	N	注文・註文	N・V	注文	N・V
注意	V	注意	N・V	注意	N・V
祝福	V	祝福	N・V	祝福	N・V
专门	A・AD	専門	N	專門	N・V
专心	A	専心	N・V	專心	N・V

专业	N・A	専業	N	專業	N・V
着陆	V	着陸	N・V	着陸	N・V
着手	V	着手	N・V	着手	N・V
卒业	V	卒業	N・V	卒業	N・V
作文	N・V	作文	N・V	作文	N・V
作业	N・V	作業	N・V	作業	N・V
作战	V	作戦・策戦	N	作戰	N・V

[表62] 中・日・韓三国語の品詞性の比較(二十七) (総語数:255語)

品詞性	名 詞			動 詞			形容詞			副 詞			その他		
国語	中	日	韓	中	日	韓	中	日	韓	中	日	韓	中	日	韓
語数	53	253	251	216	192	218	32	10	10	8	3	10	1	0	0
％	20.8	99.2	98.4	84.7	75.3	85.5	12.6	3.9	3.9	3.1	1.2	3.9	0.4	0	0

　述目関係の「Ｖ＋Ｎ」構造の二字字音語は、中国語の場合、さまざまな様相を呈しているが、まず一つの品詞性で使われる語を考察してみると、名詞だけの品詞性で使われる語が「化石」「讲义」「决算」など15語、動詞だけの品詞性で使われる語が「爱国」「保健」「保温」など171語、形容詞だけの品詞性で使われる語が「彻底」「充分」「得意」など13語、副詞だけの品詞性で使われる語が「彻夜」「随时」「终日」など3語である。次に、名詞と動詞の用法で使われる語が「保安」「出品」「処分」など31語、名詞と形容詞の用法で使われる語が「卫生」「异性」「用心」「专业」など4語、名詞と副詞の用法で使われる語が「苦心」1語であり、動詞と形容詞の用法で使われる語が「安心」「成功」「抽象」など11語、動詞と副詞の用法で使われる語が「到底」1語、形容詞と副詞の用法で使われる語が「绝対」「异常」「专门」など3語、名詞・動詞・形容詞の用法で使われる語が「保険」1語、名詞・動詞・接続詞の用法で使われる

語が「結果」1語である。中国語で形容詞の用法で使われる32語のうち、「劣等」「异性」「专门」「专业」など4語は「属性词」であり、「具体」「絶対」など2語は「属性词」と普通の形容詞の両方の用法で使われる語である。日本語の場合は、名詞だけの品詞性で使われる語が「愛国」「保安」「保健」など52語、副詞だけの品詞性で使われる語が「到底」「随時」など2語、名詞と動詞の用法で使われる語が「保温」「閉会」「閉口」など190語、名詞と形容詞の用法で使われる語が「充分」「得意」「過度」など8語、名詞と副詞の用法で使われる語が「絶対」1語、名詞・動詞・形容詞の用法で使われる語が「安心」「失礼」など2語で、名詞と動詞の両方の品詞性で使われる語が最も多い。日本語で形容詞の用法で使われる10語の活用について考察してみると、「安心」「劣等」「失礼」など3語は「－な」の形で連体修飾語を構成し、「充分」「得意」「過度」など7語は「－な」の形で連体修飾語、「－に」の形で連用修飾語を構成する。韓国語の場合は、名詞だけの品詞性で使われる語が「保健」「保険」「抽象」など25語、名詞と動詞の用法で使われる語が「愛國」「安心」「保安」など217語、名詞と形容詞の用法で使われる語が「合法」「合理」「劣等」など3語、名詞と副詞の用法で使われる語が「絶對」「随時」など2語、形容詞と副詞の用法で使われる語が「充分」「到底」「過分」「切實」など4語、名詞・動詞・副詞の用法で使われる語が「連日」1語、名詞・形容詞・副詞の用法で使われる語が「徹底」「過度」「異常」など3語である。また、韓国語で「徹底」「充分」「到底」「過度」「過分」「切實」など6語は「－히」の形で副詞として使われ、「連日」はそれ自体で、「絶對」はそれ自体または「－로」の形で、「随時」は「－로」の形で副詞となり、「異常」は「－하다」「－스럽다」の形で形容詞、「－히」「－스레」の形で副詞とな

る。この外、「中毒」は接尾辞「－되다」がついて動詞的にも用い
られるが、一つの単語として認められない。

4.2.4.2 「A＋N」構造の二字字音語と品詞性

[表63] 述目関係の「A＋N」構造の二字字音語と品詞性

中国語	品詞性	日本語	品詞性	韓国語	品詞性
博识	A	博識	N・A	博識	N・A
大胆	A	大胆	N・A	大膽	N・A・AD
多情	A	多情	N・A	多情	N・A・AD
多事	V	多事	N	多事	A・AD
多样	A	多様	N・A	多様	A
高等	A	高等	N・A	高等	N・A
高度	N・A	高度	N・A	高度	N・A
高级	A	高級	N・A	高級	N・A
敏感	A	敏感	N・A	敏感	A・AD
贫血	V	貧血	N・V	貧血	N
强力	N	強力	N・A	強力	N・A・AD
深奥	A	深奥	N・A	深奥	A
同样	A	同様	N・A	同様	N
无偿	A	無償	N	無償	N
无耻	A	無恥	N・A	無恥	A
无敌	V	無敵	N・A	無敵	N・A
无法	V	無法	N・A	無法	N・A
无理	V	無理	N・V・A	無理	N・V・A
无聊	A	無聊	N・A	無聊	N・A・AD
无论	接続詞	無論	AD	無論・毋論	N・AD
无名	A	無名	N	無名	N・A
无能	A	無能	N・A	無能	N・A
无情	V・A	無情	N・A	無情	A・AD
无穷	V	無窮	N・A	無窮	N・A・AD

无数	V・A	無数	N・A	無數	A・AD
无限	A	無限	N・A	無限	N・A・AD
无效	V	無効	N・A	無效	N・A
无知	A	無知	N・A	無知	N・A・AD
细心	A	細心	N・A	細心	A・AD
小心	V・A	小心	N・A	小心	A・AD
优势	N	優勢	N・A	優勢	N・A
有机	A	有機	N	有機	N
有力	A	有力	N・A	有力	N・A
有利	A	有利	N・A	有利	N・A
有名	A	有名	N・A	有名	N・A
有望	V	有望	N・A	有望	N・A
有限	A	有限	N・A	有限	N・A・AD
有效	V	有効	N・A	有效	N・A・AD
有益	A	有益	N・A	有益	N・A

[表64] 中・日・韓三国語の品詞性の比較(二十八) (総語数:39語)

品詞性	名　詞			動　詞			形容詞			副　詞			その他		
国語	中	日	韓	中	日	韓	中	日	韓	中	日	韓	中	日	韓
語数	3	38	30	12	2	1	27	33	34	0	1	16	1	0	0
%	7.7	97.4	76.9	30.8	5.1	2.6	69.2	84.6	87.2	0	2.6	41	2.6	0	0

　述目関係の「A＋N」構造の二字字音語は、中国語では形容詞の用法で使われる語が69.2%で最も多く、次いで動詞、名詞、接続詞の順であるが、この中で名詞の用法で使われる「高度」「強力」「优勢」など3語は中国語でそれぞれ「高い程度」「強い力」「有利な形勢」の意味を表し、連体修飾関係の「A＋N」構造の二字字音語に分類することができ、形容詞の用法で用いられる27語のうち、「高等」「高度」「无償」「无名」「有机」など5語は「属性詞」であ

り、「高級」「有限」など2語は「属性詞」と普通の形容詞の両方の用
法で使われる語である。日本語の場合は名詞だけの用法で使わ
れる語が「多事」「無償」「無名」「有機」など4語、副詞の用法で使
われる語が「無論」1語、名詞と動詞の用法で使われる語が「貧血」
1語、名詞と形容詞の用法で使われる語が「博識」「大胆」「多情」
など32語、名詞・動詞・形容詞の用法で使われる語が「無理」1語
で、80%以上は名詞と形容詞の用法で使われていることが分か
る。形容詞の用法で使われる33語のうち、「多情」「高等」「深奥」
など11語は「－な」の形で連体修飾語、「博識」「大胆」「多様」など
21語は「－な」の形で連体修飾語、「－に」の形で連用修飾語を構
成し、「無窮」は「－なる」の形で連体修飾語、「－に」の形で連用
修飾語を構成する。韓国語の場合は名詞だけの用法で使われる
語が「貧血」「同様」「無償」「有機」など4語、形容詞だけの用法で
使われる語が「多様」「深奥」「無恥」など3語、名詞と形容詞の用
法で使われる語が「博識」「高等」「高度」など15語、名詞と副詞の
用法で使われる語が「無論」1語、形容詞と副詞の用法で使われる
語が「多事」「敏感」「無情」など6語、名詞・動詞・形容詞の用法で
使われる語が「無理」1語、名詞・形容詞・副詞の用法で使われる
語が「大膽」「多情」「強力」など9語で、形容詞の用法で使われる
語が最も多く、次いで名詞、副詞、動詞の順であるが、中国語と
日本語に比べて副詞の用法で使われる語が相当多いことが特徴
である。韓国語の形容詞と副詞の用法で使われる語の後につく接
尾辞についてもう少し詳しく考察してみると、「高級」は「－하다」
「－스럽다」の形で形容詞となり、「多事」「無知」など2語は「－하
다」「－스럽다」の形で形容詞、「－스레」の形で副詞となる。ま
た、「大膽」「多情」「無情」「小心」など4語は「－하다」「－스럽다」

の形で形容詞、「－히」「－스레」の形で副詞となり、「敏感」「強力」
「無聊」「無窮」「無數」「無限」「細心」「有限」「有效」など9語は
「－히」の形で副詞となる。この外、韓国語で「同様」は「同じ様子」
の意で用いられ、「A＋N」構造の連体修飾関係の語に分類するこ
とができる。

4.2.5 述補関係の二字字音語と品詞性

4.2.5.1「V＋V」構造の二字字音語と品詞性

[表65] 述補関係の「V＋V」構造の二字字音語と品詞性

中国語	品詞性	日本語	品詞性	韓国語	品詞性
敗北	V	敗北	N・V	敗北	N・V
拜見	V	拝見	N・V	拜見	N・V
颁布	V	頒布	N・V	頒布	N・V
伴奏	V	伴奏	N・V	伴奏	N・V
保释	V	保釈	N・V	保釋	N・V
保证	N・V	保証	N・V	保證	N・V
爆发	V	爆発	N・V	爆發	N・V
辨证・辩证	V	弁証・辨証	N・V	辨證	N・V
辩护	V	弁護・辯護	N・V	辯護	N・V
并存	V	併存	N・V	並存	N・V
补偿	V	補償	N・V	補償	N・V
补充	V	補充	N・V	補充	N・V
补习	V	補習	N・V	補習	N・V
补助	N・V	補助	N・V	補助	N・V
步行	V	歩行	N・V	步行	N・V
采访	V	採訪	N・V	採訪	N・V
采集	V	採集	N・V	採集	N・V
采纳	V	採納	N・V	採納	N・V

采用	V	採用	N・V	採用	N・V
参观	V	参観	N・V	參觀	N・V
参考	V	参考	N	參考	N・V
参议	N・V	参議	N	參議	N
测定	V	測定	N・V	測定	N・V
沉淀	N・V	沈澱	N・V	沈澱	N・V
沉默	V・A	沈黙	N・V	沈默	N・V
沉着	V・A	沈着	N・V・A	沈着	N・A・AD
成立	V	成立	N・V	成立	N・V
成长	V	成長	N・V	成長	N・V
持续	V	持続	N・V	持續	N・V
崇拜	V	崇拝	N・V	崇拜	N・V
出发	V	出発	N・V	出發	N・V
触发	V	触発	N・V	觸發	N・V
传达	N・V	伝達	N・V	傳達	N・V
传染	V	伝染	N・V	傳染	N・V
传送	V	伝送	N・V	傳送	N・V
促进	V	促進	N・V	促進	N・V
错觉	N	錯覚	N・V	錯覺	N・V
答辩	V	答弁・答辯	N・V	答辯	N・V
打倒	V	打倒	N・V	打倒	N・V
打破	V	打破	N・V	打破	N・V
代表	N・V	代表	N・V	代表	N・V
代理	V	代理	N・V	代理	N・V
代用	V	代用	N・V	代用	N・V
冻结	V	凍結	N・V	凍結	N・V
杜绝	V	杜絶	N・V	杜絶	N・V
断定	V	断定	N・V	斷定	N・V
对决	V	対決	N・V	對決	N・V
对抗	V	対抗	N・V	對抗	N・V
对立	V	対立	N・V	對立	N・V
对应	V・A	対応	N・V	對應	N・V
对照	V	対照	N・V	對照	N・V

发达	V・A	発達	N・V	發達	N・V
发挥	V	発揮	N・V	發揮	N・V
发行	V	発行	N・V	發行	N・V
发育	V	発育	N・V	發育	N・V
发展	V	発展	N・V	發展	N・V
反抗	V	反抗	N・V	反抗	N・V
反射	V	反射	N・V	反射	N・V
反应	N・V	反応	N・V	反應	N・V
反映	V	反映	N・V	反映	N・V
防止	V	防止	N・V	防止	N・V
访问	V	訪問	N・V	訪問	N・V
放送	V	放送	N・V	放送	N・V
放置	V	放置	N・V	放置	N・V
飞行	V	飛行	N・V	飛行	N・V
分担	V	分担	N・V	分擔	N・V
附加	V	附加・付加	N・V	附加	N・V
夏合	V	複合	N・V	複合	N・V
夏活	V	復活	N・V	復活	N・V
夏习	V	復習	N・V	復習	N・V
夏兴	V	復興	N・V	復興	N・V
夏制	V	複製	N・V	複製	N・V
改造	V	改造	N・V	改造	N・V
感动	V・A	感動	N・V	感動	N・V
感化	V	感化	N・V	感化	N・V
感激	V	感激	N・V	感激	N・V
感慨	V	感慨	N	感慨	N・V
感染	V	感染	N・V	感染	N・V
感受	N・V	感受	N・V	感受	N・V
感叹	V	感嘆・感歎	N・V	感嘆・感歎	N・V
感谢	V	感謝	N・V	感謝	N・V・A・AD
构成	N・V	構成	N・V	構成	N・V
构想	N・V	構想	N・V	構想	N・V

构造	N・V	構造	N	構造	N・V
顾问	N	顧問	N	顧問	N・V
关联・关连	V	関聯・関連	N・V	關聯	N・V
观赏	V	観賞	N・V	觀賞	N・V
归省	V	帰省	N・V	歸省	N・V
过去	N・V	過去	N	過去	N
航行	V	航行	N・V	航行	N・V
合唱	V	合唱	N・V	合唱	N・V
合成	V	合成	N・V	合成	N・V
合计	V	合計	N・V	合計	N・V
合流	V	合流	N・V	合流	N・V
合奏	V	合奏	N・V	合奏	N・V
合作	V	合作	N・V	合作	N・V
候补	V	候補	N	候補	N
护送	V	護送	N・V	護送	N・V
化合	V	化合	N・V	化合	N・V
欢呼	V	歓呼	N・V	歡呼	N・V
欢送	V	歓送	N・V	歡送	N・V
欢迎	V	歓迎	N・V	歡迎	N・V
换算	V	換算	N・V	換算	N・V
回顾	V	回顧	N・V	回顧	N・V
回想	V	回想	N・V	回想	N・V
会话	V	会話	N・V	會話	N・V
会谈	V	会談	N・V	會談	N・V
会议	N	会議	N・V	會議	N・V
兼任	V・A	兼任	N・V	兼任	N・V
检察	V	検察	N	檢察	N・V
检举	V	検挙	N・V	檢擧	N・V
鉴别	V	鑑別	N・V	鑑別	N・V
鉴定	N・V	鑑定	N・V	鑑定	N・V
鉴赏	V	鑑賞	N・V	鑑賞	N・V
奖励	V	奨励	N・V	獎勵	N・V
教授	N・V	教授	N・V	教授	N・V

教养	N・V	教養	N	敎養	N・V
教育	N・V	教育	N・V	敎育	N・V
接待	V	接待	N・V	接待	N・V
接见	V	接見	N・V	接見	N・V
揭示	V	掲示	N・V	揭示	N・V
结合	V	結合	N・V	結合	N・V
解答	V	解答	N・V	解答	N・V
解决	V	解決	N・V	解決	N・V
进攻	V	進攻	N・V	進攻	N・V
进取	V	進取	N	進取	N・V
进入	V	進入	N・V	進入	N・V
进行	V	進行	N・V	進行	N・V
进展	V	進展	N・V	進展	N・V
警告	N・V	警告	N・V	警告	N・V
拘束	V・A	拘束	N・V	拘束	N・V
开发	V	開発	N・V	開發	N・V
开放	V・A	開放	N・V	開放	N・V
开化	V・A	開化	N・V	開化	N・V
凯旋	V	凱旋	N・V	凱旋	N・V
克服	V	克服	N・V	克服	N・V
扩充	V	拡充	N・V	擴充	N・V
冷藏	V	冷蔵	N・V	冷藏	N・V
冷冻	V	冷凍	N・V	冷凍	N・V
冷却	V	冷却	N・V	冷却	N・V
礼拜	N・V	礼拝	N・V	禮拜	N・V
连载	V	連載	N・V	連載	N・V
联盟	N	聯盟・連盟	N	聯盟	N・V
联想	V	聯想・連想	N・V	聯想	N・V
留学	V	留学	N・V	留學	N・V
流通	V	流通	N・V	流通	N・V
流行	V	流行	N・V	流行	N・V
论争	V	論争	N・V	論爭	N・V
论证	N・V	論証	N・V	論證	N・V

迷信	V	迷信	N	迷信	N・V
面談	V	面談	N・V	面談	N・V
蔑視	V	蔑視	N・V	蔑視	N・V
抹杀・抹煞	V	抹殺	N・V	抹殺・抹搬	N・V
醸造	V	醸造	N・V	醸造	N・V
捏造	V	捏造	N・V	捏造	N・V
凝視	V	凝視	N・V	凝視	N・V
判定	V	判定	N・V	判定	N・V
判決	V	判決	N・V	判決	N・V
叛乱	V	叛乱・反乱	N・V	叛亂・反亂	N・V
配置	V	配置	N・V	配置	N・V
批判	V	批判	N・V	批判	N・V
评论	N・V	評論	N・V	評論	N・V
评判	V	評判	N	評判	N・V
破坏	V	破壊	N・V	破壞	N・V
扑灭	V	撲滅	N・V	撲滅	N・V
牵制	V	牽制	N・V	牽制	N・V
侵害	V	侵害	N・V	侵害	N・V
侵略	V	侵略・侵掠	N・V	侵略	N・V
侵入	V	侵入	N・V	侵入	N・V
傾听	V	傾聴	N・V	傾聽	N・V
倾向	N・V	傾向	N	傾向	N
劝告	N・V	勧告	N・V	勸告	N・V
认定	V	認定	N・V	認定	N・V
散发	V	散発	N・V	散發	N・V
扫除	V	掃除	N・V	掃除	N・V
设备	N・V	設備	N・V	設備	N・V
设立	V	設立	N・V	設立	N・V
审理	V	審理	N・V	審理	N・V
审判	V	審判	N・V	審判	N・V
审议	V	審議	N・V	審議	N・V
生育	V	生育	N・V	生育	N・V
生殖	V	生殖	N・V	生殖	N・V

声援	V	声援	N・V	聲援	N・V
试行	V	試行	N・V	試行	N・V
试用	V	試用	N・V	試用	N・V
试制	V	試製	N・V	試製	N・V
收集	V	収集・蒐集	N・V	収集・蒐集	N・V
收入	N・V	収入	N	収入	N・V
输出	V	輸出	N・V	輸出	N・V
输入	V	輸入	N・V	輸入	N・V
思索	V	思索	N・V	思索	N・V
送别	V	送別	N・V	送別	N・V
谈判	V	談判	N・V	談判	N・V
提供	V	提供	N・V	提供	N・V
调整	V	調整	N・V	調整	N・V
听取	V	聴取	N・V	聽取	N・V
通译	N・V	通訳	N・V	通譯	N・V
通用	V	通用	N・V	通用	N・V
通知	N・V	通知	N・V	通知	N・V
统计	V	統計	N・V	統計	N
突击	V	突撃	N・V	突撃	N・V
突破	V	突破	N・V	突破	N・V
推定	V	推定	N・V	推定	N・V
推算	V	推算	N・V	推算	N・V
退出	V	退出	N・V	退出	N・V
伪造	V	偽造	N・V	僞造	N・V
误解	N・V	誤解	N・V	誤解	N・V
吸收	V	吸収	N・V	吸收	N・V
习得	V	習得	N・V	習得	N・V
消化	V	消化	N・V	消化	N・V
协定	N・V	協定	N・V	協定	N・V
协议	N・V	協議	N・V	協議	N・V
信任	V	信任	N・V	信任	N・V
休养	V	休養	N・V	休養	N・V
宣传	V	宣伝	N・V	宣傳	N・V

选定	V	選定	N・V	選定	N・V
削减	V	削減	N・V	削減	N・V
学习	V	学習	N・V	學習	N・V
训练	V	訓練	N・V	訓練・訓鍊	N・V
压倒	V	圧倒	N・V	壓倒	N・V
压迫	V	圧迫	N・V	壓迫	N・V
压缩	V	圧縮	N・V	壓縮	N・V
演出	V	演出	N・V	演出	N・V
演说	N・V	演説	N・V	演說	N・V
演习	V	演習	N・V	演習	N・V
演奏	V	演奏	N・V	演奏	N・V
依存	V	依存	N・V	依存	N・V
遗传	V	遺伝	N・V	遺傳	N・V
抑制	V	抑制	N・V	抑制	N・V
引用	V	引用	N・V	引用	N・V
隐居	V	隠居	N・V	隱居	N・V
营养	N	営養・栄養	N	營養	N
应用	V・A	応用	N・V	應用	N・V
游击	V	遊撃	N	遊擊	N・V
游览	V	遊覧	N・V	遊覽	N・V
诱发	V	誘発	N・V	誘發	N・V
栽培	V	栽培	N・V	栽培	N・V
赞成	V	賛成	N・V	贊成	N・V
增设	V	増設	N・V	增設	N・V
展览	V	展覧	N・V	展覽	N・V
展示	V	展示	N・V	展示	N・V
招待	V	招待	N・V	招待	N・V
召集	V	召集	N・V	召集	N・V
诊断	V	診断	N・V	診斷	N・V
振动	V	振動	N・V	振動	N・V
争论	V	争論	N・V	爭論	N・V
征服	V	征服	N・V	征服	N・V
蒸发	V	蒸発	N・V	蒸發	N・V

支配	V	支配	N・V	支配	N・V
指导	V	指導	N・V	指導	N・V
指定	V	指定	N・V	指定	N・V
指挥	N・V	指揮	N・V	指揮・指麾	N・V
指示	N・V	指示	N・V	指示	N・V
注目	V	注目	N・V	注目	N・V・感嘆詞
注视	V	注視	N・V	注視	N・V
追加	V	追加	N・V	追加	N・V
追忆	V	追憶	N・V	追憶	N・V
准备	V	準備	N・V	準備	N・V
总计	V	総計	N・V	總計	N・V
尊称	N・V	尊称	N	尊稱	N・V
座谈	V	座談	N・V	座談	N・V

[表66] 中・日・韓三国語の品詞性の比較(二十九) (総語数:261語)

品詞性	名　詞			動　詞			形容詞			副　詞			その他		
国語	中	日	韓	中	日	韓	中	日	韓	中	日	韓	中	日	韓
語数	38	261	261	256	243	254	10	1	2	0	0	2	0	0	1
％	14.6	100	100	98.1	93.1	97.3	3.8	0.4	0.8	0	0	0.8	0	0	0.4

　述補関係の「Ｖ＋Ｖ」構造の二字字音語は、中国語の場合、動詞の用法で使われる語が98.1％で最も多く、次いで名詞、形容詞の順であるが、名詞の用法で使われる38語のうち、名詞だけの品詞性で使われる語は「錯覚」「顧問」「会議」「聯盟」「営養」など5語しかなく、「保証」「補助」「参議」など33語は名詞と動詞の両方の品詞性で用いられ、形容詞の用法で使われる10語のうち、形容詞だけの品詞性で使われる語は一つもなく、全部動詞と形容詞の両方の品詞性で使われる語であり、その中で「対応」「兼任」「応用」など3語は「属性詞」である。日本語の場合は名詞だけの品詞

性で使われる語が「参考」「参議」「感慨」など18語、名詞と動詞の
用法で使われる語が「敗北」「拝見」「頒布」など242語、名詞・動
詞・形容詞の用法で使われる語が「沈着」1語で、名詞と動詞の両
方の品詞性で使われる語が圧倒的に多い。「沈着」は日本語で形
容詞の用法で使われる場合、「－な」の形で連体修飾語、「－に」
の形で連用修飾語を構成する。韓国語の場合は名詞だけの品詞
性で使われる語が「参議」「過去」「候補」「傾向」「統計」「営養」など
6語、名詞と動詞の用法で使われる語が「敗北」「拝見」「頒布」など
252語、名詞・動詞・感嘆詞の用法で使われる語が「注目」1語、
名詞・形容詞・副詞の用法で使われる語が「沈着」1語、名詞・動
詞・形容詞・副詞の用法で使われる語が「感謝」1語で、日本語と
同じく名詞と動詞の両方の品詞性で使われる語が圧倒的に多い。
韓国語で「沈着」「感謝」など2語は後に接尾辞「－히」がついて副
詞となる。

4.2.5.2 「V＋(A→V)」構造の二字字音語と品詞性

[表67] 述補関係の「V＋(A→V)」構造の二字字音語と品詞性

中国語	品詞性	日本語	品詞性	韓国語	品詞性
辨明	V	弁明・辨明	N・V	辨明	N・V
表明	V	表明	N・V	表明	N・V
垂直	V	垂直	N・A	垂直	N
发明	N・V	発明	N・V	發明	N・V
分明	A・AD	分明	N・V・A	分明	A・AD
改良	V	改良	N・V	改良	N・V
改善	V	改善	N・V	改善	N・V
改正	V	改正	N・V	改正	N・V
革新	V	革新	N・V	革新	N・V

更新	V	更新	N・V	更新	N・V
減少	V	減少	N・V	減少	N・V
开明	A	開明	N・V・A	開明	N・V
扩大	V	拡大	N・V	擴大	N・V
漂白	V	漂白	N・V	漂白	N・V
声明	N・V	声明	N・V	聲明	N・V
说明	N・V	説明	N・V	說明	N・V
缩小	V	縮小	N・V	縮小	N・V
修正	V	修正	N・V	修正	N・V
延长	V	延長	N・V	延長	N・V
照明	V	照明	N・V	照明	N・V
证明	N・V	証明	N・V	證明	N・V

[表68] 中・日・韓三国語の品詞性の比較(三十) (総語数:21語)

品詞性	名　詞			動　詞			形容詞			副　詞			その他		
国語	中	日	韓	中	日	韓	中	日	韓	中	日	韓	中	日	韓
語数	4	21	20	19	20	19	2	3	1	1	0	1	0	0	0
％	19.1	100	95.2	90.5	95.2	90.5	9.5	14.3	4.8	4.8	0	4.8	0	0	0

　述補関係の「V＋(A→V)」構造の二字字音語は、中国語の場合、動詞だけの用法で使われる語が「辨明」「表明」「垂直」など15語、形容詞だけの用法で使われる語が「开明」1語、名詞と動詞の用法で使われる語が「发明」「声明」「说明」「证明」など4語、形容詞と副詞の用法で使われる語が「分明」1語で、動詞の用法で使われる語が90.5％で最も多く、次いで名詞、形容詞、副詞の順であるが、名詞の用法で使われる4語は全部動詞の用法も有している。日本語の場合は名詞と動詞の用法で使われる語が「弁明」「表明」「発明」など18語、名詞と形容詞の用法で使われる語が「垂直」1語、名詞・動詞・形容詞の用法で使われる語が「分明」

「開明」など2語であり、韓国語の場合は名詞だけの用法で使われる語が「垂直」1語、名詞と動詞の用法で使われる語が「辨明」「表明」「發明」など19語、形容詞と副詞の用法で使われる語が「分明」1語で、日本語と韓国語では主に名詞と動詞の両方の品詞性で用いられるということが分かる。日本語の形容詞の用法で使われる3語のうち、「分明」「開明」など2語は「－な」の形で連体修飾語を構成し、「垂直」は「－な」の形で連体修飾語、「－に」の形で連用修飾語を構成する。韓国語の「分明」は「－히」「－코」の形で副詞となる。

第5章

結論

　本研究では、中・日・韓三国語の現代語に共通して存在する同形二字字音語3320語を中心に、二字字音語の語構成による分類及び語構成と三国語の品詞性の対応関係を究明し、その共通点と相違点を明らかにすることを目的として考察を行った。

　中・日・韓三国語の二字字音語の語構成による分類及び語構成と品詞性の対応関係を表であらわすと、次のようである。

[表69] 中・日・韓三国語の二字字音語の語構成による分類及び語構成と品詞性の対応関係

品詞性				名詞			動詞			形容詞			副詞			その他		
国語				中	日	韓	中	日	韓	中	日	韓	中	日	韓	中	日	韓
形態的な字構音成語による二字	単純語 (13語)		語数	9	13	12	4	3	3	1	1	1	1	0	1	0	0	0
			%	69.2	100	92.3	30.8	23.1	23.1	7.7	7.7	7.7	7.7	0	7.7	0	0	0
	派生語	接頭辞＋語基 (2語)	語数	2	2	2	0	0	0	0	0	0	0	1	1	0	0	0
			%	100	100	100	0	0	0	0	0	0	0	50	50	0	0	0
		語基＋接尾辞 (17語)	語数	17	17	17	0	0	0	0	0	0	0	0	0	0	0	0
			%	100	100	100	0	0	0	0	0	0	0	0	0	0	0	0
	助字によるもの (64語)		語数	20	58	49	18	9	11	32	24	34	16	11	31	4	1	0
			%	31.3	90.6	76.6	28.1	14.1	17.2	50	37.5	53.1	25	17.2	48.4	6.3	1.6	0
統語的な構成による二字字音語	並列関係 同義	N＋N (326語)	語数	315	326	325	11	15	18	34	7	15	8	1	13	1	0	0
			%	96.6	100	99.7	3.4	4.6	5.5	10.4	2.2	4.6	2.5	0.3	4	0.3	0	0
		V＋V (629語)	語数	117	629	626	588	587	596	47	9	21	5	1	9	4	0	1
			%	18.6	100	99.5	93.5	93.3	94.8	7.5	1.4	3.3	0.8	0.2	1.4	0.6	0	0.2
		A＋A (185語)	語数	9	184	103	17	12	6	181	156	177	5	2	112	0	0	1
			%	4.9	99.5	55.7	9.2	6.5	3.2	97.8	84.3	95.7	2.7	1.1	60.5	0	0	0.5
		AD＋AD (5語)	語数	0	3	3	1	0	1	1	0	0	5	3	3	0	0	0
			%	0	60	60	20	0	20	20	0	0	100	60	60	0	0	0
	類義	N＋N (25語)	語数	25	25	25	1	0	1	0	0	0	0	0	0	0	0	0
			%	100	100	100	4	0	4	0	0	0	0	0	0	0	0	0
		V＋V (30語)	語数	10	30	30	25	25	27	3	1	1	0	0	1	0	0	0
			%	33.3	100	100	83.3	83.3	90	10	3.3	3.3	0	0	3.3	0	0	0
		A＋A (24語)	語数	0	24	11	4	3	0	24	23	24	0	0	17	0	0	0
			%	0	100	45.8	16.7	12.5	0	100	95.8	100	0	0	70.8	0	0	0
	対義	N＋N (30語)	語数	29	30	30	4	5	4	4	1	0	2	0	1	0	0	0
			%	96.7	100	100	13.3	16.7	13.3	13.3	3.3	0	6.7	0	3.3	0	0	0
		V＋V (17語)	語数	8	17	17	11	13	13	0	0	0	1	1	1	0	0	0
			%	47.1	100	100	64.7	76.5	76.5	0	0	0	5.9	5.9	5.9	0	0	0
		A＋A (8語)	語数	8	7	8	0	0	1	0	0	0	5	3	1	0	0	0
			%	100	87.5	100	0	0	12.5	0	0	0	62.5	37.5	12.5	0	0	0
	畳語 (17語)		語数	0	3	1	0	0	0	10	10	12	8	4	14	0	0	0
			%	0	17.6	5.9	0	0	0	58.8	58.8	70.6	47.1	23.5	82.4	0	0	0
	主述関係	N＋V (18語)	語数	4	18	18	7	4	6	11	0	1	0	0	0	0	0	0
			%	22.2	100	100	38.9	22.2	33.3	61.1	0	5.6	0	0	0	0	0	0
		N＋A (3語)	語数	0	3	2	0	0	0	3	1	1	0	0	2	0	0	0
			%	0	100	66.7	0	0	0	100	33.3	33.3	0	0	66.7	0	0	0

統語的な構成による二字字音語	修飾関係	連体修飾関係	N＋N (511語)	語数	491	510	510	10	6	12	40	6	3	9	7	15	1	1	1
				％	96.1	99.8	99.8	1.9	1.2	2.4	7.8	1.2	0.6	1.8	1.4	2.9	0.2	0.2	0.2
			(N→V)＋N (122語)	語数	121	122	122	3	2	5	4	1	0	0	0	0	0	0	0
				％	99.2	100	100	2.5	1.6	4.1	3.3	0.8	0	0	0	0	0	0	0
			V＋N (274語)	語数	271	273	274	21	6	20	7	1	0	1	2	2	0	0	1
				％	98.9	99.6	100	7.7	2.2	7.3	2.6	0.4	0	0.4	0.7	0.7	0	0	0.4
			A＋N (212語)	語数	200	212	212	7	8	9	31	12	1	5	2	4	1	0	0
				％	94.3	100	100	3.3	3.8	4.3	14.6	5.7	0.5	2.4	0.9	1.9	0.5	0	0
			AD＋N (4語)	語数	4	4	4	0	0	0	0	0	0	0	0	0	0	0	0
				％	100	100	100	0	0	0	0	0	0	0	0	0	0	0	0
		連用修飾関係	AD＋V (47語)	語数	10	47	47	39	40	42	6	2	2	1	1	1	0	0	0
				％	21.3	100	100	83	85.1	89.4	12.8	4.3	4.3	2.1	2.1	2.1	0	0	0
			(N→AD)＋V (89語)	語数	28	89	88	58	63	72	23	1	2	6	2	3	0	0	0
				％	31.5	100	98.9	65.2	70.8	80.9	25.8	1.1	2.3	6.7	2.3	3.4	0	0	0
			(A→AD)＋V (69語)	語数	9	69	68	57	62	63	19	3	1	0	1	2	0	0	0
				％	13	100	98.6	82.6	89.9	91.3	27.5	4.4	1.5	0	1.5	2.9	0	0	0
			AD＋A (3語)	語数	0	3	3	0	0	1	2	2	3	3	1	0	1	0	0
				％	0	100	100	0	0	33.3	66.7	100	100	33.3	0	33.3	0	0	0
	述目関係		V＋N (255語)	語数	53	253	251	216	192	218	32	10	10	8	3	10	1	0	0
				％	20.8	99.2	98.4	84.7	75.3	85.5	12.6	3.9	3.9	3.1	1.2	3.9	0.4	0	0
			A＋N (39語)	語数	3	38	30	12	2	1	27	33	34	0	1	16	1	0	0
				％	7.7	97.4	76.9	30.8	5.1	2.6	69.2	84.6	87.2	0	2.6	41	2.6	0	0
	述補関係		V＋V (261語)	語数	38	261	261	256	243	254	10	1	2	0	0	2	0	0	1
				％	14.6	100	100	98.1	93.1	97.3	3.8	0.4	0.8	0	0	0.8	0	0	0.4
			V＋(A→V) (21語)	語数	4	21	20	19	20	19	2	3	1	1	0	1	0	0	0
				％	19.1	100	95.2	90.5	95.2	90.5	9.5	14.3	4.8	4.8	0	4.8	0	0	0

　中・日・韓三国語の二字字音語を語構成上から分類すると、まず形態的な構成による二字字音語と統語的な構成による二字字音語に大別することができる。

　形態的な構成による二字字音語は、単純語・派生語・助字による語などに分類されるが、単純語と三国語の品詞性の対応関係を考察してみると、三国語ともに名詞の用法で使われる語が最も多く、次いで動詞、形容詞、副詞の順で、単純語は三国語で主に名詞として使われていることが分かる。

　派生語は接頭辞による派生語と接尾辞による派生語に分けられる。字音語系接頭辞としては「阿－」「老－」「小－」「第－」など四つの形態素が挙げられるが、それぞれ次のような機能をする。

　「阿－」は中国語で「ā」「ē」二つの読み方があるが、「ā」と読む場合は、名詞性の語基の前について「親しみ」の意味を添加する機

能をする。

　「老－」は親しい関係にある人の姓の前について「親しみ」と「尊敬」の意味を添加し、数字の前については兄弟順を表し、いくつかの動物、植物の名の前については二音節の語または三音節の語を構成する機能をする。

　「小－」は親しい関係にある人の姓の前について「親しみ」の意味を添加する機能をし、「第－」は一般的に数詞の前について、物事の順序を表す序数詞を造語する機能をする。これを表であらわすと次のようである。

形態素		阿	老	小	第
中国語	接頭辞	○	○	○	○
	接続と機能	名詞性の語基の前について「親しみ」の意味を添加する。	① 親しい関係にある人の姓の前について「親しみ」と「尊敬」の意味を添加する。 ② 数字の前について兄弟順を表す。 ③ いくつかの動物、植物の名の前については二音節の語または三音節の語を構成する。	親しい関係にある人の姓の前について「親しみ」の意味を添加する。	数詞の前について物事の順序を表す序数詞を造語する。
	語基	○	○	○	○
日本語	接頭辞	○	×	×	○
	接続と機能	名詞性の語基の前について「親しみ」の意味を添加する。	×	×	数詞の前について物事の順序を表す序数詞を造語する。
	語基	○	○	○	○

韓国語	接頭辞	○	×	×	○
	接続と機能	名詞性の語基の前について「親しみ」の意味を添加する。	×	×	数詞の前について物事の順序を表す序数詞を造語する。
	語基	○	○	○	○

(＊語基の場合は、接続と機能は略す。)

　接頭辞による派生語は三国語で一般的に名詞の用法で使われるが、「第一」のように日本語と韓国語で名詞の外に副詞として使われる場合もある。

　三国語でともに認められる字音語系接尾辞としては、「－子」「－頭」など二つの形態素が挙げられ、それぞれ次のような機能をする。

　「－子(zi)」は前の語基の品詞性によってその機能も異なるが、名詞性の語基につく場合は、非自立性の語基を自立できる名詞に変える機能をする。しかし、動詞性の語基については、その動詞を名詞化する機能の外、「…するもの」という意味を添加し、形容詞性の語基については、その形容詞を名詞化する外、「…状態のもの/人」という意味を添加する機能をする。

　「－頭」は中国語で二つの読み方があるが、「－頭(tou)」と読む場合は、必ず語基の後につき、語彙的な意味はなく、前の語基を名詞化する機能をする。

　この外に、「－的」は日本語と韓国語で、一般的に形容詞の用法がないものの後について、そのような性質・状態にあるという意味を添加し、その名詞あるいは動詞を形容詞化する機能をする。中国語では、「的」は構造助詞または語基として用いられる。これを表であらわすと次のようである。

形態素		子	頭	的
中国語	接尾辞	○	○	×
	接続と機能	① 名詞性の語基について、非自立性の語基を自立できる名詞に変える。 ② 動詞性の語基について、その動詞を名詞化し、「…するもの」という意味を添加する。 ③ 形容詞性の語基について、その形容詞を名詞化し、「…状態のもの/人」の意味を添加する。	語基の後について、その語基を名詞化する。	×
	語基	○	○	○(構造助詞)
日本語	接尾辞	○	○	○
	接続と機能	① 名詞性の語基について、非自立性の語基を自立できる名詞に変える。 ② 動詞性の語基について、その動詞を名詞化し、「…するもの」という意味を添加する。 ③ 形容詞性の語基について、その形容詞を名詞化し、「…状態のもの/人」の意味を添加する。	語基の後について、その語基を名詞化する。	形容詞の用法がないものの後について、そのような性質・状態にあるという意味を添加し、その名詞あるいは動詞を形容詞化する。
	語基	○	○	○
韓国語	接尾辞	○	○	○
	接続と機能	① 名詞性の語基について、非自立性の語基を自立できる名詞に変える。 ② 動詞性の語基について、その動詞を名詞化し、「…するもの」という意味を添加する。 ③ 形容詞性の語基について、その形容詞を名詞化し、「…状態のもの/人」の意味を添加する。	語基の後について、その語基を名詞化する。	形容詞の用法がないものの後について、そのような性質・状態にあるという意味を添加し、その名詞あるいは動詞を形容詞化する。
	語基	○	○	○

(* 語基または助詞の場合は、接続と機能は略す。)

　接尾辞「－子」「－頭」で構成された派生語は、三国語ですべて
名詞の用法で用いられている。

　助字による二字字音語の品詞性は、助字によって異なるが、
「不」「可」「然」などの助字で構成された語は主に形容詞・副詞で
使用され、「所」「相」で構成された語は主に動詞で、「以」で構成
された語は主に名詞で使用されていることが確認できる。

　統語的な構成による二字字音語は、語構成要素間の結合関係
によって大きく並列関係の二字字音語・主述関係の二字字音語・
修飾関係の二字字音語・述目関係の二字字音語・述補関係の二
字字音語などの五種に分類することができる。

　並列関係の二字字音語は、さらに同義の語基を重ねた二字字
音語、類義の語基を重ねた二字字音語、対義の語基を重ねた二
字字音語、畳語などに分けられる。

　同義の語基を重ねた二字字音語は、「N＋N」「V＋V」「A＋A」
「AD＋AD」など四つの構造で構成されているが、「N＋N」構造の
二字字音語は、三国語ともに主として名詞の用法で使用され、動
詞・形容詞などの品詞性を持つ場合は非常にまれである。「V＋V」
構造の二字字音語は、日本語と韓国語では90％以上名詞と動詞
の両方の品詞性を有するのに対し、中国語では名詞で使われる
語は18.6％しかなく、動詞の用法を持つ語が93.5％で、主に動詞
で使われている。「A＋A」構造の二字字音語は、日本語の場合
は名詞と形容詞の両方の品詞性で使われる語が最も多く、韓国
語の場合は名詞・形容詞・副詞の用法で使われる語が多いが、中
国語の場合は形容詞で使われる語が97.8％で、外の品詞性で使
われる語に比べて圧倒的に多い。「AD＋AD」構造の二字字音
語は、日本語と韓国語では主に名詞と副詞の用法で使われるの

に対し、中国語では主に副詞として使われている。

　類義の語基を重ねた二字字音語は、「N＋N」「V＋V」「A＋A」など三つの構造で構成されているが、「N＋N」構造の二字字音語は、三国語で主に名詞の用法で使われている。「V＋V」構造の二字字音語は、三国語で主に名詞と動詞の二つの品詞性で使われているが、その中で、中国語で名詞として使われる語の比率は33.3％で、日本語と韓国語の100％に比べてずっと少ない。「A＋A」構造の二字字音語は、中国語では主に形容詞として使われ、日本語では主に名詞と形容詞、韓国語では主に名詞・形容詞・副詞の用法で使われている。

　対義の語基を重ねた二字字音語も、「N＋N」「V＋V」「A＋A」など三つの構造で構成されているが、「N＋N」構造の二字字音語は、三国語で主に名詞として使われ、「V＋V」構造の二字字音語は、中国語では動詞の用法で使われる語が最も多く、次いで名詞、副詞の順であるが、日本語と韓国語では名詞の用法で使われる語が最も多く、次いで動詞、副詞の順である。「A＋A」構造の二字字音語は、三国語ともに主として名詞の用法で使われ、中国語では副詞の用法でも多く用いられる。

　畳語は三国語で一般的に形容詞と副詞の用法で使われているが、日本語と韓国語の場合は名詞の用法で使われる畳語もいくつか見られる。

　主述関係の二字字音語は、「N＋V」「N＋A」など二つの構造で構成されているが、「N＋V」構造の二字字音語は、日本語と韓国語では主に名詞の用法で使用され、中国語では主に形容詞の用法で使われているが、大部分の形容詞は述語になれない「属性词」で、その用法は日本語と韓国語の名詞の用法とほぼ同様で

あると考えられる。また、三国語で動詞の用法で使用される語も多少見られる。「N＋A」構造の二字字音語は、中国語では主に形容詞の用法で使われ、日本語では主に名詞、韓国語では主に名詞と副詞の用法で使われると判断される。

　修飾関係の二字字音語は、連体修飾関係の二字字音語と連用修飾関係の二字字音語に下位分類することができる。

　連体修飾関係の二字字音語は、「N＋N」「(N→V)＋N」「V＋N」「A＋N」「AD＋N」など五つの構造で構成されているが、「N＋N」構造の二字字音語と「(N→V)＋N」構造の二字字音語、そして「AD＋N」構造の二字字音語は、三国語で主に名詞として使われる。「V＋N」構造の二字字音語と「A＋N」構造の二字字音語も、三国語で主に名詞として用いられているが、前の三種の構造に比べて動詞と形容詞の用法で使われる語の比率が相対的に高い。これらの動詞の用法で使われる語の多くは、連用修飾関係の「(A→AD)＋V」構造の二字字音語あるいは述目関係の「V＋N」構造の二字字音語と見なすことができる。また、中国語の形容詞の用法で使われる語の半分以上は、「属性词」として使われる語である。

　連用修飾関係の二字字音語は、「AD＋V」「(N→AD)＋V」「(A→AD)＋V」「AD＋A」など四つの構造で構成されているが、「AD＋V」構造の二字字音語の品詞性は、日本語と韓国語の場合は名詞の用法が最も多く、次いで動詞、形容詞、副詞の順であるが、中国語の場合は動詞の用法で使われる語が最も多く、次いで名詞、形容詞、副詞の順で、名詞の用法で使われる語の比率は日本語と韓国語に比べてはるかに少ない。「(N→AD)＋V」構造の二字字音語は、日本語と韓国語では主に名詞と動詞の用

法で使われるのに対し、中国語では主に動詞の用法で使われるが、名詞と形容詞の用法で使われる語もそれぞれ31.5%と25.8%で、少なくない比率を占めている。「(A→AD)＋V」構造の二字字音語も、日本語と韓国語では主に名詞と動詞の用法で使われるのに対し、中国語では主に動詞の用法で使われ、形容詞の用法で使われる語も27.5%で、割合に大きい比率を占めている。「AD＋A」構造の二字字音語は、日本語と韓国語では主として名詞と形容詞の用法で使われ、中国語では主として形容詞の用法で使われている。

　述目関係の二字字音語は、「V＋N」「A＋N」など二つの構造で構成されているが、「V＋N」構造の二字字音語は、日本語と韓国語では名詞の用法で使われる語が最も多く、次いで動詞、形容詞、副詞の順で、主に名詞と動詞の用法で使われている。中国語では動詞の用法で使われる語が最も多く、次いで名詞、形容詞、副詞、接続詞の順で、主として動詞の用法で使われている。「A＋N」構造の二字字音語は、中国語の場合は形容詞の用法で使われる語が最も多く、次いで動詞、名詞、接続詞の順であるが、日本語の場合は主に名詞と形容詞の用法で使われる。韓国語の場合は形容詞の用法で使われる語が最も多く、次いで名詞、副詞、動詞の順であるが、中国語と日本語に比べて副詞の用法で使われる語が相当多いことが特徴である。

　述補関係の二字字音語は、「V＋V」「V＋(A→V)」など二つの構造で構成されている。「V＋V」構造の二字字音語は、日本語と韓国語では主に名詞と動詞の用法で使われているが、中国語では主に動詞の用法で使われ、名詞の用法で使われる語は14.6%で、日本語と韓国語に比べてその比率は非常に低い。「V＋(A→V)」

構造の二字字音語は、上の「V＋V」構造の二字字音語と同じく、日本語と韓国語では主に名詞と動詞の用法で使われ、中国語では主に動詞の用法で使われている。

　以上、中・日・韓三国語の二字字音語の語構成による分類及び語構成と品詞性の対応関係について考察してみたが、語構成と品詞性の間には密接な対応関係が成立するということができる。

中日韓二字字音語の語彙索引

―――――――――――――――――― 中・日・韓の字音語の対照研究

(＊ 順序は中国語の発音順に並べることにする。)

【A】

哀愁　A　哀愁(あいしゅう) N　哀愁(애수) N
哀悼　V　哀悼(あいとう－する) N・V　哀悼(애도-하다) N・V
爱国　V　愛国(あいこく) N　愛國(애국-하다) N・V
爱好　N・V　愛好(あいこう－する) N・V　愛好(애호-하다) N・V
爱护　V　愛護(あいご－する) N・V　愛護(애호-하다) N・V
爱情　N　愛情(あいじょう) N　愛情(애정) N
爱人　N　愛人(あいじん) N　愛人(애인-하다) N・V
爱惜　V　愛惜(あいせき－する) N・V　愛惜(애석-하다-히) N・V・A・AD
暧昧　A　曖昧(あいまい－な－に) N・A　曖昧(애매-하다-히) N・A・AD
安定　V・A　安定(あんてい－する) N・V　安定(안정-하다) N・V
安静　A　安静(あんせい－な－に) N・A　安静(안정-하다-히) N・V・A・AD
安宁　A　安寧(あんねい) N　安寧(안녕-하다-히) N・A・AD・感嘆詞
安全　A　安全(あんぜん－な－に) N・A　安全(안전-하다-히) N・A・AD
安慰　V・A　安慰(あんい) N　安慰(안위-하다) N・V
安稳　A　安穏(あんのん－な－に) N・A　安穏(안온-하다-히) N・A・AD
安心　V・A　安心・安神(あんしん－する－な) N・V・A　安心(안심-하다) N・V
安置　V　安置(あんち－する) N・V　安置(안치-하다) N・V
案件　N　案件(あんけん) N　案件(안건) N

暗暗 AD　暗暗(あんあん) N　暗暗(암암-하다-히) A・AD
暗礁 N　暗礁(あんしょう) N　暗礁(암초) N
暗殺 V　暗殺(あんさつ-する) N・V　暗殺(암살-하다) N・V
暗示 V　暗示(あんじ-する) N・V　暗示(암시-하다) N・V
暗中 N　暗中(あんちゅう) N　暗中(암중) N
傲慢 A　傲慢(ごうまん-な-に) N・A　傲慢(오만-하다) N・A

[B]

把握 N・V　把握(はあく-する) N・V　把握(파악-하다) N・V
霸権 N　覇権(はけん) N　霸權(패권) N
白菜 N　白菜(はくさい) N　白菜(백채) N
白人 N　白人(はくじん) N　白人(백인) N
白色 N・A　白色(はくしょく) N　白色(백색) N
百货 N　百貨(ひゃっか) N　百貨(백화) N
百科 N　百科(ひゃっか) N　百科(백과) N
百姓 N　百姓(ひゃくしょう) N　百姓(백성) N
敗北 V　敗北(はいぼく-する) N・V　敗北(패배-하다) N・V
拜见 V　拜見(はいけん-する) N・V　拜見(배견-하다) N・V
颁布 V　頒布(はんぷ-する) N・V　頒布(반포-하다) N・V
版权 N　版權(はんけん) N　版權(판권) N
半岛 N　半島(はんとう) N　半島(반도) N
半价 N　半価(はんか) N　半價(반가) N
半径 N　半径(はんけい) N　半徑(반경) N
扮装 V　扮裝(ふんそう-する) N・V　扮裝(분장-하다) N・V
伴侣 N　伴侶(はんりょ) N　伴侶(반려) N
伴奏 V　伴奏(ばんそう-する) N・V　伴奏(반주-하다) N・V
包含 V　包含(ほうがん-する) N・V　包含(포함-하다) N・V
包括 V　包括(ほうかつ-する) N・V　包括(포괄-하다) N・V
包容 V　包容(ほうよう-する) N・V　包容(포용-하다) N・V
包围 V　包囲(ほうい-する) N・V　包圍(포위-하다) N・V
包装 N・V　包裝(ほうそう-する) N・V　包裝(포장-하다) N・V
饱和 V　飽和(ほうわ-する) N・V　飽和(포화) N
饱满 A　飽満(ほうまん-する) N・V　飽滿(포만-하다) N・A
宝剑 N　宝剣(ほうけん) N　寶劍(보검) N
宝库 N　宝庫(ほうこ) N　寶庫(보고) N
宝石 N　宝石(ほうせき) N　寶石(보석) N
宝物 N　宝物(ほうもつ) N　寶物(보물) N
保安 N・V　保安(ほあん) N　保安(보안-하다) N・V

保持 V　保持(ほじ－する) N・V　保持(보지-하다) N・V
保存 V　保存(ほぞん－する) N・V　保存(보존-하다) N・V
保管 N・V　保管(ほかん－する) N・V　保管(보관-하다) N・V
保护 V　保護(ほご－する) N・V　保護(보호-하다) N・V
保健 V　保健(ほけん) N　保健(보건) N
保留 V　保留(ほりゅう－する) N・V　保留(보류-하다) N・V
保姆・保母 N　保母・保姆(ほぼ) N　保姆(보모) N
保全 V　保全(ほぜん－する) N・V　保全(보전-하다) N・V
保释 V　保釈(ほしゃく－する) N・V　保釋(보석-하다) N・V
保守 V・A　保守(ほしゅ－する) N・V　保守(보수-하다) N・V
保温 V　保温(ほおん－する) N・V　保溫(보온-하다) N・V
保险 N・V・A　保険(ほけん) N　保險(보험) N
保养 V　保養(ほよう－する) N・V　保養(보양-하다) N・V
保育 V　保育・哺育(ほいく－する) N・V　保育(보육-하다) N・V
保障 N・V　保障(ほしょう－する) N・V　保障(보장-하다) N・V
保证 N・V　保証(ほしょう－する) N・V　保證(보증-하다) N・V
堡垒 N　堡塁(ほうるい) N　堡壘(보루) N
报酬 N　報酬(ほうしゅう) N　報酬(보수-하다) N・V
报道 N・V　報道(ほうどう－する) N・V　報道(보도-하다) N・V
报恩 V　報恩(ほうおん) N　報恩(보은-하다) N・V
报复 V　報復(ほうふく－する) N・V　報復(보복-하다) N・V
报告 N・V　報告(ほうこく－する) N・V　報告(보고-하다) N・V
抱负 N　抱負(ほうふ) N　抱負(포부) N
暴动 V　暴動(ぼうどう) N　暴動(폭동) N
暴风 N　暴風(ぼうふう) N　暴風(폭풍) N
暴君 N　暴君(ぼうくん) N　暴君(폭군) N
暴力 N　暴力(ぼうりょく) N　暴力(폭력) N
暴利 N　暴利(ぼうり) N　暴利(폭리) N
暴露 V　暴露(ばくろ－する) N・V　暴露(폭로-하다) N・V
暴行 N　暴行(ぼうこう－する) N・V　暴行(폭행-하다) N・V
爆发 V　爆発(ばくはつ－する) N・V　爆發(폭발-하다) N・V
爆破 V　爆破(ばくは－する) N・V　爆破(폭파-하다) N・V
爆竹 N　爆竹(ばくちく) N　爆竹(폭죽) N
卑贱 A　卑賤(ひせん－な) N・A　卑賤(비천-하다) A
卑怯 A　卑怯(ひきょう－な・に) N・A　卑怯(비겁-하다) A
悲哀 A　悲哀(ひあい) N　悲哀(비애) N
悲惨 A　悲惨・悲酸(ひさん－な・に) N・A　悲慘(비참-하다-히) N・A・AD
悲观 A　悲観(ひかん－する) N・V　悲觀(비관-하다) N・V

悲劇 N 悲劇(ひげき) N 悲劇(비극) N

悲鳴 V 悲鳴(ひめい) N 悲鳴(비명) N

悲痛 A 悲痛(ひつう－な－に) N・A 悲痛(비통-하다-히) N・A・AD

北辺 N 北辺(ほくへん) N 北邊(북변) N

北方 N 北方(ほっぽう) N 北方(북방) N

北极 N 北極(ほっきょく) N 北極(북극) N

北面 N 北面(ほくめん－する) N・V 北面(북면-하다) N・V

北纬 N 北緯(ほくい) N 北緯(북위) N

备品 N 備品(びひん) N 備品(비품) N

背后 N 背後(はいご) N 背後(배후) N

背景 N 背景(はいけい) N 背景(배경) N

背面 N 背面(はいめん) N 背面(배면) N

倍数 N 倍数(ばいすう) N 倍數(배수) N

被告 N 被告(ひこく) N 被告(피고) N

奔走 V 奔走(ほんそう－する) N・V 奔走(분주-하다-히-스럽다-스레) V・A・AD

本部 N 本部(ほんぶ) N 本部(본부) N

本来 A・AD 本来(ほんらい) N 本來(본래) N・AD

本能 N・AD 本能(ほんのう) N 本能(본능) N

本人 N 本人(ほんにん) N 本人(본인) N

本文 N 本文(ほんぶん・ほんもん) N 本文(본문) N

本性 N 本性(ほんしょう・ほんせい) N 本性(본성) N

本质 N 本質(ほんしつ) N 本質(본질) N

崩溃 V 崩潰・崩壊(ほうかい－する) N・V 崩潰(붕궤-하다) N・V

绷带 N 繃帯(ほうたい) N 繃帶(붕대) N

逼迫 V 逼迫(ひっぱく－する) N・V 逼迫(핍박-하다) N・V・A

比较 V・AD・前置詞 比較(ひかく－する) N・V 比較(비교-하다) N・V

比例 N 比例(ひれい－する) N・V 比例(비례-하다) N・V

比率 N 比率(ひりつ) N 比率(비율) N

比喻 N・V 比喩・譬喩(ひゆ) N 比喩・譬喩(비유-하다) N・V

比重 N 比重(ひじゅう) N 比重(비중) N

彼此 N 彼此(ひし) N 彼此(피차) N・AD

笔记 N・V 筆記(ひっき－する) N・V 筆記(필기-하다) N・V

笔迹 N 筆跡・筆蹟(ひっせき) N 筆跡(필적) N

笔筒 N 筆筒(ひっとう) N 筆筒(필통) N

笔者 N 筆者(ひっしゃ) N 筆者(필자) N

必然 N・A 必然(ひつぜん) N 必然(필연-하다) N・A・AD

必修 A 必修(ひっしゅう) N 必修(필수) N

必须 AD 必須(ひっす) N 必須(필수) N

必需　V　　必需(ひつじゅ) N　　必需(필수) N
必要　A　　必要(ひつよう－な－に) N・A　　必要(필요-하다) N・A
毕竟　AD　　畢竟(ひっきょう) AD　　畢竟(필경) AD
闭会　V　　閉会(へいかい－する) N・V　　閉會(폐회-하다) N・V
闭口　V　　閉口(へいこう－する) N・V　　閉口(폐구-하다) N・V
闭幕　V　　閉幕(へいまく－する) N・V　　閉幕(폐막-하다) N・V
闭锁　V　　閉鎖(へいさ－する) N・V　　閉鎖(폐쇄-하다) N・V
避难　V　　避難(ひなん－する) N・V　　避難(피난-하다) N・V
避暑　V　　避暑(ひしょ－する) N・V　　避暑(피서-하다) N・V
边境　N　　辺境・辺疆(へんきょう) N　　邊境(변경) N
编辑　N・V　　編輯・編集(へんしゅう－する) N・V　　編輯(편집-하다) N・V
编制　N・V　　編制(へんせい－する) N・V　　編制(편제-하다) N・V
编纂　V　　編纂(へんさん－する) N・V　　編纂(편찬-하다) N・V
变动　V　　変動(へんどう－する) N・V　　變動(변동-하다) N・V
变革　V　　変革(へんかく－する) N・V　　變革(변혁-하다) N・V
变更　V　　変更(へんこう－する) N・V　　變更(변경-하다) N・V
变化　V　　変化(へんか・へんげ－する) N・V　　變化(변화-하다) N・V
变换　V　　変換(へんかん－する) N・V　　變換(변환-하다) N・V
变迁　V　　変遷(へんせん－する) N・V　　變遷(변천-하다) N・V
变形　V　　変形(へんけい－する) N・V　　變形(변형-하다) N・V
变质　V　　変質(へんしつ－する) N・V　　變質(변질-하다) N・V
便利　V・A　　便利(べんり－な－に) N・A　　便利(편리-하다) N・A
便所　N　　便所(べんじょ) N　　便所(변소) N
辨别　V　　弁別・辨別(べんべつ－する) N・V　　辨別(변별-하다) N・V
辨明　V　　弁明・辨明(べんめい－する) N・V　　辨明(변명-하다) N・V
辨证・辩证　V　　弁証・辨証(べんしょう－する) N・V　　辨證(변증-하다) N・V
辩护　V　　弁護・辯護(べんご－する) N・V　　辯護(변호-하다) N・V
辩论　V　　弁論・辯論(べんろん－する) N・V　　辯論(변론-하다) N・V
标本　N　　標本(ひょうほん) N　　標本(표본) N
标题　N　　標題・表題(ひょうだい) N　　標題・表題(표제) N
标语　N　　標語(ひょうご) N　　標語(표어) N
标志・标识　N・V　　標識(ひょうしき) N　　標識(표지) N
标准　N・A　　標準(ひょうじゅん) N　　標準(표준) N
表面　N　　表面(ひょうめん) N　　表面(표면) N
表明　V　　表明(ひょうめい－する) N・V　　表明(표명-하다) N・V
表情　N・V　　表情(ひょうじょう) N　　表情(표정) N
表示　N・V　　表示(ひょうじ－する) N・V　　表示(표시-하다) N・V
表现　N・V　　表現(ひょうげん－する) N・V　　表現(표현-하다) N・V

表彰 V　表彰(ひょうしょう－する) N・V　表彰(표창-하다) N・V
別名 N　別名(べつめい) N　別名(별명) N
別人 N　別人(べつじん) N　別人(별인) N
并存 V　併存(へいそん－する) N・V　竝存(병존-하다) N・V
并列 V　並列(へいれつ－する) N・V　竝列(병렬-하다) N・V
病床 N　病床(びょうしょう) N　病床(병상) N
病毒 N　病毒(びょうどく) N　病毒(병독) N
病菌 N　病菌(びょうきん) N　病菌(병균) N
病人 N　病人(びょうにん) N　病人(병인) N
病院 N　病院(びょういん) N　病院(병원) N
波涛 N　波濤(はとう) N　波濤(파도) N
玻璃 N　玻璃(はり) N　玻璃(파리) N
播种 V　播種(はしゅ－する) N・V　播種(파종-하다) N・V
勃勃 A　勃勃(ぼつぼつ－たる－と) A　勃勃(발발-하다) A
博爱 V　博愛(はくあい) N　博愛(박애-하다) N・V
博览 V　博覧(はくらん－する) N・V　博覽(박람-하다) N・V
博识 A　博識(はくしき－な－に) N・A　博識(박식-하다) N・A
博士 N　博士(はかせ・はくし) N　博士(박사) N
博物 N　博物(はくぶつ) N　博物(박물) N
薄弱 A　薄弱(はくじゃく－な) N・A　薄弱(박약-하다) N・A
补偿 V　補償(ほしょう－する) N・V　補償(보상-하다) N・V
补充 V　補充(ほじゅう－する) N・V　補充(보충-하다) N・V
补习 V　補習(ほしゅう－する) N・V　補習(보습-하다) N・V
补助 N・V　補助(ほじょ－する) N・V　補助(보조-하다) N・V
捕获 V　捕獲(ほかく－する) N・V　捕獲(포획-하다) N・V
捕捉 V　捕捉(ほそく－する) N・V　捕捉(포착-하다) N・V
不安 A　不安(ふあん－な－に) N・A　不安(불안-하다-히-스럽다-스레) N・A・AD
不便 V・A　不便(ふべん－する－な－に) N・V・A　不便(불편-하다스럽다 스레) N・A・AD
不测 N・A　不測(ふそく) N　不測(불측-하다) N・A
不当 A　不当(ふとう－な－に) N・A　不當(부당-하다-히) N・A・AD
不断 V・AD　不断(ふだん) N　不斷(부단-하다-히) A・AD
不法 A　不法(ふほう－な－に) N・A　不法(불법-하다) N・A
不服 V　不服(ふふく－な－に) N・A　不服(불복-하다) N・V
不可 助動詞　不可(ふか) N　不可(불가-하다) N・A
不快 A　不快(ふかい－な－に) N・A　不快(불쾌-하다-히) A・AD
不利 A　不利(ふり－な－に) N・A　不利(불리-하다) N・A
不良 A　不良(ふりょう－な) N・A　不良(불량-하다-스럽다-스레) N・A・AD
不满 A　不満(ふまん－な－に) N・A　不滿(불만-하다-히-스럽다-스레) N・A・AD

不平　N・A　不平(ふへい－なーに) N・A　不平(불평-하다) N・V・A
不幸　N・A　不幸(ふこう－なーに) N・A　不幸(불행-하다-히) N・A・AD
不要　AD　不要(ふよう－なーに) N・A　不要(불요-하다) A
不在　V　不在(ふざい) N　不在(부재-하다) N・V
不足　V・A　不足(ふそく－する－な) N・V・A　不足(부족-하다) N・A
歩道　N　歩道(ほどう) N　歩道(보도) N
歩行　V　歩行(ほこう－する) N・V　歩行(보행-하다) N・V
部队　N　部隊(ぶたい) N　部隊(부대) N
部分　N　部分(ぶぶん) N　部分(부분) N
部门　N　部門(ぶもん) N　部門(부문) N
部署　V　部署(ぶしょ) N　部署(부서) N
部位　N　部位(ぶい) N　部位(부위) N
部下　N　部下(ぶか) N　部下(부하) N

[C]

才能　N　才能(さいのう) N　才能(재능) N
材料　N　材料(ざいりょう) N　材料(재료) N
材质　N　材質(ざいしつ) N　材質(재질) N
财产　N　財産(ざいさん) N　財産(재산) N
财务　N　財務(ざいむ) N　財務(재무) N
财政　N　財政(ざいせい) N　財政(재정) N
裁判　N・V　裁判(さいばん－する) N・V　裁判(재판-하다) N・V
采访　V　採訪(さいほう－する) N・V　採訪(채방-하다) N・V
采光　V　採光(さいこう－する) N・V　採光(채광-하다) N・V
采集　V　採集(さいしゅう－する) N・V　採集(채집-하다) N・V
采纳　V　採納(さいのう－する) N・V　採納(채납-하다) N・V
采取　V　採取(さいしゅ－する) N・V　採取(채취-하다) N・V
采用　V　採用(さいよう－する) N・V　採用(채용-하다) N・V
参观　V　參観(さんかん－する) N・V　參觀(참관-하다) N・V
参加　V　參加(さんか－する) N・V　參加(참가-하다) N・V
参考　V　參考(さんこう) N　參考(참고-하다) N・V
参议　N・V　參議(さんぎ) N　參議(참의) N
参与・参预　V　參与(さんよ－する) N・V　參與(참여-하다) N・V
参照　V　參照(さんしょう－する) N・V　參照(참조-하다) N・V
残酷　A　殘酷(ざんこく－なーに) N・A　殘酷(잔혹-하다) N・A
残忍　A　殘忍(ざんにん－なーに) N・A　殘忍(잔인-하다-스럽다-스레) N・A・AD
灿烂　A　燦爛(さんらん－たるーと) N・A　燦爛(찬란-하다-히) A・AD
仓库　N　倉庫(そうこ) N　倉庫(창고) N

蒼蒼 A　蒼蒼(そうそう－たる－と) A　蒼蒼(창창-하다-히) A・AD
操作 V　操作(そうさ－する) N・V　操作(조작-하다) N・V
草原 N　草原(そうげん) N　草原(초원) N
側面 N　側面(そくめん) N　側面(측면) N
測定 V　測定(そくてい－する) N・V　測定(측정-하다) N・V
測量 V　測量(そくりょう－する) N・V　測量(측량-하다) N・V
差別 N　差別(さべつ・しゃべつ－する) N・V　差別(차별-하다) N・V
差异 N　差異・差違(さい) N　差異(차이) N
利那 N　刹那(せつな) N　刹那(찰나) N
产地 N　産地(さんち) N　産地(산지) N
产物 N　産物(さんぶつ) N　産物(산물) N
产业 N　産業(さんぎょう) N　産業(산업) N
忏悔 V　懺悔(ざんげ－する) N・V　懺悔(참회-하다) N・V
长短 N・AD　長短(ちょうたん) N　長短(장단) N
长久 A　長久(ちょうきゅう) N　長久(장구-하다-히) A・AD
长期 N　長期(ちょうき) N　長期(장기) N
长寿 A　長寿(ちょうじゅ) N　長壽(장수-하다) N・V
长途 N・A　長途(ちょうと) N　長途(장도) N
常识 N　常識(じょうしき) N　常識(상식) N
常温 N　常温(じょうおん) N　常溫(상온) N
常用 A　常用(じょうよう－する) N・V　常用(상용-하다) N・V
偿还 V　償還(しょうかん－する) N・V　償還(상환-하다) N・V
超过 V　超過(ちょうか－する) N・V　超過(초과-하다) N・V
超越 V　超越(ちょうえつ－する) N・V　超越(초월-하다) N・V
潮流 N　潮流(ちょうりゅう) N　潮流(조류) N
车道 N　車道(しゃどう) N　車道(차도) N
车库 N　車庫(しゃこ) N　車庫(차고) N
车辆 N　車両・車輌(しゃりょう) N　車輛(차량) N
彻底・澈底 A　徹底(てってい－する) N・V　徹底(철저-하다-히) N・A・AD
彻夜 AD　徹夜(てつや－する) N・V　徹夜(철야-하다) N・V
沉淀 N・V　沈澱(ちんでん－する) N・V　沈澱(침전-하다) N・V
沉没 V　沈没(ちんぼつ－する) N・V　沈没(침몰-하다) N・V
沉默 V・A　沈黙(ちんもく－する) N・V　沈黙(침묵-하다) N・V
沉着 V・A　沈着(ちんちゃく－する－な－に) N・V・A　沈着(침착-하다-히) N・A・AD
陈列 V　陳列(ちんれつ－する) N・V　陳列(진열-하다) N・V
陈述 V　陳述(ちんじゅつ－する) N・V　陳述(진술-하다) N・V
称赞 V　称賛・称讚(しょうさん－する) N・V　稱讚(칭찬-하다) N・V
成分・成份 N　成分(せいぶん) N　成分(성분) N

成功　V・A　成功(せいこう−する) N・V　成功(성공−하다) N・V
成果　N　成果(せいか) N　成果(성과) N
成绩　N　成績(せいせき) N　成績(성적) N
成就　N・V　成就(じょうじゅ−する) N・V　成就(성취−하다) N・V
成立　V　成立(せいりつ−する) N・V　成立(성립−하다) N・V
成人　N・V　成人(せいじん−する) N・V　成人(성인−하다) N・V
成熟　V・A　成熟(せいじゅく−する) N・V　成熟(성숙−하다) N・V
成长　V　成長(せいちょう−する) N・V　成長(성장−하다) N・V
诚实　A　誠実(せいじつ−なーに) N・A　誠實(성실−하다−히) N・A・AD
诚意　N　誠意(せいい) N　誠意(성의) N
承诺　V　承諾(しょうだく−する) N・V　承諾(승낙−하다) N・V
承认　V　承認(しょうにん−する) N・V　承認(승인−하다) N・V
乘客　N　乗客(じょうきゃく) N　乘客(승객) N
程度　N　程度(ていど) N　程度(정도) N
持续　V　持続(じぞく−する) N・V　持續(지속−하다) N・V
耻辱　N　恥辱(ちじょく) N　恥辱(치욕) N
赤道　N　赤道(せきどう) N　赤道(적도) N
冲击　V　衝撃(しょうげき) N　衝擊(충격) N
冲突　V　衝突(しょうとつ−する) N・V　衝突(충돌−하다) N・V
充当　V　充当(じゅうとう−する) N・V　充當(충당−하다) N・V
充电　V　充電(じゅうでん−する) N・V　充電(충전−하다) N・V
充分　A　充分・十分(じゅうぶん−なーに) N・A　充分(충분−하다−히) A・AD
充满　V　充満(じゅうまん−する) N・V　充滿(충만−하다−히) N・V・A・AD
充实　V・A　充実(じゅうじつ−する) N・V　充實(충실−하다−히) N・A・AD
充足　A　充足(じゅうそく−する) N・V　充足(충족−하다−히) N・V・A・AD
重叠　V　重畳(ちょうじょう−する) N・V　重疊(중첩−하다) N・V
重夏　V　重複(じゅうふく・ちょうふく−する) N・V　重複(중복−하다) N・V
崇拜　V　崇拝(すうはい−する) N・V　崇拜(숭배−하다) N・V
崇高　A　崇高(すうこう−な) N・A　崇高(숭고−하다) A
抽象　V・A　抽象(ちゅうしょう−する) N・V　抽象(추상) N
踌躇・踌躅　V・A　躊躇(ちゅうちょ−する) N・V　躊躇(주저−하다) N・V
丑恶　A　醜悪(しゅうあく−な) N・A　醜惡(추악−하다−히) A・AD
出版　V　出版(しゅっぱん−する) N・V　出版(출판−하다) N・V
出产　N・V　出産(しゅっさん−する) N・V　出産(출산−하다) N・V
出场　V　出場(しゅつじょう−する) N・V　出場(출장−하다) N・V
出发　V　出発(しゅっぱつ−する) N・V　出發(출발−하다) N・V
出国　V　出国(しゅっこく−する) N・V　出國(출국−하다) N・V
出没　V　出没(しゅつぼつ−する) N・V　出没(출몰−하다) N・V

出品 N・V　出品(しゅっぴん－する) N・V　出品(출품-하다) N・V
出勤 V　出勤(しゅっきん－する) N・V　出勤(출근-하다) N・V
出入 N・V　出入(しゅつにゅう－する) N・V　出入(출입-하다) N・V
出身 N・V　出身(しゅっしん) N　出身(출신) N
出生 V　出生(しゅっしょう・しゅっせい－する) N・V　出生(출생-하다) N・V
出世 V　出世(しゅっせ－する) N・V　出世(출세-하다) N・V
出席 V　出席(しゅっせき－する) N・V　出席(출석-하다) N・V
出現 V　出現(しゅつげん－する) N・V　出現(출현-하다) N・V
出演 V　出演(しゅつえん－する) N・V　出演(출연-하다) N・V
初歩 A　初歩(しょほ) N　初歩(초보) N
初級 A　初級(しょきゅう) N　初級(초급) N
初期 N　初期(しょき) N　初期(초기) N
初旬 N　初旬(しょじゅん) N　初旬(초순) N
除去 V・前置詞　除去(じょきょ－する) N・V　除去(제거-하다) N・V
除外 V　除外(じょがい－する) N・V　除外(제외-하다) N・V
厨房 N　厨房(ちゅうぼう) N　廚房(주방) N
処罰 V　処罰(しょばつ－する) N・V　處罰(처벌-하다) N・V
処分 N・V　処分(しょぶん－する) N・V　處分(처분-하다) N・V
処決 V　処決(しょけつ－する) N・V　處決(처결-하다) N・V
処理 V　処理(しょり－する) N・V　處理(처리-하다) N・V
儲蓄 N・V　儲蓄・貯蓄(ちょちく－する) N・V　儲蓄・貯蓄(저축-하다) N・V
処処 AD　処処・所所(しょしょ) N　處處(처처) N
触発 V　触発(しょくはつ－する) N・V　觸發(촉발-하다) N・V
触覚 N　触覚(しょっかく) N　觸覺(촉각) N
传播 V　伝播(でんぱ－する) N・V　傳播(전파-하다) N・V
传达 N・V　伝達(でんたつ－する) N・V　傳達(전달-하다) N・V
传染 V　伝染(でんせん－する) N・V　傳染(전염-하다) N・V
传授 V　伝授(でんじゅ－する) N・V　傳授(전수-하다) N・V
传说 N・V　伝説(でんせつ) N　傳說(전설) N
传送 V　伝送(でんそう－する) N・V　傳送(전송-하다) N・V
传统 N・A　伝統(でんとう) N　傳統(전통) N
船舶 N　船舶(せんぱく) N　船舶(선박) N
船員 N　船員(せんいん) N　船員(선원) N
船长 N　船長(せんちょう) N　船長(선장) N
创建 V　創建(そうけん－する) N・V　創建(창건-하다) N・V
创立 V　創立(そうりつ－する) N・V　創立(창립-하다) N・V
创始 V　創始(そうし－する) N・V　創始(창시-하다) N・V
创业 V　創業(そうぎょう－する) N・V　創業(창업-하다) N・V

創造 V　創造(そうぞう－する) N・V　創造(창조-하다) N・V
創作 N・V　創作(そうさく－する) N・V　創作(창작-하다) N・V
炊事 N　炊事(すいじ－する) N・V　炊事(취사-하다) N・V
垂直 V　垂直(すいちょく－なーに) N・A　垂直(수직) N
春风 N　春風(しゅんぷう) N　春風(춘풍) N
春秋 N　春秋(しゅんじゅう) N　春秋(춘추) N
純粋 A・AD　純粋(じゅんすい－なーに) N・A　純粋(순수-하다) N・A
純洁 V・A　純潔(じゅんけつ－な) N・A　純潔(순결-하다) N・A
純情 N・A　純情(じゅんじょう－な) N・A　純情(순정) N
純真 A　純真(じゅんしん－な) N・A　純眞(순진-하다) A
辞典・词典 N　辞典(じてん) N　辭典(사전) N
辞退 V　辞退(じたい－する) N・V　辭退(사퇴-하다) N・V
辞职 V　辞職(じしょく－する) N・V　辭職(사직-하다) N・V
慈爱 A　慈愛(じあい) N　慈愛(자애-롭다-로이) N・A・AD
雌雄 N　雌雄(しゆう) N　雌雄(자웅) N
刺绣 N・V　刺繡(ししゅう－する) N・V　刺繡(자수-하다) N・V
匆匆 A　匆匆・草草(そうそう) N　悤悤(총총-하다-히) A・AD
匆忙 A　忽忙(そうぼう) N　悤忙(총망-하다-히) A・AD
聪明 A　聡明(そうめい－なーに) N・A　聰明(총명-하다) N・A
从来 AD　従来(じゅうらい) N　從來(종래) N・AD
从前 N　従前(じゅうぜん) N　從前(종전) N
从事 V　従事(じゅうじ－する) N・V　從事(종사-하다) N・V
从属 V　従属(じゅうぞく－する) N・V　從屬(종속-하다) N・V
促进 V　促進(そくしん－する) N・V　促進(촉진-하다) N・V
脆弱 A　脆弱(ぜいじゃく－な) N・A　脆弱(취약-하다) N・A
存在 N・V　存在(そんざい－する) N・V・(ぞんざい－なーに) N・A　存在(존재-하다) N・V
挫折 V　挫折(ざせつ－する) N・V　挫折(좌절-하다) N・V
错觉 N　錯覚(さっかく－する) N・V　錯覺(착각-하다) N・V
错误 N・A　錯誤(さくご) N　錯誤(착오-하다) N・V

[D]

搭乘 V　搭乗(とうじょう－する) N・V　搭乘(탑승-하다) N・V
搭载 V　搭載(とうさい－する) N・V　搭載(탑재-하다) N・V
达成 V　達成(たっせい－する) N・V　達成(달성-하다) N・V
答案 N　答案(とうあん) N　答案(답안) N
答辩 V　答辯・答弁(とうべん－する) N・V　答辯(답변-하다) N・V
答礼 V　答礼(とうれい－する) N・V　答禮(답례-하다) N・V
打倒 V　打倒(だとう－する) N・V　打倒(타도-하다) N・V

打击　V　打撃(だげき) N　打擊(타격-하다) N・V
打破　V　打破(だは-する) N・V　打破(타파-하다) N・V
大半　N・AD　大半(たいはん) N　大半(대반) N
大便　N・V　大便(だいべん) N　大便(대변) N
大臣　N　大臣(だいじん) N　大臣(대신) N
大胆　A　大胆(だいたん-な-に) N・A　大膽(대담-하다-히-스럽다-스레) N・A・AD
大地　N　大地(だいち) N　大地(대지) N
大队　N　大隊(だいたい) N　大隊(대대) N
大概　N・A・AD　大概(たいがい) N・AD　大概(대개) N・AD
大会　N　大会(たいかい) N　大會(대회-하다) N・V
大家　N　大家(たいか・たいけ) N　大家(대가) N
大局　N　大局(たいきょく) N　大局(대국) N
大量　A　大量(たいりょう) N　大量(대량) N
大陆　N　大陸(たいりく) N　大陸(대륙) N
大门　N　大門(だいもん) N　大門(대문) N
大脑　N　大脳(だいのう) N　大腦(대뇌) N
大炮　N　大砲(たいほう) N　大砲(대포) N
大人　N　大人(たいじん・だいにん) N　大人(대인) N
大使　N　大使(たいし) N　大使(대사) N
大事　N・AD　大事(だいじ-な-に) N・A　大事(대사) N
大体　N・AD　大体(だいたい) N・AD　大體(대체) N・AD
大小　N・AD　大小(だいしょう) N　大小(대소) N
大学　N　大学(だいがく) N　大學(대학) N
大意　N・A　大意(たいい) N　大意(대의) N
大战　N・V　大戦(たいせん) N　大戰(대전-하다) N・V
大众　N　大衆(だいしゅ・たいしゅう) N　大衆(대중) N
代表　N・V　代表(だいひょう-する) N・V　代表(대표-하다) N・V
代价　N　代価(だいか) N　代價(대가) N
代理　V　代理(だいり-する) N・V　代理(대리-하다) N・V
代替　V　代替(だいたい-する) N・V　代替(대체-하다) N・V
代用　V　代用(だいよう-する) N・V　代用(대용-하다) N・V
待机　V　待機(たいき-する) N・V　待機(대기-하다) N・V
待遇　N・V　待遇(たいぐう-する) N・V　待遇(대우-하다) N・V
怠慢　V　怠慢(たいまん-な) N・A　怠慢(태만-하다-히) N・A・AD
逮捕　V　逮捕(たいほ-する) N・V　逮捕(체포-하다) N・V
担保　V　担保(たんぼ) N　擔保(담보-하다) N・V
担当　V　担当(たんとう-する) N・V　擔當(담당-하다) N・V
担任　V　担任(たんにん-する) N・V　擔任(담임-하다) N・V

単纯　A　　単純(たんじゅん－な－に) N・A　　單純(단순-하다-히) N・A・AD
単调　A　　単調(たんちょう－な) N・A　　單調(단조-하다-롭다-로이) N・A・AD
単独　AD　単独(たんどく) N　　單獨(단독) N
単位　N　　単位(たんい) N　　單位(단위) N
诞生　V　　誕生(たんじょう－する) N・V　　誕生(탄생-하다) N・V
淡水　N　　淡水(たんすい) N　　淡水(담수) N
当代　N　　当代(とうだい) N　　當代(당대) N
当地　N　　当地(とうち) N　　當地(당지) N
当局　N　　当局(とうきょく) N　　當局(당국-하다) N・V
当然　A・AD　当然(とうぜん－なーに) N・A・AD　　當然(당연-하다-히) A・AD
当日　N　　当日(とうじつ) N　　當日(당일) N
当时　N・V　当時(とうじ) N　　當時(당시) N
当选　V　　当選(とうせん－する) N・V　　當選(당선-하다) N・V
党员　N　　党員(とういん) N　　薫員(당원) N
导师　N　　導師(どうし) N　　導師(도사) N
导体　N　　導体(どうたい) N　　導體(도체) N
岛屿　N　　島嶼(とうしょ) N　　島嶼(도서) N
到达　V　　到達(とうたつ－する) N・V　　到達(도달-하다) N・V
到底　V・AD　到底(とうてい) AD　　到底(도저-하다-히) A・AD
道德　N・A　道徳(どうとく) N　　道德(도덕) N
道具　N　　道具(どうぐ) N　　道具(도구) N
道理　N　　道理(どうり) N　　道理(도리) N
道路　N　　道路(どうろ) N　　道路(도로) N
得失　N　　得失(とくしつ) N　　得失(득실) N
得意　A　　得意(とくい－なーに) N・A　　得意(득의-하다) N・V
灯台　N　　灯台(とうだい) N　　燈臺(등대) N
登场　V　　登場(とうじょう－する) N・V　　登場(등장-하다) N・V
登记　V　　登記(とうき－する) N・V　　登記(등기-하다) N・V
登彔　V　　登録(とうろく－する) N・V　　登錄(등록-하다) N・V
登山　V　　登山(とざん－する) N・V　　登山(등산-하다) N・V
等分　V　　等分(とうぶん－する) N・V　　等分(등분-하다) N・V
等级　N　　等級(とうきゅう) N　　等級(등급) N
低温　N　　低温(ていおん) N　　低溫(저온) N
低下　A　　低下(ていか－する) N・V　　低下(저하-하다) N・V
敌对　A　　敵対(てきたい－する) N・V　　敵對(적대-하다) N・V
敌视　V　　敵視(てきし－する) N・V　　敵視(적시-하다) N・V
抵抗　V　　抵抗(ていこう－する) N・V　　抵抗(저항-하다) N・V
地带　N　　地帯(ちたい) N　　地帶(지대) N

地点 N　地点(ちてん) N　地點(지점) N
地方 N　地方(ちほう) N　地方(지방) N
地理 N　地理(ちり) N　地理(지리) N
地面 N　地面(じめん) N　地面(지면) N
地球 N　地球(ちきゅう) N　地球(지구) N
地区 N　地区(ちく) N　地區(지구) N
地勢 N　地勢(ちせい) N　地勢(지세) N
地図 N　地図(ちず) N　地圖(지도) N
地位 N　地位(ちい) N　地位(지위) N
地下 N・A　地下(じげ・ちか) N　地下(지하) N
地形 N　地形(じぎょう・ちけい) N　地形(지형) N
地獄 N　地獄(じごく) N　地獄(지옥) N
地域 N　地域(ちいき) N　地域(지역) N
地震 N・V　地震(じしん) N　地震(지진) N
地质 N　地質(じしつ・ちしつ) N　地質(지질) N
弟子 N　弟子(でし) N　弟子(제자) N
第一 N　第一(だいいち) N・AD　第一(제일) N・AD
缔结 V　締結(ていけつ－する) N・V　締結(체결－하다) N・V
颠倒 V　顚倒・転倒(てんとう－する) N・V　顚倒(전도－하다) N・V
颠覆 V　顚覆・転覆(てんぷく－する) N・V　顚覆(전복－하다) N・V
典型 N・A　典型(てんけい) N　典型(전형) N
点火 V　点火(てんか－する) N・V　點火(점화－하다) N・V
电报 N　電報(でんぽう) N　電報(전보-하다) N・V
电波 N　電波(でんぱ) N　電波(전파) N
电车 N　電車(でんしゃ) N　電車(전차) N
电池 N　電池(でんち) N　電池(전지) N
电灯 N　電灯(でんとう) N　電燈(전등) N
电话 N　電話(でんわ－する) N・V　電話(전화－하다) N・V
电力 N　電力(でんりょく) N　電力(전력) N
电流 N　電流(でんりゅう) N　電流(전류) N
电气 N　電気(でんき) N　電氣(전기) N
电线 N　電線(でんせん) N　電線(전선) N
电压 N　電圧(でんあつ) N　電壓(전압) N
电源 N　電源(でんげん) N　電源(전원) N
电子 N　電子(でんし) N　電子(전자) N
店铺 N　店舗(てんぽ) N　店鋪・店鋪(점포) N
店员 N　店員(てんいん) N　店員(점원) N
淀粉 N　澱粉(でんぷん) N　澱粉(전분) N

殿堂 N　殿堂(でんどう) N　殿堂(전당) N
雕刻 N・V　彫刻(ちょうこく－する) N・V　彫刻・雕刻(조각－하다) N・V
调查 V　調査(ちょうさ－する) N・V　調査(조사－하다) N・V
顶点 N　頂点(ちょうてん) N　頂點(정점) N
订正 V　訂正(ていせい－する) N・V　訂正(정정－하다) N・V
定价 N・V　定価(ていか) N　定價(정가－하다) N・V
定量 N・V　定量(ていりょう) N　定量(정량) N
定期 V・A　定期(ていき) N　定期(정기) N
定义 N・V　定義(ていぎ－する) N・V　定義(정의－하다) N・V
定员 N・V　定員(ていいん) N　定員(정원) N
东方 N　東方(とうほう) N　東方(동방) N
东经 N　東経(とうけい) N　東經(동경) N
东西 N　東西(とうざい) N　東西(동서) N
东洋 N　東洋(とうよう) N　東洋(동양) N
冬季 N　冬季(とうき) N　冬季(동계) N
冬眠 V　冬眠(とうみん－する) N・V　冬眠(동면－하다) N・V
动机 N　動機(どうき) N　動機(동기) N
动静 N　動静(どうせい) N　動靜(동정) N
动力 N　動力(どうりょく) N　動力(동력) N
动乱 V　動乱(どうらん) N　動亂(동란) N
动脉 N　動脈(どうみゃく) N　動脈(동맥) N
动物 N　動物(どうぶつ) N　動物(동물) N
动向 N　動向(どうこう) N　動向(동향) N
动摇 V　動揺(どうよう－する) N・V　動搖(동요－하다) N・V
动员 V　動員(どういん－する) N・V　動員(동원－하다) N・V
动作 N・V　動作(どうさ－する) N・V　動作(동작－하다) N・V
冻结 V　凍結(とうけつ－する) N・V　凍結(동결－하다) N・V
斗争 V　闘争(とうそう－する) N・V　鬪爭(투쟁－하다) N・V
斗志 N　闘志(とうし) N　鬪志(투지) N
豆腐 N　豆腐(とうふ) N　豆腐(두부) N
都市 N　都市(とし) N　都市(도시) N
督促 V　督促(とくそく－する) N・V　督促(독촉－하다) N・V
独裁 V　独裁(どくさい－する) N・V　獨裁(독재－하다) N・V
独立 V　独立(どくりつ－する) N・V　獨立(독립－하다) N・V
独身 N・V　独身(どくしん) N　獨身(독신) N
独特 A　独特(どくとく－な・に) N・A　獨特(독특－하다・히) N・A・AD
独占 V　独占(どくせん－する) N・V　獨占(독점－하다) N・V
独自 AD　独自(どくじ－な・に) N・A　獨自(독자) N

独奏 V　独奏(どくそう-する) N・V　獨奏(독주-하다) N・V
读书 V　読書(どくしょ-する) N・V　讀書(독서-하다) N・V
读者 N　読者(どくしゃ) N　讀者(독자) N
赌博 V　賭博(とばく) N　賭博(도박-하다) N・V
杜绝 V　杜絶(とぜつ-する) N・V　杜絶(두절-하다) N・V
镀金 V　鍍金(ときん-する) N・V　鍍金(도금-하다) N・V
端正 V・A　端正(たんせい-な) N・A　端正(단정-하다-히) A・AD
短期 N　短期(たんき) N　短期(단기) N
段落 N　段落(だんらく) N　段落(단락) N
断定 V　断定(だんてい-する) N・V　斷定(단정-하다) N・V
断绝 V　断絶(だんぜつ-する) N・V　斷絶(단절-하다) N・V
断然 A・AD　断然(だんぜん) AD　斷然(단연-하다) A・AD
队员 N　隊員(たいいん) N　隊員(대원) N
对比 N・V　対比(たいひ-する) N・V　對比(대비-하다) N・V
对策 N・V　対策(たいさく) N　對策(대책) N
对称 A　対称(たいしょう) N　對稱(대칭-하다) N・V
对等 A　対等(たいとう-な-に) N・A　對等(대등-하다) N・A
对话 N・V　対話(たいわ-する) N・V　對話(대화-하다) N・V
对决 V　対決(たいけつ-する) N・V　對決(대결-하다) N・V
对抗 V　対抗(たいこう-する) N・V　對抗(대항-하다) N・V
对立 V　対立(たいりつ-する) N・V　對立(대립-하다) N・V
对面 N・AD　対面(たいめん-する) N・V　對面(대면-하다) N・V
对象 N　対象(たいしょう) N　對象(대상) N
对应 V・A　対応(たいおう-する) N・V　對應(대응-하다) N・V
对照 V　対照(たいしょう-する) N・V　對照(대조-하다) N・V
多情 A　多情(たじょう-な) N・A　多情(다정-하다-히-스럽다-스레) N・A・AD
多少 N・AD　多少(たしょう) N・AD　多少(다소) N・AD
多事 V　多事(たじ) N　多事(다사-하다-스럽다-스레) A・AD
多数 N　多数(たすう) N　多數(다수-하다-히) N・A・AD
多样 A　多様(たよう-な-に) N・A　多樣(다양-하다) A
堕落 V　堕落(だらく-する) N・V　墮落(추락-하다) N・V

[E]

恶化 V　悪化(あくか・あっか-する) N・V　惡化(악화-하다) N・V
恶魔 N　悪魔(あくま) N　惡魔(악마) N
恶性 A　悪性(あくしょう・あくせい-な) N・A　惡性(악성) N
恩惠 N　恩恵(おんけい) N　恩惠(은혜-롭다-로이) N・A・AD
恩情 N　恩情(おんじょう) N　恩情(은정) N

恩人 N 恩人(おんじん) N 恩人(은인) N
恩师 N 恩師(おんし) N 恩師(은사) N
儿童 N 児童(じどう) N 兒童(아동) N

[F]

发表 V 発表(はっぴょう-する) N・V 發表(발표-하다) N・V
发病 V 発病(はつびょう-する) N・V 發病(발병-하다) N・V
发车 V 発車(はっしゃ-する) N・V 發車(발차-하다) N・V
发达 V・A 発達(はったつ-する) N・V 發達(발달-하다) N・V
发电 V 発電(はつでん-する) N・V 發電(발전-하다) N・V
发动 V 発動(はつどう-する) N・V 發動(발동-하다) N・V
发挥 V 発揮(はっき-する) N・V 發揮(발휘-하다) N・V
发火 V・A 発火(はっか-する) N・V 發火(발화-하다) N・V
发掘 V 発掘(はっくつ-する) N・V 發掘(발굴-하다) N・V
发明 N・V 発明(はつめい-する) N・V 發明(발명-하다) N・V
发起 V 発起(ほっき-する) N・V 發起(발기-하다) N・V
发热 V 発熱(はつねつ-する) N・V 發熱(발열-하다) N・V
发射 V 発射(はっしゃ-する) N・V 發射(발사-하다) N・V
发生 V 発生(はっせい-する) N・V 發生(발생-하다) N・V
发送 V 発送(はっそう-する) N・V 發送(발송-하다) N・V
发现 V 発現(はつげん-する) N・V 發現(발현-하다) N・V
发行 V 発行(はっこう-する) N・V 發行(발행-하다) N・V
发言 N・V 発言(はつげん-する) N・V 發言(발언-하다) N・V
发音 N・V 発音(はつおん-する) N・V 發音(발음-하다) N・V
发育 V 発育(はついく-する) N・V 發育(발육-하다) N・V
发展 V 発展(はってん-する) N・V 發展(발전-하다) N・V
罚金 N・V 罰金(ばっきん) N 罰金(벌금) N
法定 A 法定(ほうてい) N 法定(법정-하다) N・V
法官 N 法官(ほうかん) N 法官(법관) N
法规 N 法規(ほうき) N 法規(법규) N
法律 N 法律(ほうりつ) N 法律(법률) N
法人 N 法人(ほうじん) N 法人(법인) N
法庭 N 法廷(ほうてい) N 法廷・法庭(법정) N
法则 N 法則(ほうそく) N 法則(법칙) N
法制 N 法制(ほうせい) N 法制(법제) N
帆船 N 帆船(はんせん) N 帆船(범선) N
番号 N 番号(ばんごう) N 番號(번호) N
翻译 N・V 翻訳(ほんやく-する) N・V 翻譯(번역-하다) N・V

繁荣 V・A 繁栄(はんえい－する) N・V 繁榮(번영-하다) N・V・A
繁盛 A 繁盛(はんじょう－する) N・V 繁盛(번성-하다) N・V・A
繁殖 V 繁殖(はんしょく－する) N・V 繁殖(번식-하다) N・V
反对 V 反対(はんたい－する－な－に) N・V・A 反對(반대-하다) N・V
反复 N・V・AD 反復(はんぷく－する) N・V 反復(반복-하다) N・V
反感 N・A 反感(はんかん) N 反感(반감) N
反抗 V 反抗(はんこう－する) N・V 反抗(반항-하다) N・V
反面 N・A 反面(はんめん) N・AD 反面(반면-하다) N・V
反射 V 反射(はんしゃ－する) N・V 反射(반사-하다) N・V
反省 V 反省(はんせい－する) N・V 反省(반성-하다) N・V
反应 N・V 反応(はんのう－する) N・V 反應(반응-하다) N・V
反映 V 反映(はんえい－する) N・V 反映(반영-하다) N・V
返还 V 返還(へんかん－する) N・V 返還(반환-하다) N・V
犯人 N 犯人(はんにん) N 犯人(범인) N
犯罪 V 犯罪(はんざい) N 犯罪(범죄-하다) N・V
饭店 N 飯店(はんてん) N 飯店(반점) N
泛滥 V 氾濫・汎濫(はんらん－する) N・V 氾濫・汎濫(범람-하다) N・V
范畴 N 範疇(はんちゅう) N 範疇(범주) N
范围 N・V 範囲(はんい) N 範圍(범위) N
贩卖 V 販売(はんばい－する) N・V 販賣(판매-하다) N・V
方法 N 方法(ほうほう) N 方法(방법) N
方面 N 方面(ほうめん) N 方面(방면) N
方式 N 方式(ほうしき) N 方式(방식) N
方向 N 方向(ほうこう) N 方向(방향) N
方言 N 方言(ほうげん) N 方言(방언) N
方针 N 方針(ほうしん) N 方針(방침) N
防疫 V 防疫(ぼうえき－する) N・V 防疫(방역-하다) N・V
防御 V 防禦・防御(ぼうぎょ－する) N・V 防禦(방어-하다) N・V
防止 V 防止(ぼうし－する) N・V 防止(방지-하다) N・V
妨碍 V 妨碍(ぼうがい－する) N・V 妨礙(방애-하다) N・V
仿佛・彷彿 V・AD 髣髴・彷彿(ほうふつ－たる－と) N・A 髣髴・彷彿(방불-하다-히) A・AD
访问 V 訪問(ほうもん－する) N・V 訪問(방문-하다) N・V
纺织 V 紡織(ぼうしょく) N 紡織(방직-하다) N・V
放射 V 放射(ほうしゃ－する) N・V 放射(방사-하다) N・V
放送 V 放送(ほうそう－する) N・V 放送(방송-하다) N・V
放心 V 放心(ほうしん－する) N・V 放心(방심-하다) N・V
放置 V 放置(ほうち－する) N・V 放置(방치-하다) N・V
飞翔 V 飛翔(ひしょう－する) N・V 飛翔(비상-하다) N・V

飞行　V　飛行(ひこう－する) N·V　飛行(비행-하다) N·V

飞跃　V　飛躍(ひやく－する) N·V　飛躍(비약-하다) N·V

非常　A·AD　非常(ひじょう－な－に) N·A·AD　非常(비상-하다-히) N·A·AD

非凡　A　非凡(ひぼん－な－に) N·A　非凡(비범-하다-히) A·AD

非难　V　非難·批難(ひなん－する) N·V　非難(비난-하다) N·V

肥料　N　肥料(ひりょう) N　肥料(비료) N

肥沃　A　肥沃(ひよく－な－に) N·A　肥沃(비옥-하다) N·A

诽谤　V　誹謗(ひぼう－する) N·V　誹謗(비방-하다) N·V

废品　N　廃品(はいひん) N　廢品(폐품) N

废弃　V　廃棄(はいき－する) N·V　廢棄(폐기-하다) N·V

废物　N　廃物(はいぶつ) N　廢物(폐물) N

废墟　N　廃墟(はいきょ) N　廢墟(폐허) N

废止　V　廃止(はいし－する) N·V　廢止(폐지-하다) N·V

沸腾　V　沸騰(ふっとう－する) N·V　沸騰(비등-하다) N·V

费用　N　費用(ひよう) N　費用(비용) N

分别　N·V·AD　分別(ふんべつ·ぶんべつ－する) N·V　分別(분별-하다) N·V

分布　V　分布(ぶんぷ－する) N·V　分布(분포-하다) N·V

分担　V　分担(ぶんたん－する) N·V　分擔(분담-하다) N·V

分解　V　分解(ぶんかい－する) N·V　分解(분해-하다) N·V

分类　V　分類(ぶんるい－する) N·V　分類(분류-하다) N·V

分离　V　分離(ぶんり－する) N·V　分離(분리-하다) N·V

分裂　V　分裂(ぶんれつ－する) N·V　分裂(분열-하다) N·V

分明　A·AD　分明(ぶんめい－する－な) N·V·A　分明(분명-하다-히-코) A·AD

分母　N　分母(ぶんぼ) N　分母(분모) N

分散　V·A　分散(ぶんさん－する) N·V　分散(분산-하다) N·V

分身　V　分身(ぶんしん) N　分身(분신) N

分数　N　分数(ぶんすう) N　分數(분수) N

分析　V　分析(ぶんせき－する) N·V　分析(분석-하다) N·V

分野　N　分野(ぶんや) N　分野(분야) N

分子　N　分子(ぶんし) N　分子(분자) N

纷纷　A·AD　紛紛(ふんぷん－たる－と) A　紛紛(분분-하다-히) A·AD

粉末　N　粉末(ふんまつ) N　粉末(분말) N

粉碎　V·A　粉砕(ふんさい－する) N·V　粉碎·分碎(분쇄-하다) N·V

分量·份量　N　分量(ぶんりょう) N　分量(분량) N

愤怒　A　憤怒·忿怒(ふんど·ふんぬ－する) N·V　憤怒·忿怒(분노-하다) N·V

丰富　V·A　豊富(ほうふ－な－に) N·A　豊富(풍부-하다-히) A·AD

丰满　A　豊満(ほうまん－な－に) N·A　豊満(풍만-하다) A

风景　N　風景(ふうけい) N　風景(풍경) N

风浪 N　風浪(ふうろう) N　風浪(풍랑) N
风力 N　風力(ふうりょく) N　風力(풍력) N
风俗 N　風俗(ふうぞく) N　風俗(풍속) N
风味 N　風味(ふうみ) N　風味(풍미) N
封锁 V　封鎖(ふうさ－する) N・V　封鎖(봉쇄-하다) N・V
讽刺 V　諷刺(ふうし－する) N・V　諷刺(풍자-하다) N・V
凤凰 N　鳳凰(ほうおう) N　鳳凰(봉황) N
奉献 V　奉献(ほうけん－する) N・V　奉獻(봉헌-하다) N・V
佛法 N　仏法(ふっぽう・ぶっぽう) N　佛法(불법) N
佛教 N　仏教(ぶっきょう) N　佛教(불교) N
否定 V・A　否定(ひてい－する) N・V　否定(부정-하다) N・V
否决 V　否決(ひけつ－する) N・V　否決(부결-하다) N・V
否认 V　否認(ひにん－する) N・V　否認(부인-하다) N・V
夫妇 N　夫婦(ふうふ) N　夫婦(부부) N
夫妻 N　夫妻(ふさい) N　夫妻(부처) N
夫人 N　夫人(ふじん) N　夫人(부인) N
服从 V　服従(ふくじゅう－する) N・V　服從(복종-하다) N・V
服务 V　服務(ふくむ－する) N・V　服務(복무-하다) N・V
服装 N　服装(ふくそう) N　服装(복장) N
符号 N　符号(ふごう) N　符號(부호) N
符合 V　符合(ふごう－する) N・V　符合(부합-하다) N・V
福祉 N　福祉(ふくし) N　福祉(복지) N
腐败 V・A　腐敗(ふはい－する) N・V　腐敗(부패-하다) N・V
父母 N　父母(ふぼ) N　父母(부모) N
负担 N・V　負担(ふたん－する) N・V　負擔(부담-하다) N・V
负伤 V　負傷(ふしょう－する) N・V　負傷(부상-하다) N・V
妇人 N　婦人(ふじん) N　婦人(부인) N
附加 V　附加・付加(ふか－する) N・V　附加(부가-하다) N・V
附近 N・A　附近・付近(ふきん) N　附近(부근) N
附象 N　附録・付録(ふろく) N　附錄(부록) N
附属 V・A　附属・付属(ふぞく－する) N・V　附屬(부속-하다) N・V
夏合 V　複合(ふくごう－する) N・V　複合(복합-하다) N・V
夏活 V　復活(ふっかつ－する) N・V　復活(부활-하다) N・V
夏数 N　複数(ふくすう) N　複數(복수) N
夏习 V　復習(ふくしゅう－する) N・V　復習(복습-하다) N・V
夏兴 V　復興(ふっこう－する) N・V　復興(부흥-하다) N・V
夏杂 A　複雑(ふくざつ－な－に) N・A　複雜(복잡-하다-스럽다-스레) A・AD
夏职 V　復職(ふくしょく－する) N・V　復職(복직-하다) N・V

夏制　V　複製(ふくせい－する) N・V　複製(복제-하다) N・V
副本　N　副本(ふくほん) N　副本(부본) N
副業　N　副業(ふくぎょう) N　副業(부업) N
富裕　V・A　富裕・富有(ふゆう－な－に) N・A　富裕(부유-하다) N・A

[G]

該当　V　該当(がいとう－する) N・V　該當(해당-하다) N・V
改変　V　改変(かいへん－する) N・V　改變(개변-하다) N・V
改革　V　改革(かいかく－する) N・V　改革(개혁-하다) N・V
改良　V　改良(かいりょう－する) N・V　改良(개량-하다) N・V
改善　V　改善(かいぜん－する) N・V　改善(개선-하다) N・V
改造　V　改造(かいぞう－する) N・V　改造(개조-하다) N・V
改正　V　改正(かいせい－する) N・V　改正(개정-하다) N・V
概況　N　概況(がいきょう) N　概況(개황) N
概论　N　概論(がいろん－する) N・V　概論(개론-하다) N・V
概念　N　概念(がいねん) N　概念(개념) N
干杯　V　乾杯(かんぱい－する) N・V　乾杯(건배-하다) N・V
干渉　V　干渉(かんしょう－する) N・V　干涉(간섭-하다) N・V
干燥　A　乾燥(かんそう－する) N・V　乾燥(건조-하다-롭다-로이) N・V・A・AD
肝炎　N　肝炎(かんえん) N　肝炎(간염) N
感动　V・A　感動(かんどう－する) N・V　感動(감동-하다) N・V
感化　V　感化(かんか－する) N・V　感化(감화-하다) N・V
感激　V　感激(かんげき－する) N・V　感激(감격-하다) N・V
感覚　N・V　感覚(かんかく－する) N・V　感覺(감각-하다) N・V
感慨　N　感慨(かんがい) N　感慨(감개-하다) N・V
感情　N　感情(かんじょう) N　感情(감정) N
感染　V　感染(かんせん－する) N・V　感染(감염-하다) N・V
感受　N・V　感受(かんじゅ－する) N・V　感受(감수-하다) N・V
感叹　V　感嘆・感歎(かんたん－する) N・V　感嘆・感歎(감탄-하다) N・V
感想　N　感想(かんそう) N　感想(감상) N
感謝　V　感謝(かんしゃ－する) N・V　感謝(감사-하다-히) N・V・A・AD
干部　N　幹部(かんぶ) N　幹部(간부) N
干线　N　幹線(かんせん) N　幹線(간선) N
港口　N　港口(こうこう) N　港口(항구) N
高层　N・A　高層(こうそう) N　高層(고층) N
高潮　N　高潮(こうちょう－する) N・V　高潮(고조) N
高等　A　高等(こうとう－な) N・A　高等(고등-하다) N・A
高度　N・A　高度(こうど－な－に) N・A　高度(고도-하다) N・A

高貴 A　高貴(こうき－な－に) N・A　高貴(고귀-하다) A
高級 A　高級(こうきゅう－な－に) N・A　高級(고급-하다-스럽다) N・A
高価 N　高価(こうか－な－に) N・A　高價(고가) N
高空 N　高空(こうくう) N　高空(고공) N
高尚 A　高尚(こうしょう－な－に) N・A　高尙(고상-하다-히) A・AD
高速 A　高速(こうそく) N　高速(고속) N
高温 N　高温(こうおん) N　高溫(고온) N
高圧 N・A　高圧(こうあつ) N　高壓(고압) N
高原 N　高原(こうげん) N　高原(고원) N
告白 N・V　告白(こくはく－する) N・V　告白(고백-하다) N・V
告別 V　告別(こくべつ－する) N・V　告別(고별-하다) N・V
歌詞 N　歌詞(かし) N　歌詞(가사) N
歌曲 N　歌曲(かきょく) N　歌曲(가곡) N
歌手 N　歌手(かしゅ) N　歌手(가수) N
歌謡 N　歌謡(かよう) N　歌謠(가요) N
革命 V・A　革命(かくめい) N　革命(혁명-하다) N・V
革新 V　革新(かくしん－する) N・V　革新(혁신-하다) N・V
格式 N　格式(かくしき) N　格式(격식) N
葛藤 N　葛藤(かっとう) N　葛藤(갈등) N
隔離 V　隔離(かくり－する) N・V　隔離(격리-하다) N・V
個人 N　個人(こじん) N　個人(개인) N
個性 N　個性(こせい) N　個性(개성) N
各自 N　各自(かくじ) N　各自(각자) N・AD
根本 N・A・AD　根本(こんぽん) N　根本(근본) N
根拠 N・V・前置詞　根拠(こんきょ) N　根據(근거-하다) N・V
根源 N・V　根源・根元(こんげん) N　根源(근원) N
更新 V　更新(こうしん－する) N・V　更新(갱신-하다) N・V
耕地 N・V　耕地(こうち) N　耕地(경지) N
工場 N　工場(こうじょう) N　工場(공장) N
工房 N　工房(こうぼう) N　工房(공방) N
工具 N　工具(こうぐ) N　工具(공구) N
工事 N　工事(こうじ－する) N・V　工事(공사) N
工業 N　工業(こうぎょう) N　工業(공업) N
工芸 N　工芸(こうげい) N　工藝(공예) N
工作 N・V　工作(こうさく－する) N・V　工作(공작-하다) N・V
公共 A　公共(こうきょう) N　公共(공공) N
公海 N　公海(こうかい) N　公海(공해) N
公害 N　公害(こうがい) N　公害(공해) N

公开 V・A　公開(こうかい－する) N・V　公開(공개-하다) N・V
公民 N　公民(こうみん) N　公民(공민) N
公平 A　公平(こうへい－なーに) N・A　公平(공평-하다-히) N・A・AD
公式 N　公式(こうしき－なーに) N・A　公式(공식) N
公务 N　公務(こうむ) N　公務(공무) N
公演 V　公演(こうえん－する) N・V　公演(공연-하다) N・V
公用 V　公用(こうよう) N　公用(공용-하다) N・V
公有 V　公有(こうゆう－する) N・V　公有(공유) N
公园 N　公園(こうえん) N　公園(공원) N
公约 N　公約(こうやく－する) N・V　公約(공약-하다) N・V
公正 A　公正(こうせい－なーに) N・A　公正(공정-하다-히) N・A・AD
公证 V　公証(こうしょう) N　公證(공증-하다) N・V
公众 N　公衆(こうしゅう) N　公衆(공중) N
功绩 N　功績(こうせき) N　功績(공적) N
功劳 N　功労(こうろう) N　功勞(공로) N
攻击 V　攻撃(こうげき－する) N・V　攻撃(공격-하다) N・V
供给 V　供給(きょうきゅう－する) N・V　供給(공급-하다) N・V
宫殿 N　宮殿(きゅうでん) N　宮殿(궁전) N
巩固 V・A　鞏固・強固(きょうこ－なーに) N・A　鞏固(공고-하다-히) A・AD
共存 V　共存(きょうそん－する) N・V　共存(공존-하다) N・V
共和 N　共和(きょうわ) N　共和(공화-하다) N・V
共鸣 V　共鳴(きょうめい－する) N・V　共鳴(공명-하다) N・V
共通 A　共通(きょうつう－するーな) N・V・A　共通(공통-하다) N・V
共同 A・AD　共同(きょうどう－する) N・V　共同(공동-하다) N・V
贡献 N・V　貢献(こうけん－する) N・V　貢獻(공헌-하다) N・V
构成 N・V　構成(こうせい－する) N・V　構成(구성-하다) N・V
构想 N・V　構想(こうそう－する) N・V　構想(구상-하다) N・V
构造 N・V　構造(こうぞう) N　構造(구조-하다) N・V
构筑 V　構築(こうちく－する) N・V　構築(구축-하다) N・V
购买 V　購買(こうばい－する) N・V　購買(구매-하다) N・V
孤独 A　孤独(こどく－なーに) N・A　孤獨(고독-하다) N・A
孤立 V・A　孤立(こりつ－する) N・V　孤立(고립-하다) N・V
古代 N　古代(こだい) N　古代(고대) N
古典 N・A　古典(こてん) N　古典(고전) N
古迹 N　古跡(こせき) N　古跡・古蹟(고적) N
古文 N　古文(こぶん) N　古文(고문) N
固定 V・A　固定(こてい－する) N・V　固定(고정-하다) N・V
固体 N　固体(こたい) N　固體(고체) N

固有　A　　固有(こゆう-な-に) N・A　　固有(고유-하다) N・A
固执　A　　固執(こしつ・こしゅう-する) N・V　　固執(고집-하다) N・V
故乡　N　　故郷(こきょう) N　　故郷(고향) N
故障　N　　故障(こしょう-する) N・V　　故障(고장) N
顾客　N　　顧客(こかく・こきゃく) N　　顧客(고객) N
顾问　N　　顧問(こもん) N　　顧問(고문-하다) N・V
雇佣　V　　雇傭・雇用(こよう-する) N・V　　雇傭・雇用(고용-하다) N・V
怪物　N　　怪物(かいぶつ) N　　怪物(괴물) N
关联・关连　V　　關聯・關連(かんれん-する) N・V　　關聯(관련-하다) N・V
关系　N・V　　関係(かんけい-する) N・V　　關係(관계-하다) N・V
关心　V　　関心(かんしん) N　　關心(관심-하다) N・V
观测　V　　観測(かんそく-する) N・V　　觀測(관측-하다) N・V
观察　V　　観察(かんさつ-する) N・V　　觀察(관찰-하다) N・V
观点　N　　観点(かんてん) N　　觀點(관점) N
观光　V　　観光(かんこう) N　　觀光(관광-하다) N・V
观览　V　　観覧(かんらん-する) N・V　　觀覽(관람-하다) N・V
观念　N　　観念(かんねん-する) N・V　　觀念(관념) N
观赏　V　　観賞(かんしょう-する) N・V　　觀賞(관상-하다) N・V
观众　N　　観衆(かんしゅう) N　　觀衆(관중) N
官吏　N　　官吏(かんり) N　　官吏(관리) N
官僚　N　　官僚(かんりょう) N　　官僚(관료) N
官厅　N　　官庁(かんちょう) N　　官廳(관청) N
管理　V　　管理(かんり-する) N・V　　管理(관리-하다) N・V
管辖　V　　管轄(かんかつ-する) N・V　　管轄(관할-하다) N・V
贯彻　V　　貫徹(かんてつ-する) N・V　　貫徹(관철-하다) N・V
贯通　V　　貫通(かんつう-する) N・V　　貫通(관통-하다) N・V
惯例　N　　慣例(かんれい) N　　慣例(관례) N
惯用　V　　慣用(かんよう-する) N・V　　慣用(관용-하다) N・V
灌溉　V　　灌漑(かんがい-する) N・V　　灌漑(관개-하다) N・V
灌木　N　　灌木(かんぼく) N　　灌木(관목) N
光景　N　　光景(こうけい) N　　光景(광경) N
光明　N・A　　光明(こうみょう) N　　光明(광명-하다) N・A
光荣　N・A　　光栄(こうえい-なーに) N・A　　光榮(광영) N
光线　N　　光線(こうせん) N　　光線(광선) N
光泽　N　　光沢(こうたく) N　　光澤(광택) N
广大　A　　広大(こうだい-な) N・A　　廣大(광대-하다-히) N・A・AD
广告　N　　広告(こうこく-する) N・V　　廣告(광고-하다) N・V
广阔　A　　広闊(こうかつ-なーに) N・A　　廣闊(광활-하다) A

帰还 V　帰還(きかん－する) N・V　歸還(귀환-하다) N・V
帰结 N・V　帰結(きけつ－する) N・V　歸結(귀결-하다) N・V
帰省 V　帰省(きせい－する) N・V　歸省(귀성-하다) N・V
规定 N・V　規定(きてい－する) N・V　規定(규정-하다) N・V
规范 N・V・A　規範(きはん) N　規範(규범) N
规格 N　規格(きかく) N　規格(규격) N
规律 N　規律(きりつ) N　規律(규율-하다) N・V
规模 N　規模(きぼ) N　規模(규모) N
规则 N・A　規則(きそく) N　規則(규칙) N
规制 N　規制(きせい－する) N・V　規制(규제-하다) N・V
轨道 N　軌道(きどう) N　軌道(궤도) N
贵宾 N　貴賓(きひん) N　貴賓(귀빈) N
贵贱 N・AD　貴賤(きせん) N　貴賤(귀천) N
贵人 N　貴人(きじん) N　貴人(귀인) N
贵重 A　貴重(きちょう－する－な) N・V・A　貴重(귀중-하다-히) A・AD
贵族 N　貴族(きぞく) N　貴族(귀족) N
国宝 N　国宝(こくほう) N　國寶(국보) N
国产 A　国産(こくさん) N　國産(국산) N
国道 N　国道(こくどう) N　國道(국도) N
国法 N　国法(こくほう) N　國法(국법) N
国防 N　国防(こくぼう) N　國防(국방) N
国歌 N　国歌(こっか) N　國歌(국가) N
国会 N　国会(こっかい) N　國會(국회) N
国籍 N　国籍(こくせき) N　國籍(국적) N
国际 N・A　国際(こくさい) N　國際(국제) N
国家 N　国家(こくか・こっか) N　國家(국가) N
国境 N　国境(こくきょう・こっきょう) N　國境(국경) N
国力 N　国力(こくりょく) N　國力(국력) N
国立 A　国立(こくりつ) N　國立(국립) N
国民 N　国民(こくみん) N　國民(국민) N
国旗 N　国旗(こっき) N　國旗(국기) N
国史 N　国史(こくし) N　國史(국사) N
国土 N　国土(こくど) N　國土(국토) N
国王 N　国王(こくおう) N　國王(국왕) N
国务 N　国務(こくむ) N　國務(국무) N
国营 A　国営(こくえい) N　國營(국영-하다) N・V
国有 V　国有(こくゆう) N　國有(국유) N
国语 N　国語(こくご) N　國語(국어) N

果然 AD・接続詞　果然(かぜん) AD　果然(과연) AD
果实 N　果実(かじつ) N　果實(과실) N
果树 N　果樹(かじゅ) N　果樹(과수) N
果子 N　菓子(かし) N　菓子(과자) N
过半 V　過半(かはん) N　過半(과반) N
过程 N　過程(かてい) N　過程(과정) N
过度 A　過度(かど－な－に) N・A　過度(과도-하다-히) N・A・AD
过分 A　過分(かぶん－な－に) N・A　過分(과분-하다-히) A・AD
过去 N・V　過去(かこ) N　過去(과거) N
过剰 V　過剰(かじょう－な) N・A　過剰(과잉-하다) N・A
过失 N　過失(かしつ) N　過失(과실) N

[H]

海岸 N　海岸(かいがん) N　海岸(해안) N
海拔 N　海抜(かいばつ) N　海拔(해발) N
海风 N　海風(かいふう) N　海風(해풍) N
海军 N　海軍(かいぐん) N　海軍(해군) N
海流 N　海流(かいりゅう) N　海流(해류) N
海面 N　海面(かいめん) N　海面(해면) N
海外 N　海外(かいがい) N　海外(해외) N
海峡 N　海峡(かいきょう) N　海峡(해협) N
海洋 N　海洋(かいよう) N　海洋(해양) N
害虫 N　害虫(がいちゅう) N　害蟲(해충) N
含量 N　含量(がんりょう) N　含量(함량) N
寒带 N　寒帯(かんたい) N　寒帶(한대) N
寒流 N　寒流(かんりゅう) N　寒流(한류) N
汉语 N　漢語(かんご) N　漢語(한어) N
汉字 N　漢字(かんじ) N　漢字(한자) N
行列 N　行列(ぎょうれつ－する) N・V　行列(행렬-하다) N・V
航海 V　航海(こうかい－する) N・V　航海(항해-하다) N・V
航空 V　航空(こうくう) N　航空(항공-하다) N・V
航行 V　航行(こうこう－する) N・V　航行(항행-하다) N・V
豪华 A　豪華(ごうか－な－に) N・A　豪華(호화-하다-롭다-로이-스럽다-스레) N・A・AD
好感 N　好感(こうかん) N　好感(호감) N
好评 N　好評(こうひょう) N　好評(호평-하다) N・V
好意 N　好意(こうい) N　好意(호의) N
好转 V　好転(こうてん－する) N・V　好轉(호전-하다) N・V
浩浩 A　浩浩(こうこう－たる－と) A　浩浩(호호-하다-히) A・AD

合并　V　合併(がっぺい－する) N・V　合併(합병-하다) N・V
合唱　V　合唱(がっしょう－する) N・V　合唱(합창-하다) N・V
合成　V　合成(ごうせい－する) N・V　合成(합성-하다) N・V
合法　A　合法(ごうほう－な－に) N・A　合法(합법-하다) N・A
合格　A　合格(ごうかく－する) N・V　合格(합격-하다) N・V
合计　V　合計(ごうけい－する) N・V　合計(합계-하다) N・V
合金　N　合金(ごうきん) N　合金(합금) N
合理　A　合理(ごうり) N　合理(합리-하다) N・A
合流　V　合流(ごうりゅう－する) N・V　合流(합류-하다) N・V
合同　N　合同(ごうどう－する－な) N・V・A　合同(합동-하다) N・V
合意　A　合意(ごうい－する) N・V　合意(합의-하다) N・V
合资　V　合資(ごうし) N　合資(합자-하다) N・V
合奏　V　合奏(がっそう－する) N・V　合奏(합주-하다) N・V
合作　V　合作(がっさく－する) N・V　合作(합작-하다) N・V
和解　V　和解(わかい－する) N・V　和解(화해-하다) N・V
和睦　A　和睦(わぼく－する) N・V　和睦(화목-하다) N・A
和平　N・A　和平(わへい) N　和平(화평-하다) N・A
和气　N・A　和気(わき－たる－と) N・A　和氣(화기) N
河川　N　河川(かせん) N　河川(하천) N
核心　N　核心(かくしん) N　核心(핵심) N
黑白　N　黒白(こくはく・こくびゃく) N　黑白(흑백) N
黑板　N　黒板(こくばん) N　黑板(흑판) N
黑人　N　黒人(こくじん) N　黑人(흑인) N
痕迹　N　痕跡(こんせき) N　痕跡・痕迹(흔적) N
恒星　N　恒星(こうせい) N　恒星(항성) N
横行　V　横行(おうこう－する) N・V　横行(횡행-하다) N・V
红茶　N　紅茶(こうちゃ) N　紅茶(홍차) N
红叶　N　紅葉(こうよう－する) N・V　紅葉(홍엽) N
洪水　N　洪水(こうずい) N　洪水(홍수) N
后辈　N　後輩(こうはい) N　後輩(후배) N
后代　N　後代(こうだい) N　後代(후대) N
后方　N　後方(こうほう) N　後方(후방) N
后悔　V　後悔(こうかい－する) N・V　後悔(후회-하다) N・V
后年　N　後年(こうねん) N　後年(후년) N
后期　N　後期(こうき) N　後期(후기) N
后世　N　後世(こうせい・ごせ) N　後世(후세) N
后头　N　後頭(こうとう) N　後頭(후두) N
后退　V　後退(こうたい－する) N・V　後退(후퇴-하다) N・V

后援 N　後援(こうえん－する) N・V　後援(후원-하다) N・V
候补 V　候補(こうほ) N　候補(후보) N
呼吸 V　呼吸(こきゅう－する) N・V　呼吸(호흡-하다) N・V
呼应 V　呼応(こおう－する) N・V　呼應(호응-하다) N・V
忽然 AD　忽然(こつぜん－と) AD　忽然(홀연-하다-히) A・AD
蝴蝶・胡蝶 N　胡蝶(こちょう) N　胡蝶・蝴蝶(호접) N
户籍 N　戸籍(こせき) N　戸籍(호적) N
护送 V　護送(ごそう－する) N・V　護送(호송-하다) N・V
华丽 A　華麗(かれい－なーに) N・A　華麗(화려-하다-히) A・AD
化合 V　化合(かごう－する) N・V　化合(화합-하다) N・V
化石 N　化石(かせき－する) N・V　化石(화석) N
化学 N　化学(かがく) N　化學(화학) N
化妆 V　化粧(けしょう－する) N・V　化粧(화장-하다) N・V
画报 N　画報(がほう) N　畫報(화보) N
画家 N　画家(がか) N　畫家(화가) N
画面 N　画面(がめん) N　畫面(화면) N
话题 N　話題(わだい) N　話題(화제) N
怀疑 V　懐疑(かいぎ－する) N・V　懷疑(회의-하다) N・V
欢呼 V　歓呼(かんこ－する) N・V　歡呼(환호-하다) N・V
欢送 V　歓送(かんそう－する) N・V　歡送(환송-하다) N・V
欢喜 V・A　歓喜(かんき－する) N・V　歡喜(환희-하다) N・V
欢迎 V　歓迎(かんげい－する) N・V　歡迎(환영-하다) N・V
环境 N　環境(かんきょう) N　環境(환경) N
缓和 V・A　緩和(かんわ－する) N・V　緩和(완화-하다) N・V
缓慢 A　緩慢(かんまん－なーに) N・A　緩慢(완만-하다-히) A・AD
幻想 N・V　幻想(げんそう－する) N・V　幻想(환상) N
换算 V　換算(かんさん－する) N・V　換算(환산-하다) N・V
患者 N　患者(かんじゃ) N　患者(환자) N
荒野 N　荒野(こうや) N　荒野(황야) N
黄金 N・A　黄金(おうごん) N　黃金(황금) N
回避 V　回避(かいひ－する) N・V　回避(회피-하다) N・V
回答 V　回答(かいとう－する) N・V　回答(회답-하다) N・V
回夏 V　回復・恢復(かいふく－する) N・V　回復・恢復(회복-하다) N・V
回顾 V　回顧(かいこ－する) N・V　回顧(회고-하다) N・V
回收 V　回収(かいしゅう－する) N・V　回收(회수-하다) N・V
回想 V　回想(かいそう－する) N・V　回想(회상-하다) N・V
回转 V　回転(かいてん－する) N・V　回轉・廻轉(회전-하다) N・V
会场 N　会場(かいじょう) N　會場(회장) N

会費 N　会費(かいひ) N　會費(회비) N
会馆 N　会館(かいかん) N　會館(회관) N
会合 V　会合(かいごう-する) N・V　會合(회합-하다) N・V
会话 V　会話(かいわ-する) N・V　會話(회화-하다) N・V
会见 V　会見(かいけん-する) N・V　會見(회견-하다) N・V
会谈 V　会談(かいだん-する) N・V　會談(회담-하다) N・V
会同 V　会同(かいどう-する) N・V　會同(회동-하다) N・V
会议 N　会議(かいぎ-する) N・V　會議(회의-하다) N・V
会员 N　会員(かいいん) N　會員(회원) N
绘画 V　絵画(かいが) N　繪畫(회화) N
贿赂 N・V　賄賂(わいろ) N　賄賂(회뢰-하다) N・V
昏迷 V　昏迷(こんめい-する) N・V　昏迷(혼미-하다) N・A
婚礼 N　婚礼(こんれい) N　婚禮(혼례) N
婚姻 N　婚姻(こんいん-する) N・V　婚姻(혼인-하다) N・V
婚约 N　婚約(こんやく-する) N・V　婚約(혼약-하다) N・V
混合 V　混合(こんごう-する) N・V　混合(혼합-하다) N・V
混乱 A　混乱(こんらん-する) N・V　混亂(혼란-하다-스럽다) N・A
混同 V　混同(こんどう-する) N・V　混同(혼동-하다) N・V
混杂 V　混雑(こんざつ-する) N・V　混雜(혼잡-하다-스럽다-스레) N・A・AD
混浊 A　混濁(こんだく-する) N・V　混濁(혼탁-하다) N・A
活动 N・V・A　活動(かつどう-する) N・V　活動(활동-하다) N・V
活力 N　活力(かつりょく) N　活力(활력) N
活泼 A　活溌・活発(かっぱつ-なに) N・A　活潑(활발-하다-히) A・AD
活气 N　活気(かっき) N　活氣(활기) N
活跃 V・A　活躍(かつやく-する) N・V　活躍(활약-하다) N・V
火力 N　火力(かりょく) N　火力(화력) N
火山 N　火山(かざん) N　火山(화산) N
火焰 N　火焔・火炎(かえん) N　火焰(화염) N
火药 N　火薬(かやく) N　火藥(화약) N
火灾 N　火災(かさい) N　火災(화재) N
货币 N　貨幣(かへい) N　貨幣(화폐) N
货物 N　貨物(かもつ) N　貨物(화물) N
获得 V　獲得(かくとく-する) N・V　獲得(획득-하다) N・V

[J]

饥饿 A　飢餓・饑餓(きが) N　飢餓・饑餓(기아) N
机构 N　機構(きこう) N　機構(기구) N
机关 N・A　機関(きかん) N　機關(기관) N

机会 N　機会(きかい) N　機會(기회) N
机能 N　機能(きのう－する) N・V　機能(기능) N
机械 N・A　機械(きかい) N　機械(기계) N
积极 A　積極(せっきょく) N　積極(적극) N・AD
基本 N・A・AD　基本(きほん) N　基本(기본) N
基础 N　基礎(きそ) N　基礎(기초) N
基地 N　基地(きち) N　基地(기지) N
基金 N　基金(ききん) N　基金(기금) N
基准 N　基準(きじゅん) N　基準(기준) N・感嘆詞
激动 V・A　激動(げきどう－する) N・V　激動(격동-하다) N・V
激励 V　激励(げきれい－する) N・V　激勵(격려-하다) N・V
激烈 A　激烈(げきれつ－な－に) N・A　激烈(격렬-하다-히) A・AD
激增 V　激増(げきぞう－する) N・V　激增(격증-하다) N・V
极端 N・A・AD　極端(きょくたん－な－に) N・A　極端(극단-하다-히) N・A・AD
极限 N　極限(きょくげん) N　極限(극한) N
即时 AD　即時(そくじ) N　卽時(즉시) N・AD
即位 V　即位(そくい－する) N・V　卽位(즉위-하다) N・V
即席 V　即席(そくせき) N　卽席(즉석) N
即兴 V　即興(そっきょう) N　卽興(즉흥) N
急速 A　急速(きゅうそく－な－に) N・A　急速(급속-하다-히) N・A・AD
疾病 N　疾病(しっぺい) N　疾病(질병) N
集合 N・V　集合(しゅうごう－する) N・V　集合(집합-하다) N・V
集会 N・V　集会(しゅうかい－する) N・V　集會(집회-하다) N・V
集团 N　集団(しゅうだん) N　集團(집단) N
集中 V・A　集中・集注(しゅうちゅう－する) N・V　集中(집중-하다) N・V
嫉妒 V　嫉妬(しっと－する) N・V　嫉妬・嫉妒(질투-하다) N・V
给水 V　給水(きゅうすい－する) N・V　給水(급수-하다) N・V
给与・给予 V　給与(きゅうよ－する) N・V　給與(급여-하다) N・V
计划 N・V　計画(けいかく－する) N・V　計劃・計畫(계획-하다) N・V
计算 V　計算(けいさん－する) N・V　計算(계산-하다) N・V
记号 N　記号(きごう) N　記號(기호) N
记录 N・V　記録(きろく－する) N・V　記錄(기록-하다) N・V
记念・纪念 N・V　記念・紀念(きねん－する) N・V　記念・紀念(기념-하다) N・V
记事 V　記事(きじ) N　記事(기사-하다) N・V
记述 V　記述(きじゅつ－する) N・V　記述(기술-하다) N・V
记忆 N・V　記憶(きおく－する) N・V　記憶(기억-하다) N・V
记载 N・V　記載(きさい－する) N・V　記載(기재-하다) N・V
记者 N　記者(きしゃ) N　記者(기자) N

紀要 N　紀要(きよう) N　紀要(기요) N

技法 N　技法(ぎほう) N　技法(기법) N

技能 N　技能(ぎのう) N　技能(기능) N

技巧 N　技巧(ぎこう) N　技巧(기교-하다) N・A

技术 N　技術(ぎじゅつ) N　技術(기술) N

季节 N　季節(きせつ) N　季節(계절) N

継承 V　継承(けいしょう-する) N・V　繼承(계승-하다) N・V

継续 V　継続(けいぞく-する) N・V　繼續(계속-하다) N・V・AD

寄托 V　寄託(きたく-する) N・V　寄託(기탁-하다) N・V

寄予・寄与 V　寄与(きよ-する) N・V　寄與(기여-하다) N・V

寂寞 A　寂寞(じゃくまく・せきばく-たる-と) N・A　寂寞(적막-하다-히) N・A・AD

加工 V　加工(かこう-する) N・V　加工(가공-하다) N・V

加热 V　加熱(かねつ-する) N・V　加熱(가열-하다) N・V

加入 V　加入(かにゅう-する) N・V　加入(가입-하다) N・V

加速 V　加速(かそく-する) N・V　加速(가속-하다) N・V

加重 V　加重(かじゅう-する) N・V　加重(가중-하다) N・V

家畜 N　家畜(かちく) N　家畜(가축) N

家计 N　家計(かけい) N　家計(가계) N

家具 N　家具(かぐ) N　家具(가구) N

家事 N　家事(かじ) N　家事(가사) N

家庭 N　家庭(かてい) N　家庭(가정) N

家业 N　家業(かぎょう) N　家業(가업) N

家长 N　家長(かちょう) N　家長(가장) N

家族 N　家族(かぞく) N　家族(가족) N

假定 N・V　仮定(かてい-する) N・V　假定(가정-하다) N・V

假设 N・V　仮設(かせつ-する) N・V　假設(가설-하다) N・V

假想 V　仮想(かそう-する) N・V　假想(가상-하다)N・V

价格 N　価格(かかく) N　價格(가격) N

价值 N　価値(かち) N　價値(가치) N

尖端 N・A　尖端(せんたん) N　尖端(첨단) N

尖锐 A　尖鋭(せんえい-な) N・A　尖鋭(첨예-하다) A

歼灭 V　殲滅(せんめつ-する) N・V　殲滅(섬멸-하다) N・V

坚持 V　堅持(けんじ-する) N・V　堅持(견지-하다) N・V

坚固 A　堅固(けんご-な-に) N・A　堅固(견고-하다-히) A・AD

监督 N・V　監督(かんとく-する) N・V　監督(감독-하다) N・V

监视 V　監視(かんし-する) N・V　監視(감시-하다) N・V

监狱 N　監獄(かんごく) N　監獄(감옥) N

兼任 V・A　兼任(けんにん-する) N・V　兼任(겸임-하다) N・V

検査 N・V　検査(けんさーする) N・V　檢査(검사-하다) N・V
検察 V　検察(けんさつ) N　檢察(검찰-하다) N・V
検挙 V　検挙(けんきょーする) N・V　檢擧(검거-하다) N・V
検索 V　検索(けんさくーする) N・V　檢索(검색-하다) N・V
检讨 V　検討(けんとうーする) N・V　檢討(검토-하다) N・V
检疫 V　検疫(けんえきーする) N・V　檢疫(검역-하다) N・V
减少 V　減少(げんしょうーする) N・V　減少(감소-하다) N・V
简便 A　簡便(かんべんーなーに) N・A　簡便(간편-하다-히) A・AD
简单 A　簡単(かんたんーなーに) N・A　簡單(간단-하다-히) A・AD
见解 N　見解(けんかい) N　見解(견해) N
见识 N・V　見識(けんしき) N　見識(견식) N
见闻 N　見聞(けんぶん・けんもんーする) N・V　見聞(견문-하다) N・V
间隔 N・V　間隔(かんかく) N　間隔(간격) N
间接 A　間接(かんせつ) N　間接(간접) N
建立 V　建立(こんりゅうーする) N・V　建立(건립-하다) N・V
建设 V　建設(けんせつーする) N・V　建設(건설-하다) N・V
建议 N・V　建議(けんぎーする) N・V　建議(건의-하다) N・V
建造 V　建造(けんぞうーする) N・V　建造(건조-하다) N・V
建筑 N・V　建築(けんちくーする) N・V　建築(건축-하다) N・V
健康 A　健康(けんこうーなーに) N・A　健康(건강-하다-히) N・A・AD
健全 V・A　健全(けんぜんーなーに) N・A　健全(건전-하다-히) N・A・AD
鉴别 V　鑑別(かんべつーする) N・V　鑑別(감별-하다) N・V
鉴定 N・V　鑑定(かんていーする) N・V　鑑定(감정-하다) N・V
鉴赏 V　鑑賞(かんしょうーする) N・V　鑑賞(감상-하다) N・V
江南 N　江南(こうなん) N　江南(강남) N
将来 N　将来(しょうらいーする) N・V・AD　將來(장래) N・AD
讲话 N・V　講話(こうわーする) N・V　講話(강화-하다) N・V
讲师 N　講師(こうし・こうじ) N　講師(강사) N
讲堂 N　講堂(こうどう) N　講堂(강당) N
讲习 N　講習(こうしゅうーする) N・V　講習(강습-하다) N・V
讲演 N　講演(こうえんーする) N・V　講演(강연-하다) N・V
讲义 N　講義(こうぎーする) N・V　講義(강의-하다) N・V
讲座 N　講座(こうざ) N　講座(강좌) N
奖励 V　奨励(しょうれいーする) N・V　奬勵(장려-하다) N・V
交付 V　交付(こうふーする) N・V　交付・交附(교부-하다) N・V
交互 V・AD　交互(こうごーに) N・AD　交互(교호-하다) N・V
交换 V　交換(こうかんーする) N・V　交換(교환-하다) N・V
交际 V　交際(こうさいーする) N・V　交際(교제-하다) N・V

交流 V　交流(こうりゅう-する) N・V　交流(교류-하다) N・V
交渉 V　交渉(こうしょう-する) N・V　交渉(교섭-하다) N・V
交替 V　交替(こうたい-する) N・V　交替(교체-하다) N・V
交通 N・V　交通(こうつう-する) N・V　交通(교통-하다) N・V
交易 N・V　交易(こうえき-する) N・V　交易(교역-하다) N・V
郊外 N　郊外(こうがい) N　郊外(교외) N
骄傲 N・A　驕傲(きょうごう-な) N・A　驕傲(교오-하다-히) N・A・AD
焦点 N　焦点(しょうてん) N　焦點(초점) N
角度 N　角度(かくど) N　角度(각도) N
狡猾・狡滑 A　狡猾(こうかつ-な-に) N・A　狡猾(교활-하다-히) A・AD
教材 N　教材(きょうざい) N　教材(교재) N
教会 N　教会(きょうかい) N　教會(교회) N
教师 N　教師(きょうし) N　教師(교사) N
教室 N　教室(きょうしつ) N　教室(교실) N
教授 N・V　教授(きょうじゅ-する) N・V　教授(교수-하다) N・V
教训 N・V　教訓(きょうくん-する) N・V　教訓(교훈-하다) N・V
教养 N・V　教養(きょうよう) N　教養(교양-하다) N・V
教育 N・V　教育(きょういく-する) N・V　教育(교육-하다) N・V
教员 N　教員(きょういん) N　教員(교원) N
阶层 N　階層・界層(かいそう) N　階層(계층) N
阶段 N　階段(かいだん) N　階段(계단) N
阶级 N　階級(かいきゅう) N　階級(계급) N
结实 A　結実(けつじつ-する) N・V　結實(결실-하다) N・V
接触 V　接触(せっしょく-する) N・V　接觸(접촉-하다) N・V
接待 V　接待(せったい-する) N・V　接待(접대-하다) N・V
接见 V　接見(せっけん-する) N・V　接見(접견-하다) N・V
接近 V　接近(せっきん-する) N・V　接近(접근-하다) N・V
接收 V　接収(せっしゅう-する) N・V　接收(접수-하다) N・V
接受 V　接受(せつじゅ-する) N・V　接受(접수-하다) N・V
接续 V　接続(せつぞく-する) N・V　接續(접속-하다) N・V
揭示 V　掲示(けいじ-する) N・V　揭示(게시-하다) N・V
街道 N　街道(かいどう) N　街道(가도) N
街头 N　街頭(がいとう) N　街頭(가두) N
节约 V　節約(せつやく-する) N・V　節約(절약-하다) N・V
杰出 A　傑出(けっしゅつ-する) N・V　傑出(걸출-하다) N・A
杰作 N　傑作(けっさく-な-に) N・A　傑作(걸작) N
洁白 A　潔白(けっぱく-な-に) N・A　潔白(결백-하다) N・A
结构 N・V　結構(けっこう-な-に) N・A・AD　結構(결구-하다) N・V

結果 N・V・接続詞　結果(けっか－する) N・V　結果(결과) N
結合 V　結合(けつごう－する) N・V　結合(결합-하다) N・V
結婚 V　結婚(けっこん－する) N・V　結婚(결혼-하다) N・V
結晶 N・V　結晶(けっしょう－する) N・V　結晶(결정-하다) N・V
結局 N　結局(けっきょく) AD　結局(결국-하다) N・V・AD
結论 N　結論(けつろん) N　結論(결론-하다) N・V
結束 V　結束(けっそく－する) N・V　結束(결속-하다) N・V
解除 V　解除(かいじょ－する) N・V　解除(해제-하다) N・V
解答 V　解答(かいとう－する) N・V　解答(해답-하다) N・V
解放 V　解放(かいほう－する) N・V　解放(해방-하다) N・V
解雇 V　解雇(かいこ－する) N・V　解雇(해고-하다) N・V
解決 V　解決(かいけつ－する) N・V　解決(해결-하다) N・V
解剖 V　解剖(かいぼう－する) N・V　解剖(해부-하다) N・V
解散 V　解散(かいさん－する) N・V　解散(해산-하다) N・V
解釈 V　解釈(かいしゃく－する) N・V　解釋(해석-하다) N・V
解説 V　解説(かいせつ－する) N・V　解説(해설-하다) N・V
解析 V　解析(かいせき－する) N・V　解析(해석-하다) N・V
戒严 V　戒厳(かいげん) N　戒嚴(계엄) N
今后 N　今後(こんご) N　今後(금후) N・AD
今年 N　今年(こんねん) N　今年(금년) N
今日 N　今日(こんにち) N　今日(금일) N
金額 N　金額(きんがく) N　金額(금액) N
金庫 N　金庫(きんこ) N　金庫(금고) N
金钱 N　金銭(きんせん) N　金錢(금전) N
金融 N　金融(きんゆう) N　金融(금융) N
金属 N　金属(きんぞく) N　金屬(금속) N
金鱼 N　金魚(きんぎょ) N　金魚(금어) N
津津 A　津津(しんしん－たる－と) A　津津(진진-하다) A
筋肉 N　筋肉(きんにく) N　筋肉(근육) N
仅仅 AD　僅僅(きんきん) AD　僅僅(근근-이) AD
緊急 A　緊急(きんきゅう－なーに) N・A　緊急(긴급-하다-히) N・A・AD
緊迫 A　緊迫(きんぱく－する) N・V　緊迫(긴박-하다) A
緊縮 V　緊縮(きんしゅく－する) N・V　緊縮(긴축-하다) N・V
緊張 A　緊張(きんちょう－する) N・V　緊張(긴장-하다) N・V
锦绣 N・A　錦繡(きんしゅう) N　錦繡(금수) N
謹慎 A　謹慎(きんしん－する) N・V　謹慎(근신-하다) N・V
尽力 V　尽力(じんりょく－する) N・V　盡力(진력-하다) N・V
进步 V・A　進歩(しんぽ－する) N・V　進歩(진보-하다) N・V

進出 V　進出(しんしゅつ−する) N・V　進出(진출−하다) N・V
進攻 V　進攻(しんこう−する) N・V　進攻(진공−하다) N・V
進化 V　進化(しんか−する) N・V　進化(진화−하다) N・V
進取 V　進取(しんしゅ) N　進取(진취−하다) N・V
進入 V　進入(しんにゅう−する) N・V　進入(진입−하다) N・V
進行 V　進行(しんこう−する) N・V　進行(진행−하다) N・V
進展 V　進展(しんてん−する) N・V　進展(진전−하다) N・V
近代 N　近代(きんだい) N　近代(근대) N
近郊 N　近郊(きんこう) N　近郊(근교) N
近似 V　近似(きんじ−する) N・V　近似(근사−하다) A
禁止 V　禁止(きんし−する) N・V　禁止(금지−하다) N・V
経常 A・AD　経常(けいじょう) N　經常(경상) N
経典 N・A　経典(きょうてん・けいてん) N　經典(경전) N
経費 N　経費(けいひ) N　經費(경비) N
経過 N・V　経過(けいか−する) N・V　經過(경과−하다) N・V
経済 N・V・A　経済(けいざい−なに) N・A　經濟(경제−하다) N・V
経歴 N・V　経歴(けいれき) N　經歴(경력−하다) N・V
経験 N・V　経験(けいけん−する) N・V　經驗(경험−하다) N・V
経営 V　経営(けいえい−する) N・V　經營(경영−하다) N・V
経由 前置詞　経由(けいゆ−する) N・V　經由(경유−하다) N・V
精力 N　精力(せいりょく) N　精力(정력) N
精密 A　精密(せいみつ−なに) N・A　精密(정밀−하다−히) N・A・AD
精確 A　精確(せいかく−なに) N・A　精確(정확−하다−히) N・A・AD
精神 N・A　精神(せいしん) N　精神(정신) N
精算 V　精算(せいさん−する) N・V　精算(정산−하다) N・V
精通 V　精通(せいつう−する) N・V　精通(정통−하다) N・V
景気 N・A　景気(けいき) N　景氣(경기) N
景色 N　景色(けしき) N　景色(경색) N
警備 V　警備(けいび−する) N・V　警備(경비−하다) N・V
警察 N　警察(けいさつ) N　警察(경찰) N
警告 N・V　警告(けいこく−する) N・V　警告(경고−하다) N・V
警戒 V　警戒(けいかい−する) N・V　警戒(경계−하다) N・V
浄化 V　浄化(じょうか−する) N・V　淨化(정화−하다) N・V
競技 V　競技(きょうぎ−する) N・V　競技(경기−하다) N・V
競争 V　競争(きょうそう−する) N・V　競爭(경쟁−하다) N・V
敬愛 V　敬愛(けいあい−する) N・V　敬愛(경애−하다) N・V
敬礼 V　敬礼(けいれい−する) N・V　敬禮(경례−하다) N・V・感嘆詞
敬意 N　敬意(けいい) N　敬意(경의) N

境地　N　　境地(きょうち)　N　　境地(경지)　N
境界　N　　境界(きょうかい・きょうがい)　N　　境界(경계)　N
救済　V　　救済(きゅうさい－する)　N・V　　救濟(구제-하다)　N・V
救助　V　　救助(きゅうじょ－する)　N・V　　救助(구조-하다)　N・V
就任　V　　就任(しゅうにん－する)　N・V　　就任(취임-하다)　N・V
就业　V　　就業(しゅうぎょう－する)　N・V　　就業(취업-하다)　N・V
就职　V　　就職(しゅうしょく－する)　N・V　　就職(취직-하다)　N・V
拘束　V・A　拘束(こうそく－する)　N・V　　拘束(구속-하다)　N・V
居室　N　　居室(きょしつ)　N　　居室(거실)　N
居住　V　　居住(きょじゅう－する)　N・V　　居住(거주-하다)　N・V
局面　N　　局面(きょくめん)　N　　局面(국면)　N
局限　V　　局限(きょくげん－する)　N・V　　局限(국한-하다)　N・V
举行　V　　挙行(きょこう－する)　N・V　　擧行(거행-하다)　N・V
巨大　A　　巨大(きょだい－な－に)　N・A　　巨大(거대-하다)　N・A
巨额　A　　巨額(きょがく)　N　　巨額(거액)　N
拒绝　V　　拒絶(きょぜつ－する)　N・V　　拒絶(거절-하다)　N・V
具备　V　　具備(ぐび－する)　N・V　　具備(구비-하다)　N・V
具体　V・A　具体(ぐたい)　N　　具體(구체)　N
剧场　N　　劇場(げきじょう)　N　　劇場(극장)　N
据点　N　　拠点(きょてん)　N　　據點(거점)　N
距离　N・V　距離(きょり)　N　　距離(거리)　N
决定　N・V　決定(けってい－する)　N・V　　決定(결정-하다)　N・V
决断　N・V　決断(けつだん－する)　N・V　　決斷(결단-하다)　N・V
决胜　V　　決勝(けっしょう)　N　　決勝(결승-하다)　N・V
决算　N　　決算(けっさん－する)　N・V　　決算(결산-하다)　N・V
决心　N・V　決心(けっしん－する)　N・V　　決心(결심-하다)　N・V
决议　N　　決議(けつぎ－する)　N・V　　決議(결의-하다)　N・V
决意　V　　決意(けつい－する)　N・V　　決意(결의-하다)　N・V
觉悟　N・V　覚悟(かくご－する)　N・V　　覺悟(각오-하다)　N・V
觉醒　V　　覚醒(かくせい－する)　N・V　　覺醒(각성-하다)　N・V
绝对　A・AD　絶対(ぜったい)　N・AD　　絶對(절대)　N・AD
绝灭　V　　絶滅(ぜつめつ－する)　N・V　　絶滅(절멸-하다)　N・V
绝望　V　　絶望(ぜつぼう－する)　N・V　　絶望(절망-하다)　N・V
绝缘　V　　絶縁(ぜつえん－する)　N・V　　絶縁(절연-하다)　N・V
军备　N　　軍備(ぐんび)　N　　軍備(군비)　N
军队　N　　軍隊(ぐんたい)　N　　軍隊(군대)　N
军舰　N　　軍艦(ぐんかん)　N　　軍艦(군함)　N
军人　N　　軍人(ぐんじん)　N　　軍人(군인)　N

军事 N　軍事(ぐんじ) N　軍事(군사) N
军用 A　軍用(ぐんよう) N　軍用(군용) N
均衡 A　均衡(きんこう) N　均衡(균형) N

[K]

开发 V　開発(かいはつ－する) N・V　開發(개발－하다) N・V
开放 V・A　開放(かいほう－する) N・V　開放(개방－하다) N・V
开化 V・A　開化(かいか－する) N・V　開化(개화－하다) N・V
开会 V　開会(かいかい－する) N・V　開會(개회－하다) N・V
开垦 V　開墾(かいこん－する) N・V　開墾(개간－하다) N・V
开明 A　開明(かいめい－する－な) N・V・A　開明(개명－하다) N・V
开幕 V　開幕(かいまく－する) N・V　開幕(개막－하다) N・V
开辟 V　開闢(かいびゃく) N　開闢(개벽－하다) N・V
开始 N・V　開始(かいし－する) N・V　開始(개시－하다) N・V
开通 V・A　開通(かいつう－する) N・V　開通(개통－하다) N・V
开拓 V　開拓(かいたく－する) N・V　開拓(개척－하다) N・V
开学 V　開学(かいがく) N　開學(개학－하다) N・V
开业 V　開業(かいぎょう－する) N・V　開業(개업－하다) N・V
凯旋 V　凱旋(がいせん－する) N・V　凱旋(개선－하다) N・V
看护 N・V　看護(かんご－する) N・V　看護(간호－하다) N・V
看板 N　看板(かんばん) N　看板(간판) N
看病 V　看病(かんびょう－する) N・V　看病(간병－하다) N・V
抗议 V　抗議(こうぎ－する) N・V　抗議(항의－하다) N・V
考察 V　考察(こうさつ－する) N・V　考察(고찰－하다) N・V
考古 N・V　考古(こうこ) N　考古(고고－하다) N・V
考虑 V　考慮(こうりょ－する) N・V　考慮(고려－하다) N・V
科目 N　科目・課目(かもく) N　科目(과목) N
科学 N・A　科学(かがく) N　科學(과학) N
可怜 V・A　可憐(かれん－なーに) N・A　可憐(가련－하다－히) A・AD
可能 N・A・AD　可能(かのう－なーに) N・A　可能(가능－하다) N・A
克服 V　克服(こくふく－する) N・V　克服(극복－하다) N・V
客观 A　客観(かっかん・きゃっかん－する) N・V　客觀(객관) N
课程 N　課程(かてい) N　課程(과정) N
课题 N　課題(かだい) N　課題(과제) N
课外 N　課外(かがい) N　課外(과외) N
肯定 V・A・AD　肯定(こうてい－する) N・V　肯定(긍정－하다) N・V
空腹 V　空腹(くうふく) N　空腹(공복) N
空港 N　空港(くうこう) N　空港(공항) N
空间 N　空間(くうかん) N　空間(공간) N

空军 N　空軍(くうぐん) N　空軍(공군) N
空气 N　空気(くうき) N　空氣(공기) N
空想 N・V　空想(くうそう－する) N・V　空想(공상-하다) N・V
空虚 A　空虚(くうきょ－な－に) N・A　空虛(공허-하다) A
空中 N・A　空中(くうちゅう) N　空中(공중) N
恐怖 A　恐怖(きょうふ－する) N・V　恐怖(공포) N
空白 N　空白(くうはく) N　空白(공백) N
控诉 V　控訴(こうそ－する) N・V　控訴(공소-하다) N・V
口头 N・A　口頭(こうとう) N　口頭(구두) N
口语 N　口語(こうご) N　口語(구어) N
苦闷 A　苦悶(くもん－する) N・V　苦悶(고민-하다) N・V
苦难 N　苦難(くなん) N　苦難(고난) N
苦恼 A　苦悩(くのう－する) N・V　苦惱(고뇌-하다) N・V
苦痛 A　苦痛(くつう) N　苦痛(고통-스럽다-스레) N・A・AD
苦心 N・AD　苦心(くしん－する) N・V　苦心(고심-하다) N・V
夸张 N・A　誇張(こちょう－する) N・V　誇張(과장-하다) N・V
会计 N　会計(かいけい－する) N・V　會計(회계-하다) N・V
快感 N　快感(かいかん) N　快感(쾌감) N
快活 A　快活(かいかつ－な－に) N・A　快活(쾌활-하다-히) A・AD
快乐 A　快楽(かいらく・けらく) N　快樂(쾌락-하다) N・A
快速 A　快速(かいそく－な－に) N・A　快速(쾌속-하다) N・A
宽大 A　寛大(かんだい－な－に) N・A　寬大(관대-하다-히) A・AD
狂风 N　狂風(きょうふう) N　狂風(광풍) N
矿山 N　鉱山(こうざん) N　鑛山(광산) N
矿石 N　鉱石・礦石(こうせき) N　鑛石(광석) N
矿物 N　鉱物・礦物(こうぶつ) N　鑛物(광물) N
昆虫 N　昆虫(こんちゅう) N　昆蟲(곤충) N
困惑 V・A　困惑(こんわく－する) N・V　困惑(곤혹-하다) N・V
困难 N・A　困難(こんなん－な－に) N・A　困難(곤란-하다-히-스럽다-스레) N・A・AD
扩充 V　拡充(かくじゅう－する) N・V　擴充(확충-하다) N・V
扩大 V　拡大(かくだい－する) N・V　擴大(확대-하다) N・V
扩散 V　拡散(かくさん－する) N・V　擴散(확산-하다) N・V
扩张 V　拡張(かくちょう－する) N・V　擴張(확장-하다) N・V
括弧 N　括弧(かっこ－する) N・V　括弧(괄호) N

[L]

喇叭 N　喇叭(らっぱ) N　喇叭(나팔) N
蜡烛 N　蠟燭(ろうそく) N　蠟燭(납촉) N
来宾 N　来賓(らいひん) N　來賓(내빈) N

来历 N　来歴(らいれき) N　來歷(내력) N
来年 N　来年(らいねん) N　來年(내년) N
来日 N　来日(らいにち-する) N・V　來日(내일) N・AD
栏杆 N　欄干(らんかん) N　欄干・欄杆(난간) N
滥用 V　濫用・乱用(らんよう-する) N・V　濫用(남용-하다) N・V
朗读 V　朗読(ろうどく-する) N・V　朗讀(낭독-하다) N・V
浪费 V　浪費(ろうひ-する) N・V　浪費(낭비-하다) N・V
劳动 N・V　労働(ろうどう-する) N・V　勞動(노동-하다) N・V
老化 V　老化(ろうか-する) N・V　老化(노화-하다) N・V
老年 N　老年(ろうねん) N　老年(노년) N
老婆 N　老婆(ろうば) N　老婆(노파) N
老人 N　老人(ろうじん) N　老人(노인) N
老师 N　老師(ろうし) N　老師(노사) N
乐观 A　楽観(らっかん-する) N・V　樂觀(낙관-하다) N・V
累积 V　累積(るいせき-する) N・V　累積(누적-하다) N・V
类似 V　類似(るいじ-する) N・V　類似(유사-하다) N・A
类型 N　類型(るいけい) N　類型(유형) N
冷藏 V　冷蔵(れいぞう-する) N・V　冷藏(냉장-하다) N・V
冷淡 V・A　冷淡(れいたん-な-に) N・A　冷淡(냉담-하다-히) N・A・AD
冷冻 V　冷凍(れいとう-する) N・V　冷凍(냉동-하다) N・V
冷静 A　冷静(れいせい-な-に) N・A　冷靜(냉정-하다-히) N・A・AD
冷却 V　冷却(れいきゃく-する) N・V　冷却(냉각-하다) N・V
离别 V　離別(りべつ-する) N・V　離別(이별-하다) N・V
离婚 V　離婚(りこん-する) N・V　離婚(이혼-하다) N・V
礼拜 N・V　礼拝(らいはい・れいはい-する) N・V　禮拜(예배-하다) N・V
礼节 N　礼節(れいせつ) N　禮節(예절) N
礼物 N　礼物(れいもつ) N　禮物(예물) N
礼仪 N　礼儀(れいぎ) N　禮儀(예의) N
里面 N　裏面(りめん) N　裏面・裡面(이면) N
理发 V　理髪(りはつ-する) N・V　理髮(이발-하다) N・V
理解 V　理解・理会(りかい-する) N・V　理解(이해-하다) N・V
理论 N・V　理論(りろん) N　理論(이론) N
理念 N　理念(りねん) N　理念(이념) N
理事 N・V　理事(りじ) N　理事(이사) N
理想 N・A　理想(りそう) N　理想(이상) N
理性 N・A　理性(りせい) N　理性(이성) N
理由 N　理由(りゆう) N　理由(이유) N
力量 N　力量(りきりょう) N　力量(역량) N

历代 N 　歴代(れきだい) N 　歴代(역대) N
历史 N 　歴史(れきし) N 　歴史(역사) N
利害 N 　利害(りがい) N 　利害(이해) N
利润 N 　利潤(りじゅん) N 　利潤(이윤) N
利息 N 　利息(りそく) N 　利息(이식) N
利益 N 　利益(りえき・りやく) N 　利益(이익) N
利用 V 　利用(りよう-する) N・V 利用(이용-하다) N・V
例外 N・V 　例外(れいがい) N 　例外(예외) N
连结・联结 V 　連結(れんけつ-する) N・V 　連結(연결-하다) N・V
连年 V 　連年(れんねん) N 　連年(연년) N
连日 V 　連日(れんじつ) N 　連日(연일-하다) N・V・AD
连续 V 　連続(れんぞく-する) N・V 　連續(연속-하다) N・V
连载 V 　連載(れんさい-する) N・V 　連載(연재-하다) N・V
联邦 N 　連邦・邦(れんぽう) N 　聯邦(연방) N
联合 V・A 　聯合・連合(れんごう-する) N・V 　聯合(연합-하다) N・V
联络 V 　連絡・聯絡(れんらく-する) N・V 　連絡・聯絡(연락-하다) N・V
联盟 N 　連盟・聯盟(れんめい) N 　聯盟(연맹-하다) N・V
联想 V 　連想・聯想(れんそう-する) N・V 　聯想(연상-하다) N・V
练习 N・V 　練習(れんしゅう-する) N・V 　練習・鍊習(연습-하다) N・V
恋爱 N・V 　恋愛(れんあい-する) N・V 　戀愛(연애-하다) N・V
良好 A 　良好(りょうこう-な-に) N・A 　良好(양호-하다) N・A
良心 N 　良心(りょうしん) N 　良心(양심) N
粮食 N 　糧食(りょうしょく) N 　糧食(양식) N
两极 N 　両極(りょうきょく) N 　兩極(양극) N
疗养 V 　療養(りょうよう-する) N・V 　療養(요양-하다) N・V
了解 V 　了解(りょうかい-する) N・V 　了解(요해-하다) N・V
料理 N・V 　料理(りょうり-する) N・V 　料理(요리-하다) N・V
列车 N 　列車(れっしゃ) N 　列車(열차) N
列岛 N 　列島(れっとう) N 　列島(열도) N
列举 V 　列挙(れっきょ-する) N・V 　列擧(열거-하다) N・V
列席 V 　列席(れっせき-する) N・V 　列席(열석-하다) N・V
劣等 A 　劣等(れっとう-な) N・A 　劣等(열등-하다) N・A
烈火 N 　烈火(れっか) N 　烈火(열화) N
烈士 N 　烈士(れっし) N 　烈士(열사) N
林业 N 　林業(りんぎょう) N 　林業(임업) N
临床 V 　臨床(りんしょう) N 　臨床(임상-하다) N・V
临时 A・AD 　臨時(りんじ) N 　臨時(임시) N
灵魂 N 　霊魂(れいこん) N 　靈魂(영혼) N

玲珑 A　玲瓏(れいろう-たる-と) N・A　玲瓏(영롱-하다-히) A・AD
领事 N　領事(りょうじ) N　領事(영사) N
领土 N　領土(りょうど) N　領土(영토) N
领域 N　領域(りょういき) N　領域(영역) N
留学 V　留学(りゅうがく-する) N・V　留學(유학-하다) N・V
留意 V　留意(りゅうい-する) N・V　留意(유의-하다) N・V
流动 V　流動(りゅうどう-する) N・V　流動(유동-하다) N・V
流浪 V　流浪(るろう-する) N・V　流浪(유랑-하다) N・V
流水 N　流水(りゅうすい) N　流水(유수) N
流通 V　流通(りゅうつう-する) N・V　流通(유통-하다) N・V
流行 V　流行(りゅうこう-する) N・V　流行(유행-하다) N・V
流域 N　流域(りゅういき) N　流域(유역) N
琉璃 N　瑠璃(るり) N　瑠璃(유리) N
陆地 N　陸地(りくち) N　陸地(육지) N
陆军 N　陸軍(りくぐん) N　陸軍(육군) N
彔音 N・V　録音(ろくおん-する) N・V　錄音(녹음-하다) N・V
路上 N　路上(ろじょう) N　路上(노상) N
路线 N　路線(ろせん) N　路線(노선) N
旅费 N　旅費(りょひ) N　旅費(여비) N
旅馆 N　旅館(りょかん) N　旅館(여관) N
旅客 N　旅客(りょかく) N　旅客(여객) N
旅行 V　旅行(りょこう-する) N・V　旅行(여행-하다) N・V
履历 N　履歷(りれき) N　履歷(이력) N
履行 V　履行(りこう-する) N・V　履行(이행-하다) N・V
绿茶 N　綠茶(りょくちゃ) N　綠茶(녹차) N
绿化 V　綠化(りょっか-する) N・V　綠化(녹화-하다) N・V
掠夺 V　掠奪・略奪(りゃくだつ-する) N・V　掠奪(약탈-하다) N・V
略语 N　略語(りゃくご) N　略語(약어) N
轮廓 N　輪廓・輪郭(りんかく) N　輪廓(윤곽) N
论点 N　論点(ろんてん) N　論點(논점) N
论据 N　論拠(ろんきょ) N　論據(논거) N
论理 V・AD　論理(ろんり) N　論理(논리) N
论述 V　論述(ろんじゅつ-する) N・V　論述(논술-하다) N・V
论文 N　論文(ろんぶん) N　論文(논문) N
论争 V　論争(ろんそう-する) N・V　論爭(논쟁-하다) N・V
论证 N・V　論証(ろんしょう-する) N・V　論證(논증-하다) N・V
罗列 V　羅列(られつ-する) N・V　羅列(나열-하다) N・V
骆驼 N　駱駝(らくだ) N　駱駝(낙타) N

落第　V　　落第(らくだい－する)　N・V　　落第(낙제-하다)　N・V
落选　V　　落選(らくせん－する)　N・V　　落選(낙선-하다)　N・V

[M]

麻痹・麻痺　V・A　　麻痺(まひ－する)　N・V　　痲痺・癱痺(마비)　N
麻药　N　　麻薬(まやく)　N　　痲藥・癱藥(마약)　N
麻醉　V　　麻酔・痲酔(ますい)　N　　癱醉(마취-하다)　N・V
马车　N　　馬車(ばしゃ)　N　　馬車(마차)　N
埋没　V　　埋没(まいぼつ－する)　N・V　　埋沒(매몰-하다)　N・V
卖国　V　　売国(ばいこく)　N　　賣國(매국-하다)　N・V
脉搏　N　　脈搏(みゃくはく)　N　　脈搏(맥박)　N
馒头　N　　饅頭(まんじゅう)　N　　饅頭(만두)　N
满点　V　　満点(まんてん)　N　　滿點(만점)　N
满员　V　　満員(まんいん)　N　　滿員(만원)　N
满足　V　　満足(まんぞく－する－な－に)　N・V・A　　滿足(만족-하다-히-스럽다-스레)　N・V・A・AD
蔓延　V　　蔓延(まんえん－する)　N・V　　蔓延・蔓衍(만연-하다)　N・V
慢性　N・A　　慢性(まんせい)　N　　慢性(만성)　N
茫茫　A　　茫茫(ぼうぼう－たる－と)　A　　茫茫(망망-하다-히)　A・AD
茫然　A　　茫然(ぼうぜん－たる－と)　N・A　　茫然(망연-하다-히)　A・AD
毛笔　N　　毛筆(もうひつ)　N　　毛筆(모필)　N
矛盾　N・V・A　　矛盾(むじゅん－する)　N・V　　矛盾(모순)　N
冒险　V　　冒険(ぼうけん－する)　N・V　　冒險(모험-하다)　N・V
贸易　N　　貿易(ぼうえき－する)　N・V　　貿易(무역-하다)　N・V
帽子　N　　帽子(ぼうし)　N　　帽子(모자)　N
梅花　N　　梅花(ばいか)　N　　梅花(매화)　N
梅雨　N　　梅雨(ばいう)　N　　梅雨(매우)　N
媒介　N　　媒介(ばいかい－する)　N・V　　媒介(매개-하다)　N・V
媒体　N　　媒体(ばいたい)　N　　媒體(매체)　N
美德　N　　美徳(びとく)　N　　美德(미덕)　N
美观　A　　美観(びかん)　N　　美觀(미관)　N
美化　V　　美化(びか－する)　N・V　　美化(미화-하다)　N・V
美貌　N・A　　美貌(びぼう)　N　　美貌(미모)　N
美女　N　　美女(びじょ)　N　　美女(미녀)　N
美人　N　　美人(びじん)　N　　美人(미인)　N
美容　V　　美容(びよう)　N　　美容(미용-하다)　N・V
美术　N　　美術(びじゅつ)　N　　美術(미술)　N
魅力　N　　魅力(みりょく)　N　　魅力(매력)　N
猛烈　A　　猛烈(もうれつ－な－に)　N・A　　猛烈(맹렬-하다-히)　A・AD

猛兽　N　　猛獣(もうじゅう)　N　　猛獸(맹수)　N
梦想　N・V　　夢想(むそう-する)　N・V　　夢想(몽상-하다)　N・V
迷惑　V・A　　迷惑(めいわく-する-な)　N・V・A　　迷惑(미혹-하다)　N・V
迷信　V　　迷信(めいしん)　N　　迷信(미신-하다)　N・V
秘诀　N　　秘訣(ひけつ)　N　　祕訣(비결)　N
秘密　N・A　　秘密(ひみつ-な-に)　N・A　　祕密(비밀-하다-히-스럽다-스레)　N・A・AD
秘书　N　　秘書(ひしょ)　N　　祕書(비서)　N
密闭　V　　密閉(みっぺい-する)　N・V　　密閉(밀폐-하다)　N・V
密度　N　　密度(みつど)　N　　密度(밀도)　N
密封　V　　密封(みっぷう-する)　N・V　　密封(밀봉-하다)　N・V
密集　V・A　　密集(みっしゅう-する)　N・V　　密集(밀집-하다)　N・V
免除　V　　免除(めんじょ-する)　N・V　　免除(면제-하다)　N・V
免税　V　　免税(めんぜい-する)　N・V　　免稅(면세-하다)　N・V
面积　N　　面積(めんせき)　N　　面積(면적)　N
面貌　N　　面貌(めんぼう)　N　　面貌(면모)　N
面目　N　　面目(めんぼく・めんもく)　N　　面目(면목)　N
面前　N　　面前(めんぜん)　N　　面前(면전)　N
面谈　V　　面談(めんだん-する)　N・V　　面談(면담-하다)　N・V
描写　V　　描写(びょうしゃ-する)　N・V　　描寫(묘사-하다)　N・V
灭亡　V　　滅亡(めつぼう-する)　N・V　　滅亡(멸망-하다)　N・V
蔑视　V　　蔑視(べっし-する)　N・V　　蔑視(멸시-하다)　N・V
民间　N　　民間(みんかん)　N　　民間(민간)　N
民事　A　　民事(みんじ)　N　　民事(민사)　N
民俗　N　　民俗(みんぞく)　N　　民俗(민속)　N
民谣　N　　民謡(みんよう)　N　　民謠(민요)　N
民众　N　　民衆(みんしゅう)　N　　民衆(민중)　N
民主　N・A　　民主(みんしゅ)　N　　民主(민주)　N
民族　N　　民族(みんぞく)　N　　民族(민족)　N
敏感　A　　敏感(びんかん-な-に)　N・A　　敏感(민감-하다-히)　A・AD
敏捷　A　　敏捷(びんしょう-な-に)　N・A　　敏捷(민첩-하다-히)　A・AD
名称　N　　名称(めいしょう)　N　　名稱(명칭)　N
名人　N　　名人(めいじん)　N　　名人(명인)　N
名声　N　　名声(めいせい)　N　　名聲(명성)　N
名胜　N　　名勝(めいしょう)　N　　名勝(명승)　N
名物　N　　名物(めいぶつ)　N　　名物(명물)　N
名义　N　　名義(めいぎ)　N　　名義(명의)　N
名誉　N・A　　名誉(めいよ-な)　N・A　　名譽(명예-롭다-로이-스럽다-스레)　N・A・AD
名字　N　　名字(みょうじ)　N　　名字(명자)　N

名作 N 名作(めいさく) N 名作(명작) N
明白 V・A 明白(めいはく-なーに) N・A 明白(명백-하다-히) A・AD
明朗 A 明朗(めいろう-な) N・A 明朗(명랑-하다-히) N・A・AD
明确 V・A 明確(めいかく-なーに) N・A 明確(명확-하다-히) A・AD
命令 N・V 命令(めいれい-する) N・V 命令(명령-하다) N・V
命名 V 命名(めいめい-する) N・V 命名(명명-하다) N・V
命题 N・V 命題(めいだい) N 命題(명제-하다) N
命中 V 命中(めいちゅう-する) N・V 命中(명중-하다) N・V
摸索 V 摸索・模索(もさく-する) N・V 摸索(모색-하다) N・V
模范 N・A 模範(もはん) N 模範(모범) N
模仿・摹仿 V 模倣(もほう-する) N・V 模倣・摸倣(모방-하다) N・V
模糊・模胡 V・A 模糊(もこ-たる-と) N・A 模糊(모호-하다) A
模拟・摹拟 V 模擬(もぎ) N 模擬・摸擬(모의-하다) N・V
模型 N 模型(もけい) N 模型・模形(모형) N
摩擦・磨擦 N・V 摩擦(まさつ-する) N・V 摩擦(마찰-하다) N・V
抹杀・抹煞 V 抹殺(まっさつ-する) N・V 抹殺・抹摋(말살-하다) N・V
末期 N 末期(まっき・まつご) N 末期(말기) N
莫大 A 莫大(ばくだい-なーに) N・A 莫大(막대-하다-히) A・AD
默默 AD 黙黙(もくもく-たる-と) A 黙黙(묵묵-하다-히) A・AD
模样 N 模様(もよう) N 模様(모양) N
母校 N 母校(ぼこう) N 母校(모교) N
母语 N 母語(ぼご) N 母語(모어) N
木材 N 木材(もくざい) N 木材(목재) N
目标 N 目標(もくひょう) N 目標(목표-하다) N・V
目次 N 目次(もくじ) N 目次(목차) N
目的 N 目的(もくてき) N 目的(목적-하다) N・V
目录 N 目録(もくろく) N 目録(목록) N
目前 N 目前(もくぜん) N 目前(목전) N
沐浴 V 沐浴(もくよく-する) N・V 沐浴(목욕-하다) N・V
牧场 N 牧場(ぼくじょう) N 牧場(목장) N
牧师 N 牧師(ぼくし) N 牧師(목사) N
牧畜 N 牧畜(ぼくちく) N 牧畜(목축-하다) N・V
募集 V 募集(ぼしゅう-する) N・V 募集(모집-하다) N・V

[N]

纳税 V 納税(のうぜい-する) N・V 納税(납세-하다) N・V
乃至 接続詞 乃至(ないし) 接続詞 乃至(내지) AD
男女 N 男女(だんじょ・なんにょ) N 男女(남녀) N

男性　N　　男性(だんせい) N　　男性(남성) N
男子　N　　男子(だんし) N　　男子(남자) N
南北　N　　南北(なんぼく) N　　南北(남북) N
南方　N　　南方(なんぽう) N　　南方(남방) N
南极　N　　南極(なんきょく) N　　南極(남극) N
难度　N　　難度(なんど) N　　難度(난도) N
难关　N　　難関(なんかん) N　　難關(난관) N
难题　N　　難題(なんだい) N　　難題(난제) N
难民　N　　難民(なんみん) N　　難民(난민) N
脑力　N　　脳力(のうりょく) N　　腦力(뇌력) N
内部　N　　内部(ないぶ) N　　内部(내부) N
内地　N　　内地(ないち) N　　内地(내지) N
内阁　N　　内閣(ないかく) N　　内閣(내각) N
内科　N　　内科(ないか) N　　内科(내과) N
内幕　N　　内幕(ないまく) N　　内幕(내막) N
内容　N　　内容(ないよう) N　　内容(내용) N
内外　N　　内外(ないがい) N　　内外(내외-하다) N・V
内线　N　　内線(ないせん) N　　内線(내선) N
内心　N　　内心(ないしん) N　　内心(내심) N・AD
内在　A　　内在(ないざい－する) N・V　　内在(내재-하다) N・V
内脏　N　　内臓(ないぞう) N　　内臓(내장) N
内战　N　　内戦(ないせん) N　　内戰(내전) N
内政　N　　内政(ないせい) N　　内政(내정) N
能动　A　　能動(のうどう) N　　能動(능동) N
能力　N　　能力(のうりょく) N　　能力(능력) N
逆流　N・V　　逆流(ぎゃくりゅう－する) N・V　　逆流(역류-하다) N・V
逆转　V　　逆転(ぎゃくてん－する) N・V　　逆轉(역전-하다) N・V
年初　N　　年初(ねんしょ) N　　年初(연초) N
年代　N　　年代(ねんだい) N　　年代(연대) N
年度　N　　年度(ねんど) N　　年度(연도) N
年间　N　　年間(ねんかん) N　　年間(연간) N
年龄　N　　年齢(ねんれい) N　　年齢(연령) N
年末　N　　年末(ねんまつ) N　　年末(연말) N
年中　N　　年中(ねんじゅう・ねんちゅう) N・AD　　年中(연중) N
念头　N　　念頭(ねんとう) N　　念頭(염두) N
酿造　V　　醸造(じょうぞう－する) N・V　　醸造(양조-하다) N・V
捏造　V　　捏造(ねつぞう－する) N・V　　捏造(날조-하다) N・V
凝固　V　　凝固(ぎょうこ－する) N・V　　凝固(응고-하다) N・V

凝结 V　凝結(ぎょうけつ−する) N・V　凝結(응결-하다) N・V
凝视 V　凝視(ぎょうし−する) N・V　凝視(응시-하다) N・V
农场 N　農場(のうじょう) N　農場(농장) N
农村 N　農村(のうそん) N　農村(농촌) N
农夫 N　農夫(のうふ) N　農夫(농부) N
农家 N　農家(のうか) N　農家(농가) N
农具 N　農具(のうぐ) N　農具(농구) N
农林 N　農林(のうりん) N　農林(농림) N
农民 N　農民(のうみん) N　農民(농민) N
农事 N　農事(のうじ) N　農事(농사-하다) N・V
农药 N　農薬(のうやく) N　農藥(농약) N
农业 N　農業(のうぎょう) N　農業(농업) N
浓度 N　濃度(のうど) N　濃度(농도) N
浓厚 A　濃厚(のうこう−な−に) N・A　濃厚(농후-하다) A
奴隶 N　奴隷(どれい) N　奴隷(노예) N
努力 V・A　努力(どりょく−する) N・V　努力(노력-하다) N・V
女流 N　女流(じょりゅう) N　女流(여류) N
女人 N　女人(にょにん) N　女人(여인) N
女神 N　女神(じょしん) N　女神(여신) N
女王 N　女王(じょおう) N　女王(여왕) N
女性 N　女性(じょせい・にょしょう) N　女性(여성) N
女优 N　女優(じょゆう) N　女優(여우) N
女子 N　女子(じょし) N　女子(여자) N
暖房 N・V　暖房(だんぼう−する) N・V　暖房・煖房(난방) N
暖流 N　暖流(だんりゅう) N　暖流・煖流(난류) N
暖气 N　暖気(だんき) N・(のんき−な−に)　N・A 暖氣・煖氣(난기) N

[O]

殴打　V　殴打(おうだ−する) N・V　毆打(구타-하다) N・V
呕吐 V　嘔吐(おうと−する) N・V　嘔吐(구토-하다) N・V
偶然 A・AD　偶然(ぐうぜん) N・AD　偶然(우연-하다-히-스럽다-스레) N・A・AD

[P]

拍手 V　拍手(はくしゅ−する) N・V　拍手(박수-하다) N・V
拍子 N　拍子(ひょうし) N　拍子(박자) N
俳优 N　俳優(はいゆう) N　俳優(배우) N
排斥 V　排斥(はいせき−する) N・V　排斥(배척-하다) N・V

排除 V　排除(はいじょ－する) N・V　排除(배제-하다) N・V
排列 V　排列・配列(はいれつ－する) N・V　排列・配列(배열-하다) N・V
徘徊 V　徘徊(はいかい－する) N・V　徘徊(배회-하다) N・V
派遣 V　派遣(はけん－する) N・V　派遣(파견-하다) N・V
判定 V　判定(はんてい－する) N・V　判定(판정-하다) N・V
判断 N・V　判断(はんだん－する) N・V　判斷(판단-하다) N・V
判決 V　判決(はんけつ－する) N・V　判決(판결-하다) N・V
叛乱 V　叛乱・反乱(はんらん－する) N・V　叛亂・反亂(반란-하다) N・V
彷徨・旁皇 V　彷徨(ほうこう－する) N・V　彷徨(방황-하다) N・V
庞大 A　厖大・膨大(ぼうだい－な－に) N・A　厖大・尨大(방대-하다-히) A・AD
抛弃 V　抛棄・放棄(ほうき－する) N・V　抛棄(포기-하다) N・V
泡沫 N　泡沫(ほうまつ) N　泡沫(포말) N
炮弹 N　砲弾(ほうだん) N　砲彈(포탄) N
炮火 N　砲火(ほうか) N　砲火(포화) N
培养 V　培養(ばいよう－する) N・V　培養(배양-하다) N・V
赔偿 V　賠償(ばいしょう－する) N・V　賠償(배상-하다) N・V
配合 V・A　配合(はいごう－する) N・V　配合(배합-하다) N・V
配偶 N　配偶(はいぐう) N　配偶・配耦(배우) N
配置 V　配置(はいち－する) N・V　配置(배치-하다) N・V
喷射 V　噴射(ふんしゃ－する) N・V　噴射(분사-하다) N・V
盆地 N　盆地(ぼんち) N　盆地(분지) N
膨胀 V　膨脹・膨張(ぼうちょう－する) N・V　膨脹(팽창-하다) N・V
批判 V　批判(ひはん－する) N・V　批判(비판-하다) N・V
批评 V　批評(ひひょう－する) N・V　批評(비평-하다) N・V
皮肤 N・A　皮膚(ひふ) N　皮膚(피부) N
疲劳 A　疲労(ひろう－する) N・V　疲勞(피로-하다) N・A
偏见 N　偏見(へんけん) N　偏見(편견) N
偏向 N・V　偏向(へんこう－する) N・V　偏向(편향-하다) N・V
便宜 N・V・A　便宜(びんぎ・べんぎ－な) N・A　便宜(편의) N
漂流・飘流 V　漂流(ひょうりゅう－する) N・V　漂流(표류-하다) N・V
漂白 V　漂白(ひょうはく－する) N・V　漂白(표백-하다) N・V
贫乏 A　貧乏(びんぼう－する－な) N・V・A　貧乏(빈핍-하다) N・A
贫困 A　貧困(ひんこん－な－に) N・A　貧困(빈곤-하다-히) N・A・AD
贫民 N　貧民(ひんみん) N　貧民(빈민) N
贫穷 A　貧窮(ひんきゅう－する) N・V　貧窮(빈궁-하다-히) N・A・AD
贫弱 A　貧弱(ひんじゃく－な－に) N・A　貧弱(빈약-하다) N・A
贫血 V　貧血(ひんけつ－する) N・V　貧血(빈혈) N
频繁 A　頻繁(ひんぱん－な－に) N・A　頻繁・頻煩(빈번-하다-히) A・AD

品目 N　品目(ひんもく) N　品目(품목) N
品质 N　品質(ひんしつ) N　品質(품질) N
品种 N　品種(ひんしゅ) N　品種(품종) N
平安 A　平安(へいあん) N　平安(평안-하다-히) N・A・AD
平常 N・A　平常(へいじょう) N　平常(평상) N・AD
平等 A　平等(びょうどう-な-に) N・A　平等(평등-하다) N・A
平地 N・V　平地(へいち) N　平地(평지) N
平凡 A　平凡(へいぼん-な-に) N・A　平凡(평범-하다-히) A・AD
平和 A　平和(へいわ-な-に) N・A　平和(평화-하다-롭다-로이-스럽다-스레) N・A・AD
平衡 A　平衡(へいこう) N　平衡(평형-하다) N・A
平均 V・A　平均(へいきん-する) N・V　平均(평균-하다) N・V
平面 N　平面(へいめん) N　平面(평면) N
平民 N　平民(へいみん) N　平民(평민) N
平日 N　平日(へいじつ) N　平日(평일) N
平生 N　平生(へいぜい) N　平生(평생) N・AD
平时 N　平時(へいじ) N　平時(평시) N・AD
平素 N　平素(へいそ) N　平素(평소) N・AD
平坦 A　平坦(へいたん-な-に) N・A　平坦(평탄-하다-히) N・A・AD
平稳 A　平穏(へいおん-な-に) N・A　平穩(평온-하다-히) N・A・AD
平行 V・A　平行(へいこう-する-な-に) N・V・A　平行(평행-하다) N・V
平野 N　平野(へいや) N　平野(평야) N
平原 N　平原(へいげん) N　平原(평원) N
评价 N・V　評価(ひょうか-する) N・V　評價(평가-하다) N・V
评论 N・V　評論(ひょうろん-する) N・V　評論(평론-하다) N・V
评判 V　評判(ひょうばん) N　評判(평판-하다) N・V
破产 V　破産(はさん-する) N・V　破産(파산-하다) N・V
破坏 V　破壊(はかい-する) N・V　破壞(파괴-하다) N・V
破裂 V　破裂(はれつ-する) N・V　破裂(파열-하다) N・V
破损 V　破損(はそん-する) N・V　破損(파손-하다) N・V
扑灭 V　撲滅(ぼくめつ-する) N・V　撲滅(박멸-하다) N・V
葡萄 N　葡萄(ぶどう) N　葡萄(포도) N
普遍 A　普遍(ふへん) N　普遍(보편) N
普及 V　普及(ふきゅう-する) N・V　普及(보급-하다) N・V
普通 A　普通(ふつう-な-に) N・A・AD　普通(보통) N・AD

[Q]

妻子 N　妻子(さいし) N　妻子(처자) N
凄惨 A　凄惨(せいさん-な) N・A　悽慘(처참-하다-히) A・AD

期待 V　期待(きたい－する) N・V　期待(기대-하다) N・V
期間 N　期間(きかん) N　期間(기간) N
期末 N　期末(きまつ) N　期末(기말) N
期限 N　期限(きげん) N　期限(기한-하다) N・V
奇怪 V・A　奇怪(きかい・きっかい－なーに) N・A　奇怪(기괴-하다) A
奇迹 N　奇跡・奇蹟(きせき) N　奇蹟(기적) N
奇妙 A　奇妙(きみょう－なーに) N・A　奇妙(기묘-하다-히) A・AD
岐路 N　岐路(きろ) N　岐路(기로) N
祈祷 V　祈祷(きとう－する) N・V　祈禱(기도-하다) N・V
旗幟 N　旗幟(きし) N　旗幟(기치) N
企划 V　企劃・企画(きかく－する) N・V　企劃(기획-하다) N・V
企业 N　企業(きぎょう) N　企業(기업-하다) N・V
启发 V　啓発(けいはつ－する) N・V　啓發(계발-하다) N・V
启示 N・V　啓示(けいじ－する) N・V　啓示(계시-하다) N・V
起床 V　起床(きしょう－する) N・V　起床(기상-하다) N・V
起点 N　起点(きてん) N　起點(기점) N
起伏 V　起伏(きふく－する) N・V　起伏(기복-하다) N・V
起诉 V　起訴(きそ－する) N・V　起訴(기소-하다) N・V
起源 N・V　起源・起原(きげん) N　起源・起原(기원-하다) N・V
气功 N　気功(きこう) N　氣功(기공) N
气管 N　気管(きかん) N　氣管(기관) N
气候 N　気候(きこう) N　氣候(기후) N
气力 N　気力(きりょく) N　氣力(기력) N
气流 N　気流(きりゅう) N　氣流(기류) N
气球 N　気球(ききゅう) N　氣球(기구) N
气势 N　気勢(きせい) N　氣勢(기세) N
气体 N　気体(きたい) N　氣體(기체) N
气味 N　気味(きび・きみ) N　氣味(기미) N
气温 N　気温(きおん) N　氣溫(기온) N
气象 N　気性・気象(きしょう) N　氣象(기상) N
气压 N　気圧(きあつ) N　氣壓(기압) N
气质 N　気質(きしつ) N　氣質(기질) N
弃权 V　棄権(きけん－する) N・V　棄權(기권-하다) N・V
汽车 N　汽車(きしゃ) N　汽車(기차) N
汽船 N　汽船(きせん) N　汽船(기선) N
契约 N　契約(けいやく－する) N・V　契約(계약-하다) N・V
器材 N　器材(きざい) N　器材(기재) N
器官 N　器官(きかん) N　器官(기관) N

器具　N　器具・機具(きぐ)　N　器具(기구)　N
器械　N　器械(きかい)　N　器械(기계)　N
牽引　V　牽引(けんいん－する)　N・V　牽引(견인-하다)　N・V
牽制　V　牽制(けんせい－する)　N・V　牽制(견제-하다)　N・V
铅笔　N　鉛筆(えんぴつ)　N　鉛筆(연필)　N
谦虚　V・A　謙虚(けんきょ－な－に)　N・A　謙虚(겸허-하다-히)　N・A・AD
谦逊　A　謙遜(けんそん－する)　N・V　謙遜(겸손-하다-히)　N・A・AD
前方　N　前方(ぜんぽう)　N　前方(전방)　N
前后　N　前後(ぜんご－する)　N・V　前後(전후-하다)　N・V
前进　V　前進(ぜんしん－する)　N・V　前進(전진-하다)　N・V
前景　N　前景(ぜんけい)　N　前景(전경)　N
前面　N　前面(ぜんめん)　N　前面(전면)　N
前年　N　前年(ぜんねん)　N　前年(전년)　N
前期　N　前期(ぜんき)　N　前期(전기)　N
前提　N　前提(ぜんてい)　N　前提(전제-하다)　N・V
前头　N　前頭(ぜんとう)　N　前頭(전두)　N
前途　N　前途(ぜんと)　N　前途(전도)　N
潜伏　V　潜伏(せんぷく－する)　N・V　潛伏(잠복-하다)　N・V
潜水　V　潜水(せんすい－する)　N・V　潛水(잠수-하다)　N・V
强大　A　強大(きょうだい－な－に)　N・A　強大(강대-하다)　A
强盗　N　強盗(ごうとう)　N　強盗(강도)　N
强调　V　強調(きょうちょう－する)　N・V　強調(강조-하다)　N・V
强度　N　強度(きょうど)　N　強度(강도)　N
强风　N　強風(きょうふう)　N　強風(강풍)　N
强国　N・V　強国(きょうこく)　N　強國(강국)　N
强化　V　強化(きょうか－する)　N・V　強化(강화-하다)　N・V
强力　N　強力(きょうりょく・ごうりき－な－に)　N・A　強力(강력-하다-히)　N・A・AD
强烈　A　強烈(きょうれつ－な－に)　N・A　強烈(강렬-하다-히)　A・AD
强制　V　強制(きょうせい－する)　N・V　強制(강제-하다)　N・V
墙壁　N　牆壁(しょうへき)　N　牆壁(장벽)　N
强迫　V　強迫(きょうはく－する)　N・V　強迫(강박-하다)　N・V
巧妙　A　巧妙(こうみょう－な－に)　N・A　巧妙(교묘-하다-히)　A・AD
切实　A　切実(せつじつ－な－に)　N・A　切實(절실-하다-히)　A・AD
侵犯　V　侵犯(しんぱん－する)　N・V　侵犯(침범-하다)　N・V
侵害　V　侵害(しんがい－する)　N・V　侵害(침해-하다)　N・V
侵略　V　侵略・侵掠(しんりゃく－する)　N・V　侵略(침략-하다)　N・V
侵入　V　侵入(しんにゅう－する)　N・V　侵入(침입-하다)　N・V
侵蚀　V　侵蝕・侵食(しんしょく－する)　N・V　侵蝕(침식-하다)　N・V

親密 A　親密(しんみつ－な－に) N・A　　親密(친밀-하다-히) N・A・AD
親戚 N　親戚(しんせき) N　　親戚(친척) N
親切 A　親切・深切(しんせつ－な－に) N・A　　親切(친절-하다-히) N・A・AD
親友 N　親友(しんゆう) N　　親友(친우) N
勤労 A　勤労(きんろう－する) N・V　　勤勞(근로-하다) N・V
勤勉 A　勤勉(きんべん－な－に) N・A　　勤勉(근면-하다-히) N・V・A・AD
勤務 N　勤務(きんむ－する) N・V　　勤務(근무-하다) N・V
寝室 N　寝室(しんしつ) N　　寝室(침실) N
青春 N　青春(せいしゅん) N　　青春(청춘) N
青年 N　青年(せいねん) N　　青年(청년) N
軽快 A　軽快(けいかい－する－な－に) N・V・A　　輕快(경쾌-하다-히) A・AD
軽蔑 V　軽蔑(けいべつ－する) N・V　　輕蔑(경멸-하다) N・V
軽視 V　軽視(けいし－する) N・V　　輕視(경시-하다) N・V
軽率 A　軽率・軽卒(けいそつ－な－に) N・A　　輕率(경솔-하다-히) N・A・AD
軽重 N　軽重(けいじゅう・けいちょう) N　　輕重(경중) N
傾听 V　傾聴(けいちょう－する) N・V　　傾聽(경청-하다) N・V
傾向 N・V　傾向(けいこう) N　　傾向(경향) N
傾斜 V　傾斜(けいしゃ－する) N・V　　傾斜(경사) N
清潔 A　清潔(せいけつ－な－に) N・A　　清潔(청결-하다-히) N・A・AD
清扫 V　清掃(せいそう－する) N・V　　清掃(청소-하다) N・V
情報 N　情報(じょうほう) N　　情報(정보) N
情況 N　情況・状況(じょうきょう) N　　情況(정황) N
情勢 N　情勢・状勢(じょうせい) N　　情勢(정세) N
情緒 N　情緒(じょうしょ・じょうちょ) N　　情緒(정서) N
请求 N・V　請求(せいきゅう－する) N・V　　請求(청구-하다) N・V
请愿 V　請願(せいがん－する) N・V　　請願(청원-하다) N・V
庆祝 V　慶祝(けいしゅく－する) N・V　　慶祝(경축-하다) N・V
丘陵 N　丘陵(きゅうりょう) N　　丘陵(구릉) N
区别 N・V　区別(くべつ－する) N・V　　區別(구별-하다) N・V
区分 V　区分(くぶん－する) N・V　　區分(구분-하다) N・V
区域 N　区域(くいき) N　　區域(구역) N
曲线 N　曲線(きょくせん) N　　曲線(곡선) N
驱逐 V　駆逐(くちく－する) N・V　　驅逐(구축-하다) N・V
屈伏・屈服 V　屈伏・屈服(くっぷく－する) N・V　　屈伏・屈服(굴복-하다) N・V
趋势 N　趨勢(すうせい) N　　趨勢(추세) N
取材 V　取材(しゅざい－する) N・V　　取材(취재-하다) N・V
取得 V　取得(しゅとく－する) N・V　　取得(취득-하다) N・V
去年 N　去年(きょねん) N　　去年(거년) N

趣味 N　　趣味(しゅみ) N　　趣味(취미) N

权力 N　　権力(けんりょく) N　　權力(권력) N

权利 N　　権利(けんり) N　　權利(권리) N

权威 N　　権威(けんい) N　　權威(권위) N

权限 N　　権限(けんげん) N　　權限(권한) N

权益 N　　権益(けんえき) N　　權益(권익) N

全般 A　　全般(ぜんぱん) N　　全般(전반) N

全部 N　　全部(ぜんぶ) N　　全部(전부) N・AD

全都 AD　　全都(ぜんと) N　　全都(전도) N

全集 N　　全集(ぜんしゅう) N　　全集(전집) N

全力 N　　全力(ぜんりょく) N　　全力(전력) N

全面 N・A　　全面(ぜんめん) N　　全面(전면) N

全然 AD　　全然(ぜんぜん) AD　　全然(전연) AD

全身 N　　全身(ぜんしん) N　　全身(전신) N

全体 N　　全体(ぜんたい) N・AD　　全體(전체) N

全員 N　　全員(ぜんいん) N　　全員(전원) N

劝告 N・V　　勧告(かんこく－する) N・V　　勸告(권고-하다) N・V

劝诱 V　　勧誘(かんゆう－する) N・V　　勸誘(권유-하다) N・V

缺点 N　　欠点(けってん) N　　缺點(결점) N

缺席 V　　欠席(けっせき－する) N・V　　缺席(결석-하다) N・V

缺陷 N　　欠陥(けっかん) N　　缺陷(결함) N

确保 V　　確保(かくほ－する) N・V　　確保(확보-하다) N・V

确定 V・A　　確定(かくてい－する) N・V　　確定(확정-하다) N・V

确立 V　　確立(かくりつ－する) N・V　　確立(확립-하다) N・V

确认 V　　確認(かくにん－する) N・V　　確認(확인-하다) N・V

确实 A・AD　　確実(かくじつ－な-に) N・A　　確實(확실-하다-히) A・AD

确信 N・V　　確信(かくしん－する) N・V　　確信(확신-하다) N・V

群岛 N　　群島(ぐんとう) N　　群島(군도) N

群众 N　　群衆(ぐんしゅう) N　　群衆(군중) N

[R]

燃料 N　　燃料(ねんりょう) N　　燃料(연료) N

燃烧 V　　燃焼(ねんしょう－する) N・V　　燃燒(연소-하다) N・V

染料 N　　染料(せんりょう) N　　染料(염료) N

染色 V　　染色(せんしょく－する) N・V　　染色(염색-하다) N・V

让步 V　　譲歩(じょうほ－する) N・V　　讓步(양보-하다) N・V

热爱 V　　熱愛(ねつあい－する) N・V　　熱愛(열애-하다) N・V

热带 N　　熱帯(ねったい) N　　熱帶(열대) N

热量 N　熱量(ねつりょう) N　熱量(열량) N
热烈 A　熱烈(ねつれつ－なーに) N・A　熱烈(열렬-하다-히) A・AD
热气 N　熱気(ねっき・ねつけ) N　熱氣(열기) N
热情 N・A　熱情(ねつじょう) N　熱情(열정) N
热心 A　熱心(ねっしん－なーに) N・A　熱心(열심-히) N・AD
人才・人材 N　人材(じんざい) N　人才・人材(인재) N
人道 N・V・A　人道(じんどう) N　人道(인도) N
人格 N　人格(じんかく) N　人格(인격) N
人工 N・A　人工(じんこう・にんく) N　人工(인공) N
人间 N　人間(じんかん・にんげん) N　人間(인간) N
人口 N　人口(じんこう) N　人口(인구) N
人类 N　人類(じんるい) N　人類(인류) N
人力 N　人力(じんりき・じんりょく) N　人力(인력) N
人民 N　人民(じんみん) N　人民(인민) N
人气 N　人気(じんき・にんき) N　人氣(인기) N
人情 N　人情(にんじょう) N　人情(인정) N
人权 N　人権(じんけん) N　人權(인권) N
人身 N　人身(じんしん) N　人身(인신) N
人参 N　人参(にんじん) N　人蔘(인삼) N
人生 N　人生(じんせい) N　人生(인생) N
人士 N　人士(じんし) N　人士(인사) N
人事 N　人事(じんじ) N　人事(인사-하다) N・V
人体 N　人体(じんたい・にんてい) N　人體(인체) N
人为 V・A　人為(じんい) N　人爲(인위) N
人文 N　人文(じんぶん・じんもん) N　人文(인문) N
人物 N　人物(じんぶつ) N　人物(인물) N
人心 N　人心(じんしん) N　人心(인심) N
人员 N　人員(じんいん) N　人員(인원) N
人造 A　人造(じんぞう) N　人造(인조) N
人种 N　人種(じんしゅ) N　人種(인종) N
忍耐 V　忍耐(にんたい－する) N・V　忍耐(인내-하다) N・V
认定 V　認定(にんてい－する) N・V　認定(인정-하다) N・V
认识 N・V　認識(にんしき－する) N・V　認識(인식-하다) N・V
认知 V　認知(にんち－する) N・V　認知(인지-하다) N・V
任命 V　任命(にんめい－する) N・V　任命(임명-하다) N・V
任期 N　任期(にんき) N　任期(임기) N
任务 N　任務(にんむ) N　任務(임무) N
妊娠 V　妊娠(にんしん－する) N・V　妊娠・姙娠(임신-하다) N・V

日报 N　日報(にっぽう) N　日報(일보) N
日常 A　日常(にちじょう) N　日常(일상) N・AD
日程 N　日程(にってい) N　日程(일정) N
日光 N　日光(にっこう) N　日光(일광) N
日记 N　日記(にっき) N　日記(일기) N
日用 N・A　日用(にちよう) N　日用(일용-하다) N・V
荣誉 N　栄誉(えいよ) N　榮譽(영예-롭다-로이-스럽다-스레) N・A・AD
容积 N　容積(ようせき) N　容積(용적) N
容量 N　容量(ようりょう) N　容量(용량) N
容貌 N　容貌(ようぼう) N　容貌(용모) N
容器 N　容器(ようき) N　容器(용기) N
容易 A　容易(ようい-な-に) N・A　容易(용이-하다-히) A・AD
溶解 V　溶解(ようかい-する) N・V　溶解(용해-하다) N・V
溶液 N　溶液(ようえき) N　溶液(용액) N
融通 V　融通(ゆうずう-する) N・V　融通(융통-하다) N・V
柔软 A　柔軟(じゅうなん-な-に) N・A　柔軟(유연-하다-히) A・AD
肉体 N　肉体(にくたい) N　肉體(육체) N
如实 AD　如実(にょじつ) N　如實(여실-하다-히) A・AD
如意 N・V　如意(にょい) N　如意(여의) N
入门 N・V　入門(にゅうもん-する) N・V　入門(입문-하다) N・V
入手 V　入手(にゅうしゅ-する) N・V　入手(입수-하다) N・V
入学 V　入学(にゅうがく-する) N・V　入學(입학-하다) N・V
入院 V　入院(にゅういん-する) N・V　入院(입원-하다) N・V
软弱 A　軟弱(なんじゃく-な-に) N・A　軟弱(연약-하다) A
锐利 A　鋭利(えいり-な-に) N・A　鋭利(예리-하다) A
锐敏 A　鋭敏(えいびん-な-に) N・A　鋭敏(예민-하다) A
若干 N　若干(じゃっかん) N　若干(약간-하다) N・V・A・AD
弱点 N　弱点(じゃくてん) N　弱點(약점) N

[S]		

三角 N・A　三角(さんかく) N　三角(삼각) N
散步 V　散步(さんぽ-する) N・V　散步(산보-하다) N・V
散发 V　散発(さんぱつ-する) N・V　散發(산발-하다) N・V
丧失 V　喪失(そうしつ-する) N・V　喪失(상실-하다) N・V
扫除 V　掃除(そうじ-する) N・V　掃除(소제-하다) N・V
色彩 N　色彩(しきさい) N　色彩(색채) N
森林 N　森林(しんりん) N　森林(삼림) N
杀害 V　殺害(さつがい・せつがい-する) N・V　殺害(살해-하다) N・V

杀菌 V　殺菌(さっきん-する) N・V　殺菌(살균-하다) N・V
沙漠 N　沙漠・砂漠(さばく) N　沙漠・砂漠(사막) N
山地 N　山地(さんち) N　山地(산지) N
山河 N　山河(さんか・さんが) N　山河(산하) N
山脉 N　山脈(さんみゃく) N　山脈(산맥) N
山水 N　山水(さんすい) N　山水(산수) N
珊瑚 N　珊瑚(さんご) N　珊瑚(산호) N
扇子 N　扇子(せんす) N　扇子(선자) N
善良 A　善良(ぜんりょう-な) N・A　善良(선량-하다) N・A
伤害 V　傷害(しょうがい-する) N・V　傷害(상해-하다) N・V
商标 N　商標(しょうひょう) N　商標(상표) N
商店 N　商店(しょうてん) N　商店(상점) N
商品 N　商品(しょうひん) N　商品(상품) N
商人 N　商人(しょうにん) N　商人(상인) N
商业 N　商業(しょうぎょう) N　商業(상업-하다) N・V
商议 V　商議(しょうぎ-する) N・V　商議(상의-하다) N・V
上层 N　上層(じょうそう) N　上層(상층) N
上等 A　上等(じょうとう-なーに) N・A　上等(상등) N
上级 N　上級(じょうきゅう) N　上級(상급) N
上空 N　上空(じょうくう) N　上空(상공) N
上流 N　上流(じょうりゅう) N　上流(상류) N
上升 V　上昇(じょうしょう-する) N・V　上昇・上升(상승-하다) N・V
上述 A　上述(じょうじゅつ-する) N・V　上述(상술-하다) N・V
上司 N　上司(じょうし) N　上司(상사) N
上诉 V　上訴(じょうそ-する) N・V　上訴(상소-하다) N・V
上下 N・V　上下(しょうか・じょうげ-する) N・V　上下(상하-하다) N・V
上旬 N　上旬(じょうじゅん) N　上旬(상순) N
勺子 N　杓子(しゃくし) N　杓子(작자) N
少量 A　少量(しょうりょう) N　少量(소량) N
少数 N　少數(しょうすう) N　少數(소수) N
少年 N　少年(しょうねん) N　少年(소년) N
少女 N　少女(しょうじょ) N　少女(소녀) N
绍介 V　紹介(しょうかい-する) N・V　紹介(소개-하다) N・V
奢侈 A　奢侈(しゃし) N　奢侈(사치-하다-스럽다-스레) N・V・A・AD
舌头 N　舌頭(ぜっとう) N　舌頭(설두) N
设备 N・V　設備(せつび-する) N・V　設備(설비-하다) N・V
设计 N・V　設計(せっけい-する) N・V　設計(설계-하다) N・V
设立 V　設立(せつりつ-する) N・V　設立(설립-하다) N・V

設置 V　設置(せっち－する) N・V　設置(설치-하다) N・V
社会 N　社会(しゃかい) N　社會(사회) N
社交 N　社交(しゃこう) N　社交(사교-하다) N・V
社員 N　社員(しゃいん) N　社員(사원) N
射击 N・V　射撃(しゃげき－する) N・V　射撃(사격-하다) N・V
摂取 V　摂取(せっしゅ－する) N・V　攝取(섭취-하다) N・V
摂影 V　撮影(さつえい－する) N・V　撮影(촬영-하다) N・V
申请 V　申請(しんせい－する) N・V　申請(신청-하다) N・V
伸缩 V　伸縮(しんしゅく－する) N・V　伸縮(신축-하다) N・V
身边 N　身辺(しんぺん) N　身邊(신변) N
身长 N　身長(しんちょう) N　身長(신장) N
身体 N　身体(しんたい) N　身體(신체) N
呻吟 V　呻吟(しんぎん－する) N・V　呻吟(신음-하다) N・V
绅士 N　紳士(しんし) N　紳士(신사) N
深奥 A　深奥(しんおう－な) N・A　深奥(심오-하다) A
深度 N・A　深度(しんど) N　深度(심도) N
深化 V　深化(しんか－する) N・V　深化(심화-하다) N・V
深刻 A　深刻(しんこく－な－に) N・A　深刻(심각-하다-히) N・V・A・AD
深夜 N　深夜(しんや) N　深夜(심야) N
神话 N　神話(しんわ) N　神話(신화) N
神经 N　神経(しんけい) N　神經(신경) N
神秘 A　神秘(しんぴ－な) N・A　神祕(신비-하다-롭다-로이-스럽다-스레) N・A・AD
神圣 A　神聖(しんせい－な) N・A　神聖(신성-하다) N・A
审查 V　審査(しんさ－する) N・V　審査(심사-하다) N・V
审理 V　審理(しんり－する) N・V　審理(심리-하다) N・V
审判 V　審判(しんぱん－する) N・V　審判(심판-하다) N・V
审议 V　審議(しんぎ－する) N・V　審議(심의-하다) N・V
慎重 A　慎重(しんちょう－な－に) N・A　慎重(신중-하다-히) N・A・AD
生产 V　生産(せいさん－する) N・V　生産(생산-하다) N・V
生存 V　生存(せいぞん－する) N・V　生存(생존-하다) N・V
生活 N・V　生活(せいかつ－する) N・V　生活(생활-하다) N・V
生理 N　生理(せいり) N　生理(생리-하다) N・V
生命 N　生命(せいめい) N　生命(생명) N
生死 N・A　生死(せいし) N　生死(생사) N
生态 N　生態(せいたい) N　生態(생태) N
生物 N　生物(せいぶつ) N　生物(생물) N
生涯 N　生涯(しょうがい) N　生涯(생애) N
生育 V　生育(せいいく－する) N・V　生育(생육-하다) N・V

生长　V　生長(せいちょう−する) N･V　生長(생장-하다) N･V
生殖　V　生殖(せいしょく−する) N･V　生殖(생식-하다) N･V
声明　N･V　声明(しょうみょう) N･(せいめい−する)　N･V　聲明(성명-하다) N･V
声援　V　声援(せいえん−する)　N･V　聲援(성원-하다)　N･V
省略　V　省略(しょうりゃく･せいりゃく−する) N･V　省略(생략-하다) N･V
圣地　N　聖地(せいち) N　聖地(성지) N
圣火　N　聖火(せいか) N　聖火(성화) N
圣人　N　聖人(しょうにん･せいじん) N　聖人(성인) N
胜败　N　勝敗(しょうはい) N　勝敗(승패) N
胜负　N　勝負(しょうぶ−する) N･V　勝負(승부) N
胜利　V　勝利･捷利(しょうり−する) N･V　勝利(승리-하다) N･V
盛大　A　盛大(せいだい−な−に) N･A　盛大(성대-하다-히) A･AD
盛行　V　盛行(せいこう−する) N･V　盛行(성행-하다) N･V
剩余　V　剰余(じょうよ) N　剰餘(잉여) N
失败　V　失敗(しっぱい−する) N･V　失敗(실패-하다) N･V
失礼　V　失礼(しつれい−する−な) N･V･A　失禮(실례-하다) N･V
失恋　V　失恋(しつれん−する) N･V　失戀(실연･실련-하다) N･V
失望　V･A　失望(しつぼう−する) N･V　失望(실망-하다) N･V
失业　V　失業(しつぎょう−する) N･V　失業(실업-하다) N･V
失踪　V　失踪(しっそう−する) N･V　失踪(실종-하다) N･V
师范　N　師範(しはん) N　師範(사범) N
诗集　N　詩集(ししゅう) N　詩集(시집) N
诗人　N　詩人(しじん) N　詩人(시인) N
狮子　N　獅子(しし) N　獅子(사자) N
施工　V　施工(しこう･せこう−する) N･V　施工(시공-하다) N･V
施行　V　施行(しこう･せぎょう−せこう−する) N･V　施行(시행-하다) N･V
湿地　N　湿地(しっち) N　濕地(습지) N
湿度　N　湿度(しつど) N　濕度(습도) N
湿润　A　湿潤(しつじゅん−な) N･A　濕潤(습윤-하다) A
石油　N　石油(せきゆ) N　石油(석유) N
时差　N　時差(じさ) N　時差(시차) N
时代　N　時代(じだい) N　時代(시대) N
时候　N　時候(じこう) N　時候(시후) N
时机　N　時機(じき) N　時機(시기) N
时间　N　時間(じかん) N　時間(시간) N
时节　N　時節(じせつ) N　時節(시절) N
时局　N　時局(じきょく) N　時局(시국) N
时刻　N･AD　時刻(じこく) N　時刻(시각) N

时期 N　時期(じき) N　時期(시기) N
时事 N　時事(じじ) N　時事(시사) N
时速 N　時速(じそく) N　時速(시속) N
识别 V　識別(しきべつ－する) N・V　識別(식별-하다) N・V
实感 N　実感(じっかん－する) N・V　實感(실감-하다) N・V
实话 N　実話(じつわ) N　實話(실화) N
实际 N・A　実際(じっさい) N・AD　實際(실제) N
实绩 N　実績(じっせき) N　實績(실적) N
实践 N・V　実践(じっせん－する) N・V　實踐(실천-하다) N・V
实况 N　実況(じっきょう) N　實況(실황) N
实力 N　実力(じつりょく) N　實力(실력) N
实情 N　実情・実状(じつじょう) N　實情(실정) N
实施 V　実施(じっし－する) N・V　實施(실시-하다) N・V
实体 N　実体・実態(じったい) N　實體(실체) N
实物 N　実物(じつぶつ) N　實物(실물) N
实习 V　実習(じっしゅう－する) N・V　實習(실습-하다) N・V
实现 V　実現(じつげん－する) N・V　實現(실현-하다) N・V
实行 V　実行(じっこう－する) N・V　實行(실행-하다) N・V
实验 N・V　実験(じっけん－する) N・V　實驗(실험-하다) N・V
实用 V・A　実用(じつよう) N　實用(실용-하다) N・V
实在 A・AD　実在(じつざい－する) N・V　實在(실재-하다) N・V
实质 N　実質(じっしつ) N　實質(실질) N
食粮 N　食糧(しょくりょう) N　食糧(식량) N
食品 N　食品(しょくひん) N　食品(식품) N
食堂 N　食堂(しょくどう) N　食堂(식당) N
食物 N　食物(しょくもつ) N　食物(식물) N
食用 V　食用(しょくよう) N　食用(식용-하다) N・V
食欲 N　食欲・食慾(しょくよく) N　食慾(식욕) N
使命 N　使命(しめい) N　使命(사명) N
使用 V　使用(しよう－する) N・V　使用(사용-하다) N・V
始发 V　始発(しはつ) N　始發(시발-하다) N・V
始终 N・AD　始終(しじゅう) N・AD　始終(시종-하다) N・V・AD
士气 N　士気(しき) N　士氣(사기) N
示威 V　示威(じい－する) N・V　示威(시위-하다) N・V
世代 N　世代(せたい・せだい) N　世代(세대) N
世纪 N　世紀(せいき) N　世紀(세기) N
世界 N　世界(せかい) N　世界(세계) N
市场 N　市場(しじょう) N　市場(시장) N

市民 N　市民(しみん) N　市民(시민) N

勢力 N　勢力(せいりょく) N　勢力(세력) N

事変 N　事変(じへん) N　事變(사변) N

事故 N　事故(じこ) N　事故(사고) N

事迹 N　事跡・事蹟(じせき) N　事跡・事迹(사적) N

事件 N　事件(じけん) N　事件(사건) N

事例 N　事例(じれい) N　事例(사례) N

事前 N　事前(じぜん) N　事前(사전) N

事情 N　事情(じじょう) N　事情(사정-하다) N・V

事実 N　事実(じじつ) N・AD　事實(사실) N・AD

事態 N　事態(じたい) N　事態(사태) N

事務 N　事務(じむ) N　事務(사무) N

事物 N　事物(じぶつ) N　事物(사물) N

事項 N　事項(じこう) N　事項(사항) N

事業 N　事業(じぎょう) N　事業(사업-하다) N・V

試行 V　試行(しこう-する) N・V　試行(시행-하다) N・V

試験 V　試験(しけん-する) N・V　試驗(시험-하다) N・V

試用 V　試用(しよう-する) N・V　試用(시용-하다) N・V

試制 V　試製(しせい-する) N・V　試製(시제-하다) N・V

視察 V　視察(しさつ-する) N・V　視察(시찰-하다) N・V

視覚 N　視覚(しかく) N　視覺(시각) N

視力 N　視力(しりょく) N　視力(시력) N

視听 N　視聴(しちょう-する) N・V　視聽(시청-하다) N・V

視線 N　視線(しせん) N　視線(시선) N

視野 N　視野(しや) N　視野(시야) N

是非 N　是非(ぜひ) N・AD　是非(시비-하다) N・V

适当 A　適当(てきとう-する-な-に) N・V・A　適當(적당-하다-히) A・AD

适合 V　適合(てきごう-する) N・V　適合(적합-하다) N・A

适宜 A　適宜(てきぎ-に) AD　適宜(적의-하다) A

适应 V　適応(てきおう-する) N・V　適應(적응-하다) N・V

适用 A　適用(てきよう-する) N・V　適用(적용-하다) N・V

释放 V　釈放(しゃくほう-する) N・V　釋放(석방-하다) N・V

收获 N・V　収穫・収獲(しゅうかく-する) N・V　收穫(수확-하다) N・V

收集 V　収集・蒐集(しゅうしゅう-する) N・V　收集・蒐集(수집-하다) N・V

收入 N・V　収入(しゅうにゅう) N　收入(수입-하다) N・V

收拾 V　収拾(しゅうしゅう-する) N・V　收拾(수습-하다) N・V

收缩 V　収縮(しゅうしゅく-する) N・V　收縮(수축-하다) N・V

收益 N　収益(しゅうえき) N　收益(수익-하다) N・V

収支 N　収支(しゅうし) N　収支(수지) N
手段 N　手段(しゅだん) N　手段(수단) N
手法 N　手法(しゅほう) N　手法(수법) N
手工 N　手工(しゅこう) N　手工(수공) N
手巾 N　手巾(しゅきん) N　手巾(수건) N
手术 N・V　手術(しゅじゅつ－する) N・V　手術(수술-하다) N・V
守备 V　守備(しゅび－する) N・V　守備(수비-하다) N・V
守护 V　守護(しゅご－する) N・V　守護(수호-하다) N・V
守卫 V　守衛(しゅえい) N　守衛(수위-하다) N・V
首都 N　首都(しゅと) N　首都(수도) N
首领 N　首領(しゅりょう) N　首領(수령) N
首脑 N　首脳(しゅのう) N　首脳(수뇌) N
首席 N・A　首席(しゅせき) N　首席(수석) N
首相 N　首相(しゅしょう) N　首相(수상) N
寿命 N　寿命(じゅみょう) N　壽命(수명) N
书籍 N　書籍(しょせき) N　書籍(서적) N
书斋 N　書斎(しょさい) N　書齋(서재) N
抒情 V　抒情・叙情(じょじょう) N　抒情・敍情(서정) N
淑女 N　淑女(しゅくじょ) N　淑女(숙녀) N
输出 V　輸出(ゆしゅつ－する) N・V　輸出(수출-하다) N・V
输入 V　輸入(ゆにゅう－する) N・V　輸入(수입-하다) N・V
输送 V　輸送(ゆそう－する) N・V　輸送(수송-하다) N・V
输血 V　輸血(ゆけつ－する) N・V　輸血(수혈-하다) N・V
赎罪 V　贖罪(しょくざい－する) N・V　贖罪(속죄-하다) N・V
熟练 A　熟練(じゅくれん－する) N・V　熟練(숙련-하다) N・V
熟语 N　熟語(じゅくご) N　熟語(숙어) N
署名 V　署名(しょめい－する) N・V　署名(서명-하다) N・V
束缚 V　束縛(そくばく－する) N・V　束縛(속박-하다) N・V
树立 V　樹立(じゅりつ－する) N・V　樹立(수립-하다) N・V
树木 N　樹木(じゅもく) N　樹木(수목) N
庶民 N　庶民(しょみん) N　庶民(서민) N
数量 N　数量(すうりょう) N　數量(수량) N
数学 N　数学(すうがく) N　數學(수학) N
数字 N　数字(すうじ) N　數字(수자・숫자) N
率直 A　率直・卒直(そっちょく－なーに) N・A　率直(솔직-하다-히) A・AD
双方 N　双方(そうほう) N　雙方(쌍방) N
爽快 A　爽快(そうかい－なーに) N・A　爽快(상쾌-하다-히) A・AD
水产 N　水産(すいさん) N　水産(수산) N

水道 N　水道(すいどう) N　水道(수도) N
水分 N　水分(すいぶん) N　水分(수분) N
水力 N　水力(すいりょく) N　水力(수력) N
水面 N　水面(すいめん) N　水面(수면) N
水平 N・A　水平(すいへい－な) N・A　水平(수평) N
水田 N　水田(すいでん) N　水田(수전) N
水源 N　水源(すいげん) N　水源(수원) N
水准 N　水準(すいじゅん) N　水準(수준) N
税金 N　税金(ぜいきん) N　税金(세금) N
税务 N　税務(ぜいむ) N　税務(세무) N
睡眠 N　睡眠(すいみん－する) N・V　睡眠(수면－하다) N・V
順风 N・V　順風(じゅんぷう) N　順風(순풍) N
順序 N・AD　順序(じゅんじょ) N　順序(순서) N
順应 V　順応(じゅんおう・じゅんのう－する) N・V　順應(순응－하다) N・V
瞬間 N　瞬間(しゅんかん) N　瞬間(순간) N
说明 N・V　説明(せつめい－する) N・V　說明(설명－하다) N・V
司法 V　司法(しほう) N　司法(사법) N
私立 V・A　私立(しりつ) N　私立(사립) N
私营 A　私営(しえい) N　私營(사영－하다) N・V
私有 V　私有(しゆう－する) N・V　私有(사유－하다) N・V
思潮 N　思潮(しちょう) N　思潮(사조) N
思考 V　思考(しこう－する) N・V　思考(사고－하다) N・V
思索 V　思索(しさく－する) N・V　思索(사색－하다) N・V
思惟・思维 N・V　思惟(しい・しゆい－する) N・V　思惟(사유－하다) N・V
思想 N・V　思想(しそう) N　思想(사상) N
死亡 V　死亡(しぼう－する) N・V　死亡(사망－하다) N・V
死刑 N　死刑(しけい) N　死刑(사형－하다) N・V
四方 N・A　四方(しほう) N　四方(사방) N
四季 N　四季(しき) N　四季(사계) N
四面 N　四面(しめん) N　四面(사면) N
四肢 N　四肢(しし) N　四肢(사지) N
寺院 N　寺院(じいん) N　寺院(사원) N
饲料 N　飼料(しりょう) N　飼料(사료) N
饲养 V　飼養(しよう－する) N・V　飼養(사양－하다) N・V
送别 V　送別(そうべつ－する) N・V　送別(송별－하다) N・V
搜查 V　捜査(そうさ－する) N・V　搜査(수사－하다) N・V
搜索 V　捜索(そうさく－する) N・V　搜索(수색－하다) N・V
诉讼 V　訴訟(そしょう－する) N・V　訴訟(소송－하다) N・V

素材 N 素材(そざい) N 素材(소재) N
素朴 A 素朴・素樸(そぼく－な－に) N・A 素朴(소박-하다) A
素质 N 素質(そしつ) N 素質(소질) N
速度 N 速度(そくど) N 速度(속도) N
算数 V 算数(さんすう) N 算數(산수) N
随笔 N 随筆(ずいひつ) N 隨筆(수필) N
随时 AD 随時(ずいじ) AD 隨時(수시-로) N・AD
岁月 N 歳月(さいげつ) N 歳月(세월) N
损害 V 損害(そんがい) N 損害(손해) N
损失 N・V 損失(そんしつ) N 損失(손실-하다) N・V
缩小 V 縮小(しゅくしょう－する) N・V 縮小(축소-하다) N・V
所属 A 所属(しょぞく－する) N・V 所屬(소속-하다) N・V
所有 N・V・A 所有(しょゆう－する) N・V 所有(소유-하다) N・V
所在 N 所在(しょざい) N 所在(소재-하다) N・V

[T]

他人 N 他人(たにん) N 他人(타인) N
台风 N 台風(たいふう) N 颱風(태풍) N
太平 A 太平・泰平(たいへい－な) N・A 太平・泰平(태평-하다-히-스럽다 스레) N・A・AD
太阳 N 太陽(たいよう) N 太陽(태양) N
态度 N 態度(たいど) N 態度(태도) N
态势 N 態勢(たいせい) N 態勢(태세) N
泰然 A 泰然(たいぜん－たる－と) N・A 泰然(태연-하다-히-스럽다 스레) N・A・AD
谈话 N・V 談話(だんわ－する) N・V 談話(담화-하다) N・V
谈判 V 談判(だんぱん－する) N・V 談判(담판-하다) N・V
弹力 N 弾力(だんりょく) N 彈力(탄력) N
弹性 N 弾性(だんせい) N 彈性(탄성) N
探测 V 探測(たんそく－する) N・V 探測(탐측-하다) N・V
探访 V 探訪(たんぼう－する) N・V 探訪(탐방-하다) N・V
探究 V 探究・探求(たんきゅう－する) N・V 探究(탐구-하다) N・V
探索 V 探索(たんさく－する) N・V 探索(탐색-하다) N・V
探险 V 探険・探検(たんけん－する) N・V 探險(탐험-하다) N・V
堂堂 A 堂堂(どうどう－たる－と) A 堂堂(당당-하다-히) A・AD
滔滔 A 滔滔(とうとう－たる－と) A 滔滔(도도-하다-히) A・AD
逃避 V 逃避(とうひ－する) N・V 逃避(도피-하다) N・V
逃亡 V 逃亡(とうぼう－する) N・V 逃亡(도망-하다) N・V
逃走 V 逃走(とうそう－する) N・V 逃走(도주-하다) N・V
讨论 V 討論(とうろん－する) N・V 討論(토론-하다) N・V

特別 A・AD　特別(とくべつ－な－に) N・A　特別(특별-하다-히) N・A・AD
特产 N　特産(とくさん) N　特産(특산) N
特定 A　特定(とくてい－する) N・V　特定(특정-하다) N・V・A
特权 N　特權(とっけん) N　特權(특권) N
特色 N　特色(とくしょく) N　特色(특색) N
特殊 A　特殊(とくしゅ－な－に) N・A　特殊(특수-하다) N・A
特性 N　特性(とくせい) N　特性(특성) N
特许 V　特許(とっきょ－する) N・V　特許(특허-하다) N・V
特异 A　特異(とくい－な－に) N・A　特異(특이-하다) N・A
特征 N　特徴(とくちょう) N　特徴(특징-하다) N・V
提案 N　提案(ていあん－する) N・V　提案(제안-하다) N・V
提供 V　提供(ていきょう－する) N・V　提供(제공-하다) N・V
提示 V　提示(ていじ－する) N・V　提示(제시-하다) N・V
提议 N・V　提議(ていぎ－する) N・V　提議(제의-하다) N・V
题材 N　題材(だいざい) N　題材(제재) N
题目 N　題目(だいもく) N　題目(제목) N
体操 N　体操(たいそう－する) N・V　體操(체조-하다) N・V
体格 N　体格(たいかく) N　體格(체격) N
体积 N　体積(たいせき) N　體積(체적) N
体力 N　体力(たいりょく) N　體力(체력) N
体面 N・A　体面(たいめん) N　體面(체면) N
体温 N　体温(たいおん) N　體溫(체온) N
体系 N　体系(たいけい) N　體系(체계) N
体现 V　体現(たいげん－する) N・V　體現(체현-하다) N・V
体验 V　体験(たいけん－する) N・V　體驗(체험-하다) N・V
体育 N　体育(たいいく) N　體育(체육) N
体制 N　体制(たいせい) N　體制(체제) N
体质 N　体質(たいしつ) N　體質(체질) N
体重 N　体重(たいじゅう) N　體重(체중-하다) N・A
天才 N　天才(てんさい) N　天才(천재) N
天地 N　天地(てんち) N　天地(천지) N
天国 N　天国(てんごく) N　天國(천국) N
天气 N　天気(てんき) N　天氣(천기) N
天然 A　天然(てんねん) N　天然(천연-하다-히-스럽다-스레) N・A・AD
天使 N　天使(てんし) N　天使(천사) N
天堂 N　天堂(てんどう) N　天堂(천당) N
天文 N　天文(てんもん) N　天文(천문) N
天下 N　天下(てんか) N　天下(천하) N

天災 N　天災(てんさい) N　天災(천재) N
添加 V　添加(てんか－する) N・V　添加(첨가-하다) N・V
条件 N　条件(じょうけん) N　條件(조건) N
条理 N　条理(じょうり) N　條理(조리) N
条例 N　条例(じょうれい) N　條例(조례) N
条約 N　条約(じょうやく) N　條約(조약) N
调和 V・A　調和(ちょうわ－する) N・V　調和(조화-하다) N・V
调节 V　調節(ちょうせつ－する) N・V　調節(조절-하다) N・V
调味 V　調味(ちょうみ－する) N・V　調味(조미-하다) N・V
调整 V　調整(ちょうせい－する) N・V　調整(조정-하다) N・V
挑战 V　挑戦(ちょうせん－する) N・V　挑戰(도전-하다) N・V
跳跃 V　跳躍(ちょうやく－する) N・V　跳躍(도약-하다) N・V
铁道 N　鉄道(てつどう) N　鐵道(철도) N
听讲 V　聴講(ちょうこう－する) N・V　聽講(청강-하다) N・V
听觉 N　聴覚(ちょうかく) N　聽覺(청각) N
听力 N　聴力(ちょうりょく) N　聽力(청력) N
听取 V　聴取(ちょうしゅ－する) N・V　聽取(청취-하다) N・V
听众 N　聴衆(ちょうしゅう) N　聽衆(청중) N
庭园 N　庭園(ていえん) N　庭園(정원) N
停车 V　停車(ていしゃ－する) N・V　停車(정차-하다) N・V
停留 V　停留(ていりゅう－する) N・V　停留(정류-하다) N・V
停止 V　停止(ていし－する) N・V　停止(정지-하다) N・V
停滞 V　停滞(ていたい－する) N・V　停滯(정체-하다) N・V
通常 A　通常(つうじょう) N・AD　通常(통상) N・AD
通风 V　通風(つうふう－する) N・V　通風(통풍-하다) N・V
通过 V・前置詞　通過(つうか－する) N・V　通過(통과-하다) N・V
通话 V　通話(つうわ－する) N・V　通話(통화-하다) N・V
通货 N　通貨(つうか) N　通貨(통화) N
通路 N　通路(つうろ) N　通路(통로) N
通信 V　通信(つうしん－する) N・V　通信(통신-하다) N・V
通行 V　通行(つうこう－する) N・V　通行(통행-하다) N・V
通译 N・V　通訳(つうやく－する) N・V　通譯(통역-하다) N・V
通用 V　通用(つうよう－する) N・V　通用(통용-하다) N・V
通知 N・V　通知(つうち－する) N・V　通知(통지-하다) N・V
同胞 N　同胞(どうほう) N　同胞(동포) N
同窗 N・V　同窓(どうそう) N　同窓(동창) N
同等 A　同等(どうとう) N　同等(동등-하다) N・A
同感 N　同感(どうかん－する) N・V　同感(동감-하다) N・V

同化 V　同化(どうか−する) N・V　同化(동화−하다) N・V
同居 V　同居(どうきょ−する) N・V　同居(동거−하다) N・V
同僚 N　同僚(どうりょう) N　同僚(동료) N
同盟 N・V　同盟(どうめい−する) N・V　同盟(동맹−하다) N・V
同期 N　同期(どうき−する) N・V　同期(동기) N
同情 V　同情(どうじょう−する) N・V　同情(동정−하다) N・V
同時 N・接続詞　同時(どうじ) N　同時(동시) N
同行 V　同行(どうぎょう・どうこう−する) N・V　同行(동행−하다) N・V
同様 A　同様(どうよう−な−に) N・A　同様(동양) N
同一 A　同一(どういつ−な−に) N・A　同一(동일−하다) N・A
同意 V　同意(どうい−する) N・V　同意(동의−하다) N・V
同志 N　同志(どうし) N　同志(동지) N
童話 N　童話(どうわ) N　童話(동화) N
統合 V　統合(とうごう−する) N・V　統合(통합−하다) N・V
統計 V　統計(とうけい−する) N・V　統計(통계) N
統一 V・A　統一(とういつ−する) N・V　統一(통일−하다) N・V
統制 V　統制(とうせい−する) N・V　統制(통제−하다) N・V
統治 V　統治(とうち−する) N・V　統治(통치−하다) N・V
痛感 N・V　痛感(つうかん−する) N・V　痛感(통감−하다) N・V
痛快 A　痛快(つうかい−な−に) N・A　痛快(통쾌−하다−히) N・A・AD
头发 N　頭髪(とうはつ) N　頭髮(두발) N
头脑 N　頭脳(ずのう) N　頭腦(두뇌) N
头痛 A　頭痛(ずつう) N　頭痛(두통) N
投稿 V　投稿(とうこう−する) N・V　投稿(투고−하다) N・V
投机 V・A　投機(とうき) N　投機(투기−하다) N・V
投票 V　投票(とうひょう−する) N・V　投票(투표−하다) N・V
投入 N・V・A　投入(とうにゅう−する) N・V　投入(투입−하다) N・V
投资 N・V　投資(とうし−する) N・V　投資(투자−하다) N・V
透明 A　透明(とうめい−な−に) N・A　透明(투명−하다) N・A
突发 V　突発(とっぱつ−する) N・V　突發(돌발−하다) N・V
突击 V　突撃(とつげき−する) N・V　突擊(돌격−하다) N・V
突破 V　突破(とっぱ−する) N・V　突破(돌파−하다) N・V
突然 A　突然(とつぜん) AD　突然(돌연−하다) A・AD
图表 N　図表(ずひょう) N　圖表(도표) N
图书 N　図書(としょ) N　圖書(도서) N
图形 N　図形(ずけい) N　圖形(도형) N
屠杀 V　屠殺(とさつ−する) N・V　屠殺(도살−하다) N・V
土地 N　土地(とち) N　土地(토지) N

土壌　N　　土壌(どじょう)　N　　土壤(토양)　N
団結　V・A　　団結(だんけつ－する)　N・V　　團結(단결-하다)　N・V
団体　N　　団体(だんたい)　N　　團體(단체)　N
団員　N　　団員(だんいん)　N　　團員(단원)　N
推測　V　　推測(すいそく－する)　N・V　　推測(추측-하다)　N・V
推定　V　　推定(すいてい－する)　N・V　　推定(추정-하다)　N・V
推荐　V　　推薦(すいせん－する)　N・V　　推薦(추천-하다)　N・V
推進　V　　推進(すいしん－する)　N・V　　推進(추진-하다)　N・V
推理　V　　推理(すいり－する)　N・V　　推理(추리-하다)　N・V
推论　N・V　　推論(すいろん－する)　N・V　　推論(추론-하다)　N・V
推算　V　　推算(すいさん－する)　N・V　　推算(추산-하다)　N・V
退场　V　　退場(たいじょう－する)　N・V　　退場(퇴장-하다)　N・V
退出　V　　退出(たいしゅつ－する)　N・V　　退出(퇴출-하다)　N・V
退勤　V　　退勤(たいきん－する)　N・V　　退勤(퇴근-하다)　N・V
退色・褪色　V　　退色・褪色(たいしょく－する)　N・V　　退色・褪色(퇴색-하다)　N・V
退学　V　　退学(たいがく－する)　N・V　　退學(퇴학-하다)　N・V
退职　V　　退職(たいしょく－する)　N・V　　退職(퇴직-하다)　N・V
脱落　V　　脱落(だつらく－する)　N・V　　脱落(탈락-하다)　N・V
脱毛　V　　脱毛(だつもう－する)　N・V　　脱毛(탈모-하다)　N・V
脱水　V　　脱水(だっすい－する)　N・V　　脱水(탈수-하다)　N・V
妥当　A　　妥当(だとう－する－な)　N・V・A　　妥當(타당-하다)　A
妥协　V　　妥協(だきょう－する)　N・V　　妥協(타협-하다)　N・V

[W]

瓦解　V　　瓦解(がかい－する)　N・V　　瓦解(와해-하다)　N・V
歪曲　V　　歪曲(わいきょく－する)　N・V　　歪曲(왜곡-하다)　N・V
外宾　N　　外賓(がいひん)　N　　外賓(외빈)　N
外部　N　　外部(がいぶ)　N　　外部(외부)　N
外出　V　　外出(がいしゅつ－する)　N・V　　外出(외출-하다)　N・V
外地　N　　外地(がいち)　N　　外地(외지)　N
外观　N　　外観(がいかん)　N　　外觀(외관)　N
外国　N　　外国(がいこく)　N　　外國(외국)　N
外货　N　　外貨(がいか)　N　　外貨(외화)　N
外交　N　　外交(がいこう)　N　　外交(외교)　N
外界　N　　外界(がいかい)　N　　外界(외계)　N
外科　N　　外科(げか)　N　　外科(외과)　N
外貌　N　　外貌(がいぼう)　N　　外貌(외모)　N
外面　N　　外面(がいめん・げめん)　N　　外面(외면-하다)　N・V

外人 N　外人(がいじん) N　外人(외인) N
外事 N　外事(がいじ) N　外事(외사) N
外形 N　外形(がいけい) N　外形(외형) N
外資 N　外資(がいし) N　外資(외자) N
完备 A　完備(かんび－する) N・V　完備(완비-하다) N・V
完成 V　完成(かんせい－する) N・V　完成(완성-하다) N・V
完了 V　完了(かんりょう－する) N・V　完了(완료-하다) N・V
完全 A・AD　完全(かんぜん－なーに) N・A　完全(완전-하다-히) N・A・AD
玩具 N　玩具(がんぐ) N　玩具(완구) N
頑固 A　頑固(がんこ－なーに) N・A　頑固(완고-하다-히) A・AD
頑强 A　頑強(がんきょう－なーに) N・A　頑強(완강-하다-히) A・AD
晚餐 N　晚餐(ばんさん) N　晚餐(만찬) N
晚年 N　晚年(ばんねん) N　晚年(만년) N
万岁 N・V　万歳(ばんざい－する) N・V・感嘆詞　萬歳(만세) N・感嘆詞
万一 N・接続詞　万一(まんいち) N・AD　萬一(만일) N・AD
王国 N　王国(おうこく) N　王國(왕국) N
王子 N　王子(おうじ) N　王子(왕자) N
往夏 V　往復(おうふく－する) N・V　往復(왕복-하다) N・V
往来 V　往来(おうらい－する) N・V　往來(왕래-하다) N・V
往往 AD　往往(おうおう) AD　往往(왕왕) AD
妄想 N・V　妄想(もうそう－する) N・V　妄想(망상-하다) N・V
忘却 V　忘却(ぼうきゃく－する) N・V　忘却(망각-하다) N・V
旺盛 A　旺盛(おうせい－なーに) N・A　旺盛(왕성-하다-히) N・A・AD
危机 N　危機(きき) N　危機(위기) N
危急 A　危急(ききゅう) N　危急(위급-하다) N・A
危险 A　危険(きけん－な) N・A　危險(위험-하다-스럽다-스레) N・A・AD
威风 N・A　威風(いふう) N　威風(위풍) N
威力 N　威力・偉力(いりょく) N　威力(위력) N
威勢 N　威勢(いせい) N　威勢(위세) N
威望 N　威望(いぼう) N　威望(위망) N
威信 N　威信(いしん) N　威信(위신) N
微妙 A　微妙(びみょう－なーに) N・A　微妙(미묘-하다-히) A・AD
微小 A　微小(びしょう－な) N・A　微小(미소-하다) A
微笑 N・V　微笑(びしょう－する) N・V　微笑(미소-하다) N・V
违背 V　違背(いはい－する) N・V　違背(위배-하다) N・V
违法 V　違法(いほう) N　違法(위법-하다) N・V
违反 V　違反・違犯(いはん－する) N・V　違反(위반-하다) N・V
唯一・惟一 A　唯一(ゆいいつ) N　唯一(유일-하다) N・A

維持 V　維持(いじ-する) N・V　維持(유지-하다) N・V
伟大 A　偉大(いだい-な-に) N・A　偉大(위대-하다) A
伪造 V　偽造(ぎぞう-する) N・V　僞造(위조-하다) N・V
委托 V　委託・依託(いたく-する) N・V　委託(위탁-하다) N・V
委员 N　委員(いいん) N　委員(위원) N
卫生 N・A　衛生(えいせい) N　衛生(위생) N
卫星 N・A　衛星(えいせい) N　衛星(위성) N
未来 N・A　未来(みらい) N　未來(미래) N
未然 V　未然(みぜん) N　未然(미연) N
未遂 V　未遂(みすい) N　未遂(미수-하다) N・V
未详 V　未詳(みしょう) N　未詳(미상-하다) N・A
位置 N　位置(いち-する) N・V　位置(위치-하다) N・V
慰劳 V　慰労(いろう-する) N・V　慰勞(위로-하다) N・V
慰问 V　慰問(いもん-する) N・V　慰問(위문-하다) N・V
温带 N　温帯(おんたい) N　溫帶(온대) N
温度 N　温度(おんど) N　溫度(온도) N
温暖 V・A　温暖(おんだん-な-に) N・A　溫暖(온난-하다) N・A
温泉 N　温泉(おんせん) N　溫泉(온천) N
温室 N　温室(おんしつ) N　溫室(온실) N
文法 N　文法(ぶんぽう) N　文法(문법) N
文化 N　文化(ぶんか) N　文化(문화) N
文句 N　文句(もんく) N　文句(문구) N
文盲 N　文盲(もんもう) N　文盲(문맹) N
文明 N・A　文明(ぶんめい) N　文明(문명) N
文人 N　文人(ぶんじん) N　文人(문인) N
文书 N　文書(ぶんしょ・もんじょ) N　文書(문서) N
文献 N　文献(ぶんけん) N　文獻(문헌) N
文学 N　文学(ぶんがく) N　文學(문학-하다) N・V
文艺 N　文芸(ぶんげい) N　文藝(문예) N
文章 N　文章(ぶんしょう) N　文章(문장) N
文字 N　文字(もじ・もんじ) N　文字(문자) N
问答 V　問答(もんどう-する) N・V　問答(문답-하다) N・V
问题 N　問題(もんだい) N　問題(문제) N
握手 V　握手(あくしゅ-する) N・V　握手(악수-하다) N・V
斡旋 V　斡旋(あっせん-する) N・V　斡旋(알선-하다) N・V
污染 V　汚染(おせん-する) N・V　汚染(오염-하다) N・V
无偿 A　無償(むしょう) N　無償(무상) N
无耻 A　無恥(むち-な) N・A　無恥(무치-하다) A

无敌　V　　無敵(むてき-な) N・A　　無敵(무적-하다) N・A
无法　V　　無法(むほう-な-に) N・A　　無法(무법-하다) N・A
无理　V　　無理(むり-する-な) N・V・A　　無理(무리-하다) N・V・A
无聊　A　　無聊(ぶりょう・むりょう-な-に) N・A　　無聊(무료-하다-히) N・A・AD
无论　接続詞　　無論(むろん) AD　　無論・毋論(무론) N・AD
无名　A　　無名(むめい) N　　無名(무명-하다) N・A
无能　A　　無能(むのう-な) N・A　　無能(무능-하다) N・A
无情　V・A　　無情(むじょう-な-に) N・A　　無情(무정-하다-히-스럽다-스레) A・AD
无穷　V　　無窮(むきゅう-なる-に) N・A　　無窮(무궁-하다-히) N・A・AD
无数　V・A　　無数(むすう-な-に) N・A　　無數(무수-하다-히) A・AD
无限　A　　無限(むげん-な-に) N・A　　無限(무한-하다-히) N・A・AD
无效　V　　無効(むこう-な) N・A　　無效(무효-하다) N・A
无知　A　　無知(むち-な) N・A　　無知(무지-하다-스럽다-스레) N・A・AD
午后　N　　午後(ごご) N　　午後(오후) N
午前　N　　午前(ごぜん) N　　午前(오전) N
武力　N　　武力(ぶりょく) N　　武力(무력) N
武器　N　　武器(ぶき) N　　武器(무기) N
武装　N・V　　武装(ぶそう-する) N・V　　武裝(무장-하다) N・V
侮辱　V　　侮辱(ぶじょく-する) N・V　　侮辱(모욕-하다) N・V
舞台　N　　舞台(ぶたい) N　　舞臺(무대) N
物价　N　　物価(ぶっか) N　　物價(물가) N
物件　N　　物件(ぶっけん) N　　物件(물건) N
物理　N　　物理(ぶつり) N　　物理(물리) N
物流　N　　物流(ぶつりゅう) N　　物流(물류) N
物品　N　　物品(ぶっぴん) N　　物品(물품) N
物体　N　　物体(ぶったい) N　　物體(물체) N
物质　N　　物質(ぶっしつ) N　　物質(물질) N
物资　N　　物資(ぶっし) N　　物資(물자) N
误差　N　　誤差(ごさ) N　　誤差(오차) N
误解　N・V　　誤解(ごかい-する) N・V　　誤解(오해-하다) N・V

[X]

夕阳　N・A　　夕陽(せきよう) N　　夕陽(석양) N
西方　N　　西方(さいほう・せいほう) N　　西方(서방) N
西瓜　N　　西瓜(すいか) N　　西瓜(서과) N
西欧　N　　西欧(せいおう) N　　西歐(서구) N
西洋　N　　西洋(せいよう) N　　西洋(서양) N
吸收　V　　吸収(きゅうしゅう-する) N・V　　吸收(흡수-하다) N・V

吸引　V　　吸引(きゅういん－する) N・V　　吸引(흡인－하다) N・V

希望　N・V　希望・冀望(きぼう－する) N・V　希望(희망－하다) N・V

牺牲　N・V　犠牲(ぎせい) N　　犠牲(희생－하다) N・V

稀薄　A　　稀薄・希薄(きはく－な－に) N・A　稀薄(희박－하다) A

稀少・希少　A　稀少・希少(きしょう－な) N・A　稀少(희소－하다) N・A

习得　V　　習得(しゅうとく－する) N・V　習得(습득－하다) N・V

习惯　N・V　習慣(しゅうかん) N　　習慣(습관) N

习性　N　　習性(しゅうせい) N　　習性(습성) N

袭击　V　　襲撃(しゅうげき－する) N・V　襲撃(습격－하다) N・V

洗涤　V　　洗滌(せんじょう・せんでき－する) N・V　洗滌(세척－하다) N・V

洗濯　V　　洗濯(せんたく－する) N・V　洗濯(세탁－하다) N・V

喜剧　N　　喜劇(きげき) N　　喜劇(희극) N

喜悦　A　　喜悦(きえつ－する) N・V　喜悦(희열－하다) N・V

系列　N　　系列(けいれつ) N　　系列(계열) N

系统　N・A　系統(けいとう) N　　系統(계통) N

细胞　N　　細胞(さいぼう) N　　細胞(세포) N

细工　N　　細工(さいく－する) N・V　細工(세공－하다) N・V

细菌　N　　細菌(さいきん) N　　細菌(세균) N

细心　A　　細心(さいしん－な) N・A　細心(세심－하다－히) A・AD

峡谷　N　　峡谷(きょうこく) N　　峡谷(협곡) N

狭隘　A　　狭隘(きょうあい－な－に) N・A　狭隘(협애－하다) A

下级　N　　下級(かきゅう) N　　下級(하급) N

下降　V　　下降(かこう－する) N・V　下降(하강－하다) N・V

下流　N・A　下流(かりゅう) N　　下流(하류) N

下落　N・V　下落(げらく－する) N・V　下落(하락－하다) N・V

下人　N　　下人(げにん) N　　下人(하인) N

下水　N・V　下水(げすい) N　　下水(하수) N

下旬　N　　下旬(げじゅん) N　　下旬(하순) N

夏季　N　　夏季(かき) N　　夏季(하계) N

先辈　N　　先輩(せんぱい) N　　先輩(선배) N

先后　N・AD　先後(せんご－する) N・V　先後(선후－하다) N・V

先进　N・A　先進(せんしん) N　　先進(선진) N

先生　N　　先生(せんせい) N　　先生(선생) N

先头　N・A　先頭(せんとう) N　　先頭(선두) N

先行　N・V　先行(せんこう－する) N・V　先行(선행－하다) N・V

先祖　N　　先祖(せんぞ) N　　先祖(선조) N

纤维　N　　繊維(せんい) N　　繊維(섬유) N

纤细　A　　繊細(せんさい－な－に) N・A　繊細(섬세－하다－히) A・AD

鮮明 A　鮮明(せんめい－な－に) N・A　鮮明(선명-하다-히) N・A・AD

鮮血 N　鮮血(せんけつ) N　鮮血(선혈) N

閑談 V　閑談(かんだん－する) N・V　閑談(한담-하다) N・V

閑暇 N　閑暇(かんか) N　閑暇(한가-하다-히) A

賢明 N・A　賢明(けんめい－な－に) N・A　賢明(현명-하다-히) N・A・AD

賢人 N　賢人(けんじん) N　賢人(현인) N

显示 V　顕示(けんじ－する) N・V　顯示(현시-하다) N・V

显著 A　顕著(けんちょ－な－に) N・A　顯著(현저-하다-히) A・AD

現場 N　現場(げんじょう) N　現場(현장) N

現存 V　現存(げんそん－する) N・V　現存(현존-하다) N・V

現代 N　現代(げんだい) N　現代(현대) N

現金 N　現金(げんきん－な－に) N・A　現金(현금) N

現実 N・A　現実(げんじつ) N　現實(현실) N

現象 N　現象(げんしょう) N　現象(현상) N

現行 A　現行(げんこう) N　現行(현행-하다) N・V

現役 N・A　現役(げんえき) N　現役(현역) N

現在 N　現在(げんざい－する) N・V　現在(현재) N

現状 N　現状(げんじょう) N　現狀(현상) N

限定 V　限定(げんてい－する) N・V　限定(한정-하다) N・V

限度 N　限度(げんど) N　限度(한도) N

限界 N　限界(げんかい) N　限界(한계) N

线路 N　線路(せんろ) N　線路(선로) N

宪法 N　憲法(けんぽう) N　憲法(헌법) N

献身 V　献身(けんしん－する) N・V　獻身(헌신-하다) N・V

相当 V・A・AD　相当(そうとう－する－な－に) N・V・A・AD　相當(상당-하다-히) N・A・AD

相対 V・A　相対・相待(そうたい) N　相對(상대-하다) N・V

相关 V　相関(そうかん－する) N・V　相關(상관-하다) N・V

相互 A・AD　相互(そうご) N　相互(상호) N・AD

相应 V　相応(そうおう－する－な－に) N・V・A　相應(상응-하다) N・V

香水 N　香水(こうすい) N　香水(향수) N

詳細 A　詳細(しょうさい－な－に) N・A　詳細(상세-하다-히) A・AD

享乐 V　享楽(きょうらく－する) N・V　享樂(향락-하다) N・V

享受 V　享受(きょうじゅ－する) N・V　享受(향수-하다) N・V

想象・想像 N・V　想像(そうぞう－する) N・V　想像(상상-하다) N・V

向上 V　向上(こうじょう－する) N・V　向上(향상-하다) N・V

項目 N　項目(こうもく) N　項目(항목) N

象征 N・V　象徴(しょうちょう－する) N・V　象徴(상징-하다) N・V

消毒 V　消毒(しょうどく－する) N・V　消毒(소독-하다) N・V

消防 V　消防(しょうぼう) N　消防(소방-하다) N・V
消費 V　消費(しょうひ-する) N・V　消費(소비-하다) N・V
消耗 N・V　消耗(しょうこう・しょうもう-する) N・V　消耗(소모-하다) N・V
消化 V　消化(しょうか-する) N・V　消化(소화-하다) N・V
消极 A　消極(しょうきょく) N　消極(소극) N
消灭 V　消滅(しょうめつ-する) N・V　消滅(소멸-하다) N・V
消失 V　消失(しょうしつ-する) N・V　消失(소실-하다) N・V
消息 N　消息(しょうそく) N　消息(소식) N
小便 N・V　小便(しょうべん-する) N・V　小便(소변) N
小儿 N　小児(しょうに) N　小兒(소아) N
小数 N　小数(しょうすう) N　小數(소수) N
小说 N　小説(しょうせつ) N　小說(소설) N
小心 V・A　小心(しょうしん-な) N・A　小心(소심-하다-히-스럽다-스레) A・AD
小学 N　小学(しょうがく) N　小學(소학) N
孝女 N　孝女(こうじょ) N　孝女(효녀) N
孝心 N　孝心(こうしん) N　孝心(효심) N
孝子 N　孝子(こうし) N　孝子(효자) N
肖像 N　肖像(しょうぞう) N　肖像(초상) N
校服 N　校服(こうふく) N　校服(교복) N
效果 N　効果(こうか) N　效果(효과) N
效力 N・V　効力(こうりょく) N　效力(효력) N
效率 N　効率(こうりつ) N　效率(효율) N
协定 N・V　協定(きょうてい-する) N・V　協定(협정-하다) N・V
协会 N　協会(きょうかい) N　協會(협회) N
协力 V　協力(きょうりょく-する) N・V　協力(협력-하다) N・V
协调 V・A　協調(きょうちょう-する) N・V　協調(협조-하다) N・V
协同 V　協同(きょうどう-する) N・V　協同(협동-하다) N・V
协议 N・V　協議(きょうぎ-する) N・V　協議(협의-하다) N・V
胁迫 V　脅迫(きょうはく-する) N・V　脅迫(협박-하다) N・V
携带 V　携帯(けいたい-する) N・V　携帯(휴대-하다) N・V
写真 N・V　写真(しゃしん) N　寫眞(사진) N
谢绝 V　謝絶(しゃぜつ-する) N・V　謝絶(사절-하다) N・V
谢意 N　謝意(しゃい) N　謝意(사의) N
谢罪 V　謝罪(しゃざい-する) N・V　謝罪(사죄-하다) N・V
心理 N　心理(しんり) N　心理(심리) N
心情 N　心情(しんじょう) N　心情(심정) N
心血 N　心血(しんけつ) N　心血(심혈) N
心脏 N　心臓(しんぞう) N　心臟(심장) N

新妇 N　新婦(しんぷ) N　新婦(신부) N
新郎 N　新郎(しんろう) N　新郎(신랑) N
新年 N　新年(しんねん) N　新年(신년) N
新奇 A　新奇(しんき－な) N・A　新奇(신기-하다-롭다-로이) A・AD
新人 N　新人(しんじん) N　新人(신인) N
新生 N・A　新生(しんせい－する) N・V　新生(신생-하다) N・V
新式 A　新式(しんしき) N　新式(신식) N
新闻 N　新聞(しんぶん) N　新聞(신문) N
新鲜 A　新鮮(しんせん－な-に) N・A　新鮮(신선-하다) A
信号 N　信号(しんごう－する) N・V　信號(신호-하다) N・V
信赖 V　信頼(しんらい－する) N・V　信賴(신뢰-하다) N・V
信念 V　信念(しんねん) N　信念(신념) N
信任 V　信任(しんにん－する) N・V　信任(신임-하다) N・V
信心 N　信心(しんじん－する) N・V　信心(신심) N
信仰 V　信仰(しんこう－する) N・V　信仰(신앙-하다) N・V
信用 N・V・A　信用(しんよう－する) N・V　信用(신용-하다) N・V
兴奋 N・V・A　興奮 (こうふん－する) N・V　興奮(흥분-하다) N・V
刑罚　N　刑罰(けいばつ)　N　刑罰(형벌-하다)　N・V
刑法 N　刑法(けいほう) N　刑法(형법) N
刑事 A　刑事(けいじ) N　刑事(형사) N
行动 N・V　行動(こうどう－する) N・V　行動(행동-하다) N・V
行进 V　行進(こうしん－する) N・V　行進(행진-하다) N・V
行人 N　行人(こうじん) N　行人(행인) N
行使 V　行使(こうし－する) N・V　行使(행사-하다) N・V
行事 N・V　行事(ぎょうじ) N　行事(행사-하다) N・V
行为 N　行為(こうい) N　行爲(행위) N
行政 N・V　行政(ぎょうせい) N　行政(행정) N
形成 V　形成(けいせい－する) N・V　形成(형성-하다) N・V
形式 N　形式(けいしき) N　形式(형식) N
形势 N　形勢(けいせい) N　形勢(형세) N
形态 N　形態・形体(けいたい) N　形態(형태) N
形象 N・A　形象(けいしょう) N　形象・形像(형상-하다) N・V
兴趣 N　興趣(きょうしゅ) N　興趣(흥취) N
兴味 N　興味(きょうみ) N　興味(흥미-롭다) N・A
幸福 N・A　幸福(こうふく－な-に) N・A　幸福(행복-하다-스럽다-스레) N・A・AD
幸运 N・A　幸運・好運(こううん－な-に) N・A　幸運(행운) N
性别 N　性別(せいべつ) N　性別(성별) N
性格 N　性格(せいかく) N　性格(성격) N

性急 A　性急(せいきゅう－な－に) N・A　性急(성급-하다-히) A・AD
性能 N　性能(せいのう) N　性能(성능) N
性质 N　性質(せいしつ) N　性質(성질) N
凶恶 A　凶悪・兇悪(きょうあく－な－に) N・A　凶惡・兇惡(흉악-하다-히) N・A・AD
兄弟 N　兄弟(きょうだい・けいてい) N　兄弟(형제) N
雄壮 A　雄壮・勇壮(ゆうそう－な－に) N・A　雄壯(웅장-하다) A
休憩 V　休憩(きゅうけい－する) N・V　休憩(휴게-하다) N・V
休息 V　休息(きゅうそく－する) N・V　休息(휴식-하다) N・V
休学 V　休学(きゅうがく－する) N・V　休學(휴학-하다) N・V
休养 V　休養(きゅうよう－する) N・V　休養(휴양-하다) N・V
休业 V　休業(きゅうぎょう－する) N・V　休業(휴업-하다) N・V
修理 V　修理(しゅうり－する) N・V　修理(수리-하다) N・V
修缮 V　修繕(しゅうぜん－する) N・V　修繕(수선-하다) N・V
修饰 V　修飾(しゅうしょく－する) N・V　修飾(수식-하다) N・V
修养 N　修養(しゅうよう－する) N・V　修養(수양-하다) N・V
修正 V　修正(しゅうせい－する) N・V　修正(수정-하다) N・V
羞耻 A　羞恥(しゅうち) N　羞恥(수치-스럽다-스레) N・A・AD
秀丽 A　秀麗(しゅうれい－な) N・A　秀麗(수려-하다) A
虚弱 A　虚弱(きょじゃく－な－に) N・A　虛弱(허약-하다) N・A
需要 N・V　需要(じゅよう) N　需要(수요) N
徐徐 AD　徐徐(じょじょ－に) AD　徐徐(서서-히) AD
许可 V　許可(きょか－する) N・V　許可(허가-하다) N・V
叙述 V　叙述(じょじゅつ－する) N・V　敍述(서술-하다) N・V
宣布 V　宣布(せんぷ－する) N・V　宣布(선포-하다) N・V
宣传 V　宣伝(せんでん－する) N・V　宣傳(선전-하다) N・V
宣言 N・V　宣言(せんげん－する) N・V　宣言(선언-하다) N・V
选拔 V　選抜(せんばつ－する) N・V　選拔(선발-하다) N・V
选定 V　選定(せんてい－する) N・V　選定(선정-하다) N・V
选举 V　選挙(せんきょ－する) N・V　選擧(선거-하다) N・V
选手 N　選手(せんしゅ) N　選手(선수) N
选择 V　選択(せんたく－する) N・V　選擇(선택-하다) N・V
削减 V　削減(さくげん－する) N・V　削減(삭감-하다) N・V
学费 N　学費(がくひ) N　學費(학비) N
学会 N　学会(がっかい) N　學會(학회) N
学科 N　学科(がっか) N　學科(학과) N
学历 N　学歴(がくれき) N　學歷(학력) N
学年 N　学年(がくねん) N　學年(학년) N
学期 N　学期(がっき) N　學期(학기) N

学生 N　学生(がくせい) N　學生(학생) N
学术 N　学術(がくじゅつ) N　學術(학술) N
学说 N　学説(がくせつ) N　學說(학설) N
学问 N　学問(がくもん－する) N・V　學問(학문-하다) N・V
学习 V　学習(がくしゅう－する) N・V　學習(학습-하다) N・V
学校 N　学校(がっこう) N　學校(학교) N
学院 N　学院(がくいん) N　學院(학원) N
学者 N　学者(がくしゃ) N　學者(학자) N
雪山 N　雪山(せつざん) N　雪山(설산) N
血管 N　血管(けっかん) N　血管(혈관) N
血压 N　血圧(けつあつ) N　血壓(혈압) N
血液 N　血液(けつえき) N　血液(혈액) N
循环 V　循環(じゅんかん－する) N・V　循環(순환-하다) N・V
训练 V　訓練(くんれん－する) N・V　訓練・訓鍊(훈련-하다) N・V
迅速 A　迅速(じんそく－なに) N・A　迅速(신속-하다-히) A・AD

[Y]

压倒 V　圧倒(あっとう－する) N・V　壓倒(압도-하다) N・V
压力 N　圧力(あつりょく) N　壓力(압력) N
压迫 V　圧迫(あっぱく－する) N・V　壓迫(압박-하다) N・V
压缩 V　圧縮(あっしゅく－する) N・V　壓縮(압축-하다) N・V
鸦片・雅片 N　鴉片・阿片(あへん) N　鴉片・阿片(아편) N
延长 V　延長(えんちょう－する) N・V　延長(연장-하다) N・V
延期 V　延期(えんき－する) N・V　延期(연기-하다) N・V
严格 V・A　厳格(げんかく－なに) N・A　嚴格(엄격-하다-히) A・AD
严密 V・A　厳密(げんみつ－なに) N・A　嚴密(엄밀-하다-히) A・AD
严肃 V・A　厳粛(げんしゅく－なに) N・A　嚴肅(엄숙-하다-히) A・AD
严重 A　厳重(げんじゅう－なに) N・A　嚴重(엄중-하다-히) N・A・AD
言论 N　言論(げんろん) N　言論(언론) N
言语 N・V　言語(げんご・ごんご) N　言語(언어) N
岩石 N　岩石(がんせき) N　岩石(암석) N
沿岸 N　沿岸(えんがん) N　沿岸(연안) N
沿海 N　沿海(えんかい) N　沿海(연해) N
研究 V　研究(けんきゅう－する) N・V　研究(연구-하다) N・V
研修 V　研修(けんしゅう－する) N・V　研修(연수-하다) N・V
颜色 N　顔色(がんしょく) N　顔色(안색) N
眼前 N　眼前(がんぜん) N　眼前(안전) N
眼下 N　眼下(がんか) N　眼下(안하) N

演出　V　　演出(えんしゅつ－する)　N・V　　演出(연출-하다)　N・V
演技　N　　演技(えんぎ－する)　N・V　　演技(연기-하다)　N・V
演说　N・V　演説(えんぜつ－する)　N・V　　演說(연설-하다)　N・V
演习　V　　演習(えんしゅう－する)　N・V　　演習(연습-하다)　N・V
演奏　V　　演奏(えんそう－する)　N・V　　演奏(연주-하다)　N・V
厌恶　V　　厭悪(えんお－する)　N・V　　厭惡(염오-하다)　N・V
宴会　N　　宴会(えんかい)　N　　宴會(연회)　N
羊毛　N　　羊毛(ようもう)　N　　羊毛(양모)　N
阳光　N・A　陽光(ようこう)　N　　陽光(양광)　N
养分　N　　養分(ようぶん)　N　　養分(양분)　N
养育　V　　養育(よういく－する)　N・V　　養育(양육-하다)　N・V
养殖　V　　養殖(ようしょく－する)　N・V　　養殖(양식-하다)　N・V
样式　N　　様式(ようしき)　N　　樣式(양식)　N
样子　N　　様子・容子(ようす)　N　　樣子(양자)　N
要求　N・V　要求(ようきゅう－する)　N・V　　要求(요구-하다)　N・V
要约　V　　要約(ようやく－する)　N・V　　要約(요약-하다)　N・V
药品　N　　薬品(やくひん)　N　　藥品(약품)　N
要点　N　　要点(ようてん)　N　　要點(요점)　N
要领　N　　要領(ようりょう)　N　　要領(요령)　N
要素　N　　要素(ようそ)　N　　要素(요소)　N
要旨　N　　要旨(ようし)　N　　要旨(요지)　N
野蛮　A　　野蛮(やばん－な－に)　N・A　　野蠻(야만-스럽다-스레)　N・A・AD
野生　A　　野生(やせい－する)　N・V　　野生(야생-하다)　N・V
野兽　N　　野獣(やじゅう)　N　　野獸(야수)　N
野心　N　　野心(やしん)　N　　野心(야심)　N
业绩　N　　業績(ぎょうせき)　N　　業績(업적)　N
业务　N　　業務(ぎょうむ)　N　　業務(업무)　N
夜间　N　　夜間(やかん)　N　　夜間(야간)　N
夜景　N　　夜景(やけい)　N　　夜景(야경)　N
液体　N　　液体(えきたい)　N　　液體(액체)　N
一般　N・A　一般(いっぱん)　N　　一般(일반)　N
一带　N　　一帯(いったい)　N　　一帶(일대)　N
一旦　N・AD　一旦(いったん)　AD　　一旦(일단)　AD
一定　A・AD　一定(いちじょう)　N・AD・(いってい－する)　N・V　一定(일정-하다-히)　N・A・AD
一连　AD　　一連(いちれん)　N　　一連(일련)　N
一流　N・A　一流(いちりゅう)　N　　一流(일류)　N
一面　N・V・AD　一面(いちめん)　N　　一面(일면-하다)　N・V
一齐　AD　　一斉(いっせい)　N　　一齊(일제)　N

一切 N　一切(いっさい) N・AD　一切(일절) AD
一生 N　一生(いっしょう) N　一生(일생) N
一時 N・AD　一時(いちじ) N　一時(일시) N・AD
一同 AD　一同(いちどう) N　一同(일동) N
一向 N・AD　一向(いっこう) N・AD　一向(일향) AD
一行 N　一行(いっこう) N　一行(일행) N
一様 A　一様(いちよう-な-に) N・A　一様(일양) N
一一 AD　一一(いちいち) AD　一一(일일-이) AD
一致 A・AD　一致(いっち-する) N・V　一致(일치-하다) N・V
衣服 N　衣服(いふく) N　衣服(의복) N
衣裳 N　衣裳・衣装(いしょう) N　衣裳(의상) N
衣食 N　衣食(いしょく) N　衣食(의식) N
医疗 V　医療(いりょう) N　醫療(의료) N
医师 N　医師(いし) N　醫師(의사) N
医学 N　医学(いがく) N　醫學(의학) N
医药 N　医薬(いやく) N　醫藥(의약) N
依存 V　依存(いそん・いぞん-する) N・V　依存(의존-하다) N・V
依赖 V　依頼(いらい-する) N・V　依賴(의뢰-하다) N・V
依然 V・AD　依然(いぜん-たる-と) N・A　依然(의연-하다-히) A・AD
仪式 N　儀式(ぎしき) N　儀式(의식) N
移动 V　移動(いどう-する) N・V　移動(이동-하다) N・V
移民 N・V　移民(いみん-する) N・V　移民(이민-하다) N・V
遗产 N　遺産(いさん) N　遺産(유산) N
遗传 V　遺伝(いでん-する) N・V　遺傳(유전-하다) N・V
遗迹 N　遺跡・遺蹟(いせき) N　遺跡・遺蹟(유적) N
遗物 N　遺物(いぶつ) N　遺物(유물) N
疑惑 V　疑惑(ぎわく) N　疑惑(의혹-하다) N・V
疑问 N　疑問(ぎもん) N　疑問(의문-하다) N・V
疑心 N・V　疑心(ぎしん) N　疑心(의심-하다) N・V
以后 N　以後(いご) N　以後(이후) N・AD
以来 N　以来(いらい) N　以來(이래) N
以内 N　以内(いない) N　以内(이내) N
以前 N　以前(いぜん) N　以前(이전) N
以上 N　以上(いじょう) N　以上(이상) N
以外 N　以外(いがい) N　以外(이외) N
以下 N　以下(いか) N　以下(이하) N
椅子 N　椅子(いす) N　椅子(의자) N
义理 N　義理(ぎり) N　義理(의리) N

义务 N・A　義務(ぎむ) N　義務(의무) N
艺术 N・A　芸術(げいじゅつ) N　藝術(예술-하다) N・V
议会 N　議会(ぎかい) N　議會(의회) N
议论 N・V　議論(ぎろん-する) N・V　議論(의논・의론-하다) N・V
议员 N　議員(ぎいん) N　議員(의원) N
异常 A・AD　異常(いじょう-な-に) N・A　異常(이상-하다-히-스럽다-스레) N・A・AD
异性 N・A　異性(いせい) N　異性(이성) N
抑制 V　抑制(よくせい-する) N・V　抑制(억제-하다) N・V
意见 N　意見(いけん-する) N・V　意見(의견) N
意识 N・V　意識(いしき-する) N・V　意識(의식-하다) N・V
意思 N・V　意思(いし) N　意思(의사) N
意图 N　意図(いと-する) N・V　意圖(의도-하다) N・V
意外 N・A　意外(いがい-な-に) N・A　意外(의외-롭다-로) N・A・AD
意味 N　意味(いみ-する) N・V　意味(의미-하다) N・V
意向 N　意向・意嚮(いこう) N　意向(의향) N
意义 N　意義(いぎ) N　意義(의의) N
意志 N　意志(いし) N　意志(의지) N
因果 N　因果(いんが-な-に) N・A　因果(인과) N
阴谋 N・V　陰謀・隱謀(いんぼう) N　陰謀(음모-하다) N・V
音节 N　音節(おんせつ) N　音節(음절) N
音乐 N　音楽(おんがく) N　音樂(음악) N
银行 N　銀行(ぎんこう) N　銀行(은행) N
引导 V　引導(いんどう) N　引導(인도-하다) N・V
引力 N　引力(いんりょく) N　引力(인력) N
引用 V　引用(いんよう-する) N・V　引用(인용-하다) N・V
饮料 N　飲料(いんりょう) N　飲料(음료) N
饮食 N　飲食(いんしょく-する) N・V　飲食(음식) N
隐蔽 V・A　隱蔽(いんぺい-する) N・V　隱蔽(은폐-하다) N・V
隐居 V　隠居(いんきょ-する) N・V　隱居(은거-하다) N・V
印刷 V　印刷(いんさつ-する) N・V　印刷(인쇄-하다) N・V
印象 N　印象(いんしょう) N　印象(인상) N
英俊 A　英俊(えいしゅん) N　英俊(영준-하다) N・A
英明 A　英明(えいめい-な-に) N・A　英明(영명-하다) A
英雄 N・A　英雄(えいゆう) N　英雄(영웅) N
婴儿 N　嬰児(えいじ) N　嬰兒(영아) N
迎接 V　迎接(げいせつ-する) N・V　迎接(영접-하다) N・V
营养 N　営養・栄養(えいよう) N　營養(영양) N
营业 V　営業(えいぎょう-する) N・V　營業(영업-하다) N・V

影响 N・V・A　影響(えいきょう-する) N・V　影響(영향) N
応答 V　応答(おうとう-する) N・V　應答(응답-하다) N・V
応対 V　応対(おうたい-する) N・V　應對(응대-하다) N・V
応募 V　応募(おうぼ-する) N・V　應募(응모-하다) N・V
応用 V・A　応用(おうよう-する) N・V　應用(응용-하다) N・V
拥护 V　擁護(ようご-する) N・V　擁護(옹호-하다) N・V
永久 A　永久(えいきゅう) N　永久(영구-하다-히) N・A・AD
永远 AD　永遠(えいえん) N　永遠(영원-하다-히) N・A・AD
勇敢 A　勇敢(ゆうかん-な-に) N・A　勇敢(용감-하다-히-스럽다-스레) A・AD
勇气 N　勇気(ゆうき) N　勇氣(용기) N
勇士 N　勇士(ゆうし) N　勇士(용사) N
用法 N　用法(ようほう) N　用法(용법-하다) N・V
用具 N　用具(ようぐ) N　用具(용구) N
用品 N　用品(ようひん) N　用品(용품) N
用人 N・V　用人(ようにん) N　用人(용인-하다) N・V
用途 N　用途(ようと) N　用途(용도) N
用心 N・A　用心(ようじん-する) N・V　用心(용심-하다) N・V
用意 N　用意(ようい-する) N・V　用意(용의-하다) N・V
用语 N・V　用語(ようご) N　用語(용어) N
优良 A　優良(ゆうりょう-な) N・A　優良(우량-하다) N・A
优胜 A　優勝(ゆうしょう-する) N・V　優勝(우승-하다) N・V・A
优势 N　優勢(ゆうせい-な-に) N・A　優勢(우세-하다) N・A
优先 V　優先(ゆうせん-する) N・V　優先(우선-하다) N・V
优秀 A　優秀(ゆうしゅう-な-に) N・A　優秀(우수-하다) N・A
优雅 A　優雅(ゆうが-な-に) N・A　優雅(우아-하다-스럽다-스레) A・AD
忧虑 V　憂慮(ゆうりょ-する) N・V　憂慮(우려-하다) N・V
忧郁 A　憂鬱(ゆううつ-な-に) N・A　憂鬱(우울-하다-히) N・A・AD
悠久 A　悠久(ゆうきゅう-なる) N・A　悠久(유구-하다-히) A・AD
悠悠 A　悠悠(ゆうゆう-たる-と) A　悠悠(유유-하다-히) A・AD
犹豫 A　猶予(ゆうよ-する) N・V　猶豫(유예-하다) N・V
油田 N　油田(ゆでん) N　油田(유전) N
游击 V　遊撃(ゆうげき) N　遊撃(유격-하다) N・V
游览 V　遊覧(ゆうらん-する) N・V　遊覧(유람-하다) N・V
游戏 N・V　遊戯(ゆうぎ-する) N・V　遊戯(유희-하다) N・V
友好 N・A　友好・友交(ゆうこう) N　友好(우호) N
友情 N　友情(ゆうじょう) N　友情(우정) N
友人 N　友人(ゆうじん) N　友人(우인) N
友谊 N　友誼(ゆうぎ) N　友誼(우의) N

有机　A　　有機(ゆうき) N　　有機(유기) N
有力　A　　有力(ゆうりょく－な－に) N・A　　有力(유력－하다) N・A
有利　A　　有利(ゆうり－な－に) N・A　　有利(유리-하다) N・A
有名　A　　有名(ゆうめい－な－に) N・A　　有名(유명-하다) N・A
有望　V　　有望(ゆうぼう－な－に) N・A　　有望(유망-하다) N・A
有限　A　　有限(ゆうげん－な－に) N・A　　有限(유한-하다-히) N・A・AD
有効　V　　有効(ゆうこう－な－に) N・A　　有效(유효-하다-히) N・A・AD
有益　A　　有益(ゆうえき－な－に) N・A　　有益(유익-하다) N・A
幼儿　N　　幼児(ようじ) N　　幼兒(유아) N
幼年　N　　幼年(ようねん) N　　幼年(유년) N
幼稚　A　　幼稚(ようち－な－に) N・A　　幼稚(유치-하다) A
诱导　V　　誘導(ゆうどう－する) N・V　　誘導(유도-하다) N・V
诱发　V　　誘発(ゆうはつ－する) N・V　　誘發(유발-하다) N・V
诱拐　V　　誘拐(ゆうかい－する) N・V　　誘拐(유괴-하다) N・V
诱惑　V　　誘惑(ゆうわく－する) N・V　　誘惑(유혹-하다) N・V
余地　N　　余地(よち) N　　餘地(여지) N
余暇　N　　余暇(よか) N　　餘暇(여가) N
余震　N　　余震(よしん) N　　餘震(여진) N
娱乐　N・V　　娯楽(ごらく) N　　娛樂(오락-하다) N・V
渔船　N　　漁船(ぎょせん) N　　漁船(어선) N
渔民　N　　漁民(ぎょみん) N　　漁民(어민) N
渔业　N　　漁業(ぎょぎょう) N　　漁業(어업) N
愉快　A　　愉快(ゆかい－な－に) N・A　　愉快(유쾌-하다-히) A・AD
愚昧　A　　愚昧(ぐまい－な－に) N・A　　愚昧(우매-하다) N・A
舆论　N　　輿論(よろん) N　　輿論(여론) N
宇宙　N　　宇宙(うちゅう) N　　宇宙(우주) N
雨水　N　　雨水(うすい) N　　雨水(우수) N
语调　N　　語調(ごちょう) N　　語調(어조) N
语汇　N　　語彙(ごい) N　　語彙(어휘) N
语义　N　　語義(ごぎ) N　　語義(어의) N
语音　N　　語音(ごおん) N　　語音(어음) N
浴室　N　　浴室(よくしつ) N　　浴室(욕실) N
预报　V　　予報(よほう－する) N・V　　豫報(예보-하다) N・V
预备　V　　予備(よび) N　　豫備(예비-하다) N・V
预测　V　　予測(よそく－する) N・V　　豫測(예측-하다) N・V
预定　V　　予定(よてい－する) N・V　　豫定(예정-하다) N・V
预防　V　　予防(よぼう－する) N・V　　豫防(예방-하다) N・V
预感　N・V　　予感(よかん－する) N・V　　豫感(예감-하다) N・V

预告 N·V　予告(よこく－する) N·V　豫告(예고-하다) N·V
预见 N·V　予見(よけん－する) N·V　豫見(예견-하다) N·V
预期 V　予期(よき－する) N·V　豫期(예기-하다) N·V
预算 N·V　予算(よさん) N　豫算(예산-하다) N·V
预习 V　予習(よしゅう－する) N·V　豫習(예습-하다) N·V
预想 N·V　予想(よそう－する) N·V　豫想(예상-하다) N·V
预选 V　予選(よせん－する) N·V　豫選(예선-하다) N·V
预言 N·V　予言・預言(よげん－する) N·V　豫言(예언-하다) N·V
预约 V　予約(よやく－する) N·V　豫約(예약-하다) N·V
欲望 N　欲望(よくぼう) N　欲望(욕망-하다) N·V
元素 N　元素・原素(げんそ) N　元素(원소) N
园艺 N　園芸(えんげい) N　園藝(원예) N
原稿 N　原稿(げんこう) N　原稿(원고) N
原告 N　原告(げんこく) N　原告(원고) N
原理 N　原理(げんり) N　原理(원리) N
原料 N　原料(げんりょう) N　原料(원료) N
原始 A　原始・元始(げんし) N　原始・元始(원시) N
原因 N　原因(げんいん－する) N·V　原因(원인) N
原油 N　原油(げんゆ) N　原油(원유) N
原则 N　原則(げんそく) N　原則(원칙) N
原子 N　原子(げんし) N　原子(원자) N
原作 N　原作(げんさく) N　原作(원작) N
圆满 A　円満(えんまん－な－に) N·A　圓滿(원만-하다-히-스럽다-스레) A·AD
援助 V　援助(えんじょ－する) N·V　援助(원조-하다) N·V
缘故・原故 N　縁故(えんこ) N　緣故(연고) N
源泉 N　源泉・原泉(げんせん) N　源泉(원천) N
远大 A　遠大(えんだい－な－に) N·A　遠大(원대-하다) A
愿望 N　願望(がんぼう－する) N·V　願望(원망-하다) N·V
约束 V　約束(やくそく－する) N·V　約束(약속-하다) N·V
月末 N　月末(げつまつ) N　月末(월말) N
乐队 N　楽隊(がくたい) N　樂隊(악대) N
乐谱 N　楽譜(がくふ) N　樂譜(악보) N
乐器 N　楽器(がっき) N　樂器(악기) N
阅读 V　閲読(えつどく－する) N·V　閱讀(열독-하다) N·V
阅览 V　閲覧(えつらん－する) N·V　閱覽(열람-하다) N·V
越冬 V　越冬(えっとう－する) N·V　越冬(월동-하다) N·V
允许 V　允許(いんきょ－する) N·V　允許(윤허-하다) N·V
运动 N·V　運動(うんどう－する) N·V　運動(운동-하다) N·V

运河 N　運河(うんが) N　運河(운하) N
运输 V　運輸(うんゆ) N　運輸(운수-하다) N・V
运送 V　運送(うんそう-する) N・V　運送(운송-하다) N・V
运行 V　運行(うんこう-する) N・V　運行(운행-하다) N・V
运营 V　運営(うんえい-する) N・V　運營(운영-하다) N・V
运用 V　運用(うんよう-する) N・V　運用(운용-하다) N・V
运转 V　運転(うんてん-する) N・V　運轉(운전-하다) N・V

[Z]

杂文 N　雑文(ざつぶん) N　雜文(잡문) N
杂音 N　雑音(ざつおん) N　雜音(잡음) N
杂志 N　雑誌(ざっし) N　雜誌(잡지) N
灾害 N　災害(さいがい) N　災害(재해) N
灾难 N　災難(さいなん) N　災難(재난) N
栽培 V　栽培(さいばい-する) N・V　栽培(재배-하다) N・V
再会 V　再会(さいかい-する) N・V　再會(재회-하다) N・V
再三 AD　再三(さいさん) AD　再三(재삼) AD
再生 V　再生(さいせい-する) N・V　再生(재생-하다) N・V
在职 V　在職(ざいしょく-する) N・V　在職(재직-하다) N・V
赞成 V　賛成(さんせい-する) N・V　贊成(찬성-하다) N・V
赞叹 V　賛嘆・讃嘆(さんたん-する) N・V　贊嘆・讚歎(찬탄-하다) N・V
葬礼 N　葬礼(そうれい) N　葬禮(장례) N
遭难 V　遭難(そうなん-する) N・V　遭難(조난-하다) N・V
早期 N　早期(そうき) N　早期(조기) N
早晚 N・AD　早晩(そうばん) AD　早晩(조만) N
责任 N　責任(せきにん) N　責任(책임) N
增加 V　増加(ぞうか-する) N・V　增加(증가-하다) N・V
增设 V　増設(ぞうせつ-する) N・V　增設(증설-하다) N・V
债务 N　債務(さいむ) N　債務(채무) N
展开 V　展開(てんかい-する) N・V　展開(전개-하다) N・V
展览 V　展覧(てんらん-する) N・V　展覽(전람-하다) N・V
展示 V　展示(てんじ-する) N・V　展示(전시-하다) N・V
展望 V　展望(てんぼう-する) N・V　展望(전망-하다) N・V
占领 V　占領(せんりょう-する) N・V　占領(점령-하다) N・V
战场 N　戦場(せんじょう) N　戰場(전장) N
战斗 N・V　戦闘(せんとう-する) N・V　戰鬪(전투-하다) N・V
战略 N　戦略(せんりゃく) N　戰略(전략) N
战士 N　戦士(せんし) N　戰士(전사) N

战术 N　戦術(せんじゅつ) N　戰術(전술) N
战线 N　戦線(せんせん) N　戰線(전선) N
战友 N　戦友(せんゆう) N　戰友(전우) N
战争 N　戦争(せんそう－する) N・V　戰爭(전쟁-하다) N・V
掌握 V　掌握(しょうあく－する) N・V　掌握(장악-하다) N・V
丈夫 V　丈夫(じょうふ・じょうぶ－な－に) N・A　丈夫(장부) N
障碍 N・V　障礙・障害(しょうがい) N　障礙(장애) N
招待 V　招待(しょうたい－する) N・V　招待(초대-하다) N・V
招聘 V　招聘(しょうへい－する) N・V　招聘(초빙-하다) N・V
召集 V　召集(しょうしゅう－する) N・V　召集(소집-하다) N・V
照明 V　照明(しょうめい－する) N・V　照明(조명-하다) N・V
哲学 N　哲学(てつがく) N　哲學(철학) N
侦察 V　偵察(ていさつ－する) N・V　偵察(정찰-하다) N・V
真理 N　真理(しんり) N　眞理(진리) N
真实 A　真実(しんじつ－な－に) N・A・AD　眞實(진실-하다-히-로) N・A・AD
真相 N　真相(しんそう) N　眞相(진상) N
真挚 A　真摯(しんし－な) N・A　眞摯(진지-하다) A
斟酌 V　斟酌(しんしゃく－する) N・V　斟酌(짐작-하다) N・V
诊察 V　診察(しんさつ－する) N・V　診察(진찰-하다) N・V
诊断 V　診断(しんだん－する) N・V　診斷(진단-하다) N・V
诊疗 V　診療(しんりょう－する) N・V　診療(진료-하다) N・V
枕头 N　枕頭(ちんとう) N　枕頭(침두) N
振动 V　振動(しんどう－する) N・V　振動(진동-하다) N・V
振兴 V　振興(しんこう－する) N・V　振興(진흥-하다) N・V
镇压 V　鎮圧(ちんあつ－する) N・V　鎭壓(진압-하다) N・V
正月 N　正月(しょうがつ) N　正月(정월) N
争论 V　争論(そうろん－する) N・V　爭論(쟁론-하다) N・V
征服 V　征服(せいふく－する) N・V　征服(정복-하다) N・V
征收 V　徴収(ちょうしゅう－する) N・V　徵收(징수-하다) N・V
蒸发 V　蒸発(じょうはつ－する) N・V　蒸發(증발-하다) N・V
蒸气 N　蒸気(じょうき) N　蒸氣(증기) N
整备 V　整備(せいび－する) N・V　整備(정비-하다) N・V
整理 V　整理(せいり－する) N・V　整理(정리-하다) N・V
整数 N　整数(せいすう) N　整數(정수) N
整形 V　整形(せいけい－する) N・V　整形(정형-하다) N・V
正常 A　正常(せいじょう－な－に) N・A　正常(정상) N
正当 V・A　正当(せいとう－な－に) N・A　正當(정당-하다-히) A・AD
正规 A　正規(せいき) N　正規(정규) N
正门 N　正門(せいもん) N　正門(정문) N

正面 N・A　正面(しょうめん－する) N・V　正面(정면) N
正确 A　正確(せいかく－な－に) N・A　正確(정확-하다-히) N・A・AD
正式 A　正式(せいしき－な－に) N・A　正式(정식) N
正午 N　正午(しょうご) N　正午(정오) N
正义 N・A　正義(せいぎ) N　正義(정의) N
正直 A　正直(しょうじき－な－に) N・A　正直(정직-하다-히) N・A・AD
正装 N　正装(せいそう－する) N・V　正装(정장-하다) N・V
证据 N　証拠(しょうこ) N　證據(증거) N
证明 N・V　証明(しょうめい－する) N・V　證明(증명-하다) N・V
证券 N　証券(しょうけん) N　證券(증권) N
证书 N　証書(しょうしょ) N　證書(증서) N
郑重 A　鄭重(ていちょう－な－に) N・A　鄭重(정중-하다-히) A・AD
政变 V　政変(せいへん) N　政變(정변) N
政策 N　政策(せいさく) N　政策(정책) N
政党 N　政党(せいとう) N　政黨(정당) N
政府 N　政府(せいふ) N　政府(정부) N
政权 N　政権(せいけん) N　政權(정권) N
政治 N　政治(せいじ) N　政治(정치-하다) N・V
症状 N　症状(しょうじょう) N　症狀(증상) N
支持 V　支持(しじ－する) N・V　支持(지지-하다) N・V
支出 N・V　支出(ししゅつ－する) N・V　支出(지출-하다) N・V
支配 V　支配(しはい－する) N・V　支配(지배-하다) N・V
支援 V　支援(しえん－する) N・V　支援(지원-하다) N・V
知觉 N　知覚(ちかく－する) N・V　知覺(지각-하다) N・V
知识 N　知識(ちしき) N　知識(지식) N
脂肪 N　脂肪(しぼう) N　脂肪(지방) N
执行 V　執行(しっこう－する) N・V　執行(집행-하다) N・V
执着・执著 A　執着(しゅうじゃく・しゅうちゃく－する) N・V　執着(집착-하다) N・V
直航 V　直航(ちょっこう－する) N・V　直航(직항-하다) N・V
直角 N　直角(ちょっかく－な－に) N・A　直角(직각) N
直接 A　直接(ちょくせつ－する) N・V・AD　直接(직접) N・AD
直径 N　直径(ちょっけい) N　直徑(직경) N
直面 V　直面(ちょくめん－する) N・V　直面(직면-하다) N・V
直线 N・A　直線(ちょくせん) N　直線(직선) N
直译 V　直訳(ちょくやく－する) N・V　直譯(직역-하다) N・V
职权 N　職権(しょっけん) N　職權(직권) N
职务 N　職務(しょくむ) N　職務(직무) N
职业 N・A　職業(しょくぎょう) N　職業(직업) N
职员 N　職員(しょくいん) N　職員(직원) N

植樹 V　植樹(しょくじゅ-する) N・V　植樹(식수-하다) N・V
植物 N　植物(しょくぶつ) N　植物(식물) N
紙幣 N　紙幣(しへい) N　紙幣(지폐) N
指導 V　指導(しどう-する) N・V　指導(지도-하다) N・V
指定 V　指定(してい-する) N・V　指定(지정-하다) N・V
指揮 N・V　指揮(しき-する) N・V　指揮・指麾(지휘-하다) N・V
指示 N・V　指示(しじ-する) N・V　指示(지시-하다) N・V
指紋 N　指紋(しもん) N　指紋(지문) N
指摘 V　指摘(してき-する) N・V　指摘(지적-하다) N・V
指針 N　指針(ししん) N　指針(지침) N
制定 V　制定(せいてい-する) N・V　制定(제정-하다) N・V
制度 N　制度(せいど) N　制度(제도) N
制品 N　製品(せいひん) N　製品(제품-하다) N・V
制約 V　制約(せいやく-する) N・V　制約(제약-하다) N・V
制造 V　製造(せいぞう-する) N・V　製造(제조-하다) N・V
制止 V　制止(せいし-する) N・V　制止(제지-하다) N・V
制作 V　制作・製作(せいさく-する) N・V　製作(제작-하다) N・V
质量 N　質量(しつりょう) N　質量(질량) N
质问 V　質問(しつもん-する) N・V　質問(질문-하다) N・V
治疗 V　治療(ちりょう-する) N・V　治療(치료-하다) N・V
治水 V　治水(ちすい-する) N・V　治水(치수-하다) N・V
致命 V　致命(ちめい) N　致命(치명-하다) N・V
秩序 N　秩序(ちつじょ) N　秩序(질서) N
智慧 N　智慧・知恵(ちえ) N　智慧・知慧(지혜-롭다-로이) N・A・AD
智力 N　智力・知力(ちりょく) N　智力(지력) N
智能 N　智能・知能(ちのう) N　知能(지능) N
中等 A　中等(ちゅうとう) N　中等(중등) N
中断 V　中断(ちゅうだん-する) N・V　中斷(중단-하다) N・V
中级 A　中級(ちゅうきゅう) N　中級(중급) N
中间 N　中間(ちゅうかん・ちゅうげん) N　中間(중간) N
中立 V　中立(ちゅうりつ-する) N・V　中立(중립) N
中年 N　中年(ちゅうねん) N　中年(중년) N
中途 N　中途(ちゅうと) N　中途(중도) N
中心 N　中心(ちゅうしん) N　中心(중심-하다) N・V
中学 N　中学(ちゅうがく) N　中學(중학) N
中旬 N　中旬(ちゅうじゅん) N　中旬(중순) N
中央 N　中央(ちゅうおう) N　中央(중앙) N
中止 V　中止(ちゅうし-する) N・V　中止(중지-하다) N・V

忠诚 A　忠誠(ちゅうせい) N　忠誠(충성-하다-스럽다-스레) N・V・A・AD
忠告 N・V　忠告(ちゅうこく-する) N・V　忠告(충고-하다) N・V
忠实 A　忠実(ちゅうじつ-な-に) N・A　忠實(충실-하다-히) N・A・AD
终点 N　終点(しゅうてん) N　終點(종점) N
终了 V　終了(しゅうりょう-する) N・V　終了(종료-하다) N・V
终日 AD　終日(しゅうじつ) N　終日(종일) N
终身 N　終身(しゅうしん) N　終身(종신-하다) N・V
终止 V　終止(しゅうし-する) N・V　終止(종지-하다) N・V
种类 N　種類(しゅるい) N　種類(종류) N
种子 N　種子(しゅし) N　種子(종자) N
中毒 V　中毒(ちゅうどく-する) N・V　中毒(중독) N
重大 A　重大(じゅうだい-な-に) N・A　重大(중대-하다-히) N・A・AD
重点 N・AD　重点(じゅうてん) N　重點(중점) N
重力 N　重力(じゅうりょく) N　重力(중력) N
重量 N　重量(じゅうりょう) N　重量(중량) N
重视 V　重視(じゅうし-する) N・V　重視(중시-하다) N・V
重要 A　重要(じゅうよう-な-に) N・A　重要(중요-하다-히) N・A・AD
周边 N　周辺(しゅうへん) N　周邊(주변) N
周到 A　周到(しゅうとう-な-に) N・A　周到(주도-하다-히) N・A・AD
周密 A　周密(しゅうみつ-な-に) N・A　周密(주밀-하다-히) A・AD
周末 N　週末(しゅうまつ) N　週末(주말) N
周期 N　周期(しゅうき) N　週期(주기) N
周围 N　周囲(しゅうい) N　周圍(주위) N
昼夜 N　昼夜(ちゅうや) N　晝夜(주야) N
主妇 N　主婦(しゅふ) N　主婦(주부) N
主观 A　主観(しゅかん) N　主觀(주관) N
主力 N　主力(しゅりょく) N　主力(주력) N
主流 N　主流(しゅりゅう) N　主流(주류) N
主权 N　主権(しゅけん) N　主權(주권) N
主人 N　主人(しゅじん) N　主人(주인) N
主任 N　主任(しゅにん) N　主任(주임) N
主食 N　主食(しゅしょく) N　主食(주식) N
主题 N　主題(しゅだい) N　主題(주제) N
主体 N　主体(しゅたい) N　主體(주체) N
主席 N　主席(しゅせき) N　主席(주석) N
主要 A　主要(しゅよう-な) N・A　主要(주요-하다) N・A
主义 N　主義(しゅぎ) N　主義(주의) N
主张 N・V　主張(しゅちょう-する) N・V　主張(주장-하다) N・V

助手 N　助手(じょしゅ) N　助手(조수) N
住居 V　住居(じゅうきょ) N　住居(주거-하다) N・V
住所 N　住所(じゅうしょ) N　住所(주소) N
住宅 N　住宅(じゅうたく) N　住宅(주택) N
注解 N・V　注解・註解(ちゅうかい－する) N・V　注解・註解(주해-하다) N・V
注目 V　注目(ちゅうもく－する) N・V　注目(주목-하다) N・V・感嘆詞
注射 V　注射(ちゅうしゃ－する) N・V　注射(주사-하다) N・V
注視 V　注視(ちゅうし－する) N・V　注視(주시-하다) N・V
注釈 N・V　注釈・註釈(ちゅうしゃく－する) N・V　注釋・註釋(주석-하다) N・V
注文 N　注文・註文(ちゅうもん－する) N・V　注文(주문-하다) N・V
注意 V　注意(ちゅうい－する) N・V　注意(주의-하다) N・V
祝福 V　祝福(しゅくふく－する) N・V　祝福(축복-하다) N・V
祝賀 V　祝賀(しゅくが－する) N・V　祝賀(축하-하다) N・V
著名 A　著名(ちょめい－な) N・A　著名(저명-하다) A
著者 N　著者(ちょしゃ) N　著者(저자) N
著作 N・V　著作(ちょさく－する) N・V　著作(저작-하다) N・V
鋳造 V　鋳造(ちゅうぞう－する) N・V　鑄造(주조-하다) N・V
専攻 V　専攻(せんこう－する) N・V　專攻(전공-하다) N・V
専科 N　専科(せんか) N　專科(전과) N
専門 A・AD　専門(せんもん) N　專門(전문-하다) N・V
専心 A　専心(せんしん－する) N・V　專心(전심-하다) N・V
専業 N・A　専業(せんぎょう) N　專業(전업-하다) N・V
専用 V　専用(せんよう－する) N・V　專用(전용-하다) N・V
転換 V　転換(てんかん－する) N・V　轉換(전환-하다) N・V
転移 V　転移(てんい－する) N・V　轉移(전이-하다) N・V
伝記 N　伝記(でんき) N　傳記(전기) N
装備 N・V　装備(そうび－する) N・V　裝備(장비-하다) N・V
装飾 N・V　装飾(そうしょく－する) N・V　裝飾(장식-하다) N・V
装置 N・V　装置(そうち－する) N・V　裝置(장치-하다) N・V
壮大 V・A　壮大(そうだい－な－に) N・A　壯大(장대-하다-히) A・AD
壮観 N・A　壮観(そうかん－な) N・A　壯觀(장관) N
状況 N　状況・情況(じょうきょう) N　狀況(상황) N
状態 N　状態・情態(じょうたい) N　狀態(상태) N
追加 V　追加(ついか－する) N・V　追加(추가-하다) N・V
追究 V　追究・追窮(ついきゅう－する) N・V　追究(추구-하다) N・V
追求 V　追求(ついきゅう－する) N・V　追求(추구-하다) N・V
追憶 V　追憶(ついおく－する) N・V　追憶(추억-하다) N・V
墜落 V　墜落(ついらく－する) N・V　墜落(추락-하다) N・V

准备 V 準備(じゅんび－する) N・V 準備(준비-하다) N・V
卓越 A 卓越(たくえつ－する) N・V 卓越(탁월-하다) A
着陆 V 着陸(ちゃくりく－する) N・V 着陸(착륙-하다) N・V
着手 V 着手(ちゃくしゅ－する) N・V 着手(착수-하다) N・V
姿势 N 姿勢(しせい) N 姿勢(자세) N
资本 N 資本(しほん) N 資本(자본) N
资产 N 資産(しさん) N 資産(자산) N
资格 N 資格(しかく) N 資格(자격) N
资金 N 資金(しきん) N 資金(자금) N
资料 N 資料(しりょう) N 資料(자료) N
资源 N 資源(しげん) N 資源(자원) N
子女 N 子女(しじょ) N 子女(자녀) N
子孙 N 子孫(しそん) N 子孫(자손) N
仔细・子细 A 仔細・子細(しさい) N 仔細・子細(자세-하다-히) A・AD
姊妹 N 姉妹(しまい) N 姉妹(자매) N
自卑 A 自卑(じひ－する) N・V 自卑(자비-하다) N・V
自动 A・AD 自動・自働(じどう) N 自動(자동-하다) N・V
自发 A 自発(じはつ) N 自發(자발-하다) N・V
自费 V 自費(じひ) N 自費(자비) N
自己 N 自己(じこ) N 自己(자기) N
自觉 V・A 自覚(じかく－する) N・V 自覺(자각-하다) N・V
自然 N・A・AD・接続詞 自然(しぜん・じねん－な－に－と) N・A・AD
自然(자연-하다-히-스럽다-스레) N・A・AD
自杀 V 自殺(じさつ－する) N・V 自殺(자살-하다) N・V
自身 N 自身(じしん) N 自身(자신) N
自首 V 自首(じしゅ－する) N・V 自首(자수-하다) N・V
自卫 V 自衛(じえい－する) N・V 自衛(자위-하다) N・V
自我 N 自我(じが) N 自我(자아) N
自习 V 自習(じしゅう－する) N・V 自習(자습-하다) N・V
自信 V 自信(じしん) N 自信(자신-하다) N・V
自由 N・A 自由(じゆう－な－に) N・A 自由(자유-롭다-로이-스럽다-스레) N・A・AD
自治 V 自治(じち) N 自治(자치-하다) N・V
自主 V 自主(じしゅ) N 自主(자주) N
自尊 V 自尊(じそん) N 自尊(자존-하다) N・V
宗教 N 宗教(しゅうきょう) N 宗教(종교) N
综合 V 綜合・総合(そうごう－する) N・V 綜合(종합-하다) N・V
踪迹 N 踪跡(そうせき) N 蹤迹・蹤跡(종적) N
总额 N 総額(そうがく) N 總額(총액) N

総计　V　総計(そうけい－する) N・V　　總計(총계-하다) N・V
总理　N・V　総理(そうり) N　　總理(총리-하다) N・V
总数　N　総数(そうすう) N　　總數(총수) N
总务　N　総務(そうむ) N　　總務(총무) N
纵横　V・A　縦横(じゅうおう) N　　縱橫(종횡) N
卒业　V　卒業(そつぎょう－する) N・V　　卒業(졸업-하다) N・V
阻止　V　阻止・沮止(そし－する) N・V　　沮止(저지-하다) N・V
组织　N・V　組織(そしき－する) N・V　　組織(조직-하다) N・V
祖父　N　祖父(そふ) N　　祖父(조부) N
祖国　N　祖国(そこく) N　　祖國(조국) N
祖母　N　祖母(そぼ) N　　祖母(조모) N
祖先　N　祖先(そせん) N　　祖先(조선) N
最初　N　最初(さいしょ) N　　最初(최초) N
最好　AD　最好(さいこう－な) N・A　　最好(최호-하다) N・V・A
最后　N　最後(さいご) N　　最後(최후) N
最近　N　最近(さいきん) N　　最近(최근) N
最终　N　最終(さいしゅう) N　　最終(최종) N
罪恶　N　罪悪(ざいあく) N　　罪惡(죄악) N
罪名　N　罪名(ざいめい) N　　罪名(죄명) N
罪人　N　罪人(ざいにん) N　　罪人(죄인) N
尊称　N・V　尊称(そんしょう) N　　尊稱(존칭-하다) N・V
尊敬　V・A　尊敬(そんけい－する) N・V　　尊敬(존경-하다) N・V
尊严　N・A　尊厳(そんげん) N　　尊嚴(존엄-하다-히) N・A・AD
尊重　V・A　尊重(そんちょう－する) N・V　　尊重(존중-하다) N・V
遵守　V　遵守・循守(じゅんしゅ－する) N・V　　遵守(준수-하다) N・V
左右　N・V・AD　左右(さゆう－する) N・V　　左右(좌우-하다) N・V
作成　V　作成(さくせい－する) N・V　　作成(작성-하다) N・V
作法　N・V　作法(さくほう・さほう) N　　作法(작법-하다) N・V
作家　N　作家(さっか) N　　作家(작가) N
作品　N　作品(さくひん) N　　作品(작품) N
作文　N・V　作文(さくぶん－する) N・V　　作文(작문-하다) N・V
作物　N　作物(さくぶつ・さくもつ) N　　作物(작물) N
作业　N・V　作業(さぎょう－する) N・V　　作業(작업-하다) N・V
作用　N・V　作用(さよう－する) N・V　　作用(작용-하다) N・V
作战　V　作戦・策戦(さくせん) N　　作戰(작전-하다) N・V
作者　N　作者(さくしゃ) N　　作者(작자) N
坐席　N・V　座席(ざせき) N　　座席・坐席(좌석) N
座谈　V　座談(ざだん－する) N・V　　座談(좌담-하다) N・V

参 考 文 献

中・日・韓の字音語の対照研究

(中国語文献)

北京大学中文系编・Kim Aeyeong外译(2007)『现代汉语』China House

Charles N. Li外著・Bak Jeonggu外譯(2006)『標準中國語文法』한울

Choe Gilwon主编(2000)『漢語語彙』新星出版社

符淮青著・Bak Heungsu譯(2007)『现代汉语词汇』China House

郭振华(2002)『简明汉语语法』华语教学出版社

国务院学位委员会办公室编(1999)『同等学力人员申请硕士学位日语水平全国
　　统一考试大纲』高等教育出版社

胡裕樹外編・許成道譯(1991)『現代中國語學概論』敎保文庫

金琮鎬(2002)『現代中國語文法』신아사

劉月華外著・尹和重外譯(2000)『現代中國語文法』大韓敎科書株式會社

Maeng Jueok(1992)『現代中國語文法』靑年社

史锡尧・杨庆蕙主编(1998)『现代汉语』北京师范大学出版社

朱德熙著・許成道譯(1997)『現代 中國語 語法論』사람과 冊

(日本語文献)

秋元美晴(2004)『よくわかる語彙』語文学社

阿辻哲次(2005)「漢字文化圏の成立」『朝倉漢字講座 1 漢字と日本語』朝倉書店

荒川清秀(1988)「複合漢語の日中比較」『日本語学』5月号、明治書院

荒川清秀・荒川由紀子(1988)「現代中国語の造語力ー日本語における漢語との関連
　　でー」『文学論叢』第89輯、愛知大学文学会

荒川清秀・那須雅之(1992)「中国語の造語力ー二字漢語を中心にー」『日本語学』5月
　　号、明治書院

庵功雄外著(2000)『初級を教える人のための日本語文法ハンドブック』スリーエーネット
　　　ワーク
庵功雄外著(2001)『中上級を教える人のための日本語文法ハンドブック』スリーエーネッ
　　　トワーク
石綿敏雄・高田誠(1990)『対照言語学』桜楓社
金公七(1987)『日本語語彙論』學文社
教科研東京国語部会・言語教育研究サークル著(1964)『語彙教育ーその内容と方法ー』
　　　麦書房
斎賀秀夫(1957)「語構成の特質」斎藤倫明・石井正彦編(1997)『日本語研究資料集第
　　　1期第13巻 語構成』ひつじ書房
田窪行則(1986)「-化」『日本語学』3月号、明治書院
田島優(2006)「表語文字としての漢字」『朝倉漢字講座 2 漢字のはたらき』朝倉書店
中川正之(1992)「<中国語から見た>語構成ーとくに並列語をめぐってー」『月刊言語』
　　　3月号、大修館書店
中沢希男(1978)『漢字・漢語概説』教育出版
野村雅昭(1974)「三字漢語の構造」『電子計算機による国語研究Ⅵ』秀英出版
野村雅昭(1975)「四字漢語の構造」『電子計算機による国語研究Ⅶ』秀英出版
野村雅昭(1988)「二字漢語の構造」『日本語学』5月号、明治書院
原由起子(1986)「-的」『日本語学』3月号、明治書院
松崎寛・河野俊之(2004)『よくわかる音声』語文学社
松下大三郎(1928)『改撰標準日本文法』紀元社
水野義道(1987)「漢語系接辞の機能」『日本語学』2月号、明治書院
森岡健二(1986)「接辞と助辞」『日本語学』3月号、明治書院
森山卓郎(2003)『ここからはじまる日本語文法』ひつじ書房
山田孝雄(1936)『日本文法学概論』宝文館出版
ワカバヤシ マサオ(1936)「漢語ノ組立ト云イカエノ研究」
斎藤倫明・石井正彦編(1997)『日本語研究資料集 第1期第13巻 語構成』ひつじ書房

(韓国語文献)

姜榮勳(1987)『中學生의 語彙擴張을 위한 漢字語 指導方法 研究』忠北大學校 教育
　　　大學院 碩士學位論文
權純久(1996)『漢字語 語形成 研究』忠南大學校 大學院 碩士學位論文
金光海(1989)「固有語와 漢字語의 對應現象」『國語學叢書 16』塔出版社
金圭哲(1980)「漢字語 單語形成에 관한 研究」『國語研究』第41號、國語研究會
金圭哲(1990)「漢字語」『國語研究 어디까지 왔나』서울大 大學院 國語研究會編、東
　　　亞出版社
金敏洙(1971、1998)『國語文法論』一潮閣
Kim Minyeong(2002)『漢字語 形態素의 類型 分析에 관한 研究』延世大學校 大學院

　　　碩士學位論文

金鮮花(2004)『日中韓 日本製漢語의 意味・用法에 대한 對照研究』檀國大學校 大學院 碩士學位論文

金仁炫(1993)「韓日両語의 音声・音韻의 比較研究」『外國文化研究 16』朝鮮大學校 外國文化研究所

金仁炫(2001)『韓・日語의 対照言語学的研究』J&C

金仁炫(2004)『韓・日語의 対照研究와 日本語教育』語文學社

金宗澤(1972)「複合 漢字語의 語素 配合 構造」『語文學 27』韓國語文學會

金宗澤(1993)『國語 語彙論』塔出版社

金昌植(1986)「國語 漢字語의 構成에 對한 한 考察」『論文集 8』安東大學

金慧順(2005)『中・韓・日 漢字語 比較研究』嶺南大學校 大學院 博士學位論文

金慧娟(1999)『韓・日 漢字語 對照 分析』啓明大學校 國際學大學院 碩士學位論文

南基心・高永根(2002)『標準國語文法論』改訂版、塔出版社

盧明姫(1990)『漢字語의 語彙形態論的 特性에 관한 研究』서울大學校 大學院 碩士學位論文

盧明姫(2005)『現代國語 漢字語 研究』國語學會

盧明姫(2007)「漢字語의 語彙 範疇와 內的 構造」『震檀學報 103』

劉昌錫(1990)『韓・日 漢字語의 比較研究』建國大學校 大學院 碩士學位論文

柳玄京(2007)『韓・中國 漢字語의 比較研究』圓光大學校 教育大學院 碩士學位論文

Ma Sukhong(2004)『韓國語와 中國語의 漢字語 造語法 對照研究』祥明大學校 大學院 碩士學位論文

朴英燮(1995)『國語漢字語彙論』博而精

Bak Jeongeun(2007)『外國語로서의 韓國語 接頭派生語 研究』慶熙大學校 大學院 碩士學位論文

朴青國(1989)「日本語 省略表現法 研究」『人文學研究』第11輯、朝鮮大學校 人文學研究所

朴青國(2002)「日本語 縮約形 發話의 構造分析」『人文學研究』第28輯、朝鮮大學校 人文學研究所

潘忆影著・Ju Yanggon・Go Dandan譯(2005)『8840 HSK 單語集』CHINA PRESS

成元慶(1977)「韓・中兩國에서 現用하는 漢字語彙 比較攷」『省谷論叢』第8輯、省谷學術文化財團

孫惠波(2004)『現代 韓國 漢字語 語彙와 中國語 語彙의 意味論的 比較 研究』崇實大學校 大學院 碩士學位論文

宋基中(1992)「現代國語 漢字語의 構造」『韓國語文 1』韓國精神文化研究院

宋晩翼(1991)「現代日本語における待遇表現の選択過程について一日本語教育の観点から一」『日本學年報 3』日本文化研究會

宋晩翼(1996)「日本語の"既製の発話"の取り扱いについて一日本語教育の立場からの一考察一」『論文集 13,1』大田産業大學校

辛基相(2005)『現代國語 漢字語』북스 힐

申昌淳(1969)「漢字語小考」『國語國文學42·43』國語國文學會

Sim Soyeon(2004)『形態論的 分析을 통한 中國語 語彙 敎育 硏究』仁荷大學校 敎育
　　大學院 碩士學位論文

沈在箕(1982)『國語語彙論』集文堂

沈在箕(1987)「漢字語의 構造와 그 造語力」『國語生活 8』國語硏究所

An Sojin(2004)『漢字語 接頭辭에 대한 硏究』서울大學校 大學院 碩士學位論文

禹燦三(1987)『誤用例에 對한 一考察』韓南大學校 大學院 碩士學位論文

禹燦三(2005)『韓日漢字音의 比較硏究』J&C

李京珪(2002)「日本 字音語에 관련된 用語에 관한 考察」『日本文化學報』第15輯、韓
　　國日本文化學會

李京哲(2003)『韓·日 漢字音 體系의 比較硏究』보고사

李京哲(2005)「漢和辭典 慣用音表記의 問題點에 대하여」『日本文化硏究』第14輯、
　　東아시아日本學會

李京哲(2006)『日本漢字音의 理解』책사랑

李光政(2003)「固有語와 漢字語의 語彙的 特性」『國語文法硏究 Ⅱ』亦樂

李得春(2006)「韓國語 漢字語의 基準에 對한 管見」『새 國語生活 16-1』國立國語硏
　　究院

Lee Sanggyu(2004)『現代國語 漢字語의 構成單位와 構造 硏究』漢陽大學校 大學院
　　博士學位論文

李奭周(1990)『國語形態論』한샘出版社

李于錫(2002)『韓日漢字語의 品詞性에 関한 対照研究』J&C

李翊燮(1968)「漢字語 造語法의 類型」『李崇寧博士頌壽紀念論叢』

李翊燮(1969)「漢字語의 非一音節 單一語에 대하여」『金載元博士回甲紀念論叢』

李翊燮·任洪彬(1983)『國語文法論』學研社

李仁淳(2007)『日韓漢語語彙交流の研究』J&C

李在郁(2006)『韓国語必須単語6000』Language PLUS

Jang Yeongsu(1994)『漢字語 單語 짜임새에 관한 硏究』東亞大學校 大學院 碩士學位
　　論文

Jeong Donghwan(1993)『國語 複合語의 意味 硏究』서광學術資料社

鄭旼泳(1994)『國語 漢字語의 單語 形成 硏究』忠北大學校 大學院 博士學位論文

鄭旼泳(1999)「國語 漢字 複合語의 構造」『開新語文硏究 9』忠北大學校 開新語文硏
　　究會

鄭旼泳(2005)「漢字語 接尾辭 '-頭'에 대하여」『言語學』第9號、중원言語學會

鄭愚相(1993)「漢字語의 構造와 漢文」『韓國語敎育』韓國語文敎育學會

鄭元洙(1991)『國語의 單語形成 硏究』忠南大學校 大學院 博士學位論文

鄭元洙(1994)『國語의 單語 形成論』翰信文化史

鄭鎭杰(1990)『韓國 漢字語 形成과 그 類型에 대한 硏究』中央大學校 大學院 碩士學
　　位論文

曺錦慈(2006)『高等學校 日本語 敎科書의 漢字語 分析』慶熙大學校 敎育大學院 碩

士學位論文

趙範熙(1998)『漢字語 構造에 關한 研究』韓國敎員大學校 大學院 碩士學位論文

Jo Seonghwa(2006)『韓・日 兩 言語의 漢字語 接頭辭 對照 研究』漢陽大學校 敎育大
學院 碩士學位論文

崔貴淑(2004)『우리말 漢字語彙에 對應하는 現代 中國語語彙 比較 研究』公州大學
校 敎育大學院 碩士學位論文

崔圭一(1989)『韓國語 語彙形成에 관한 研究』成均館大學校 大學院 博士學位論文

崔允敬(2003)『韓・日 漢字語의 比較 研究』朝鮮大學校 敎育大學院 碩士學位論文

韓增德(2007)「字音語系接頭辞的要素に関する一考察」『人文學研究』第35輯、朝
鮮大學校 人文學研究所

韓增德(2008)「字音語系接尾辞的要素についての一考察」『日本文化研究』第25輯、
東아시아日本學會

韓增德・金仁炫(2019)「助字の弁別と造語力について」『日本語敎育』第87輯、韓國
日本語敎育學會

洪思滿(2002)『韓・日語 對照分析』亦樂

黃慈仁(1984)『韓・日 漢字語에 關한 考察』韓南大學校 大學院 碩士學位論文

(參考辞典)

鎌田正・米山寅太郎(2005)『新漢語林』大修館書店

曲广田・王恝主编(2004)『日语汉字辞典』吉林大学出版社

金貞淑編(2005)『新韓日辭典』日本三省堂版、民衆書林

高大民族文化研究所中國語大辭典編纂室編(1996)『現代中韓辭典』第5版、高麗大
學校 民族文化研究所

國立國語研究院(1999)『標準國語大辭典』斗山東亞

小林信明(1981)『新選漢和辞典』新版、小学館

杉本達夫外編(2005)『デイリーコンサイス中日・日中辞典』第2版、三省堂

大连外国语学院『新日汉辞典』增订版编写组编(2004)『新日汉辞典』增订版、
辽宁人民出版社

中国社会科学院语言研究所词典编辑室编(2004)『新华字典』第10版、商务印
书馆

中国社会科学院语言研究所词典编辑室编(2005)『现代汉语词典』第5版、商务
印书馆

日本語教育学会編(2005)『新版日本語教育事典』大修館書店

NEXUS辭典編纂委員會編(2005)『NEXUS實用玉篇』NEXUS ACADEMY

松村明編(1971)『日本文法大辞典』明治書院

松村明編(1989)『大辞林』三省堂

民衆書林編輯局編(2005)『엣센스 國語辭典』第5版、民衆書林

安田吉実外編(2004)『엣센스 日韓辭典』第2改訂版、民衆書林

山口明穂・竹田晃編(1994)『岩波新漢語辞典』岩波書店
山口明穂・秋本守英編(2001)『日本語文法大辞典』明治書院
山田忠雄外編(2005)『新明解国語辞典』第6版、三省堂
李應百外(1992)『國語大辭典』教育圖書
李武英外編(2004)『現代韩中中韩词典』外语教学与研究出版社
廉光虎・位青編(2006)『韓中漢字語比較辭典』亦樂
漢語辞海編写組編(2003)『漢語辞海』北京教育出版社

中・日・韓の字音語の対照研究

初版印刷　2024년 06월 22일
初版発行　2024년 06월 29일

著　　　者　韓 増 德
発 行 者　尹 錫 賢
発 行 所　J&C Publishing company
　　　　　353, Uicheon-ro, Dobong-gu, Seoul, Korea
　　　　　Tel: 02) 992 / 3253　Fax: 02) 991 / 1285
　　　　　http://www.jncbms.co.kr
　　　　　jncbook@hanmail.net

ⓒ 韓増德, 2024 Printed in KOREA.

ISBN 979-11-5917-245-8　93700　　　　　定価 45,000